Christian Starke

Tiroler Höhenweg

Von Mayrhofen nach Meran

Alle Etappen – mit Varianten und Gipfeln

ROTHER BERGVERLAG

ROTHER WANDERFÜHRER

Aargau
Abruzzen
Achensee
Adlerweg
Ahrsteig
Alb Südrand-Weg HW2
Albanien
Albsteig
Algarve
Allgäu 1, 2, 3, 4
Allgäuer Alpen
AlpeAdriaTrail
Altmühltal
Altmühltal-Panoramaweg
Andalusien Süd
Annapurna Treks
Antholz - Gsies
Aostatal

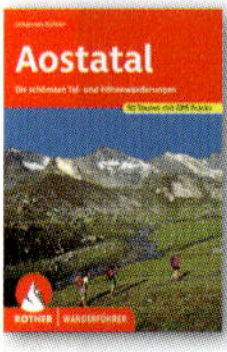

Appenzellerland
Apulien
Ardennen
Arlberg - Paznaun
Arnoweg
Asturien
Augsburg
Außerfern
Australien
Auvergne
Azoren
Baskenland
Bayerische Alpen Trekking
Bayerischer Wald
Berchtesgaden - Lienz
Berchtesgadener Land
Bergisches Land
Berlin
Bern
Berner Oberland Ost
Berner Oberland West
Bodensee Nord, Süd
Bodensee - Rätikon
Böhmerwald
Böhmische Schweiz
Bolivien
Bornholm
Bosnien u. Herzegowina
Bozen - Kaltern
Brandnertal
Bregenzerwald
Bremen - Oldenburg
Brenta
Bretagne
Bulgarien
Burgund
Cevennen
Chalkidiki - Thassos
Champagne - Ardennen
Chiemgau
Chiemsee
Chur - Hinterrhein
Cilento
Cinque Terre
Comer See
Cornwall-Devon
Costa Blanca
Costa Brava
Costa Daurada
Côte d'Azur
Dachstein-Tauern Ost
Dachstein-Tauern West
Dänemark-Jütland
Dalmatien
Dauphiné Ost, West
Davos - Prättigau
Dolomiten 1, 2, 3, 4, 5, 6, 7, 8
Dolomiten-Höhenwege 1-3, 4-7, 8-10
Donausteig
E1 Deutschland Nord
E1 Deutschland Süd
E5 Konstanz - Verona
Ecuador
Eifel
Eifelsteig
El Hierro
Elba
Elbsandsteingebirge
Elsass
Emmental
Ober-, Unterengadin
England Mitte, Nord, Ost, Süd
Fichtelgebirge
Fränkische Schweiz
Fränkischer Gebirgsweg
Frankfurt
Franziskusweg
Freiburg
Friaul-Julisch Venetien
Fuerteventura
Galicien
Gardaseeberge
Garhwal - Ladakh
Garmisch - Brixen
Gasteinertal
Genfer See
Georgien
Gesäuse
Glarnerland
Glockner-Region
Goldsteig
La Gomera
Gotthardweg
Gran Canaria
Grazer Hausberge
Grenzgänger-Weg
Griechenland - Pindosgebirge
Gruyère - Diablerets
GTA
Hamburg
Harz
Haute Route
Hawaii
Hochkönig
Hochschwab
Hohenlohe
Hunsrück
Ibiza
Innsbruck
Irland
Isarwinkel
Island
Israel
Istrien
Italienische Riviera
Jakobsweg - Camino Primitivo
Jakobsweg - Caminho Português
Jakobsweg - Camino del Norte
Französischer Jakobsweg Le Puy - Pyrenäen, Straßburg - Le Puy
Jakobsweg Marburg - Vézelay
Jakobswege Österreich
Jakobswege Schweiz
Spanischer Jakobsweg
Südfranzösischer Jakobsweg - Via Tolosana
Südwestdeutsche Jakobswege
Julische Alpen
Jura, Französischer
Jura, Schweizer
Kärntner Seen
Kalabrien
Kanadische Rocky Mountains
Kapverden Nord
Karawanken
Karnischer Höhenweg
Karwendel
Kaunertal
Kitzbüheler Alpen
Kleinwalsertal
Korfu
Korsika
Korsika - GR 20
Korsika - Mare e Monti
Kraichgau
Kreta
La Palma
La Réunion
Lago Maggiore
Lahnwanderweg
Languedoc-Roussillon
Lanzarote
Lappland
Lechweg
Lesbos - Chios
Limesweg
Lofoten
Lothringen
Lungau
Luxemburg - Saarland
Madeira
Mallorca
Malta - Gozo
Marken - Adriaküste
Marokko
Masuren
Maximiliansweg
Mecklenburgische Seenplatte
Menorca
Meran
Meraner Höhenweg
Mittelsachsen
Mont Blanc
Montafon
Montenegro
Mosel
Moselhöhenweg
Moselsteig
Mühlviertel
München
München - Venedig
Münsterland
Nationalpark Kalkalpen
Neanderlandsteig
Golf von Neapel
Neckarweg
Neuseeland
Neusiedler See
Niedere Tauern Ost
Niederlande
Niederrhein
Nockberge
Nordhessen
Normandie
Norwegen Mitte, Süd, Jotunheimen
Nürnberg
Oberlausitz
Oberpfälzer Wald
Oberschwaben
Odenwald
Odenwald Mehrtagestouren
Öland
Ötscher
Ötztal
Ötztal - Pitztal Trekking
Ossola
Ostfriesland
Ostseeküste
Ost-Steiermark
Osttirol Nord, Süd

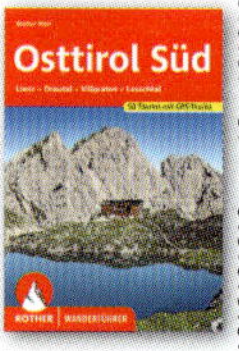

Patagonien
Peaks of the Balkans
Peloponnes
Peru
Pfälzer Weinsteig
Pfälzerwald
Pfaffenwinkel
Picardie
Picos de Europa
Piemont Nord, Süd
Pinzgau
Pitztal
Portugal Nord
Provence
Pyrenäen 1, 2, 3, 4
Pyrenäen - GR 11

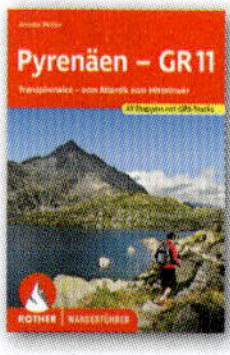

Regensburg
Rhein-Neckar
Rheinhessen
Rheinsteig
Rhodos
Rhön
Riesengebirge
Rom - Latium
Rota Vicentina
Route de Ländle
Rügen
Ruhrgebiet
Rumänien - Ostkarpaten
Rumänien - Südkarpaten
Saar-Hunsrück-Steig
Salzalpensteig
Salzburg
Salzburg - Triest
Salzkammergut Ost, West
Sardinien
Sauerland
Savoyen
Schaffhausen
Schottland
Schwabenkinder-Wege Oberschwaben, Schweiz - Liechtenstein, Vorarlberg
Schwäbische Alb Ost
Schwäbische Alb West
Schwarzwald Fernwanderwege
Schwarzwald Mehrtagestouren Mitte/Nord, Süd/Mitte
Schwarzwald Nord, Süd
Schweden Mitte, Süd
Seealpen
Seefeld - Leutasch
Sentiero della Pace
Sierra de Gredos
Sierra de Guadarrama
Sizilien
Spessart
Steigerwald
Steirisches Weinland
Sterzing
Stubai - Wipptal
Trekking im Stubai
Stuttgart
Südafrika West
Südniedersachsen
Surselva
Sylt, Amrum, Föhr
Tannheimer Tal
Tasmanien
Hohe Tatra
Niedere Tatra
Tauern-Höhenweg
Hohe Tauern Nord
Tauferer Ahrntal
Taunus
Tegernsee - Sterzing
Tegernseer und Schlieseer Berge
Teneriffa
Tessin
Teutoburger Wald
Thüringen Mitte/Nord
Thüringer Wald
Tiroler Höhenweg
Toskana Nord, Süd
Türkische Riviera
Uckermark
Umbrien
Ungarn West
USA Südwesten
Usedom
Vanoise
Veltlin
Vía de la Plata
Via Francigena
Via Gebennensis
Vierwaldstättersee
Vinschgau
Vizentiner Alpen
Vogelsberg
Vogesen
Vogesen Mehrtagestouren
Vogesen-Durchquerung
Vogtland
Vom Gletscher zum Wein
Trekking in Vorarlberg
Wachau
Waldviertel
Wales
Oberwallis
Unterwallis
Walliser Alpen
Weinviertel
Welterbesteig Wachau
Weserbergland
West Highland Way
Westerwald
Wien
Wien - Lago Maggiore
Wiener Alpenbogen
Wiener Hausberge Nord, Süd
Wilder Kaiser
Zillertal
Trekking im Zillertal
Zürichsee
Zugspitze
Zypern Süd & Nord

Vorwort

Der Tiroler Höhenweg ist ein ganz besonderer Höhenweg. Das fällt schon beim Blick auf die Übersichtskarte auf, denn er wählt nicht einen möglichst geradlinigen Weg von Mayrhofen nach Meran, sondern unternimmt den einen oder anderen Umweg. Das liegt daran, dass der Höhenweg meist auf oder in der Nähe der seit Ende des Ersten Weltkriegs gültigen Grenzlinie zwischen Österreich und Italien verläuft, die das bis dahin über Jahrhunderte zusammenhängende Gebiet Tirols in zwei Teile teilt. Zusammengestellt wurde der Weg im Jahr 2002 von verschiedenen Interessensgruppen aus Österreich und Südtirol, die damit ein Zeichen setzen wollten, dass nach einem Jahrhundert voller politischer Spannungen diese und auch andere Grenzen in Europa heute ihre trennende Bedeutung zunehmend verloren haben.
Die reinen Zahlen lesen sich eher nüchtern: 15 Tagesetappen bei 150 km Wegstrecke mit gut 10.000 Höhenmetern im Auf- und Abstieg. Dabei ist den »Machern« des Tiroler Höhenweges tatsächlich ein großer Wurf gelungen. Kaum ein Fernwanderweg ist landschaftlich so abwechslungsreich und hat zudem geschichtlich so viel zu bieten: Da ist zunächst der Beginn in den Zillertalern. Es folgen die militärischen Befestigungsanlagen um den Brenner, bevor es in das Dolomitmassiv der Tribulaune mit seinen steilen Felswänden geht. Danach lockt die Welt des historischen Bergbaus am Schneeberg, in der Ferne leuchten die Gletscher der Stubaier oder Ötztaler. Der Naturpark um die Spronser Seen ist der krönende Abschluss der Tour, bevor wir in das mediterrane Flair Merans eintauchen.
Zahlreiche Varianten zur Hauptroute und Gipfeloptionen, darunter neun Dreitausender, laden dazu ein, sich die Tour individuell zusammenzustellen. Eine Besonderheit ist hierbei die kleine Stubaier Runde, die sich auch bequem als separate Fünftagestour erwandern lässt. Man kann den Tiroler Höhenweg an einem Stück gehen, aber auch sehr gut aufteilen. Alle Täler sind durch öffentlichen Nahverkehr so gut erschlossen, dass ein Abstieg ins Tal oder ein Aufstieg zu allen Etappenorten vom Tal aus möglich ist.
Mein Dank gilt an dieser Stelle allen meinen Mitwanderern für die schönen gemeinsamen Erlebnisse, den Hüttenwirten und -wirtinnen, ohne deren Arbeit das Wandern auf Höhenwegen nicht möglich wäre, den Sektionen der Alpenvereine für die tolle Pflege und Beschilderung der Wege und ganz besonders meinen Eltern, die mir die Liebe zum Wandern und die Sehnsucht nach den Bergen mit in die Wiege gelegt haben und denen dieses Büchlein gewidmet ist.
Ich wünsche Ihnen sehnsuchtsvolle Momente beim Lesen dieses Wanderführers und unvergessliche Eindrücke auf dem Tiroler Höhenweg. Kommen Sie vor allem gesund wieder nach Hause!

München, im Frühjahr 2022 Christian Starke

Inhaltsverzeichnis

Vorwort . . . 3

Übersichtskarte . . . 6

Zum Gebrauch des Wanderführers . . . 8
Symbole . . . 9
GPS-Tracks und Koordinaten der Ausgangspunkte . . . 13

Allgemeine Informationen . . . 15
Touristische Informationen . . . 15

Geologie . . . 24

Flora und Fauna . . . 27

Zur Geschichte Tirols . . . 32

Vom Zillertal zum Brenner . . . 40

1 | 4.00 Std. | Mayrhofen – Gamshütte . . . 40
G1 | 4.00 Std. | Vordere Grinbergspitze, 2765 m . . . 44
2 | 8.00 Std. | Gamshütte – Friesenberghaus . . . 46
G2 | 4.30 Std. | Hoher Riffler, 3231 m . . . 50
3 | 8.30 Std. | Friesenberghaus – Landshuter Europahütte . . . 52
G3 | 2.00 Std. | Kraxentrager, 2999 m . . . 58
V3 | 5.00 Std. | Schlegeisspeicher – Landshuter Europahütte . . . 60
4 | 7.00 Std. | Landshuter Europahütte – Wolfendorn – Sattelbergalm . . . 64
V4 | 4.00 Std. | Landshuter Europahütte – Venntal – Sattelbergalm . . . 71

Durch die Tribulaune . . . 74

5 | 6.00 Std. | Sattelbergalm – Jubiläumsweg – Obernberg . . . 74
V5 | 6.30 Std. | Sattelbergalm – Militärweg – Obernberg . . . 80
6 | 6.30 Std. | Obernberg – Südroute – Tribulaunhütte . . . 84
G6 | 6.30 Std. | Gschnitzer Tribulaun, 2946 m . . . 90
V6.1 | 8.00 Std. | Obernberg – Nordroute – Tribulaunhütte . . . 93
V6.2 | 8.45 Std. | Obernberg – Obernberger Tribulaun – Tribulaunhütte . . . 98
V6.3 | 8.00 Std. | Obernberg – Nördlicher Roßlauf – Tribulaunhaus . . . 102
7 | 6.30 Std. | Tribulaunhütte – Magdeburger Hütte – St. Anton . . . 106
V7.1 | 5.30 Std. | Tribulaunhütte – Bremer Hütte . . . 111
V7.2 | 3.30 Std. | Bremer Hütte – Magdeburger Hütte . . . 114
G7 | 4.30 Std. | Schneespitze, 3173 m . . . 116
V7.3 | 5.30 Std. | Magdeburger Hütte – Edelweißhütte . . . 118

		Am Rande der Stubaier Alpen	121
8	6.30 Std.	St. Anton – Maiern	121
G8.1	1.00 Std.	Wetterspitze, 2709 m	125
V8	8.30 Std.	Edelweißhütte – Grohmannhütte	128
G8.2	5.30 Std.	Nördliche Aglsspitze, 3180 m	131
9	5.00 Std.	Maiern – Schneeberghütte	134
V9	5.30 Std.	Grohmannhütte – Egetenseen – Schneeberghütte	140
G9	7.00 Std.	Krapfenkarspitze, 2707 m	144
10	5.00 Std.	Schneeberghütte – Gasthof Hochfirst	146
		Kleine Stubaier Runde	151
V10.0	2.30 Std.	Timmelsbrücke – Schneeberghütte	152
V10.1	4.30 Std.	Schneeberghütte – Siegerlandhütte	154
G10	3.30 Std.	Scheiblehnkogel, 3055 m	156
V10.2	3.00 Std.	Siegerlandhütte – Hildesheimer Hütte	158
V10.3	6.00 Std.	Hildesheimer Hütte – Brunnenkogelhaus	160
V10.4	6.00 Std.	Brunnenkogelhaus – Gasthof Hochfirst	163
		Gurgler Kamm und Texel-Gruppe	168
11	8.30 Std.	Gasthof Hochfirst – Zwickauer Hütte	168
G11	2.30 Std.	Hinterer Seelenkogel, 3470 m	174
12	4.00 Std.	Zwickauer Hütte – Stettiner Hütte	176
G12.1	3.30 Std.	Hochwilde, 3480 m	178
G12.2	3.30 Std.	Hohe Weiße, 3278 m	180
13	4.30 Std.	Stettiner Hütte – Andelsalm – Pfelders	182
V13.1	5.30 Std.	Stettiner Hütte – Oberkaser	186
V13.2	3.00 Std.	Stettiner Hütte – Lodnerhütte	189
14	4.30 Std.	Pfelders – Oberkaser	192
G14.1	1.30 Std.	Schwarzkopf, 2805 m	196
G14.2	4.30 Std.	Spronser Rötelspitze, 2625 m	198
V14	5.00 Std.	Lodnerhütte – Oberkaser	200
G14.3	1.30 Std.	Lazinser Rötelspitze, 3037 m	203
15	5.30 Std.	Oberkaser – Vellau – Meran	204
G15	2.00 Std.	Mutspitz, 2294 m	211
V15	4.30 Std.	Oberkaser – Kuens – Meran	212

Stichwortverzeichnis ... 218

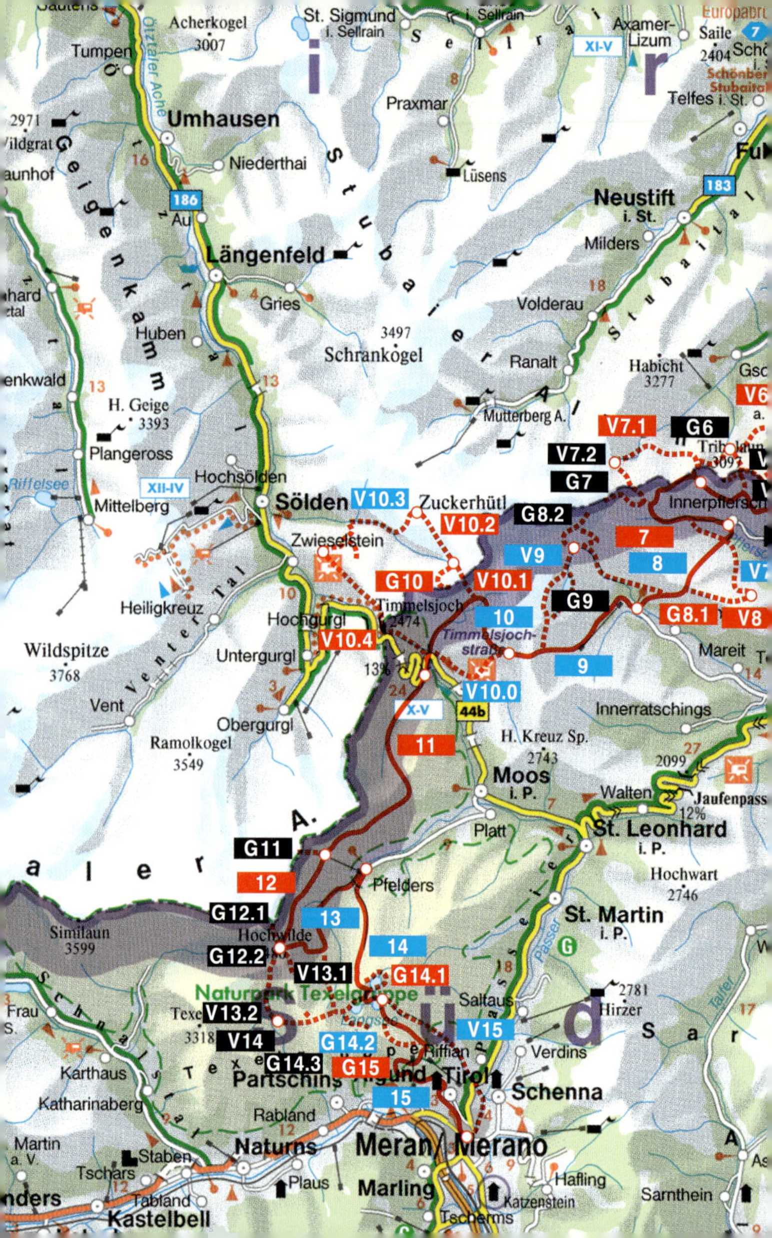

Acherkogel 3007
St. Sigmund i. Sellrain
i. Sellrain
Axamer-Lizum
Saile 2404
Tumpen
Ötztaler Ache
Praxmar
Telfes i. St.
Umhausen
Niederthai
Lüsens
186
183
Neustift i. St.
Milders
Au
Längenfeld
Gries
Volderau
Huben
3497 Schrankogel
Ranalt
Habicht 3277
H. Geige 3393
Mutterberg A.
Plangeross
Riffelsee
Mittelberg
Hochsölden
Sölden
XII-IV
XI-V
V10.3
Zuckerhütl
V10.2
G8.2
V7.2
V7.1
G6
G7
Innerpflersch
Zwieselstein
G10
V10.1
V9
7
8
G9
G8.1
V8
Heiligkreuz
Venter Tal
Timmelsjoch 2474
Hochgurgl
Untergurgl
V10.4
10
Timmelsjoch-straße
9
Mareit
Wildspitze 3768
Vent
Obergurgl
V10.0
X-V
44b
Innerratschings
11
Ramolkogel 3549
H. Kreuz Sp. 2743
Moos i. P.
2099
Walten
Jaufenpass
Platt
St. Leonhard i. P.
G11
12
Pfelders
Hochwart 2746
G12.1
Similaun 3599
Hochwilde
13
St. Martin i. P.
14
G12.2
V13.1
G14.1
Naturpark Texelgruppe
Saltaus
Hirzer
2781
V13.2
Texel 3318
V14
G14.2
V15
Verdins
Riffian
Karthaus
G14.3
G15
Partschins
Tirol
Schenna
15
Katharinaberg
Rabland
Naturns
Meran/Merano
Staben
Tschars
Plaus
Marling
Hafling
Tabland
Kastelbell
Katzenstein
Sarnthein
Tscherms
Schnalstal

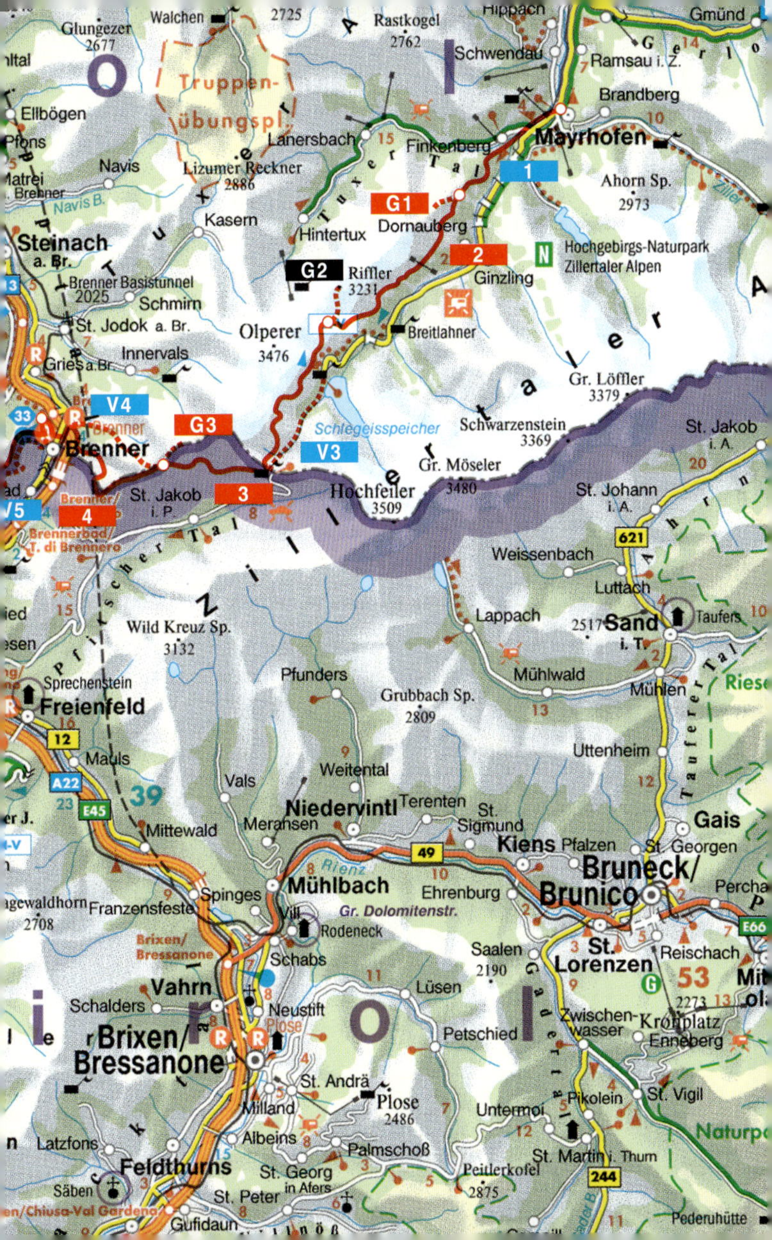
Mayrhofen
Brenner
Steinach a. Br.
Sand i. T.
Freienfeld
Niedervintl
Mühlbach
Kiens
Bruneck/ Brunico
St. Lorenzen
Vahrn
Brixen/ Bressanone
Feldthurns
Hochgebirgs-Naturpark Zillertaler Alpen
Truppen-übungspl.
Olperer 3476
Hochfeiler 3509
Gr. Möseler 3480
Schwarzenstein 3369
Gr. Löffler 3379
Schlegeisspeicher
Gr. Dolomitenstr.
Plose 2486
Kronplatz
Wild Kreuz Sp. 3132
Lizumer Reckner 2886
Ahorn Sp. 2973
Riffler 3231
Ginzling
Dornauberg
Breitlahner
Hintertux
Lanersbach
Finkenberg
St. Jakob i. P.
St. Jakob i. A.
St. Johann i. A.
Gries a. Br.
St. Jodok a. Br.
Brenner Basistunnel
Pfunders
Grubbach Sp. 2809
Weitental
Mühlwald
Lappach
Uttenheim
Gais
St. Georgen
Ehrenburg
Franzensfeste
Spinges
Schabs
Rodeneck
Lüsen
St. Andrä
Palmschoß
St. Martin i. Thum
St. Vigil
Enneberg
Pikolein
Peitlerkofel 2875
G1
G2
G3
V3
V4
1
2
3
4

Zum Gebrauch des Wanderführers

Der Tiroler Höhenweg ist ein 15-tägiger Fernwanderweg, er lässt sich aber anhand der durchwanderten Gebirgsgruppen gut in Abschnitte einteilen. Und natürlich bietet es sich auch an, nur einzelne Abschnitte des Tiroler Höhenwegs zu gehen, sofern die Zeit oder das Wetter nicht für den ganzen Weg ausreichen. So geht es zunächst von Mayrhofen durch die Zillertaler Alpen zum Brenner, anschließend durch die Tribulaune. Dann streift der Höhenweg die Stubaier und die Ötztaler Alpen, bevor er nach Durchquerung der Texelgruppe mit den Spronser Seen nach Meran absteigt. Die »Kleine Stubaier Runde«, die eine mehrtägige Schleife um das Ruhegebiet Stubaier Alpen macht und dann zum Hauptweg zurückkehrt, bietet sich auch als separate Fünf-Tage-Wanderung an.

Die Hauptetappen werden ausschließlich mit Nummern bezeichnet, den Varianten wird ein »V«, den Gipfeltouren ein »G« vorangestellt. In den wenigsten Fällen sind die Varianten einfacher als der Originalweg, manchmal sogar deutlich anspruchsvoller, wenn sie zum Beispiel über zusätzliche Gipfel führen. Bei Gipfelbesteigungen gibt es verschiedene Muster: Gipfel, die im Laufe einer Etappe »mitgenommen« oder ohne großen zusätzlichen Aufwand in die Tagestour integriert werden können, oder Gipfel als separates Tourenziel mit Start und Ziel an derselben Hütte. Jeder Gipfelstürmer kann so selbst entscheiden, ob er den Gipfel einer Tagestour voranstellt, ob er mit ihm eine Etappe nach früher Ankunft an der Hütte noch krönen möchte oder ob er sich einen zusätzlichen Tag Zeit nimmt. Insgesamt enthält der Wanderführer die Wege zu neun Drei- und über 20 Zweitausendern. Jede Etappe startet und endet an einer Hütte mit Übernachtungsmöglichkeit oder einem Talort. Gibt es weitere Übernachtungsmöglichkeiten, so sind diese angegeben, sodass sich jeder Hüttenwanderer seinen individuellen Tiroler Höhenweg zusammenstellen kann.

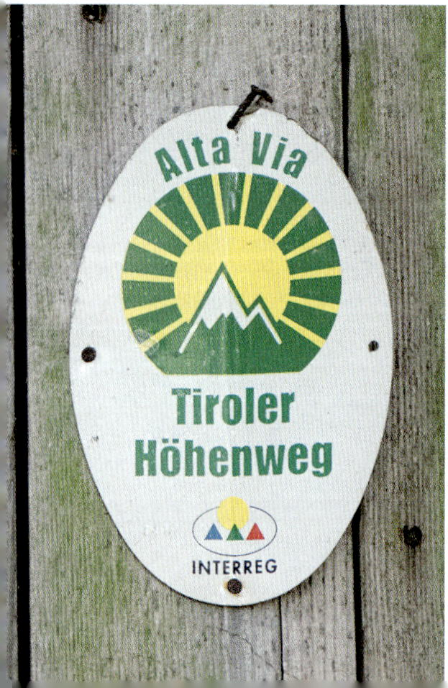

Das Logo des Tiroler Höhenwegs an einer Holzwand.

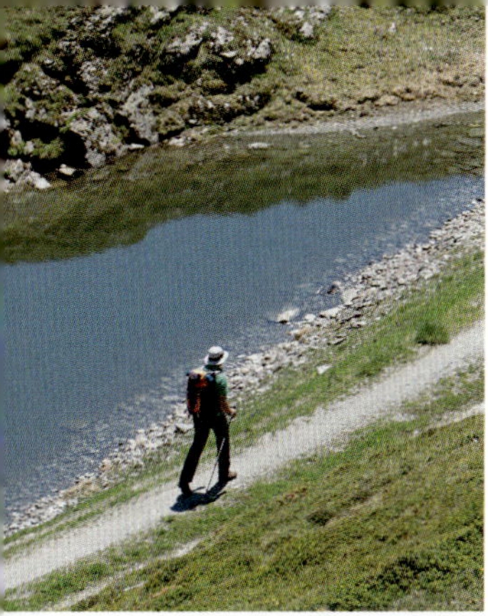

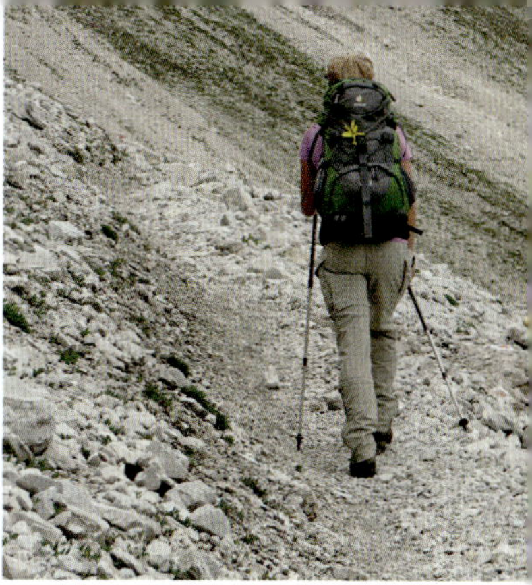

Breite Wirtschaftswege gibt es auf dem Tiroler Höhenweg selten, meist geht es auf Wanderwegen durch die Landschaft.

Anforderungen und Schwierigkeitsbewertung

Der Tiroler Höhenweg bewegt sich überwiegend zwischen 1600 und 3000 Metern und ist somit ein hochalpiner Weg. Entsprechend ausgesetzt können manche Passagen sein. Trittsicherheit und Schwindelfreiheit sind also Grundvoraussetzungen für die Wanderung auf dem Tiroler Höhenweg. Für die zum Teil langen Etappen in dünner Luft ist außerdem eine gute Kondition erforderlich. Auch wenn der Tiroler Höhenweg in der Regel auf gut angelegten Bergpfaden, teilweise auch auf Forst-, Alm- oder ehemaligen Militärstraßen verläuft und meist gut markiert ist, muss man sich an einzelnen Stellen eigenständig im Gelände orientieren können, worauf in den betreffenden Etappenbeschreibungen hingewiesen wird. Auf dem Hauptweg und vor allem auf den Varianten und bei den Gipfelbesteigungen trifft man immer wieder auf seilversicherte Abschnitte, ein Klettersteigset ist bei entsprechender alpiner Erfahrung jedoch nicht erforderlich.

Symbole

	Ort mit Einkehrmöglichkeit		Bahnanschluss
	Einkehrmöglichkeit	†	Gipfel
	Übernachtungsmöglichkeit	)(	Pass, Sattel
	unbewirtschaftete Hütte/ Unterstand		Burg, Schloss, Ruine
			Aussichtsplatz
P	eingerichteter Parkplatz	)(	Wasserfall / Brücke

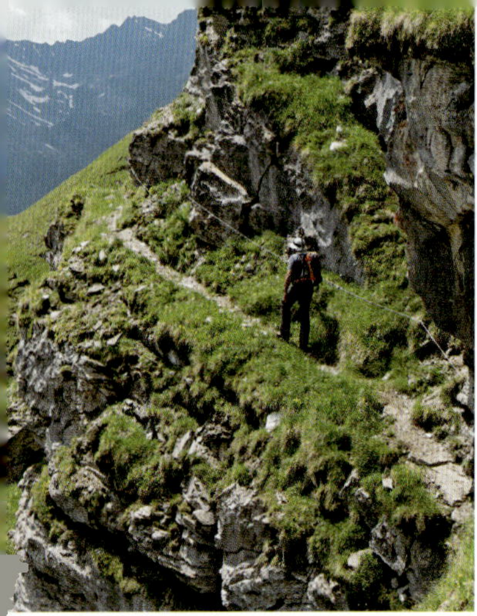
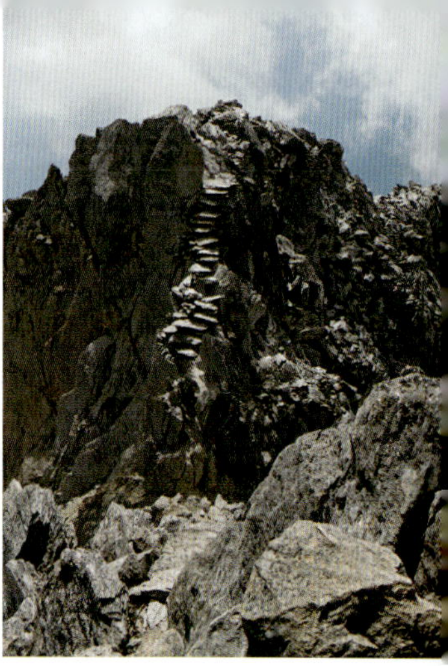

Links: Drahtseile sichern ausgesetzte Passagen.
Rechts: Für diese exponierte Treppe (Etappe G 11) sind Schwindelfreiheit und Trittsicherheit unbedingt erforderlich.

Die aus der Farbe der jeweiligen Tourennummern ersichtlichen Schwierigkeitsbewertungen beziehen sich hauptsächlich auf die technischen Anforderungen und orientieren sich an der jeweils schwierigsten Stelle. Eine als »schwierig« bezeichnete Etappe kann also auch längere leichtere Passagen enthalten, eine »leichte« Tour aber keine schweren Hindernisse. Die konditionellen Anforderungen sind aus den Angaben im Tourenkopf zu Dauer, zu Auf- und Abstiegs-Höhenmetern sowie den Kilometerangaben im Höhenprofil ersichtlich. Folgende drei Kategorien werden unterschieden:

Leicht Etappen auf gut markierten Alm-, Forst- und Militärstraßen oder einfache Bergwege ohne gehtechnisch schwierige oder ausgesetzte, absturzgefährdete Stellen. Trittsicherheit und gutes Schuhwerk sind aber trotzdem empfehlenswert. Sie können auch bei schlechtem Wetter begangen werden.

Mittel Die Wege dieser mittelschweren Bergtouren sind in der Regel auch gut markiert, aber oft schmal und steil und können ausgesetzte und absturzgefährdete Stellen enthalten, die auch auf kurzen Strecken mit Drahtseilen versichert sein können. Trittsicherheit und Schwindelfreiheit sind auf diesen Wegen unbedingt erforderlich. Die Abhängigkeit vom Wetter nimmt bei diesen Wegen zu.

Schwierig Schwere hochalpine Bergwege sind oft schmal, steil und ausgesetzt. Eventuell ist die Wegführung nicht auf Anhieb erkennbar oder erfordert selbstständige Orientierung im Gelände. Die Route kann versicherte oder einfachere ungesicherte Kletterstellen enthalten, die nur mit Unterstützung der Hände zu bewältigen sind. Absolute Trittsicherheit, Schwindelfreiheit und alpine Erfahrung sind unerlässlich. Bei schlechten Wetterbedingungen können die Wege nicht begehbar sein und die Gehzeiten sich drastisch verlängern.

Der Wanderführer enthält auch einzelne Varianten oder Gipfeltouren, die auf Karten oder Wegweisern den Vermerk »nur für Geübte« tragen. Diese Touren enthalten Kletterstellen bis zum II. Grad oder längere klettersteigähnliche, abgesicherte Passagen, zum Teil mit Felsleitern u. Ä., sind aber bei entsprechender alpiner Erfahrung und geeigneten Wetter-/Schneebedingungen auch ohne zusätzliche Kletterausrüstung begehbar.

Gehzeiten und Höhenunterschiede

Gehzeiten sind ein schwieriges und immer wieder gern diskutiertes Thema, denn sie sind individuell sehr unterschiedlich, abhängig von Kondition, Trittsicherheit, Schrittlänge, Rucksackgewicht und allgemeinem Gehtempo (hier ist auch die geringere Geschwindigkeit beim Wandern in größeren Gruppen nicht zu unterschätzen). Die angegebenen Zeiten für die Gesamtetappen sind Durchschnittswerte und entsprechen meist den auf den Wegweisern oder auf den Hütten angegebenen Werten. (Sind die Zeiten auf den Wegweisern nicht realistisch, so finden Sie einen Hinweis in der entsprechenden Tourenbeschreibung.) Sie errechnen sich ungefähr aus einer Aufstiegsleistung

Unterschiedliche Angaben zu Gehzeiten auf italienischen und österreichischen Wegweisern am Portjoch (Etappe 6).

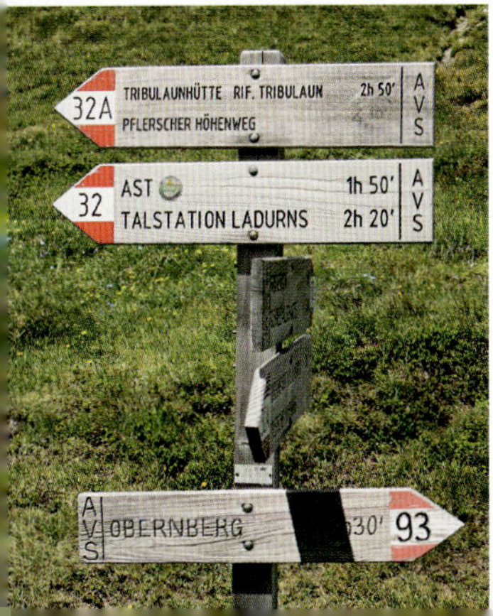

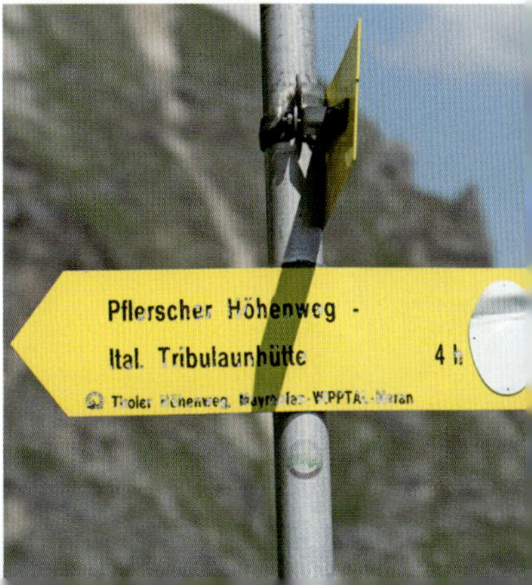

von ca. 300 bis 400 Höhenmetern (im Abstieg etwa das 1,5-fache) oder vier Streckenkilometern in der Stunde. Zeit für die Gipfelrast oder die Fotopause sind darin nicht enthalten. Jeder erfahrene Wanderer wird schnell einschätzen können, inwiefern die Zeiten auf ihn zutreffen oder wie sie entsprechend nach oben oder unten individuell verändert werden können. Die Gehzeiten sind ein Richtwert für die individuelle Zeiteinteilung des Tourentages, sollen aber nicht zu sportlichem Ehrgeiz mit dem Ziel einer besonders schnellen Laufleistung anstacheln. Je nach Wetter oder Schneelage können sich die Zeiten auch schnell erheblich verlängern. Bitte kalkulieren Sie dies in Ihre Tourenplanung ein! Ich habe auf Zeitangaben im Text weitgehend verzichtet, weil ich aus eigener Erfahrung weiß, wie sehr diese Zeiten zur Belastung einer Wandergemeinschaft werden können, wenn die Hütte einfach nicht kommt, obwohl die Zeit doch schon rum ist. Sie finden »Zwischenzeiten« aber natürlich im Höhenprofil zu jeder Etappe.

Markierungen und Wegweiser

Der Tiroler Höhenweg kombiniert bestehende Wanderwege zu einem Fernwanderweg. Daher sind alle Wanderwege ganz normal mit Wegweisern und Markierungen ausgestattet. Vereinzelt findet man auch das Symbol des Tiroler Höhenwegs auf einer ovalen Marke auf den Hütten, an Wegweisern oder befestigt an Felsen unterwegs. Oft sind diese Symbole aber auch schon so verwittert, dass sie zur Orientierung nicht mehr taugen. In Österreich leuchten dem Wanderer die gelben Wegweiser schon von Weitem entgegen und enthalten neben der Wegnummer auch meist die Gehzeit und eine Schwierigkeitseinstufung, die sich anders als im Wanderführer aber aus einer Mischung von technischer Bewertung und konditionellem Anspruch herleitet und daher abweichen kann. Nach den italienischen Pendants aus Holz muss man manchmal länger suchen, da sie nicht so ins Auge fallen. Auch sie enthalten meist die Wegnummer, die angegebenen Gehzeiten sind allerdings oft mit Vorsicht zu genießen und für normale Wanderer nicht zu schaffen. An den meisten Wegen finden sich auch farbige Markierungen. Meist sind es »Fähnchen« oder Kreise in den Landesfarben von Tirol (rot-weiß) oder Österreich (rot-weiß-rot),

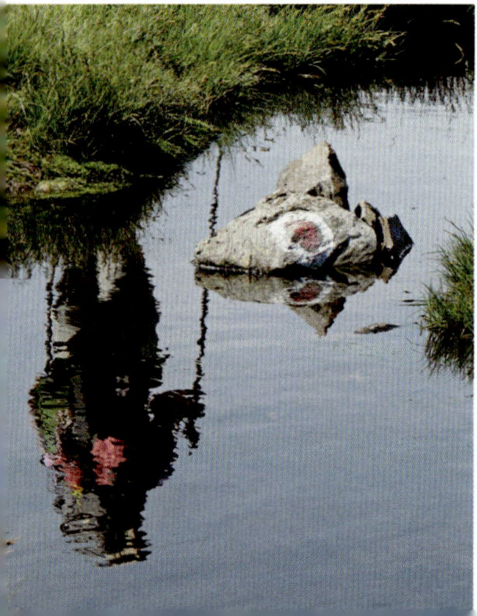

Manchmal führt der Weg auch ein Stück seitlich der Markierung vorbei.

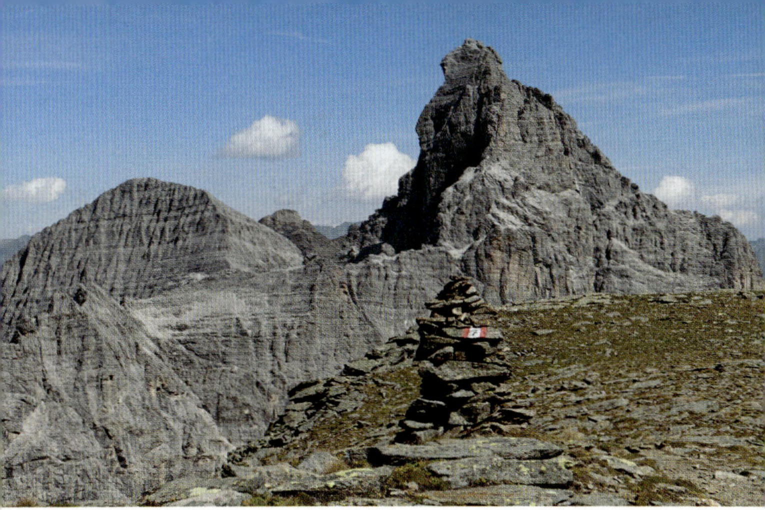

Steinmandl: Traditioneller, wetterbeständiger und gut sichtbarer Markierungspunkt. Im Hintergrund die Tribulaune (Etappe 7).

gemalt auf Steine am Wegrand, auf Baumstämme oder auf im Boden steckende (oder umgefallene) Holzpflöcke. Bei weniger begangenen Pfaden wurde an Farbe gespart: Die oft kleinen roten Punkte kann man manchmal nur schlecht erkennen. Im Hochgebirge und bei Passagen, wo man selbst den Weg suchen muss, dienen Steinmännchen als Orientierungshilfe. Auf Stellen des Tiroler Höhenwegs, bei denen die Markierung nicht optimal und eine Orientierung schwierig ist, wird in den Wegbeschreibungen helfend hingewiesen.

GPS-Tracks und Koordinaten der Ausgangspunkte

Zu diesem Wanderführer stehen auf www.rother.de GPS-Tracks und Koordinaten der Ausgangspunkte zum kostenlosen Download bereit.
2. Auflage, Passwort: **450902cmk**
Sämtliche GPS-Daten wurden vom Autor im Gelände erfasst. Verlag und Autor haben die Tracks und Wegpunkte nach bestem Wissen und Gewissen überprüft. Dennoch können wir Fehler oder Abweichungen nicht ausschließen, außerdem können sich die Gegebenheiten vor Ort zwischenzeitlich verändert haben. GPS-Daten sind zwar eine hervorragende Planungs- und Navigationshilfe, erfordern aber nach wie vor sorgfältige Vorbereitung, eigene Orientierungsfähigkeit sowie Sachverstand in der Beurteilung der jeweiligen (Gelände-)Situation. Man sollte sich für die Orientierung auch niemals ausschließlich auf GPS-Gerät und -Daten verlassen.

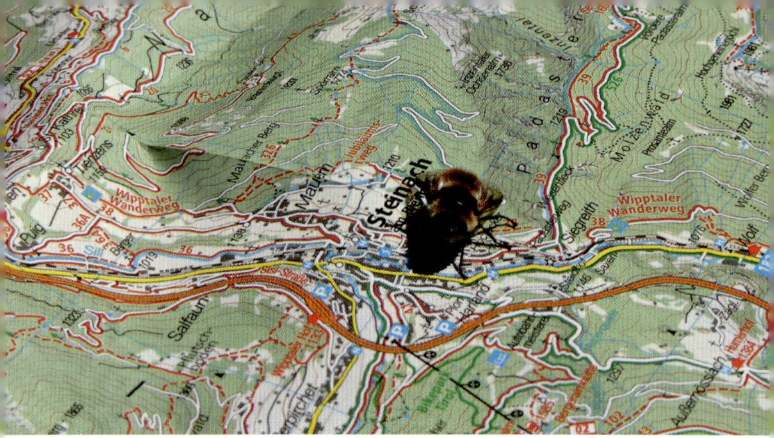

Auch diese Hummel vertraut gerne der analogen Wanderkarte.

Wanderkarten:

Die Wanderkärtchen (1:75.000) dieses Wanderführers wurden meist folgenden Wanderkarten (1:50.000) von Freytag & Berndt entnommen:

- WK 152 Mayrhofen – Zillertaler Alpen – Gerlos – Krimml – Tuxertal – Zell im Zillertal
- WK 241 Innsbruck – Stubai – Sellrain – Brenner
- WK 251 Ötztal – Pitztal – Kaunertal – Wildspitze

Die im Buch abgebildeten Kärtchen sind für die Begehung der einzelnen Etappen ausreichend. Sie ersetzen aber genauso wenig wie die GPS-Tracks eine Wanderkarte mit der etwas weiteren Umgebung der Etappen für den Fall, dass ein ungeplanter Abstieg erforderlich wird.

Die Karte des gesamten Tiroler Höhenwegs vom Kompass-Verlag (Kompasskarte 132) wurde leider aus dem Sortiment genommen, sodass man auf Einzelkarten der unterschiedlichen Gebirgsgruppen zurückgreifen muss.

Für den Abschnitt vom Ridnauntal bis nach Meran gibt es von Freytag&Berndt eine Wander- und Radkarte im Maßstab 1:35.000 (Meran – Passeiertal – Ridnauntal).

Wer gerne mit Wanderkarten im Maßstab 1:25.000 unterwegs ist, der wird für den österreichischen Teil bei den Alpenvereinskarten und für die Strecken in Südtirol, allerdings in nicht ganz aktueller Fassung, beim italienischen Tabacco-Verlag sowie für die Gegend um Meran bei Freytag&Berndt fündig:

- Alpenvereinskarten: 35/1 Zillertaler Alpen West; 35/2 Zillertaler Alpen Mitte; 31/1 Stubaier Alpen – Hochsstubai; 30/1 Ötztaler Alpen – Gurgl
- Tabacco: 037 Hochfeiler – Pfunderer Berge; 038 Sterzing – Stubaier Alpen; 039 Passeiertal;
- Freytag&Berndt: WKS 511 Meran und Umgebung

Allgemeine Informationen

Anreise

- Mit dem PKW über die Inntal-Autobahn A 12/E 45 bis Jenbach, von dort auf der Fernverkehrsstraße 169 bis Mayrhofen. Parkplätze am Bahnhof Mayrhofen und an der Talstation zur Ahornbahn oder in Finkenberg an der Talstation der Finkenberger Almbahnen.
- Mit Bahn und Bus: Mit dem Zug (ÖBB) nach Jenbach, dort mit der Zillertalbahn i. d. R. zweimal pro Stunde nach Mayrhofen. www.zillertalbahn.at. Bei Start vom Schlegeisspeicher von Mayrhofen mit dem Bus 4102 (Anfang Juni bis Anfang Oktober) bis zum Schlegeisspeicher. www.vvt.at.

Rückreise

- Mit Bahn und Bus: Mit der Südtirol-Bahn oder Tren Italia von Meran nach Bozen. Von dort mit den Gemeinschaftszügen von DB, ÖBB und Tren Italia zurück nach Österreich/Deutschland.
- Rückkehr zum eigenen PKW ab Jenbach mit der Zillertalbahn bis Mayrhofen (siehe Anreise).

Tipp: Tickets online buchen. An den italienischen Bahnhöfen gibt es oft nur Automaten, bei denen es keine Bahncard-Rabatte gibt.

Touristische Informationen

Tourismusverbände:

- Tourismusverband Mayrhofen: +43 5285 6760; www.mayrhofen.at; info@mayrhofen.at
- Tourismusverband Wipptal: +43 5272 6270; www.wipptal.at; tourismus@wipptal.at
- Tourismusverband Wipptal/Obernberg: +43 5274 874625; www.obernberg-tirol.at; info@obernberg-brenner.tirol.gv.at
- Südtirol Information: +39 0471 999 999; www.eisacktal.com; info@suedtirol.info
- Tourismusverein Gossensaß: +39 0472 632372; www.gossensass.org; info@gossensass.org
- Tourismusgenossenschaft Sterzing -Pfitsch-Freienfeld: +39 0472 765325; www.sterzing.com; info@infosterzing.com
- Ratschings Tourismus Gen.: +39 0472 760608; www.ratschings.info; info@ratschings.info
- Tourismusverein Passeiertal: +39 0473 656188; www.meranosuedtirol.it/de/passeiertal; info@passeiertal.it
- Kurverwaltung Meran: +39 0473 272000; www.meranosuedtirol.it; info@meran.eu

Alpenvereine:

- Deutscher Alpenverein (DAV): +49 89 140030; www.alpenverein.de
- Österreichischer Alpenverein (ÖAV): +43 512 595470; www.alpenverein.at
- Alpenverein von Südtirol (AVS): +39 0471 978141; www.alpenverein.it
- Club Alpino Italiano (CAI)) Sezione di Bolzano: +39 0471 978172; www.cai.it/sezione/bolzano-c-a-i-a-a/

Ausstiegsmöglichkeiten

Man weiß ja nie, was kommt: Ist es die Blase am Fuß, das schmerzende Knie, ein Notfall in der Heimat oder eine Schlechtwetterfront? Da ist es gut, wenn man auch relativ spontan den Tiroler Höhenweg verlassen und absteigen kann. Dies ist (genauso wie ein Wiedereinstieg) eigentlich von jedem Etappenziel aus möglich, anfangs entweder zurück zum Schlegeisspeicher und nach Mayrhofen, später zum Brenner, ins Obernberger, Pflersch-, Ridnaun-, Passer- oder Pfelderer Tal. Alle Täler sind durch Buslinien erschlossen, in allen Tälern gibt es auch Übernachtungsmöglichkeiten, sollte man den letzten Bus verpasst haben. Mit dem Bus landet man dann entweder am Brenner, in Sterzing oder in Meran, von wo aus man die Heimreise oder die Rückreise zum Auto antreten kann.

Ausrüstung

Die Ausrüstung ist ein immer wieder gern diskutiertes Thema. Da der Tiroler Höhenweg nicht unbedingt als Einstieg ins Höhen- und Fernwandern geeignet ist, gehe ich zwar davon aus, dass jeder Leser hier schon seine Erfahrungen mit dem Gepäck gemacht hat, aber der Vollständigkeit halber gibt es auch hier noch einmal die wichtigsten Hinweise.

Es handelt sich beim Tiroler Höhenweg um einen anspruchsvollen, hochalpinen Fernwanderweg und keine gemütliche Hüttenwanderung. Daher sind gute Bergschuhe der wohl wichtigste Ausrüstungsgegenstand. Weil viele Wege durch Blockfelder gehen, sind Schuhe mit Knöchelstabilisierung unbe-

Bis in den Juli hinein können Schneerinnen ausgesetzte Wege unpassierbar machen. Fragen Sie in der Hütte, ob Ihr Weg schon frei ist.

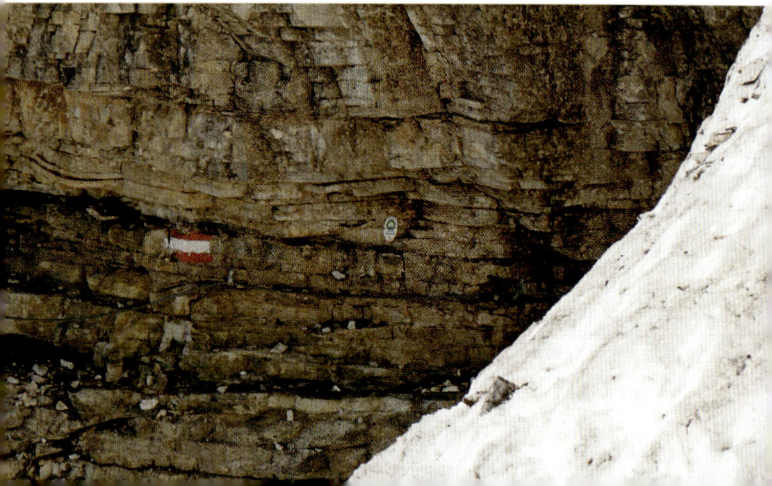

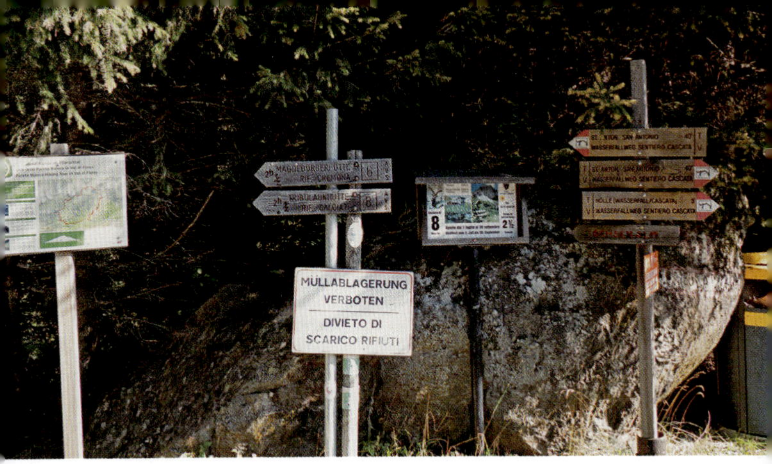

Die »Hölle«: Schilderwald am gleichnamigen Parkplatz.

dingt zu empfehlen. Eine gute Profilsohle gehört ebenso zum geeigneten Schuhwerk dazu. Lassen Sie Ihre Schuhe lieber vorher vom Fachmann überprüfen und eventuell neu besohlen, statt dass Sie riskieren müssen, auf irgendeiner Hütte dem Hüttenwirt einen nur halbwegs passenden Ersatzschuh abkaufen zu müssen.

Wanderstöcke geben gerade im Hochgebirge auf ausgesetzten Wegen mit einem schweren Rucksack auf dem Rücken zusätzlich Halt und entlasten außerdem beim Abstieg die Knie. Falsch eingesetzt stellen sie aber im Blockgestein oder bei Drahtseilpassagen auch ein zusätzliches Risikopotenzial dar. Auch wenn es lästig ist, nehmen Sie sich die Zeit, sie bei solchen Passagen sicher am Rucksack zu verstauen.

Bei der Kleidung sollten Sie für alle Witterungsbedingungen gerüstet sein. Auf dem Tiroler Höhenweg können die Temperaturen bei einer Taldurchquerung im Sommer schon mal über dreißig Grad klettern, allerdings sind auch Wintereinbrüche oder starker, eisiger Wind auf knapp 3000 Metern ohne geeignete Kleidung nicht nur kein Vergnügen, sondern richtig gefährlich. Zum Schutz gegen Kälte gehören auch Handschuhe und eine warme Mütze. Die Kleidung sollte auch vor Unterkühlung schützen können, wenn einmal etwas passiert und es ein paar Stunden dauert, bis Hilfe kommt. Alle Anziehsachen sollten auf jeden Fall Funktionsbekleidung sein, die Feuchtigkeit schnell nach außen abgeben kann. Und natürlich darf auch regenfeste Kleidung nicht fehlen und auch der Rucksack muss vor Regen geschützt werden können. Ob und wie viel Wäsche man zum Wechseln mitnimmt, bleibt natürlich jedem selbst überlassen. Unterwegs an der frischen Luft riecht man sich hauptsächlich selbst, und abends in der Hütte tut's auch ein gutes Deo.

Natürlich wandern wir alle besonders gerne bei gutem Wetter, aber auch dafür braucht es die richtige Ausrüstung: Die Sonne ist im Hochgebirge besonders intensiv und Schatten auf vielen Etappen rar. Sie benötigen also auf jeden Fall einen Sonnenhut, eine starke UV-Strahlung absorbierende Sonnenbrille, eine Sonnencreme mit hohem Lichtschutzfaktor und, je nach Empfindlichkeit, eine spezielle Creme für die Lippen.
Unentbehrlich auf einer Hüttentour ist ein Notfallpack mit Verbandszeug, Pflastern und natürlich persönlichen Medikamenten. Es gibt auf dem Höhenweg kaum Orte mit Apotheken, wo man etwas nachkaufen könnte. Empfehlenswert sind auch eine Rettungsdecke und ein Biwaksack für den Notfall. Eine Stirnlampe sollte man schon für die Hütten eigentlich immer dabeihaben, ein Pärchen Ohropax gegen nächtliche Wettschnarcher kann auch nicht schaden, und ein Handy für den Notruf hat heute eh jeder dabei (wenn es auch während der Wanderung gerne ausgeschaltet bleiben darf!). Vergessen Sie nicht, auch das Ladegerät mitzunehmen. Aufgrund des schlechten Empfangs sucht das Handy manchmal stundenlang nach einem Signal. Das kostet mehr Energie im Standby-Modus als in der Stadt.
Auf allen Hütten besteht aus hygienischen Gründen grundsätzlich Schlafsackpflicht. Sie brauchen dafür aber keinen schweren Daunenschlafsack, sondern nur einen Hüttenschlafsack entweder aus Baumwolle oder leichter aus Seide. Inzwischen gibt es auf fast allen Hütten Hüttenschlappen, wer aber noch eine Ritze frei hat, kann auch eigene einpacken, die man dann vielleicht auch beim Spaziergang durch Meran oder Sterzing statt der schweren Wanderschuhe tragen kann.
Der Rucksack ist auch so ein Thema für sich. Er sollte nicht zu groß und nicht zu klein und vor allem angenehm zu tragen sein. Nehmen Sie lieber nicht den von Ihren Eltern oder den Freunden. Lassen Sie sich professionell beraten und den Rucksack an Ihren Rücken anpassen. Dies ist inzwischen bei allen

Wanderschuhe müssen besonders »wetterfest« sein.

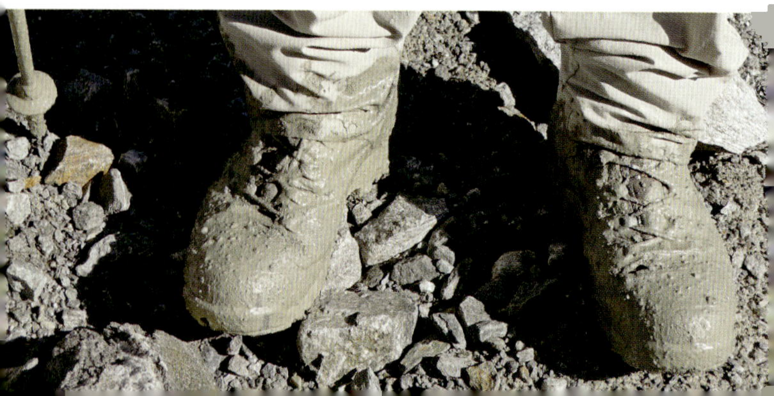

Markenrucksäcken möglich. Bedenken Sie, dass Sie den Rucksack jeden Tag stundenlang auf dem Buckel haben, Ihnen Rücken- oder Schulterschmerzen nicht die Freude am Wandern trüben sollten und Sie auch müder werden, je mehr Sie sich mit dem Rucksack abkämpfen müssen, was die Unfallgefahr drastisch erhöhen kann. Je schwerer der Rucksack ist und je schlechter er sitzt, desto ungewohnter ist für Sie außerdem der eigene, veränderte Schwerpunkt beim Laufen, was sich besonders bei Kletterpassagen bemerkbar macht. Und wer will gerade hier wegen des Rucksacks die Balance verlieren? Haben Sie also den richtigen Rucksack gefunden, kommt das Gewicht. Funktionswäsche ist leicht und trocknet schnell, vor allem wenn es in der Hütte einen Trockenraum gibt. Sie brauchen also nicht für die ganze Tour Wäsche mitzunehmen, sondern können fast jederzeit waschen. Waschmittel kann man in kleine Döschen abfüllen. Auch Mikrofaserhandtücher sind deutlich leichter als ihre Geschwister aus Baumwolle. Und vielleicht reicht ja auch eine Größe kleiner als zuhause. Lassen Sie alles, was Sie nicht unbedingt brauchen, zu Hause. Verzicht und Reduzierung auf das Wesentliche gehören zum Fernwandern dazu. Bücher und Spiele findet man auf den Hütten, außerdem normalerweise viele nette Gesprächspartner. Von Hygieneartikeln gibt es in jedem Drogeriemarkt Probierpäckchen, die für die Dauer der Wanderung reichen sollten. Proviant brauchen Sie natürlich auch noch, aber sie können »Grundnahrungsmittel« wie Schokolade oder ein Jausenbrot auch auf jeder Hütte käuflich erwerben. Vielleicht reicht also eine Grundausstattung aus Müsliriegeln für den Hungerast zwischendurch. Und bedenken Sie, dass Sie auch Ihren Vorrat an Getränken für jede Etappe selbst tragen müssen. Nehmen Sie hierfür eine große oder mehrere kleine Plastikflaschen mit, die Sie immer wieder auffüllen können. Zwar ist es oft auch während einer Etappe möglich, die Flaschen in einer Hütte oder an einem Bach wieder nachzufüllen, es gibt allerdings auch Etappen ohne Frischwasser und gleichzeitig ohne Schatten, weil Sie fast ständig über der Baumgrenze unterwegs sind. An einem Hochsommertag kommt da der Durst manchmal schneller, als einem lieb ist. Und noch ein letzter Tipp: Wiegen Sie den Rucksack beim Packen immer wieder. Sie werden dabei sicherlich noch das eine oder andere Gramm Gewicht reduzieren können. Insgesamt sollte Ihr Rucksack beim Loslaufen dann nicht mehr als 8 bis 10 Kilo wiegen. Sie werden feststellen, dass das ein ambitioniertes Zielgewicht ist.

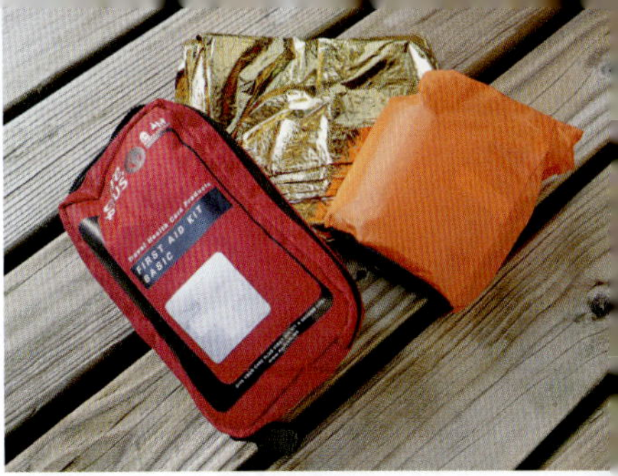

Sollte in keinem Rucksack fehlen: Erste-Hilfe-Set, Biwaksack und Rettungsdecke.

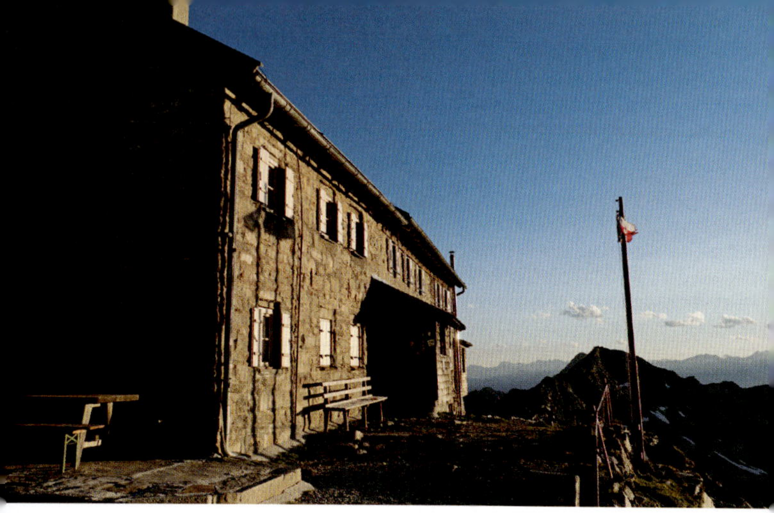

Landshuter Europahütte (Etappen 3 und V3): Sie ist ein Symbol für den Tiroler Höhenweg, da durch sie hindurch die Grenzlinie zwischen Österreich und Italien verläuft.

Die Hütten

Auf den meisten Hütten des Tiroler Höhenwegs erhalten Mitglieder der Alpenvereine Vergünstigungen. In Österreich werden die Hütten von den Sektionen der Alpenvereine betreut, in Südtirol sind sie meist im Besitz des Landes Südtirol und werden von Gremien des Landes und der beiden Alpenvereine CAI und AVS betreut. Die Ausstattung der Hütten ist so unterschiedlich wie die Hütten. Alle Hütten haben elektrisches Licht und auch eine Steckdose zum Laden des Handys. Es gibt Hütten mit kostenlosen Duschen, mit Duschen gegen Bezahlung, mit Dusche im Freien oder nur mit kaltem Wasser im Waschbecken. Genauso vielfältig sind die Schlafgelegenheiten, vom gemütlichen kleinen Einzelzimmer bis zum großen Massenlager. Handyempfang gibt es je nach Lage der Hütte gar nicht, »zwei Kurven den Weg talabwärts« oder ohne Probleme. Einzelne Hütten bieten inzwischen auch WLAN an, zum Teil gegen Gebühr. Allen Hütten gemeinsam ist, dass das Essen kaum Wünsche offenlässt, und das, obwohl einige Hütten »nur« aus der Luft beliefert werden können. Inzwischen haben sich die Hütten auch so weit auf vegetarische Gäste eingestellt, dass zumindest immer ein fleischloses Gericht angeboten wird. Und dazu gehören auch regionale Delikatessen wie Kaspress- oder Spinatknödel.
Für einzelne Wanderer findet sich in jeder Hütte immer irgendwo ein Plätzchen zum Schlafen. Wenn Sie in größeren Gruppen unterwegs sind, dann sollten Sie sich unbedingt frühzeitig vorher anmelden. Gerade in der Haupturlaubszeit sind einige Hütten häufig ausgebucht, vor allem wenn sie an den

Kreuzungspunkten mit anderen Fernwanderwegen liegen. Dies gilt natürlich auch für private Hütten oder Quartiere in den oft kleinen Talorten. Für die DAV-Hütten gibt es ein Reservierungstool, in dem man immer genau sehen kann, ob noch Plätze zum gewünschten Termin frei sind und über das man unbedingt vorreservieren sollte. Und es sollte sich natürlich von selbst verstehen, dass Sie den Hüttenwirten auch wieder absagen, wenn Sie nicht wie angemeldet kommen. Zum einen bereiten sich die Hüttenwirte auf Ihr Kommen vor, planen die Vergabe der Schlafplätze, organisieren die Verpflegung und sagen vielleicht sogar anderen Gruppen ab, außerdem ist jeder Hüttenwirt froh, wenn der angemeldete Gast ankommt, weil er dann weiß, dass diesem unterwegs nichts passiert ist und er nicht noch zu einer Rettungsaktion ausrücken muss, denn die Hütten sind immer auch Stützpunkte der Bergrettung.
Auf den Hütten kann in der Regel ausschließlich mit Bargeld bezahlt werden, weil die sensible Kartentechnik sich nicht mit den häufigen Blitzeinschlägen um die oft ausgesetzten Lagen der Hütten verträgt. Nur in den Talorten und auf der Schneeberghütte ist eine Bezahlung mit EC- oder Kreditkarte möglich.
Noch ein kleiner Tipp zu den Telefonnummern: In Österreich wird die 0 bei der Vorwahl immer weggelassen, wenn die Landesvorwahl gewählt wird. In Italien gilt das nur bei Handytelefonnummern (Beginn der Vorwahl mit 03xx). Bei Festnetzanschlüssen wird hier die 0 der Vorwahl immer gewählt (Beginn der Vorwahl mit 047xx).

Beste Jahreszeit und Wetter

Da der Tiroler Höhenweg oft auf einer Höhe von über 2000 Metern verläuft und die Übergänge, Scharten und Gipfel fast alle über 2500 Metern liegen, hängt die Begehbarkeit des Weges in hohem Maße von der winterlichen Schneemenge und den Restschneefeldern ab. Zwar können in tieferen Lagen die Alpenrosen noch so schön blühen, ein Marsch über weglose Schneefelder in größerer Höhe ist mit normaler Wanderausrüstung sehr kraftraubend und je nach Gelände auch gefährlich. Da auch einige Hütten erst Anfang Juli ihre Pforten öffnen, beschränkt sich die Gehbarkeit auf den Zeitraum von Mitte Juli bis Mitte September bzw. bis entweder die ersten Hütten wieder schließen oder der erste dauerhafte Neuschnee im Hochgebirge die Wege wieder unpassierbar macht.

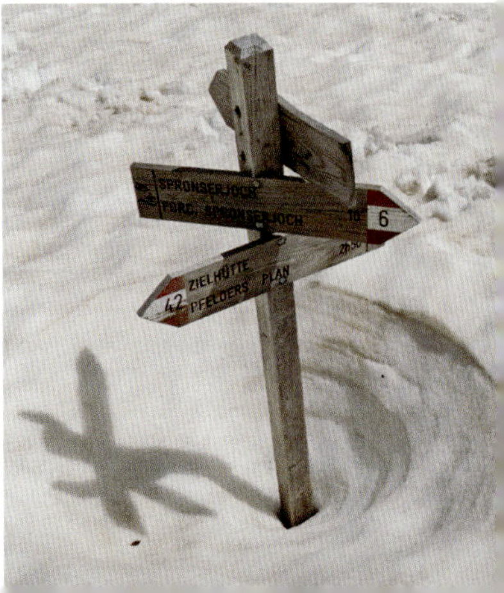

Hier ist Schneeschuh-Wandern angesagt.

Das Wetter kann in den Regionen des Höhenwegs sehr unterschiedlich sein, vor allem im Bereich des Alpenhauptkamms von Mayrhofen bis hin zu den Tribulaunen. Je nach sommerlicher Föhnlage kann zum Beispiel das auf Gschnitztaler Seite liegende Österreichische Tribulaunhaus in der Sonne liegen, während es auf der Pflerschtaler Seite der Tribulaune und an der italienischen Tribulaunhütte schon regnet. Und die Föhnstürme können in den Scharten und auf den Gipfeln auch so stark werden, dass man selbst bei trockenem Wetter gewisse Wege nicht gehen kann, weil die Gefahr zu groß ist, dass einen eine Böe vom Weg bläst. Es ist mir auch schon passiert, dass ich bei Schneetreiben noch die Mutspitz bestiegen habe und nach dem Abstieg in Meran bei über 20 Grad in der Sonne sitzen konnte. Auch bei gewittrigem Wetter kann man je nach Tal und Ort tropfnass werden oder trocken bleiben. Das Wichtigste ist daher die Information über die Wetterlage. Hier gibt es verschiedene Angebote per Telefon oder im Internet. Auf jeder Hütte hängt aber auch immer ein aktueller Wetterbericht aus. Und im Zweifelsfall kann der Hüttenwirt die regionalen Besonderheiten des Wetters am besten abschätzen. Da viele der Etappen des Tiroler Höhenwegs entweder lang oder ausgesetzt sind, sollte man bei schlechtem Wetter auf jeden Fall nicht unbedingt seine Tour durchziehen, sondern auch einen Schlechtwettertag auf der Hütte oder einen Abstieg bei einer längeren Schlechtwetterperiode einkalkulieren. Wichtig ist vor allem, dass Sie gesund ankommen. Denn auch die Bergretter haben es bei schlechtem Wetter im Notfall schwer!

Wetterbericht

Ich empfehle für das Smartphone die App »Alpenwetter« mit den Vorhersagen des ZAMG (Zentralanstalt für Meteorologie und Geodynamik) in Innsbruck als Überblick über die Wetterlage. Den gleichen Wetterbericht bekommt man auch über die Telefonansage +43 900 911566-84 des ÖAV, auf den Webseiten des DAV und ÖAV oder direkt beim ZAMG: www.alpenverein.de; www.alpenverein.at; www.zamg.ac.at.
Über das Wetter in Südtirol gibt es Informationen beim Alpenverein Südtirol: www.alpenverein.it und über die App »Wetter Südtirol« mit Daten von Meteo Schweiz.

Alpine Gefahren:

Der Tiroler Höhenweg verläuft meist durch hochalpines Gelände, häufig auf ausgesetzten Pfaden, bei denen Fehltritte schwere Folgen haben können. Wenn Sie früh im Jahr unterwegs sind, kann es immer wieder passieren, dass Restschneefelder oder Lawinenkanäle den Weg blockieren und zum Teil nicht oder nur mit einem erhöhten Risiko überschritten oder umgangen werden können. Informieren Sie sich daher vorher auf der Hütte oder telefonisch bei den Hüttenwirten, ob Ihre Route schon begehbar ist. Neben den wetterbedingten Gefahren durch Regen, Gewitter, Schnee, Kälte, Wind oder schlechte

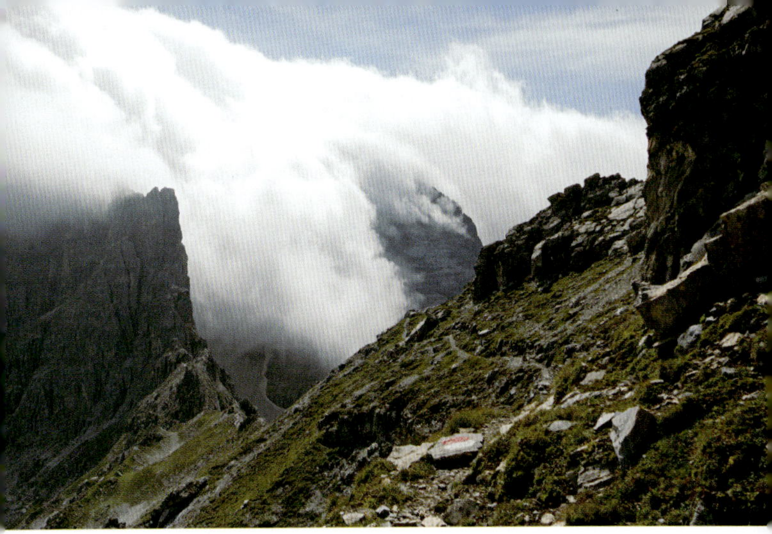

Föhngrenze über den Tribulaunen am Gstreinjöchl (Etappe V6.1).

Sicht sind mangelnde Kondition und daraus folgende mangelnde Konzentration, Selbstüberschätzung und ungeeignete Ausrüstung die Hauptgründe für Unfälle am Berg. Meiden Sie bei Gewittergefahr Grate, Gipfel und Drahtseile. Blitzeinschläge kann es auch schon geben, wenn für Sie das Gewitter noch weit weg zu sein scheint. Warten Sie den Durchzug einer Gewitterfront lieber in der Hütte ab oder gehen Sie bei am Nachmittag zu erwartenden Wärmegewittern so früh los, dass Sie rechtzeitig am Ziel ankommen. Und beobachten Sie bitte immer den Himmel – von wo kommen die Wolken, nehmen diese zu oder nehmen sie ab? – und passen Sie Ihre Tagesplanung dem Wetter an.

Für den Notfall gibt es ein international einheitliches Notsignal: sechs Mal pro Minute ein akustisches oder optisches Signal (Rufen, Pfeifen, Winken …) geben, dann eine Minute Pause, dann wiederholen. Sollten Sie ein Notsignal anderer Wanderer hören oder sehen, antworten Sie bitte mit drei Zeichen pro Minute und einer Wiederholung nach ebenfalls einer Minute Pause.
Hilfe bekommen Sie unter folgenden Notrufnummern:

- allgemeiner europäischer Notruf: **112**
- Bergrettung Österreich: **140**
- Bergrettung Italien: **118**

Außerdem gibt es die App »SOS EU ALP« für das Smartphone von der Bergrettung Tirol, die bei der Notfallmeldung automatisch den Standort des Meldenden übermittelt.

Geologie

Die Alpen sind ein geologisch betrachtet junges Gebirge, das durch den Zusammenprall der afrikanischen und europäischen Kontinentalplatten entstanden ist. Da der Prozess der Hebung und Auffaltung und gleichzeitiger Erosion aber kein gleichförmiger war, sind die Alpen auch ein geologisch sehr vielfältiges Gebirge. Diese Vielfalt können wir auch auf unserer Wanderung auf dem Tiroler Höhenweg erleben:

Nach dem Start in Mayrhofen bewegen wir uns zunächst am geologisch zu den Zillertalern gehörenden Tuxer Hauptkamm, der vor allem aus Zentralgneisen des sogenannten »Tauern-Fensters« und Gesteinen der Tauernschieferhülle besteht. Diese Gesteine sind sehr erosionsbeständig und wir erkennen sie gut an den großen flechtenbewachsenen Steinplatten, über die wir zwischen Friesenberghaus und Pfitscher Joch wandern. Nach kleinen Kalkmarmor- (Wolfendorn) und Urtonschiefer-Intermezzi (Höhenzug vom Brenner bis Obernberg), erreichen wir bei den Tribulaunen das Stubaier Kristallin, das hier aber zum Teil noch von Gesteinen des sogenannten Brenner-Mesozoikums überlagert wird. Dieses Dolomitgestein ist durch seine Kalkbestandteile viel anfälliger für Wasser- und Frosteinflüsse und daher sehr bröselig, was uns vor allem bei der nördlichen Umwanderung der Tribulaune in Form der großen Schuttfelder unterhalb des Gschnitzer Tribulauns, durch den markanten Gip-

Weißwand: Weiße Dolomitspitze auf dunklem Ötztal-Stubai-Kristallin (Etappe 7).

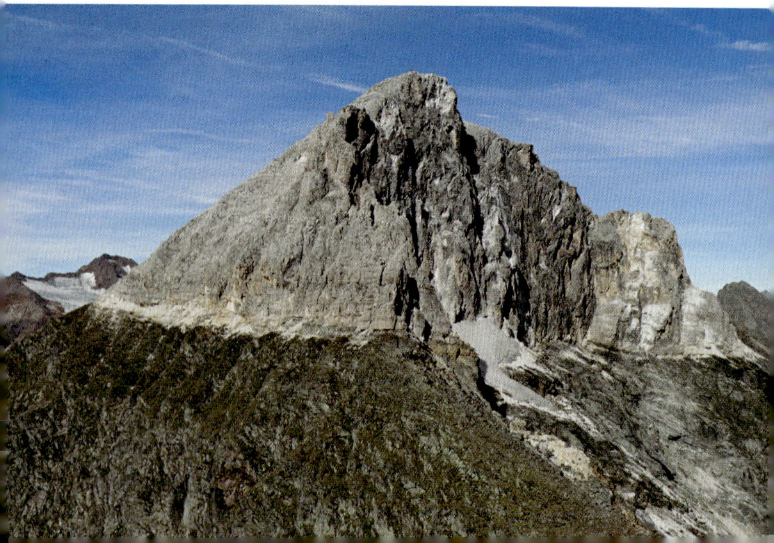

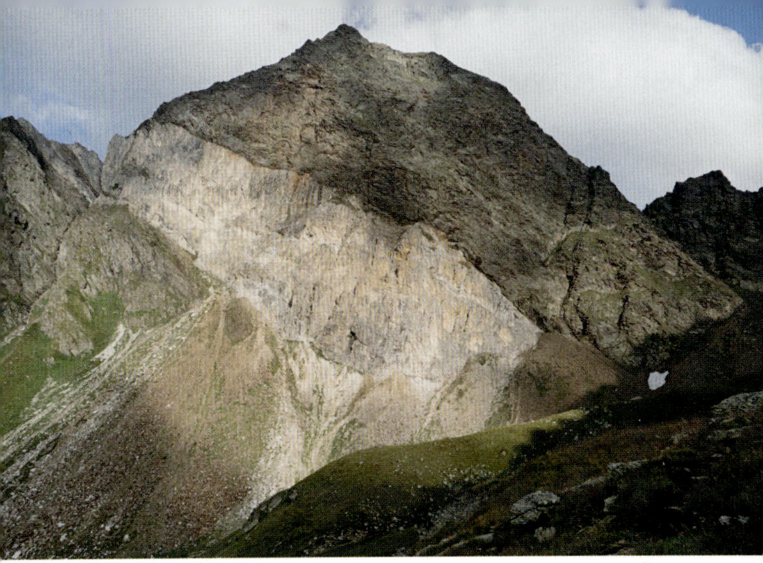

Deutlicher kann der Schichtaufbau nicht sein als hier bei der Gürtelwand (Etappen 10 und V10.1).

felaufbau des Pflerscher Tribulauns oder durch den Aufsatz der Weißwandspitze aus dolomitisierten Kalksteinen auffallen wird. Auf unserem weiteren Weg laufen wir quasi parallel zum mineralreichen sogenannten Schneebergerzug, einem ca. fünf Kilometer breiten Streifen von Sterzing bis zur Texelgruppe, in dem sich Glimmerschiefer, Marmor und Quarzite in Schichten abwechseln und über dem sonst vorherrschenden Ötztal-Stubai-Altkristallin liegen. Weiß leuchtende Marmorgipfel sind hier die Schneeberger- oder Moarer Weiße. Die Schichtung sieht man besonders deutlich an der Gürtelwand. Alle drei Berge befinden sich rund um das Bergbaudorf St. Martin am Schneeberg. Etwas weiter in den Stubaier Alpen (kleine Stubaier Runde) dominieren wieder die witterungsbeständigeren Gneise und Granatglimmerschiefer des Ötztal-Stubai-Kristallin, Überreste der adriatischen Platte, die sich über die europäische Platte geschoben hatte. Der Schneebergerzug zieht sich weiter am Gurgler Kamm hin bis kurz vor die Hohe Wilde und geht fast nahtlos in den Carbonatzug der Laaser Serie über, dessen erste, gut erkennbare marmorierte Gipfel, die Hohe Weiße und der Lodner, zum Teil auch noch dem Schneebergerzug zugerechnet werden. In der Texelgruppe treffen nicht nur diese beiden geologischen Formationen auf kleinem Raum aufeinander. Neben dem Ötztaler Kristallin ist hier vor allem der Granitgneis des Tschigats zu nennen, dessen zentimetergroße Feldspataugen sich sonst nirgends in Südtirol finden.

Der Umwelt zuliebe ...

Auch beim Wandern hinterlassen wir einen ökologischen Fußabdruck, aber im Einklang mit der Natur unterwegs zu sein, ist gar nicht so schwer!

VORBEREITUNG UND ANFAHRT

- Sich vorab informieren, worauf in Bezug auf Natur und Umwelt in der jeweiligen Wanderregion besonders zu achten ist.
- Soweit möglich mit Bahn und Bus anreisen, Wander- und Rufbusse nutzen.
- Ist eine Anfahrt mit dem Auto nötig, Fahrgemeinschaften bilden.
- Bei weiten Anfahrten Mehrtagestouren planen oder von einem Quartier vor Ort aus mehrere Touren absolvieren.
- Flugreisen möglichst reduzieren und durch Beiträge zu Klimaschutzprojekten kompensieren.

KLEIDUNG UND AUSRÜSTUNG

- Beim Kauf von Outdoor-Kleidung auf umweltfreundliche und faire Herstellung achten und Kleidungsstücke möglichst viele Jahre nutzen.
- Ausrüstung kann man eventuell auch gebraucht kaufen oder ausleihen.
- Reparieren statt neu kaufen.

VERPFLEGUNG

- Beim Einkauf Bio-Ware, regionale und saisonale Erzeugnisse bevorzugen.
- Hütten und Gasthäuser auswählen, die regionale Produkte verwenden.
- Auf Einwegflaschen und Plastikverpackungen verzichten, stattdessen wiederverwendbare Trinkflaschen und Brotzeitboxen benutzen.

ÜBERNACHTUNG

- Bei lokalen Anbietern buchen, damit Menschen vor Ort profitieren.
- Auf Hütten und in anderen Unterkünften Strom und Wasser sparen.

UNTERWEGS

- Wege benutzen und Abkürzer vermeiden.
- Sperrungen von Wegen und Schutzgebieten respektieren.
- Keine Blumen pflücken und keine Pflanzen entnehmen.
- Waldbrandgefahr beachten.
- Müll wieder mit nach Hause nehmen und dort entsorgen.
- Toilettengänge in freier Natur möglichst vermeiden.
- Lärm vermeiden.
- Hunde an die Leine nehmen.

ROTHER
BERGVERLAG

Flora und Fauna

Die vielfältigen Gesteinstypen haben vor allem Auswirkungen auf die Pflanzen, die darauf gedeihen. Hier ist vor allem das Silikat-Gestein des Kristallin mit seinen kieselsäurehaltigen Mineralien Feldspat, Quarz und Glimmer zu unterscheiden von den nicht kristallinen basischen Kalziumkarbonat-Gesteinen wie Kalkstein, Marmor und Dolomit. Nicht nur wegen ihrer chemischen Eigenschaften, sondern auch wegen ihrer Konsistenz und damit ihrer Fähigkeit zum Speichern von Wasser bieten diese verschiedenen Gesteinstypen den Pflanzen sehr unterschiedliche Existenzbedingungen. Weitere wichtige Standortbedingungen sind die Sonneneinstrahlung, die Ausgesetztheit (Wind) und Schneebedingungen. So besteht durch das starke Sonnenlicht in den Höhenlagen der Berge die Gefahr der Austrocknung durch zu starke Verdunstung. Der Wind bläst einerseits wichtigen Humus von ausgesetzten Stellen, der sich dann in Ritzen oder an windgeschützten Stellen sammelt und dort für gute Wachstumsvoraussetzungen sorgt, andererseits sorgt er im Winter für schneefreie Bereiche an Kämmen, die dann zwar stärker dem Frost ausgesetzt sind, aber auch im Frühjahr früher warmes Sonnenlicht erhalten. Und Schnee kann einerseits im Winter vor zu großem Frost und Wind schützen, Wasser spenden und, solange er genügend Sonnenlicht durchlässt, den Pflanzen ermöglichen, schon vor dem Abtauen mit der Vegetationsperiode zu beginnen. Andererseits kann zu viel vor allem nasser Schnee durch den Druck auch Pflanzen stark schädigen, wenn sie nicht damit umgehen können. Womit wir bei den wichtigsten Voraussetzungen für die Pflanzenvielfalt in den Bergen angelangt sind. Alle sind wahre Überlebenskünstler und hoch spezialisiert auf die zum Teil unwirtlichen Lebensbedingungen im Hochgebirge, allerdings nie auf alle Bedingungen gleichzeitig, sodass wir

Scheuchzer Wollgras.

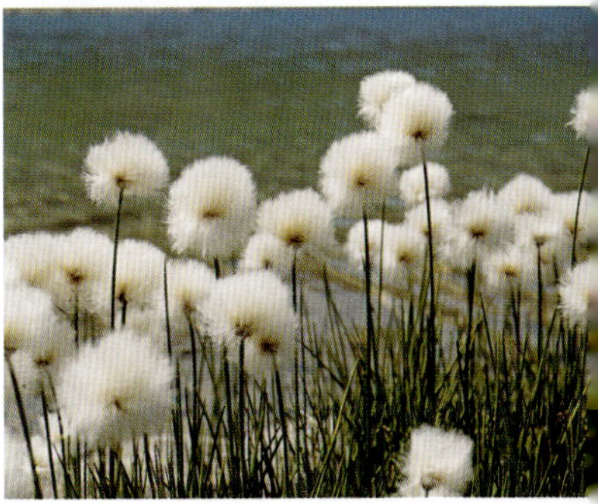

Türkenbundlilie.

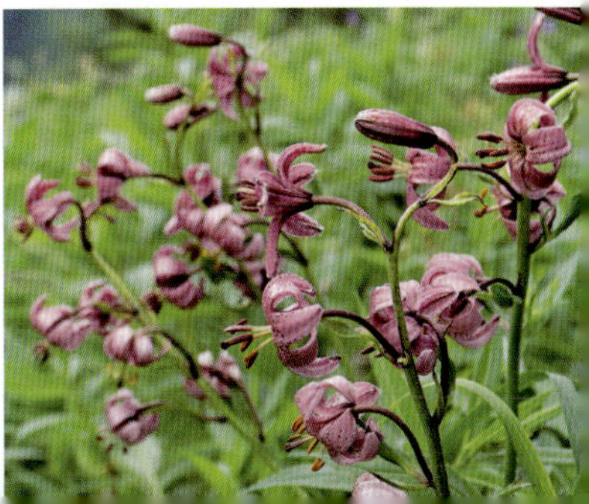

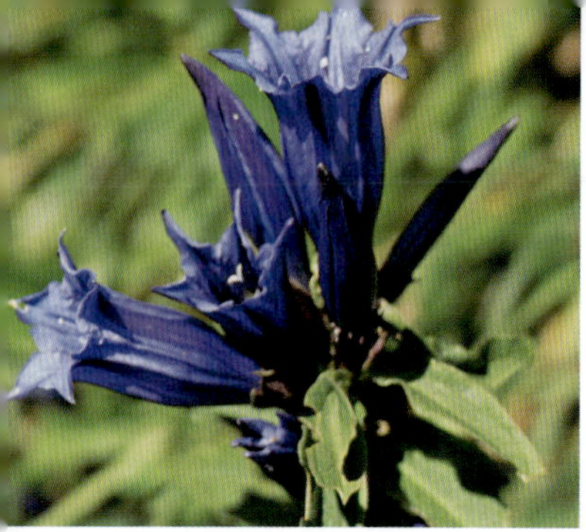

Schwalbenwurz-Enzian.

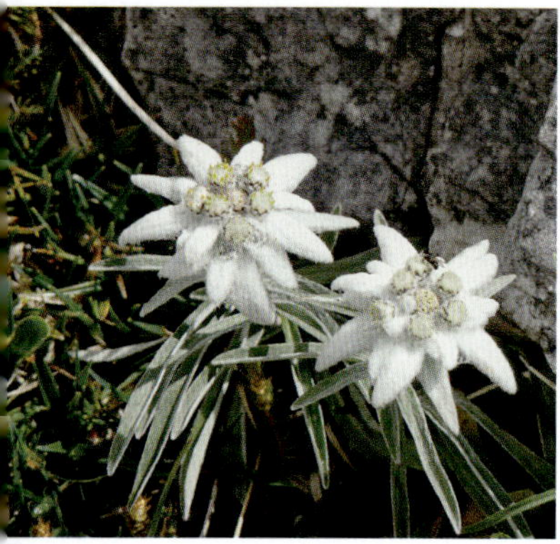

Edelweiß.

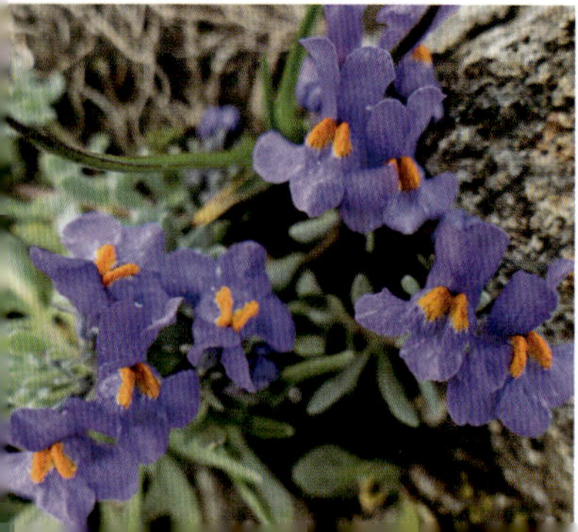

oft auf engem Raum eine große Artenvielfalt antreffen, weil die lokalen Standortbedingungen und das Mikroklima sich so schnell abwechseln. Während wir in den Tälern auf große Fichtenwälder und ausgedehnte landwirtschaftlich genutzte Flächen treffen, werden die Pflanzen oberhalb der Baumgrenze schon wählerischer. Hier können wir im sogenannten Zwergstrauchgürtel auf Zirben, Grünerlen, Lärchen oder Hänge voller Alpenrosen treffen, die bis circa Mitte Juli in voller Blüte stehen. Darüber finden wir vor allem auf den kristallinen Gesteinen meist ausgedehnte Rasenflächen, die bis an die Felswände heran reichen. Je nachdem, ob sie als Weideflächen genutzt werden, finden sich dort Blumen, die auf die stickstoffreiche Düngung angewiesen sind, oder solche, die lieber karge Böden haben. In Bergen aus Kalksteinen finden sich um die Felswände wegen des bröseligen Gesteins in der Regel große Schuttfelder. Hier sind es ganz andere Pflanzen, die versuchen, in den Ritzen zwischen den Steinen Halt zu finden. Je weiter wir nach oben kommen, desto karger wird die Landschaft und die Flächen mit Gräsern und Moosen werden durch Polster- oder Rosettenpflanzen abgelöst, die durch ihre besondere Wuchsform versuchen, einerseits das eigene abgestorbene Material als Humus bei sich zu behalten und gegen den Wind zu schützen und andererseits die Verdunstung und Austrocknung zu verhindern. Oft sind die Blätter

Alpen-Leinkraut.

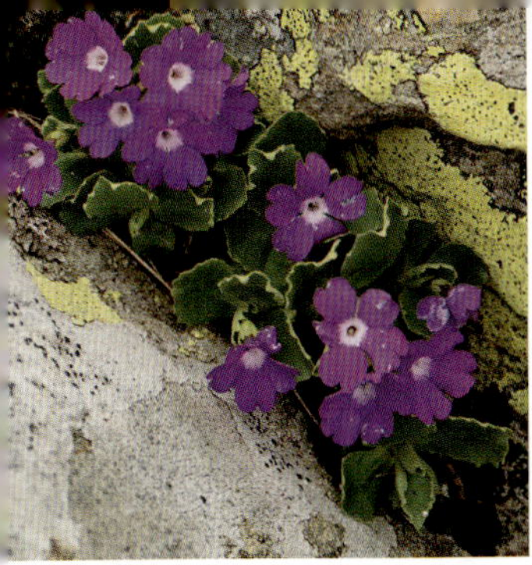

Behaarte Primel.

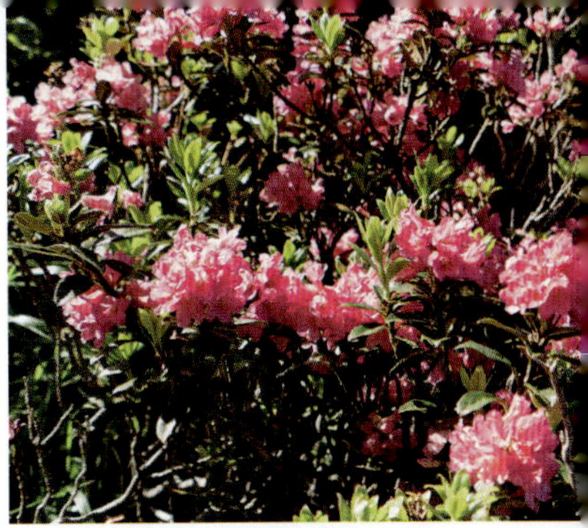

Alpenrosen.

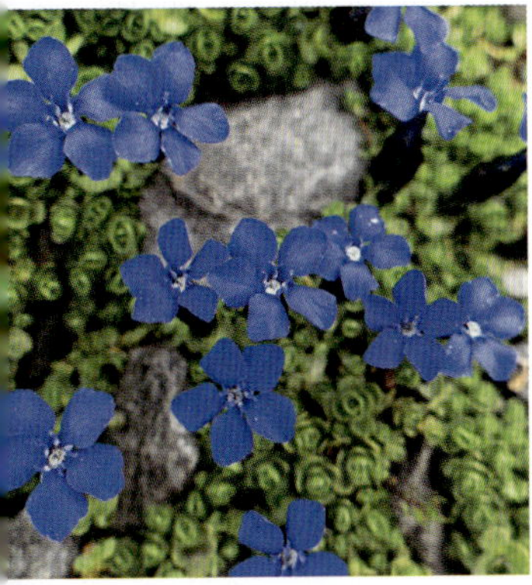

Bayerischer Enzianzian.

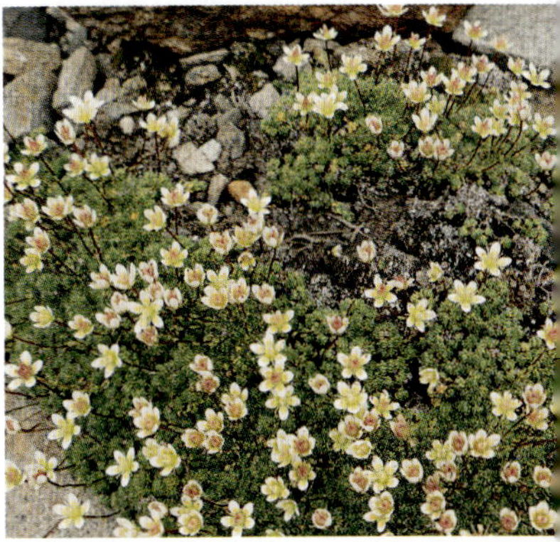

Moossteinbrech.

auch dickfleischig und können Wasser gut speichern. Auch die Fortpflanzung ist für die Pflanzen mit zunehmender Höhe schwieriger. So sehr sie sich auch bemühen, durch ihre Farbenpracht bestäubende Insekten anzuziehen, so werden diese hier auch immer weniger. Wir finden wenige Bienen, eher Hummeln, Fliegen und viele Schmetterlinge, die diese Aufgabe wahrnehmen. Aber es gibt auch selbst- oder windbestäubende Blumen oder Pflanzen, die sich durch Kriechtriebe über die Schuttfelder weiterverbreiten. Die meisten Alpenpflanzen sind mehrjährig, da eine einzelne Vegetationsperiode in der Regel nicht ausreicht, um nach der Blüte die Samen fertig auszubilden. Da sie aber ihre ganze Energie in die Fortpflanzung stecken, bleibt für das Wachstum nur wenig übrig, sodass alle Hochgebirgspflanzen sehr langsam wachsen.

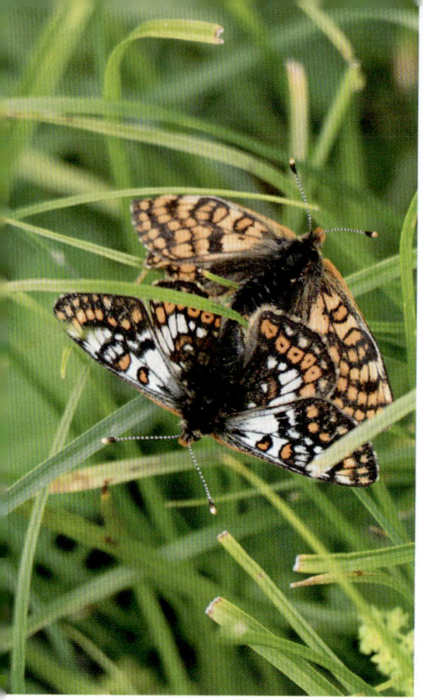

Auch viele Tiere haben sich an das Leben im Hochgebirge perfekt angepasst. Am häufigsten werden wir Murmeltiere antreffen oder hören, denn ihre Warnpfiffe, mit denen sie unser Näherkommen ankündigen, sind wirklich nicht zu überhören. Seltener sind das Hermelin, Schneehasen oder -hühner zu sehen. Wir haben das Glück, dass der Tiroler Höhenweg uns gleich durch zwei Siedlungsgebiete von Steinböcken führt, sodass wir diese beeindruckenden Tiere mit hoher Wahrscheinlichkeit zu Gesicht bekommen, vor allem, wenn wir uns früh als erste vor den anderen Mitwanderern auf den Weg machen. Eine große Kolonie lebt rund um den Pflerscher Pinggl westlich der italienischen Tribulaunhütte (Etappen 6 und 7), eine andere im Naturpark Texelgruppe westlich der Spronser Seen (Etappe 14, v. a. die Varianten davon). Auch Gämsen zeigen sich auf allen unseren Etappen gelegentlich.

Oben:Scheckenfalter.
Unten: Schafe am Egetenjoch.

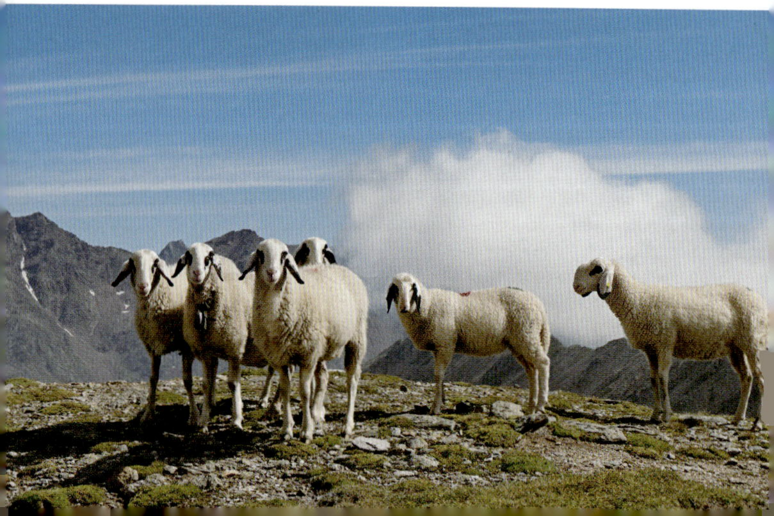

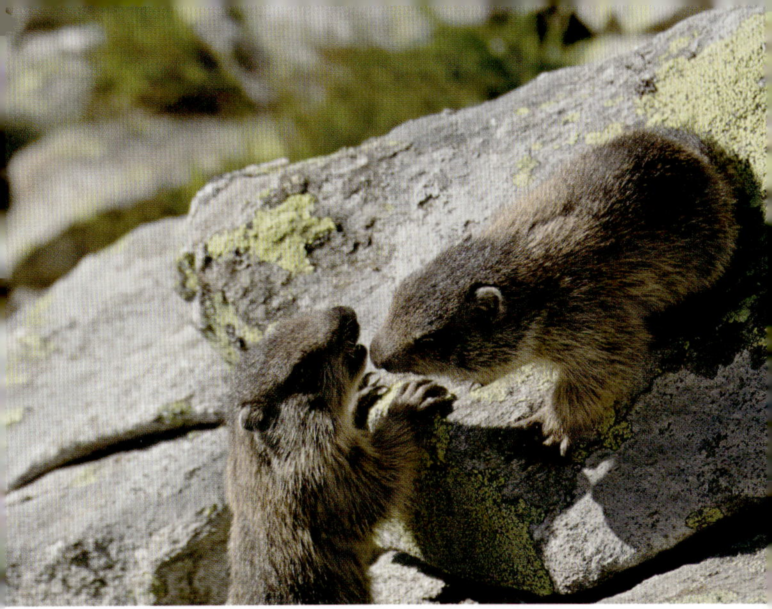

Blicken wir zum Himmel, können wir mit etwas Glück Steinadler auf ihrem Jagdflug beobachten. Häufiger sind Turmfalken, die an den steilen Felshängen ideale Bedingungen zum Nisten vorfinden. Und natürlich gibt es noch viele Kleintiere wie Salamander, Frösche und auch Schlangen, denen wir begegnen können, wenn wir die Augen offen halten. In der Regel sind alle Begegnungen mit den Tieren, auch mit den Kühen und Schafen auf den Almen, ungefährlich, wenn sie sich nicht von uns bedroht fühlen. Vor allem weiblichen Tieren mit Jungtieren sollten wir eher aus dem Weg gehen und sie aus gebührender Entfernung betrachten. Denn wenn es um ihre Jungen geht, ist auch mit Tieren nicht zu spaßen, so niedlich diese auch aussehen.

Oben: Murmeltiere.
Unten: Steinbock.

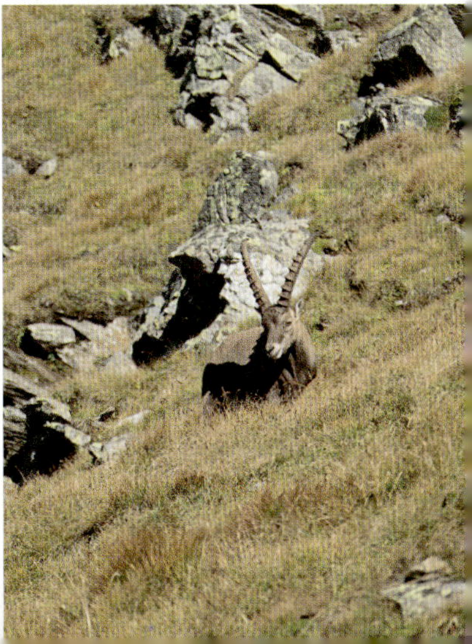

Zur Geschichte Tirols

Da wir uns auf dem Tiroler Höhenweg oft an der oder über die Grenze zwischen den beiden Teilen Tirols bewegen und auch auf allerlei Relikte der Grenzbefestigung oder Symbole für ein vereintes Tirol treffen, lohnt sich ein kurzer Blick auf die Geschichte des Landes:
Erste Besiedelungsspuren in den Tälern Tirols sind über 8000 Jahre alt. Die Menschen überquerten aber auch schon früh die Berge, wie die 1991 am Tisenjoch gefundene, heute als »Ötzi« bekannte, circa 5000 Jahre alte Leiche zeigt. Auch die ungefähr 4500 Jahre alten Schalensteine, auf die man immer wieder in Südtirol trifft, belegen, dass einzelne Orte auf den Bergen schon früh als Kultstätten oder für astrologische Beobachtungen genutzt wurden. Als die Römer 15 v. Chr. den Alpenraum ihrem Reich einverleibten, um nördlich davon gegen die Germanen vorzugehen, fassten sie die Alpenbewohner unter dem Namen Räter zusammen und gründeten die Provinz Rätien. Die ladinischen Volksgruppen mit ihrer rätoromanischen Sprache sind heute noch späte Zeugen der römischen Besiedelung. Mit der Völkerwanderung brach die Herrschaft der Römer im Alpenraum zusammen. Langobarden von Süden her und Bajuwaren aus dem Norden vermischten sich friedlich mit der einheimischen Bevölkerung. Erste Kirchenbauten oder deren Überreste weisen auf eine frühe Christianisierung ab dem 5. Jahrhundert hin.

Grenzstein.

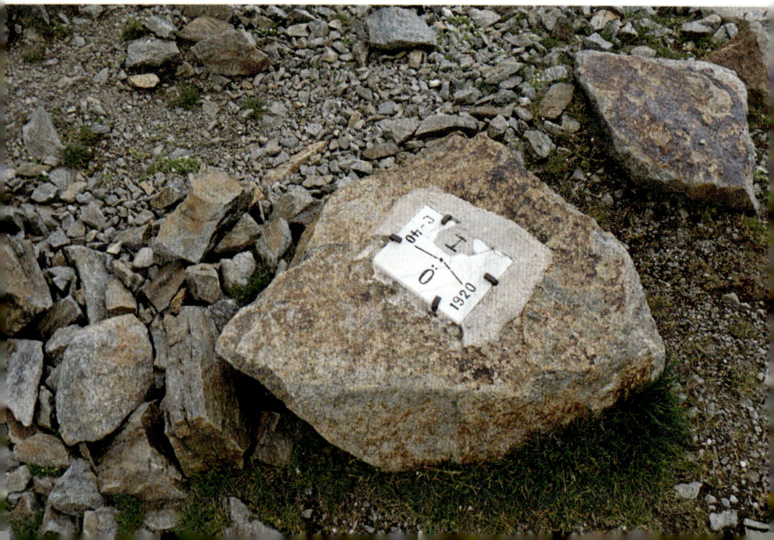

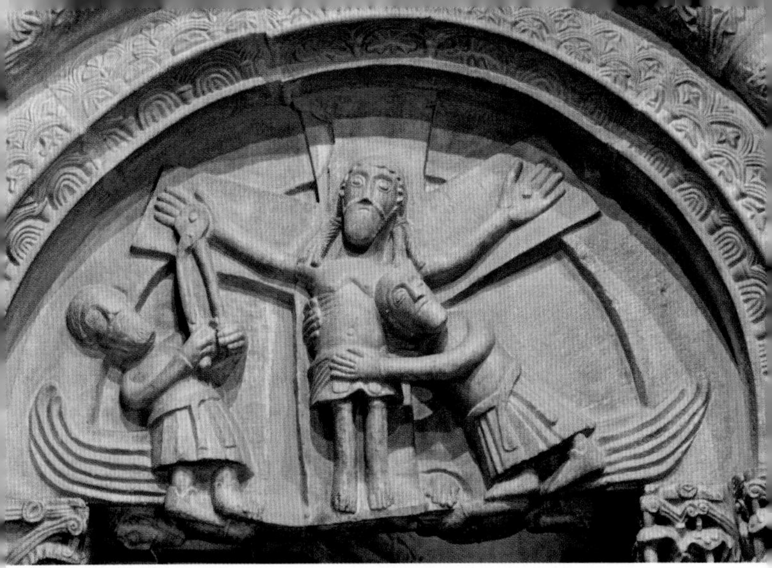

Kreuzabnahme, Relief aus dem 12. Jahrhundert (Kapellenportal Schloss Tirol, Etappe 15).

Um 800 eroberte Karl der Große einen Großteil des heutigen Tirols. Nachdem sich Otto I. 962 vom Papst in Rom zum römisch-deutschen Kaiser hatte krönen lassen, wurden 1027 von Kaiser Konrad II. die Bistümer von Trient und Brixen mit allen Grafschaften auf der sogenannten »Kaiserstraße« durch die Alpen vom Inntal bis zur Veroneser Klause belehnt, um den Kaisern einen ungehinderten Alpenübergang zu sichern. Gleichzeitig dehnten die Grafen von Andechs und Vintschgau ihren Einflussbereich in der Region immer weiter aus und wurden zu den weltlichen Schutzherren der beiden Bistümer. Als die Linie der Grafen von Andechs 1248 ausstarb, wurden die Ländereien der beiden Grafschaften zusammengeführt. Dies gilt heute als die Geburtsstunde des Landes Tirol. Meinhard II. festigte ab 1258 in seiner knapp 40-jährigen Regierungszeit die Einheit des Landes nach innen und außen, nicht zuletzt durch seine Ernennung zum Reichsfürsten. Er gilt als der eigentliche Schöpfer Tirols. Burg Tirol wurde zum Herrschaftssitz der Tiroler Fürsten. Als 1363 mit Meinhard III. wieder einmal die Herrscherlinie ausstarb, begab sich Tirol unter den Schutz Herzog Rudolfs von Österreich. Es wurde ein Teil Österreichs, handelte aber im »Großen Freiheitsbrief« Sonderrechte im Habsburger Reich aus. 1420 verlegten die neuen Machthaber den Regierungssitz nach Innsbruck. Durch die großen Silbervorkommen am Schneeberg und bei Schwaz im Inntal galt Tirol im 15. Jahrhundert als Schatzkammer Österreichs. Unter dem 1508 zum Kaiser gekrönten Maximilian I. von Österreich erhielt das Land die bis 1918 gültige Ausdehnung.

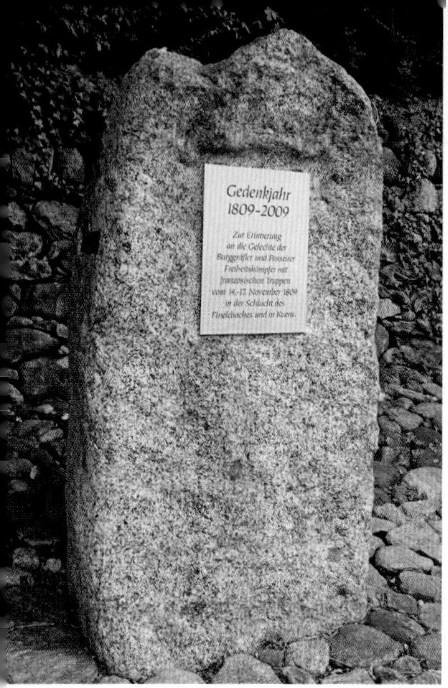

Dieser Gedenkstein in Kuens nahe Meran erinnert an den Volksaufstand der Tiroler gegen die napoleonischen Besatzer im Jahr 1809 (Etappe V 15).

Die nächsten 300 Jahre bis zu den napoleonischen Kriegen stand Tirol wenig im Fokus der österreichischen oder europäischen Politik. Nach einer Niederlage Österreichs ging Tirol 1805 kurzzeitig an den französischen Bündnispartner Bayern. Als die bayerischen Besatzer darauf in Tirol Truppen für Napoleon rekrutieren wollten, kam es 1809 zum Volksaufstand der Tiroler unter Andreas Hofer. Nach mehreren Siegen drängten die Tiroler die Bayern aus dem Land, und für kurze Zeit übernahm Hofer die Regierungsgeschäfte. Nach der endgültigen Niederlage Österreichs ging Tirol jedoch wieder an Frankreich, und die Franzosen schlugen den Aufstand der Tiroler mit großer Härte nieder und richteten Hofer hin. Allerdings wurden auf dem Wiener Kongress 1813 nach Ende der Herrschaft Napoleons bereits die alten Grenzen Tirols als Teil Österreichs wieder hergestellt. Mit der Gründung des Königreichs Italien im Jahr 1861 bekam Tirol einen neuen aufstrebenden südlichen Nachbarn, der 1866 nach dem gemeinsamen Sieg mit Preußen gegen die Österreicher Venetien in sein Reich eingliedern konnte. Schon damals gab es erste italienische Bestrebungen, die Landesgrenze bis zur Sprachgrenze nach Salurn gen Norden zu verschieben. Trotz des Dreibunds mit Deutschland und Österreich verhielt sich Italien bei Ausbruch des Ersten Weltkriegs zunächst neutral und verhandelte mit beiden Kriegsparteien. Nachdem ihm im Londoner Vertrag unter anderem die Brenner-Grenze zugesichert worden war, kündigte Italien den Dreibund und trat auf der Seite der Entente aus England, Frankreich und Russland in den Krieg ein. Es begann der verlustreiche Alpenkrieg. Obwohl die Österreicher 1917 nach dem Sieg in der 12. Isonzoschlacht die Befreiung der Alpen von den Italienern feierten, wurde Südtirol nach der Niederlage Österreichs gegen die Entente 1918 von italienischen Truppen ohne Widerstand besetzt.

Kasernenanlage am Sattelberg (Etappe V 5).

Im November 1918 formulierte der amerikanische Präsident Woodrow Wilson 14 Punkte als Grundlage für eine neue Friedensordnung für Europa. In Punkt zwei heißt es, dass »die Regelung aller Fragen [...] auf Grund einer freien Annahme durch das Volk, das unmittelbar damit betroffen ist, und nicht auf der Grundlage materieller Interessen oder des Vorteils irgendeiner anderen Nation ...« zu erfolgen habe. Und Punkt neun lautet: »Es soll eine Berichtigung der Grenze Italiens durchgeführt werden nach den klar erkennbaren Linien der Nationalität.« Dies hätte zu einer Teilung Tirols an der Sprachgrenze, der Salurner Klause, führen müssen. Als Entschädigung für die in den neu gegründeten Staat Jugoslawien eingegliederte dalmatinische Küste erhielt Italien im Staatsvertrag von Saint Germain allerdings die Brenner-Grenze und damit auch den deutschsprachigen Teil Südtirols. Es begann ein dunkles Kapitel der Tiroler Geschichte, die Italienisierung Südtirols nach einem 32 Punkte umfassenden Programm: Italiener wurden angesiedelt, Italienisch wurde einzige Unterrichts- und Amtssprache, Verwaltungsorgane wurden mit Italienern besetzt, deutsche Vereine, Kultureinrichtungen und Zeitungen verboten, um die Tiroler ihrer Identität zu berauben. Den Aufstieg der Nazis in Deutschland beobachtete das ebenfalls faschistische Regime Mussolinis in Italien in der Angst, dass die Deutschen sich Südtirol kriegerisch zurückholen könnten, und baute zahlreiche Befestigungsanlagen an der Brenner-Grenze. Allerdings wurde im »Stahlpakt« zusätzlich zu einem militärischen Bündnis auch die Südtirolfrage durch ein großes Umsiedelungsabkommen »geklärt«, bei dem sich die Südtiroler für die Auswanderung ins Deutsche Reich als Deutsche oder für die Annahme der italienischen Staatsbürgerschaft entscheiden konnten. Der Propagandakampf um diese »Option« spaltete die Südtiroler in die »Geher« und die »Dableiber« und hinterließ tiefe gesellschaftliche Gräben. Bis die Umsiedelung wegen des Zweiten Weltkriegs ins Stocken geriet, zogen 70.000 Südtiroler ins Deutsche Reich.

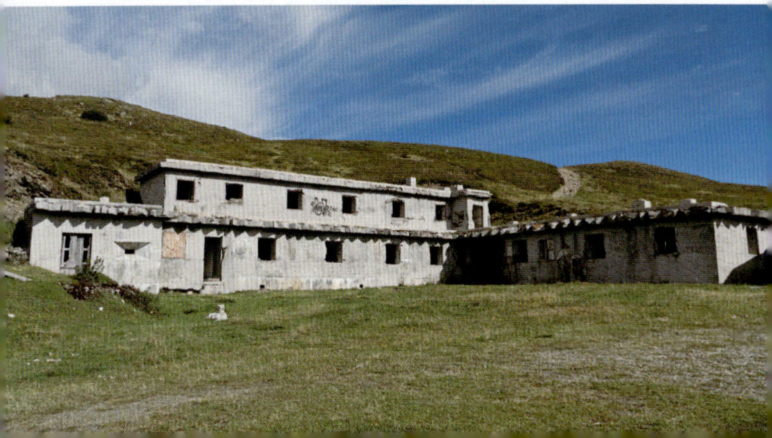

Als Italien 1943 auf die Seite der Alliierten übertrat und Südtirol von der deutschen Wehrmacht besetzt wurde, wendete sich kurzzeitig das Blatt, und die italienische Minderheit und die »Dableiber« wurden von den Deutschen schikaniert. Luftangriffe der Alliierten auf die Orte entlang der Trasse der Brennereisenbahn zerstörten vor allem große Teile Innsbrucks und Bozens und sorgten schnell für Kriegsmüdigkeit bei der Bevölkerung. Als die Amerikaner 1945 Innsbruck von Norden und die Briten Lienz von Süden erreichten, war für Tirol der Zweite Weltkrieg beendet. In den anschließenden Verhandlungen der Siegermächte um die Neuordnung Europas hofften die Südtiroler auf eine Wiedervereinigung Tirols nach dem Selbstbestimmungsrecht der Völker und schickten knapp 160.000 Unterschriften für einen Anschluss an Österreich an die Siegermächte.

Gedenkstein für den bei einem Anschlag am Pfitscher Joch ums Leben gekommenen Grenzsoldaten Bruno Bolognesi (Etappen 3 und V3).

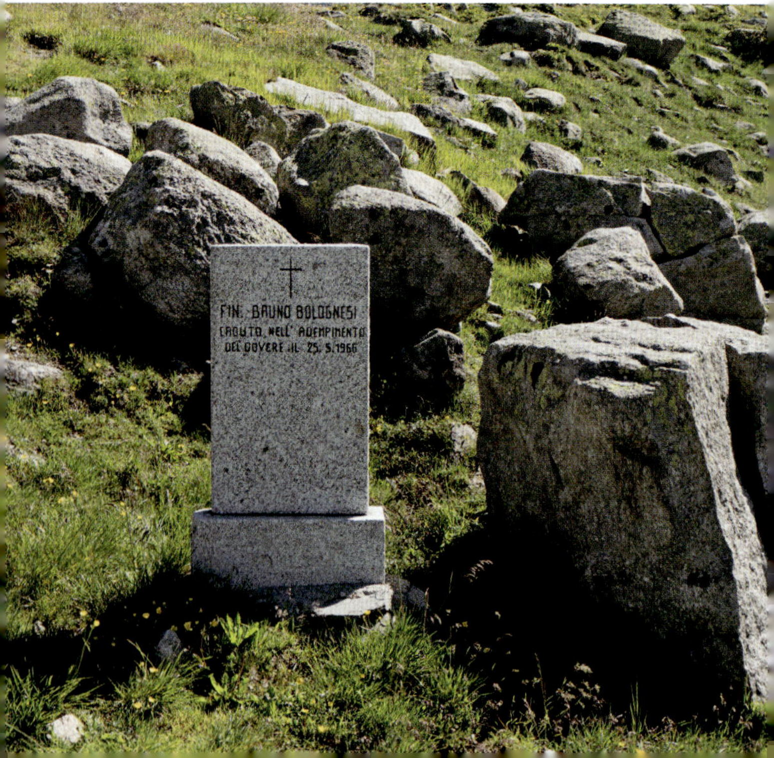

Im Pariser Abkommen wurde allerdings die Brenner-Grenze Italiens bestätigt. Die für Südtirol beschlossene Autonomie wurde in den Nachkriegsjahren von den italienischen Regierungen ausgehöhlt oder einfach nicht umgesetzt. Dies führte zu einer Klage Österreichs als »Anwalt« der Südtiroler vor der UNO und zu vermehrten Spannungen in der Südtiroler Bevölkerung mit ersten Sprengstoff-Attentaten in den Jahren 1956 und 57 auf italienische Einrichtungen. Nach der Bestätigung des Autonomierechts Südtirols durch die UNO und dem Scheitern von Verhandlungen zwischen Österreich und Italien kam es zu erneuten Attentaten und am 12. Juni 1961 zur sogenannten »Feuernacht«, bei der durch gezielte Sabotage der Stromleitungen die Stromversorgung Norditaliens in Teilen lahmgelegt wurde. Die Attentäter wurden vom italienischen Militär gnadenlos verfolgt. Eine 19er-Kommission aus Italienern und Südtirolern erarbeitete aber auch ein Maßnahmenpaket und einen »Operationskalender«, der 1969 von der Südtiroler Landesversammlung genehmigt wurde und 1972 in ein Abkommen mit Österreich mündete. Die Umsetzung des Pakets dauerte allerdings bis 1992, immer wieder begleitet von Spannungen und auch Attentaten, die aber inzwischen auf keine Zustimmung in der Bevölkerung mehr stießen. Mit dem Beitritt Österreichs 1995 zur EU und zum Schengener Abkommen fielen 1997 die Grenzkontrollen an der Grenze zwischen den beiden Teilen Tirols weg. Zwar gehörten sie weiterhin zu unterschiedlichen Staaten, die Grenze hatte aber ihre trennende Funktion verloren. Der Tiroler Höhenweg mit seinem ständigen Wandern auf oder über die Grenzen soll einen weiteren Schritt auf dem Weg der Wiederannäherung und Versöhnung der beiden Teile Tirols und der Staaten Österreich und Italien darstellen. Er zeigt, dass Grenzen nicht zum Freiheitserleben des Bergsteigens insbesondere auf einem Fernwanderweg passen. Mögen uns die Überreste der Grenzsicherungen und Hoheitszeichen Erinnerung daran sein, dass dieses grenzenlose Erleben der Berge vor wenigen Jahrzehnten noch nicht alltäglich war, und gleichzeitig Mahnung, dass wir uns diese Freiheit als hohes Gut unbedingt erhalten müssen.

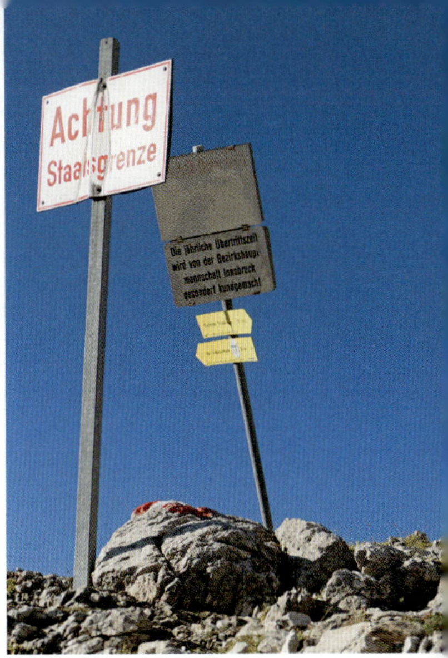

Grenzschilder am Sandesjöchl (Etappen V6 und V6.1).

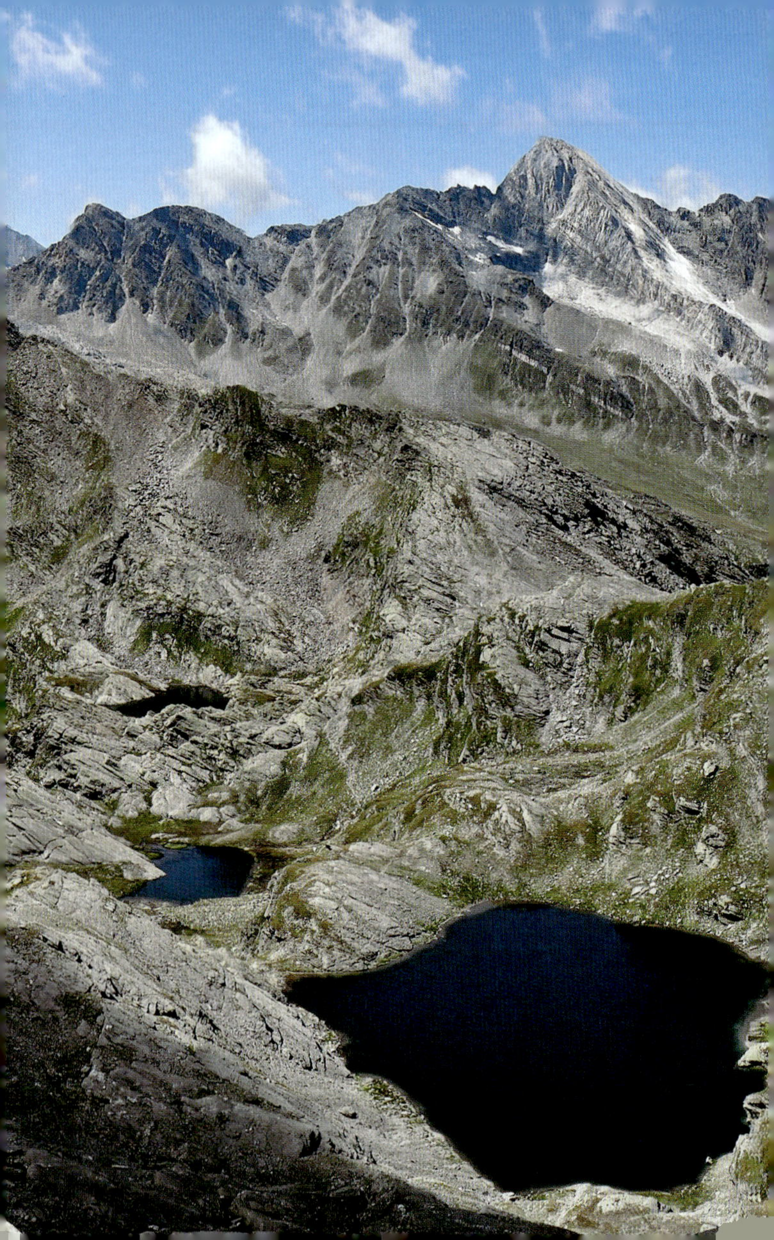

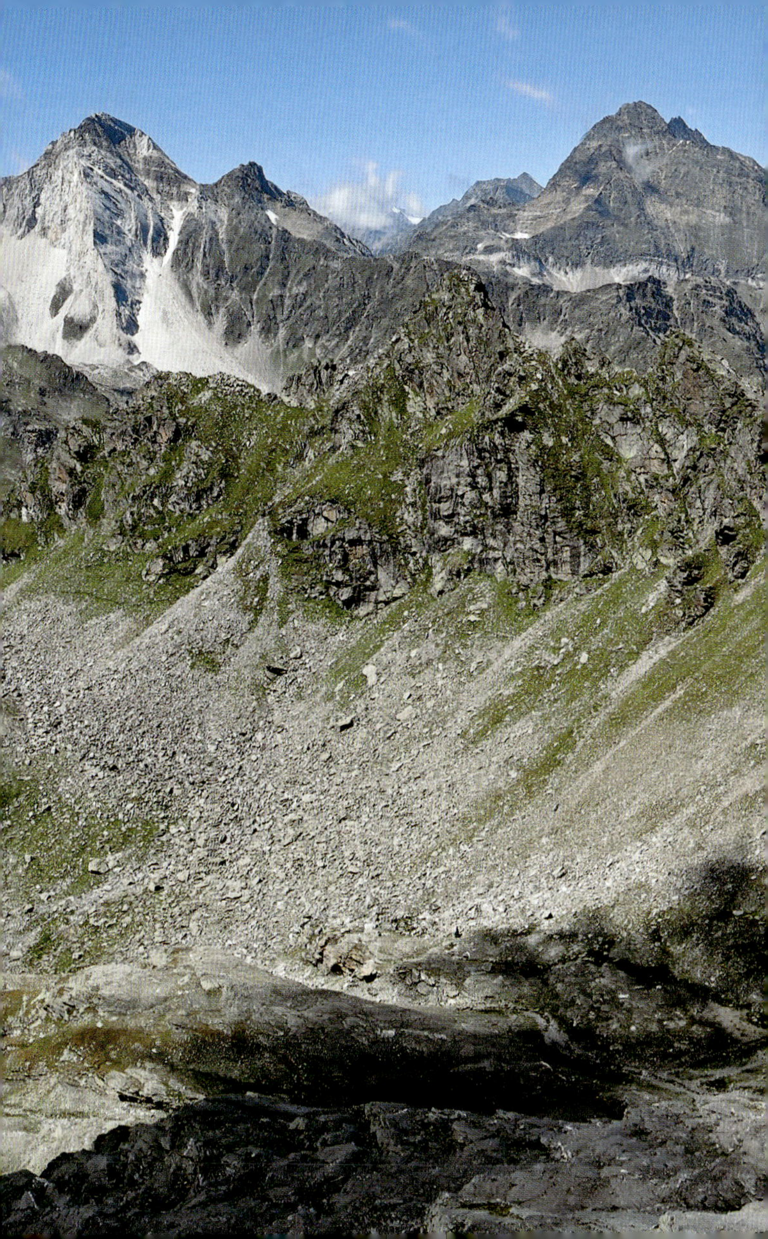

1 Mayrhofen – Gamshütte

4.00 Std.
↑1310 ↓20

Entschleunigungsprogramm

Der heutige Tag bietet als idealen Einstieg in den Tiroler Höhenweg ein wahres Entschleunigungsprogramm. Wer mit der Bahn anreist, erlebt das schon bei der gemütlichen Fahrt mit der Zillertalbahn nach Mayrhofen. Im Ort angekommen sortieren sich rasch die Touristenmassen. Die meisten machen sich auf zu den Bergbahnen, sodass wir auf unseren Wanderwegen schnell der Zivilisation entfliehen können. Gleich beim Aufstieg nach Finkenberg bieten sich uns spektakuläre Blicke auf die fast senkrechten Felswände der Tuxer Klamm, die der Tuxerbach fast 200 Meter tief in den Fels gewaschen hat. Ab Finkenberg geht es gleichmäßig und stetig bergauf, ideal, um zum Einstieg der Tour den Rhythmus zu finden. An der Gamshütte warten nicht nur eine gemütliche Sonnenterrasse und eine urige Stube, sondern auch zwei Panoramaduschen im Freien, bei gutem Wetter ein ganz besonderes Erlebnis. Die Gamshütte gehört mit knapp 40 Schlafplätzen zu den kleineren DAV-Hütten. Da sie auch am Beginn des viel begangenen Berliner Höhenwegs liegt, ist eine frühzeitige Übernachtungsbuchung unerlässlich, will man nicht gleich zu Beginn der Hüttentour im Notlager landen.

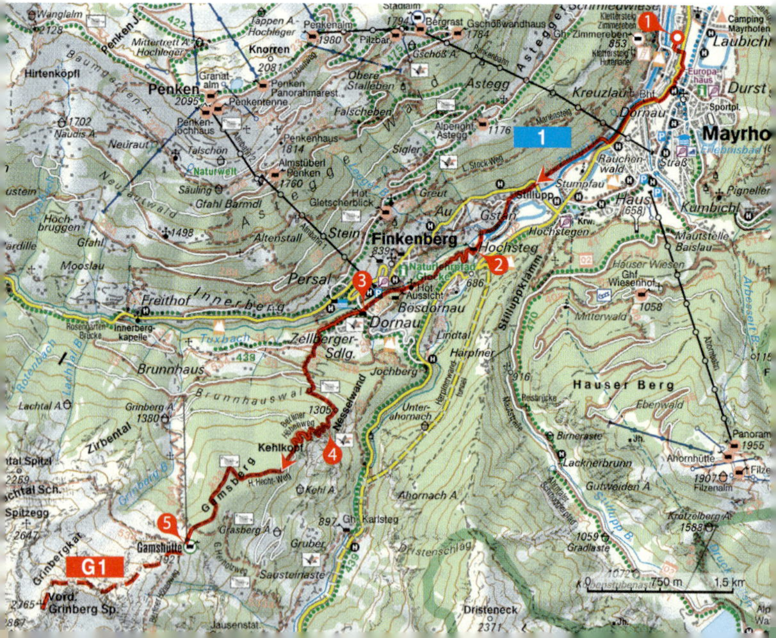

Ausgangspunkt: Bahnhof Mayrhofen im Zillertal, 633 m.
Anforderungen: Unschwieriger, langer Aufstieg auf gut beschilderten Wanderwegen.
Markierungen: Keine farbigen Markierungen, viele Wegweiser: »12« bis Hochsteg, »32« bis hinter Teufelsbrücke, »533/ Hermann-Hecht-Weg« zur Gamshütte.
Einkehr: Gasthof Hochsteg, 666 m, Tel. +43 5285 64470; diverse Lokale in Finkenberg, 850 m, nach ca. 1,5 Std.
Unterkunft: Gamshütte, 1921 m, DAV Sektion Otterfing, bewirtschaftet Anfang Juni bis Ende September, Tel. +43 664 4282969, info@gamshuette.at, www.gamshuette.at.
Einkaufsmöglichkeiten: Zahlreiche Geschäfte in Mayrhofen (z. B. Supermarkt am Ortsausgang direkt am Weg, geöffnet auch So. 8–14 Uhr).
Verkehrsmittel: Mit dem Zug (ÖBB) nach Jenbach, dort mit der Zillertalbahn i. d. R. zweimal pro Stunde nach Mayrhofen: www.zillertalbahn.at; Parkplätze am Bahnhof Mayrhofen und an der Talstation zur Ahornbahn oder in Finkenberg an der Talstation der Finkenberger Almbahnen. Neuer Gamshütte-Parkplatz am Beginn des Hermann-Hecht-Wegs.
Gipfeloption: Vordere Grinbergspitze, Etappe G 1.

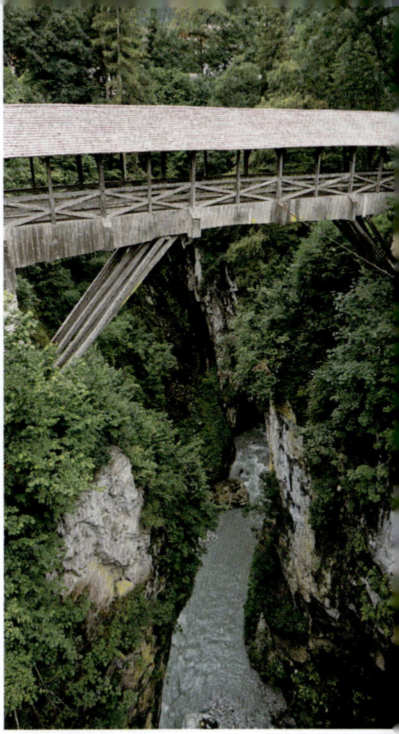

Teufelsbrücke.

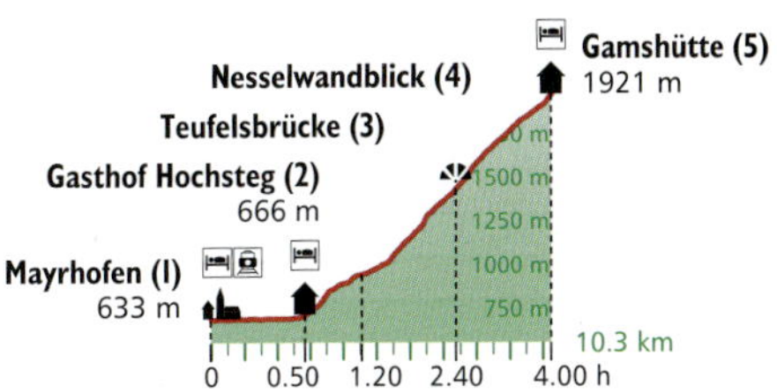

Am Bahnhof von **Mayrhofen (1)** überqueren wir die Hauptstraße und folgen ihr auf dem Fußweg nach rechts in südwestlicher Richtung. Wir ignorieren die Abzweige ins Ortsinnere und bleiben der Hauptstraße bis nach der Brücke über den Ziller treu. Direkt nach der Brücke zweigt rechts der Fahrrad- und

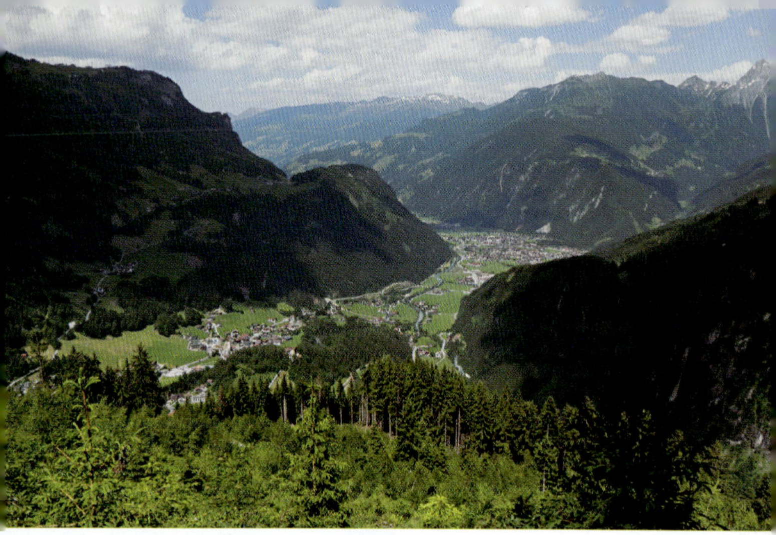

Blick auf Mayrhofen von einer freien Stelle auf dem Kehlkopf.

Fußweg ab, dem wir ein Stück entlang des Zemmbachs folgen. Kurz vor dem Ortsausgang bietet uns ein Supermarkt auf der anderen Straßenseite die letzte Gelegenheit, noch die Dinge einzukaufen, von denen uns im Zug eingefallen ist, dass wir sie vergessen haben. Direkt gegenüber führt uns eine Brücke über den Zemmbach endlich auf einen Wanderweg, den wir in Richtung Finkenberg entlang des Baches laufen. Wir kreuzen die Straße nach Finkenberg und bleiben unserem Wanderweg am Zemmbach auch treu, wenn uns das Ortsschild Finkenberg-Gstan auf eine falsche Fährte locken will. Jetzt heißt unser angeschriebenes Zwischenziel **Gasthof Hochsteg (2)**, 666 m. An der nächsten T-Kreuzung des Weges halten wir uns links und erreichen über eine Schafweide den Gasthof mit seiner kleinen Kapelle. Zwei Kehren oberhalb des Gasthofs kommen wir an einen Wegweiser nach Finkenberg bzw. zur **Teufelsbrücke** und folgen daher der Straße weitere Serpentinen den Berg hinauf, bis diese endet und es auf einem Wanderweg in den Schluchtwald mit dem Namen »Glocke« weitergeht, der aufgrund seines besonderen Mikroklimas durch die **Tuxer Klamm** einen für den Alpenraum einmaligen Baumbestand verschiedenster Laubbäume beheimatet, nachzulesen auf den Infotafeln des Naturlehrpfads, auf dem wir uns jetzt bewegen. Durch den Laubwald geht es ständig bergauf, und bald bieten sich uns die ersten tiefen Einblicke in die Schlucht mit ihren fast senkrecht abfallenden Felswänden. Auch von den beiden Brücken über die Klamm, die zum Ortskern von Finkenberg abgehen, blickt man weit in die Tiefe. An der **Teufelsbrücke (3)**, die früher einfach alte

Brücke hieß, können wir ein letztes Mal zur Einkehr oder für Einkäufe nach Finkenberg abzweigen. Unser Wanderweg bleibt allerdings auf der südlichen Seite der Schlucht und folgt noch ein wenig der Straße durch den Ortsteil Dornau. Am Ende des Ortes erreichen wir nach zwei Kehren den neuen Gamshütte-Parkplatz oberhalb der neuen Anlage des Tennisclub Finkenberg, an dem der **Hermann-Hecht-Weg**, der Aufstiegsweg zur Gamshütte, links in den Bergwald hineinführt. Ab jetzt gibt es kaum noch eine Gelegenheit, den Weg zu verpassen, so gut ist er ausgeschildert. Nur bei zu querenden Forstwegen sollte man einfach bis zum nächsten Wiedereinstieg in den Wald bergauf gehen. Recht steil geht es nun aufwärts. Bei einer kleinen Schutzhütte **(4)** bietet sich uns ein Blick hinab über die steil abfallende **Nesselwand** ins Zemmbachtal, und erstmals auch auf die ersten Gipfel des Zillertaler Hauptkamms. Am nicht näher als Gipfel erkennbaren Kehlkopf verlassen wir endgültig den Bereich der Forststraßen und tauchen in einen felsenzerklüfteten Wald mit zum Teil großen Erd- und Felsspalten ein. Der Weg wird flacher, und wir erreichen eine kleine Hütte mit Kruzifix, die zum Rasten einlädt. Aber nur 50 Meter höher liegt bereits die **Gamshütte (5)** mit ihrer Sonnenterrasse und ihrer überwältigenden Aussicht ins Tal auf der einen und auf den Zillertaler Hauptkamm auf der anderen Seite. Und bei welcher anderen Hütte kann man mit diesem Bergblick auch noch im Freien duschen?

Panoramadusche an der Gamshütte mit Blick auf den Zillertaler Hauptkamm.

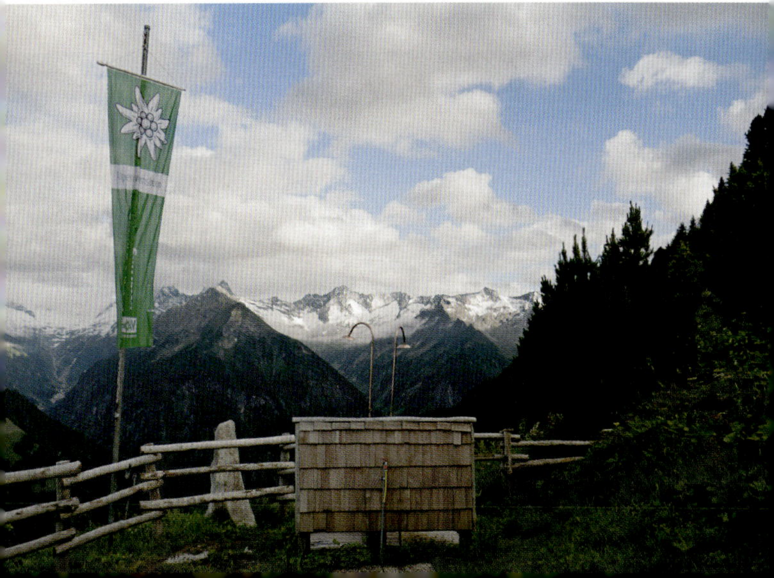

G1 Vordere Grinbergspitze, 2765 m

4.00 Std.
↑850 ↓850

Ein Gipfel zum Einlaufen

Die Vordere Grinbergspitze ist der Hausberg der Gamshütte und auf einem gut ausgeschilderten und markierten Weg mit ein wenig leichterer Kletterei gut zu erreichen. Bei schönem Wetter ist diese Besteigung ein wunderbares Einlaufen für die lange nächste Etappe zum Friesenberghaus und belohnt mit einer Aussicht auf den Zillertaler Hauptkamm und ins Tal nach Mayrhofen. Wer die Kletterausrüstung dabeihat, kann die Tour noch um die Mittlere und Hintere Grinbergspitze erweitern (II.–III. Grad).

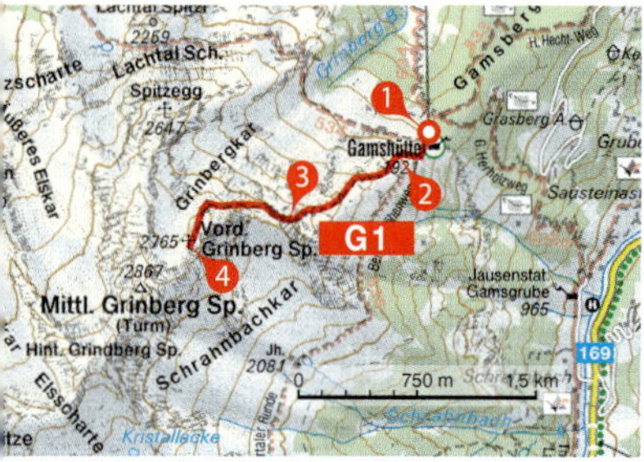

Ausgangs- und Endpunkt: Gamshütte, 1921 m.
Anforderungen: Erst gut markierte Bergwege, auf dem Grat zum Gipfel immer wieder leichte Kletterei (I. Grad).
Markierungen: Rot-weiß-rot; »336« bis Abzweig Grinbergspitze, dann rot bis zum Gipfel.

Gipfelkreuz der Vorderen Grinbergspitze.

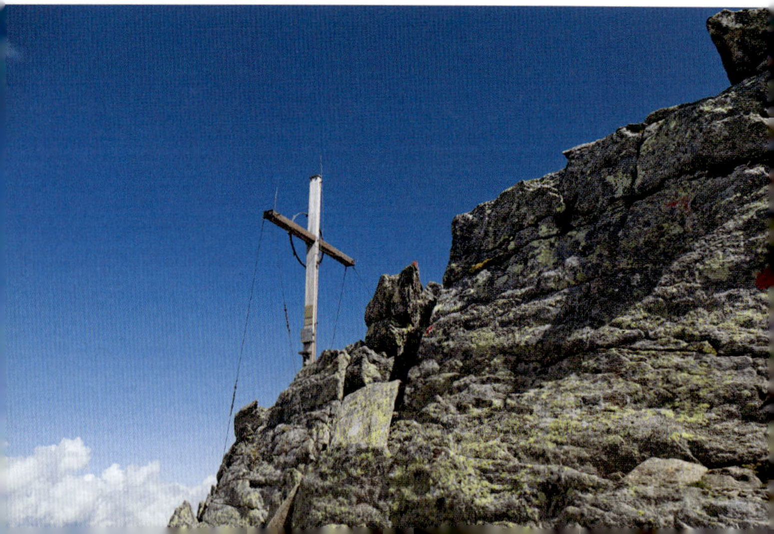

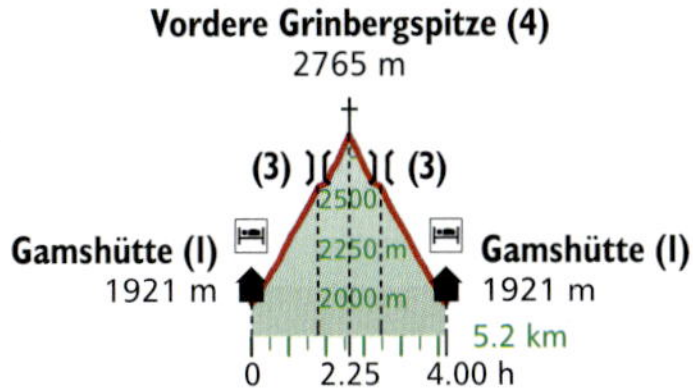

Direkt hinter der **Gamshütte (1)** befindet sich der Einstieg in diese Gipfeltour. In Schlangenlinien gewinnen wir schnell an Höhe und erreichen den Abzweig **(2)** zur Grinbergspitze. Weiter steigen wir auf, immer durch Alpenrosenhänge, die im Frühsommer eine wahre Pracht sind. Auf ca. 2400 m Höhe müssen wir die ersten Kletterstellen bewältigen und erreichen über kurze Eisenleitern den felsigen Kamm **(3)** zum Gipfel. Der Weg ist nach wie vor gut markiert, aber ab und zu ausgesetzt. Schier endlos und etwas mühsam zieht er sich den Grat hinauf. Direkt vor dem Gipfelkreuz ist dann noch einmal etwas Kraxelei angesagt. Unterhalb des großen Steinmandls am Gipfel der **Vorderen Grinbergspitze (4)**, 2765 m, sind die Chancen groß, dem oft heftigen Gipfelwind zu entgehen und geschützt die Gipfelrast und den wunderbaren Ausblick auf den Zillertaler Hauptkamm zu genießen. Der Abstieg auf demselben Weg erscheint plötzlich gar nicht mehr so beschwerlich wie der Aufstieg, sodass man recht zügig wieder unten an der Gamshütte ist.

i *Der **Hochgebirgs-Naturpark Zillertaler Alpen** umfasst große Teile des Zillertaler Hauptkamms und auch Teile des Tuxer Hauptkamms in etwa vom Kleinen Riffler bis zum Pfitscher Joch. Er ist einer von fünf Naturparks in Tirol und Teil eines Schutzgebietverbunds, der sich fast lückenlos von Kärnten bis Südtirol erstreckt. Das Prädikat »Naturpark«, 1991 von der Tiroler Landesregierung verliehen, soll die vom Menschen geschaffene Kulturlandschaft und ihre Nutzung genauso sicherstellen wie bisher unberührte Naturräume bewahren. Die österreichischen Naturparks werden als »Modellregion« für nachhaltige Entwicklung angepriesen. Basis des Naturparks ist das Ruhegebiet Zillertaler Hauptkamm. Untersagt sind dort erhebliche Lärmentwicklung durch Luftfahrt oder Industriebetriebe oder der Neubau von Straßen für den öffentlichen Verkehr und der Bau von Seilbahnen zur Personenbeförderung. Gleichzeitig setzt sich das Naturparkzentrum in Ginzling mit pädagogischen und Forschungsprogrammen für eine nachhaltige touristische Nutzung und ein intensives Erleben des Naturparks ein. Die Regeln für uns Wanderer im Naturpark sollten eigentlich auch andernorts selbstverständlich sein: Vermeidung von unnötigem Lärm und Müll, kein Pflücken geschützter Pflanzen und das Wandern ausschließlich auf den markierten Wegen. Außerdem darf im Naturpark nicht wild gezeltet oder ein Feuer im Freien entzündet werden. Das Naturparkhaus in Ginzling bietet neben Informationen über den Naturpark wechselnde Ausstellungen zu alpinen Themen. www.naturpark-zillertal.at.*

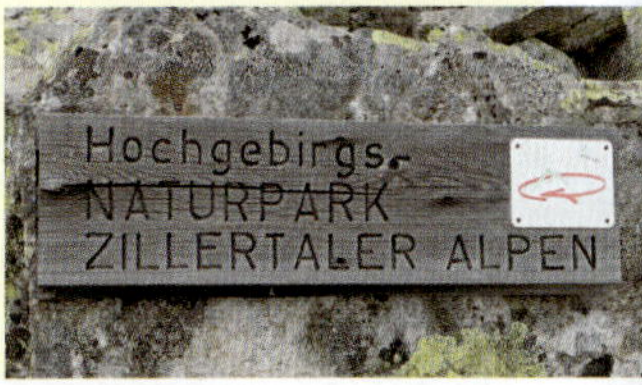

2 Gamshütte – Friesenberghaus

8.00 Std.
↑1280 ↓700

Panoramaweg

Die Etappe von der Gamshütte zum Friesenberghaus gehört zu den längsten und anstrengendsten des Tiroler Höhenwegs. Sie ist eigentlich unschwierig, erfordert aber große Kondition und Durchhaltevermögen. Ungefähr alle ein bis zwei Stunden gibt es eine Abstiegsmöglichkeit ins Tal, wichtig vor allem, wenn das Wetter plötzlich umschlägt. Bei feuchter Witterung verwandeln sich die langen Passagen durch je nach Jahreszeit ungemähte Almwiesen vor allem zu Beginn der Etappe in rutschige Schlammpfade, wenn sich das Wasser diese nicht gleich als Bachersatz zum Abfließen wählt. In diesem Fall empfiehlt sich ein Abstieg ins Tal und eine anschließende Busfahrt zum Schlegeisspeicher, von dem aus das Friesenberghaus recht gefahrlos in gut zwei Stunden erreichbar ist. Bei gutem Wetter entschädigt der ständige Blick auf den Zillertaler Hauptkamm für die Mühen dieser langen Etappe.

Ausgangspunkt: Gamshütte, 1921 m.
Anforderungen: Unschwierige, aber sehr lange Etappe, gut markierte Wanderwege.
Markierungen: Rot-weiß-rot; »536«.
Einkehr: Jausenstation Pitzenalm, 1871 m.
Unterkunft: Friesenberghaus, 2498 m, DAV Sektion Berlin, bewirtschaftet Mitte Juni bis Ende September, Tel. +43 676 7497550, friesenberghaus@gmx.at, www.friesenberghaus.com.
Gipfeloption: Hoher Riffler, Etappe G 2.

Wesendlkarsee.

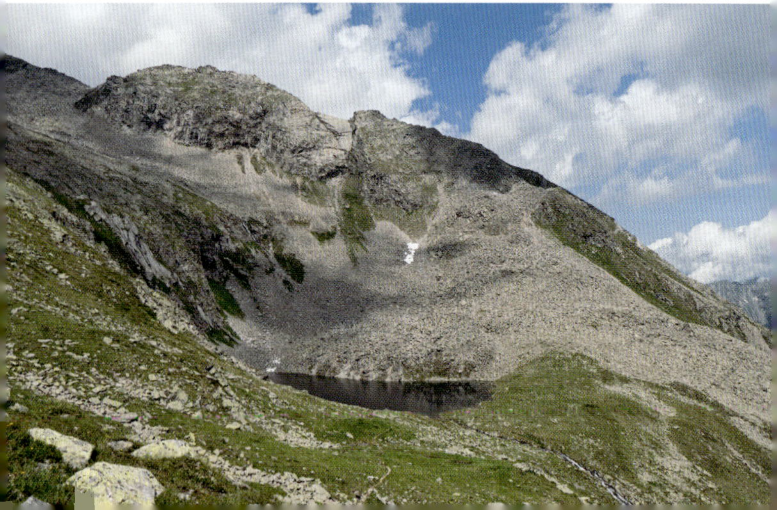

Das Friesenberghaus

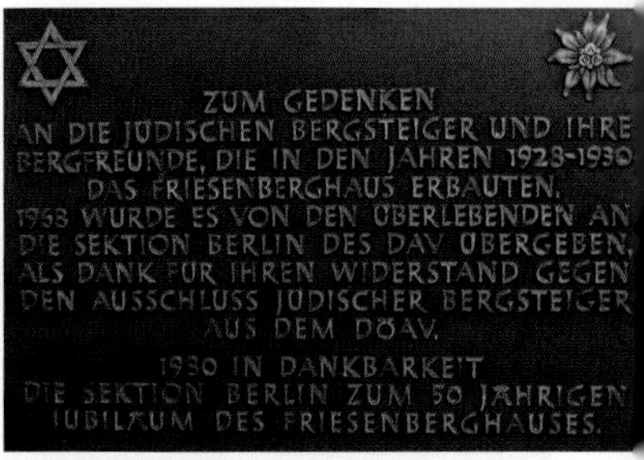

Gedenktafel am Friesenberghaus.

Die Geschichte des Friesenberghauses seit seiner Eröffnung im Jahr 1932 ist eng mit einem der dunkelsten Kapitel des Bergsteigens in den Alpen verbunden: Schon seit dem Anfang des 20. Jahrhunderts waren einzelne Sektionen des damaligen Deutschen und Österreichischen Alpenvereins Vorreiter eines aktiven Antisemitismus, der zum Ziel hatte, den Alpenverein, seine Hütten und die Berge judenfrei zu bekommen. Bereits 1905 gab es die erste »rein arische« Sektion, und Erstbesteigungen jüdischer Bergsteiger wurden systematisch verschwiegen. Als die Wiener Sektion Austria, eine der größten Österreichs, 1921 durch einen »Arierparagrafen« alle jüdischen Mitglieder ausschloss, gründeten diese zusammen mit nichtjüdischen Gesinnungsgenossen die Sektion Donauland. Allerdings wurden deren Sektionsangehörige unter Federführung der Wiener einerseits vom allgemeinen Hüttenleben ausgeschlossen: »Juden und Mitglieder der Sektion Donauland unerwünscht« war auf vielen Hütten zu lesen. Andererseits betrieb die Sektion Austria den Ausschluss der Donauländer aus dem Gesamtverband DÖAV, der schließlich 1924 erfolgte. Daraufhin riefen Berliner Bergsteiger den vom DÖAV unabhängigen Deutschen Alpenverein Berlin ins Leben, der eine enge Freundschaft mit den Donauländern aufbaute. Gemeinsam konnte nach dreijähriger Bauzeit 1932 das Friesenberghaus als erste eigene Schutzhütte eingeweiht werden. Gleichzeitig wurde ein erster Berliner Höhenweg von der Gamshütte zum Friesenberghaus eingerichtet, allerdings mit geringfügig anderer und vor allem höherer Wegführung als heute. Als mit der Machtergreifung der Nazis die Lage für den Berliner Alpenverein immer prekärer wurde, übereignete er die Hütte den Donauländern. Nach dem Anschluss Österreichs an Deutschland erwischte es aber auch die Sektion Donauland. Sie wurde aufgelöst und das Friesenberghaus fiel an die deutsche Wehrmacht, die die Hütte als Funkstation und Ausbildungshaus nutzte. Nach dem Zweiten Weltkrieg wurde das heruntergekommene Refugium den Überlebenden der Sektion Donauland zurückgegeben, die sich aber nicht imstande sahen, die Schutzhütte dauerhaft zu erhalten und zu bewirtschaften. So übereigneten sie das Friesenberghaus 1968 wieder an die Sektion Berlin des DAV, in der alle früheren Berliner Alpenvereine nach dem Krieg gebündelt worden waren. Vor allem um die Jahrtausendwende wurde die Hütte grundlegend saniert und erweitert und vom DAV 2003 zur »internationalen Begegnungsstätte gegen Intoleranz und Hass« ernannt. An die Geschichte des Friesenberghauses erinnern heute noch die Namen jüdischer Bergsteiger der 1920er- und 1930er-Jahre auf einigen Stuhllehnen und mehreren Gedenktafeln.

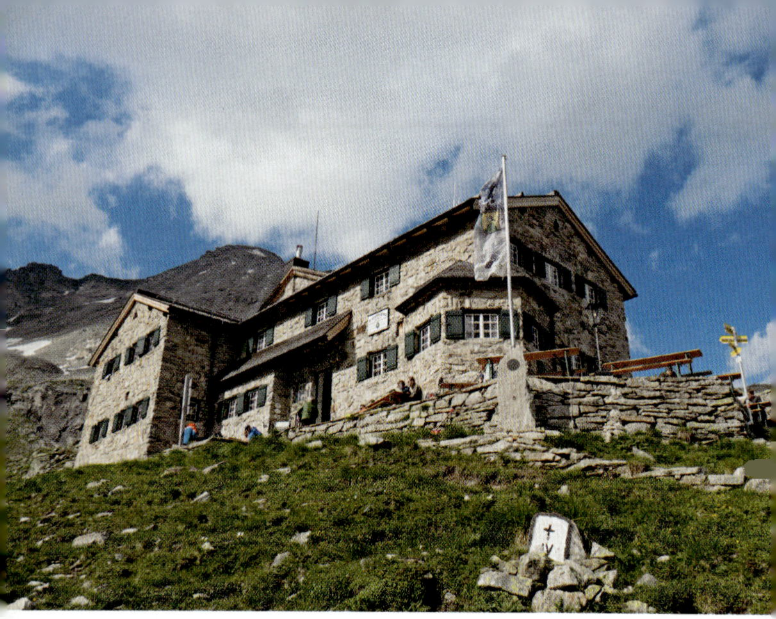

Friesenberghaus.

Direkt an der Terrasse der **Gamshütte (1)** beginnt der Aufstieg auf den Rücken der Grinbergspitze. Den Abzweig **(2)** zum Gipfel lassen wir schon bald rechts liegen. Nun wird der Weg flacher und führt zunächst durch Almwiesen, im Frühsommer ein wahres Blumenmeer. Nach dem ersten kleinen Kamm wechseln sich Alpenrosenmatten, Almwiesen und zunehmend auch Geröllfelder ab. Nach dem Übergang zwischen Grauer Platte und Wildschrofen **(3)** geht es ein ganzes Stück abwärts, vorbei an der **Feldalm (4)**, 1861 m, bis wir mit Erreichen der Brücke über den Pitzenbach kurz nach der **Pitzenalm (5)**, 1871 m, an den tiefsten Punkt unserer heutigen Tour kommen. Hier sehen wir auch eine Sammelstation, von der ein Großteil des Wassers des Pitzenbachs durch Rohre zum Schlegeisspeicher geleitet wird.

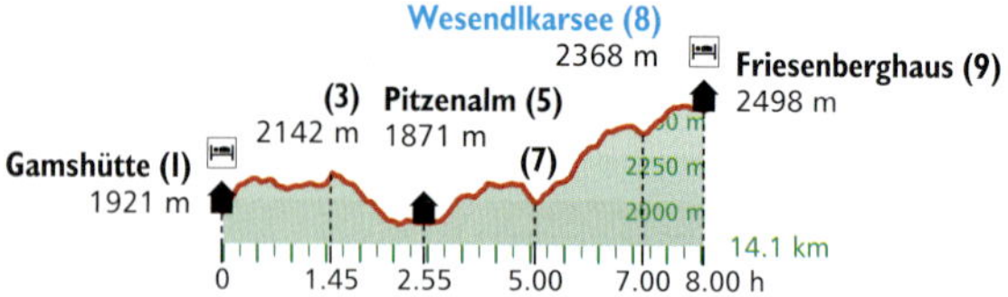

Nach einem kurzen Aufstieg zu einem kleinen Holzhäuschen, das auf den Überresten der ehemaligen **Lacken- bzw. Gschwandteralm (6)**, 2024 m, errichtet wurde, wird der Weg flacher. Auch die **Kesselalm (7)**, ca. 1980 m, die wir im nächsten ausgedehnten Kar erreichen, ist verfallen. Hier fließen die unzähligen Wasserfälle des Birglbergkars zusammen. Wenn wir den Kesselbach auf einer kleinen Brücke überquert haben, wird es steinig. Erst geht es über ein großes Blockfeld, dann steil ungefähr 400 Höhenmeter die Rifflerrinnen hinauf – eine Herausforderung für Beine und Kopf nach so vielen Stunden Wanderung.

Wenn dann der **Wesendlkarsee (8)**, 2368 m, ins Blickfeld rückt, haben wir es fast geschafft. Nach einer Pause am Ufer des Sees führt der Weg zwar nochmals knapp 200 Höhenmeter bergauf. Von der Scharte unterhalb des Petersköpfls haben wir nicht nur einen tollen Blick auf den Schlegeisspeicher, wir sehen auch endlich das **Friesenberghaus (9)**, was noch einmal die letzten Kraftreserven mobilisiert.

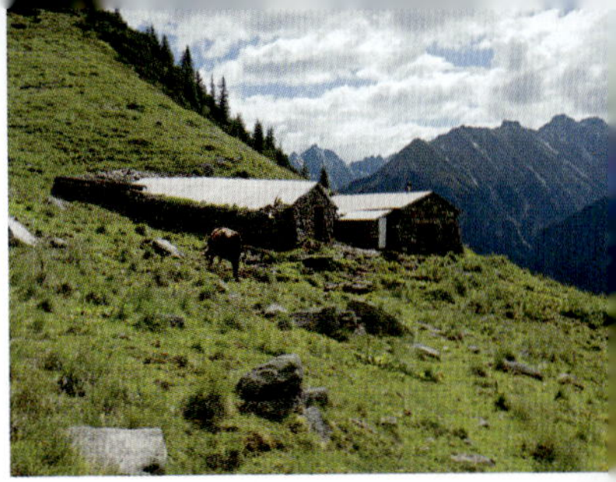

Pitzenalm.

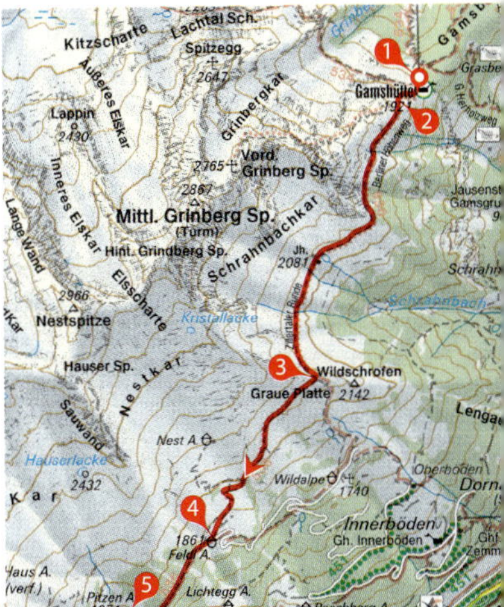
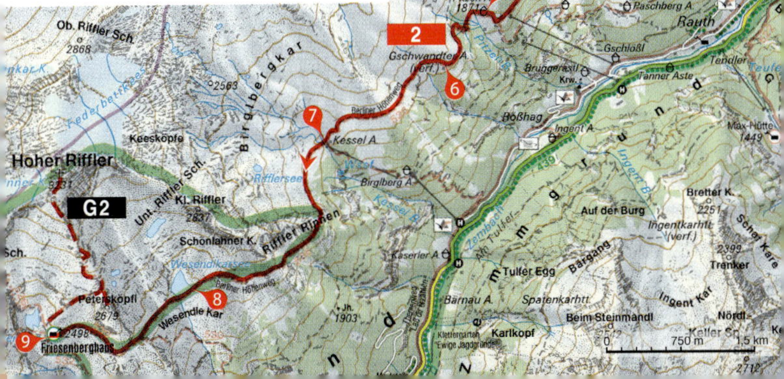

G2 Hoher Riffler, 3231 m

4.30 Std.

↑770 ↓770

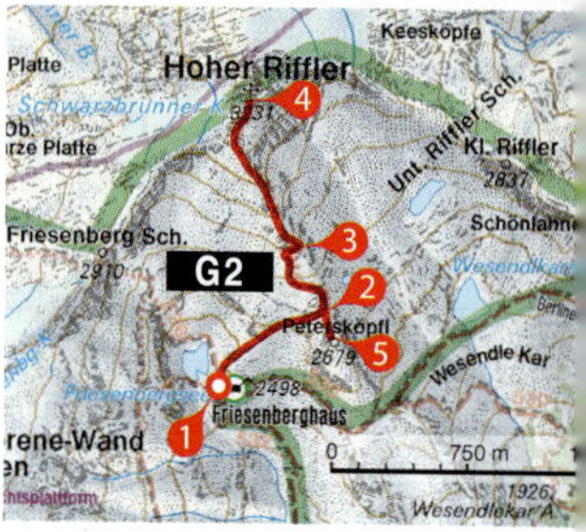

Ein erster Dreitausender

Der Hohe Riffler, Hausberg des Friesenberghauses, ist ein relativ leicht zu besteigender Dreitausender in den Zillertaler Alpen. Zwar gibt es einige kleine Kletterstellen durchs Blockgestein am Grat zum Gipfel, bei denen man auch die Hände benutzen muss, es gibt aber keine wirklich ausgesetzten Passagen. Bis weit in den Spätsommer hinein muss man mit großen Altschneefeldern rechnen, die allerdings unproblematisch durchquert werden können. Vom Gipfel blickt man auf den nicht weit entfernten Olperer, im Süden auf den Zillertaler Hauptkamm und nach Norden auf die Berge jenseits des Tuxer Tals. Beim Abstieg bietet sich noch ein kleiner Abstecher zum Petersköpfl mit seinen Hunderten von Steinmandln an, die wir vielleicht beim Aufstieg schon von oben bewundert haben. Wem diese Gipfelbesteigung als Tagwerk zu wenig ist, der kann die nächste Etappe ein wenig abkürzen und bis zur Olperer Hütte weiterlaufen, von der man unvergleichlich über den Schlegeisspeicher auf den dahinter liegenden Hauptkamm blickt. Eine Vorreservierung ist dort aber unbedingt zu empfehlen, da auch der Berliner Höhenweg und der Fernwanderweg München-Venedig dort Station machen.

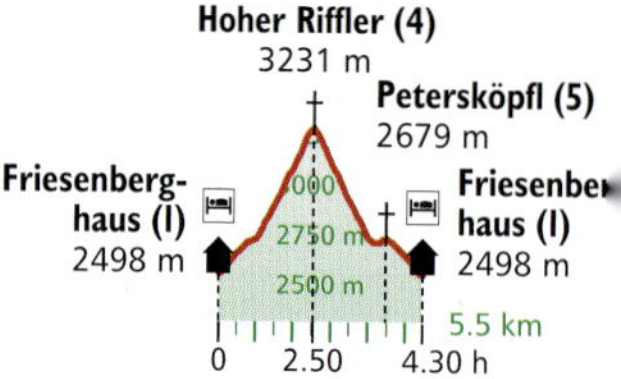

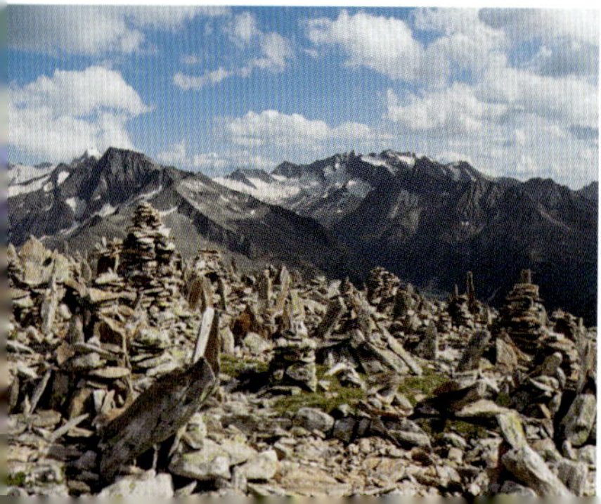

Ausgangs- und Endpunkt: Friesenberghaus, 2498 m.

Anforderungen: Leichte Blockgestein-Kletterstellen im I. Grad, aber keine ausgesetzten, absturzgefährdeten Stellen. Auch im Hochsommer Querung mehrerer Schneefelder. Bei Nebel oder Neuschnee ist eine Besteigung nicht zu empfehlen.

Markierungen: Rot-weiß-rot.

Unzählige Steinmandln auf dem Gipfelplateau des Petersköpfls.

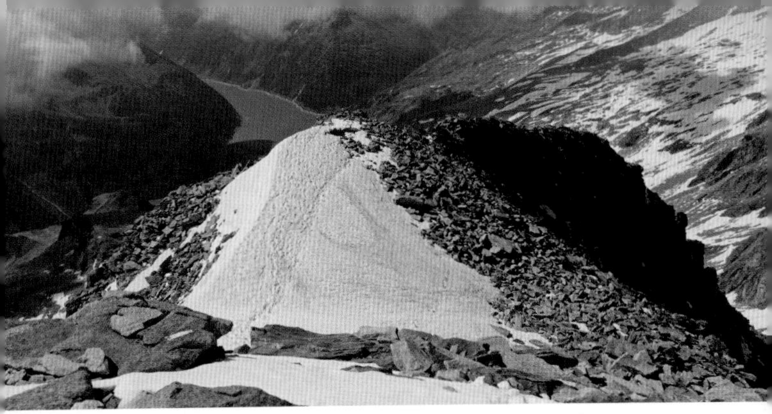

Gipfelgrat, im Tal der Schlegeisspeicher.

Vom **Friesenberghaus (1)** folgen wir kurz dem Weg, der weiter das Tal hinauf in Richtung Friesenbergscharte führt. Schon bald zweigt unser Aufstieg zum Petersköpfl und Riffler ab. Wir wandern auf einem gut erkennbaren und mit Markierungen und Steinmandln gekennzeichneten Pfad durch ausgedehnte Steinfelder zur Scharte nördlich des Petersköpfls **(2)**. Hier teilt sich der Pfad und wir biegen nach links ab auf den langen Blockgrat zum Hohen Riffler. Schon bald ist kein richtiger Wanderweg mehr zu erkennen und wir müssen uns anhand der zahlreichen Markierungen durch die Steinblöcke selbstständig orientieren. Nach einem kleinen Zwischenplateau **(3)** erwartet uns bis in den Spätsommer hinein ein großes Restschneefeld. Danach beginnt die erste steilere Kraxelei. Wenn wir Glück haben, können wir nach dem steilsten Stück wieder auf ein allerdings nun etwas steiler ansteigendes Schneefeld ausweichen und die Kletterei so etwas abkürzen. Schon bald erreichen wir den Gipfelgrat, der nur nach Nordwest hin steil abfällt. Wir halten uns also meist auf der südöstlichen Seite und sehen bald das Gipfelkreuz, von dem uns nach dem Grat nur noch ein kleiner Schneeübergang und ein paar letzte Meter Aufstieg trennen. Das breite Gipfelplateau des **Hohen Rifflers (4)**, 3231 m, bietet genügend Platz für die vielen Gipfelstürmer, die es bei gutem Wetter auf diesen tollen Aussichtsgipfel zieht. Für den Abstieg gäbe es zwar auch eine Variante auf der Nordostseite des Gipfels über Gletscherreste, ohne spezielle Ausrüstung ist diese Alternative allerdings nichts für uns, sodass wir auf dem Aufstiegsweg auch wieder zur Scharte am Petersköpfl absteigen. Spätestens jetzt beim Abstieg fallen uns die unzähligen Steinmandl in allen Größen und Formen auf dem großen Plateau des **Petersköpfls (5)**, 2679 m, ins Auge, sodass wir uns die wenigen Minuten Umweg gönnen sollten, um diesem etwas vorgelagerten Gipfel auch noch einen Besuch abzustatten. Auch von hier gibt es beim Abstieg zum **Friesenberghaus (1)** dann keine andere Alternative als den Aufstiegsweg.

3 Friesenberghaus – Landshuter Europahütte

8.30 Std.

↑1160 ↓970

Nach Südtirol

Nach der anstrengenden Etappe von der Gamshütte zum Friesenberghaus wartet heute wieder eine lange Tour auf uns. Aufgrund der Hütten unterwegs bietet es sich aber auch an, die Etappe aufzuteilen und zum Beispiel nach Besteigung des Hohen Rifflers eine Nacht auf der Olpererhütte einzuschieben, oder bis zum Pfitscher-Joch-Haus zu laufen und am nächsten Tag den Rest der Tour mit dem Gipfelsturm auf den Kraxentrager zu verbinden. Der Weg verläuft immer an der Südostflanke des Tuxer Hauptkamms. Ab der Olpererhütte bewegen wir uns auf der Neumarkter Runde auf einem Höhenweg, der wohl seinesgleichen sucht. 2007 wurde er neu angelegt, wobei die Steinplatten maschinell so verlegt wurden, dass kein Stein wackelt und der Weg sehr angenehm zu gehen ist. Am Pfitscher Joch betreten wir erstmals Südtirol. Ein Gedenkstein erinnert an die politischen Unruhen in Südtirol, bei denen am 25. Mai 1966 ein italienischer Grenzsoldat durch einen Sprengstoffanschlag am Pfitscher Joch ums Leben kam. Auch an der Europahütte ist die jüngere Geschichte Tirols präsent, schlafen wir hier doch direkt auf der seit 1920 geltenden Grenzlinie, die das Haus in der Mitte teilt. An der Europahütte verabschieden wir uns von den Zillertalern und blicken erstmals auf die Bergwelten, die wir in den nächsten Tagen durchwandern werden: die grünen Hügel jenseits des Brenners und das Massiv der Tribulaune.

Foto-Hotspot: die Hängebrücke an der Olperer Hütte

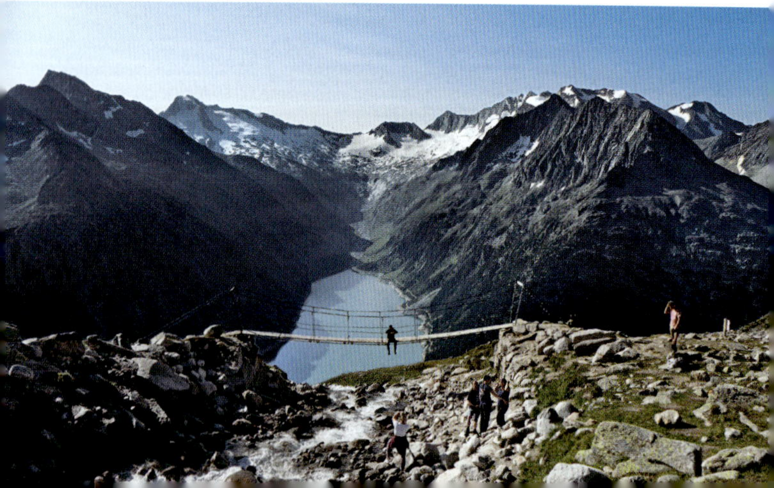

Ausgangspunkt: Friesenberghaus, 2498 m.
Anforderungen: Unschwierige, aber sehr lange Etappe, gut markierte Wanderwege.
Markierungen: Rot-weiß-rot; »526« bis Olperer Hütte; »502« bis Unterschrammachkar; »528/3« bis Europahütte.
Einkehr/Zwischenübernachtung: Olpererhütte, 2388 m, DAV Sektion Neumarkt i. d. Oberpfalz, bewirtschaftet Anfang Juni bis Anfang Oktober, Tel. +43 664 4176566, info@olpererhuette.de, www.olpererhuette.de; Pfitscher-Joch-Haus, 2275 m, privat, bewirtschaftet Anfang Juni bis Anfang/Mitte Oktober; Übernachtung erst ab Anfang Juli, Tel. +39 0472 630119, office@pfitscherjochhaus.com, www.pfitscherjochhaus.com.
Unterkunft: Landshuter Europahütte (Rifugio Venna alla Gerla oder Rifugio Europa), 2693 m, DAV Sektion Landshut/CAI Sektion Sterzing, bewirtschaftet Mitte Juni bis Ende September, Tel. +39 047 646076, Mobil: +39 338 2124738, info@europahuette.it, www.europahuette.it.
Gipfeloption: Kraxentrager, Etappe G 3.

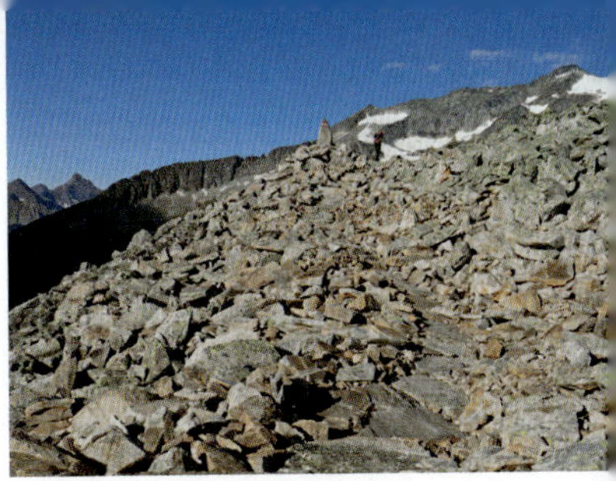

Neumarkter Runde: mit Steinplatten wackelfrei angelegter Weg durch die Blocksteinfelder.

Wichtiger Hinweis: Die Landshuter Europahütte soll voraussichtlich bis 2024 abgerissen und wieder neu aufgebaut werden. Als mögliche Übernachtungsalternative bietet sich das Pfitscher-Joch-Haus an. Dabei verkürzt sich die hier beschriebene Etappe auf knapp 13 km und 5.30 Std., die darauffolgende Etappe 4 verlängert sich dementsprechend. Aktuelle Informationen erhalten Sie unter www.europahuette.it.

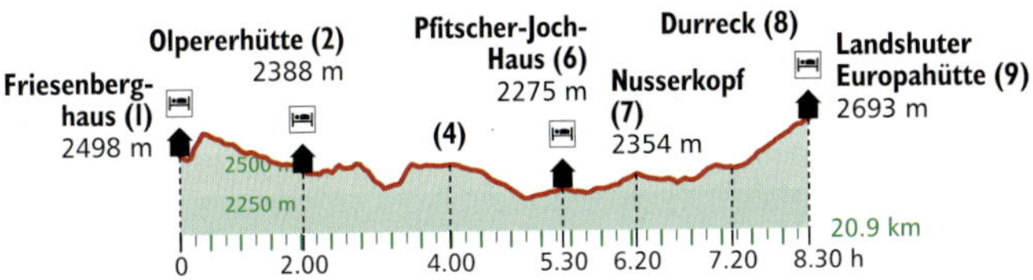

Vom **Friesenberghaus (1)** steigen wir ein kleines Stück hinab zum **Friesenbergsee**, bevor es auf der anderen Seite in unzähligen Kehren, die von der Hütte aus schon gut zu sehen waren, circa 170 Höhenmeter hinaufgeht zum Höhenweg, der von der Friesenbergscharte herkommt. Auf diesem fast waagerechten Weg unterhalb der Gefrorene-Wand-Spitzen können wir uns vom Aufstieg etwas erholen. Wir müssen nur einige Bäche und/oder Schneerinnen queren. Nach einer kleinen Kuppe entschwindet das Friesenberghaus aus unserem Rückblick und wir wandern zur **Olpererhütte (2)**, 2388 m, fast auf einer Höhe durch einen Wechsel von kurzen Graspolstern und Blockgestein. Über den angesagten Foto-Hotspot, die Hängebrücke, erreichen wir die Hütte als erste Zwischenstation mit ihrem wunderbaren Blick über den Schlegeisspei-

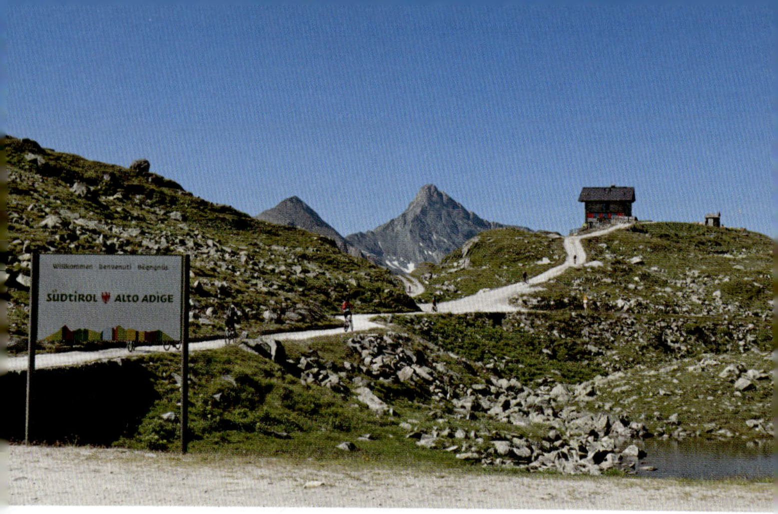

Pfitscher Joch: Übergang nach Südtirol, auch ein beliebter Pass für Mountainbiker.

cher und aufs Schlegeiskar zwischen Großem Möseler und Hochfeiler. Von der Olpererhütte geht es zunächst bequem auf dem exzellent präparierten Weg der Neumarkter Runde bis ins **Unterschrammachkar (3)** mit seinen beiden Seen und den vielen Bächen, die von Olperer und Schrammacher hier zusammenfließen. Vom Kar zum Rücken des **Ameiskopfes** müssen wir ein paar Meter aufsteigen, aber alles auf nach wie vor unschwierigen Wanderwegen. Warum dieser Weg auf den Wegweisern als schwarzer Wanderweg kategorisiert ist, erschließt sich mir nicht. Durchs **Oberschrammachkar (4)** und um den langen Rücken unterhalb des Kellerkopfs laufen wir leicht, aber stetig bergauf. An den auf glatten Felsen ins Tal stürzenden Oberschrammachbächen müssen wir uns etwas oberhalb des Weges selbst eine geeignete Stelle zum Queren suchen. Auch wenn wir das Pfitscher-Joch-Haus schon lange über dem Joch haben thronen sehen, zieht sich der Weg dorthin noch ziemlich in die Länge.

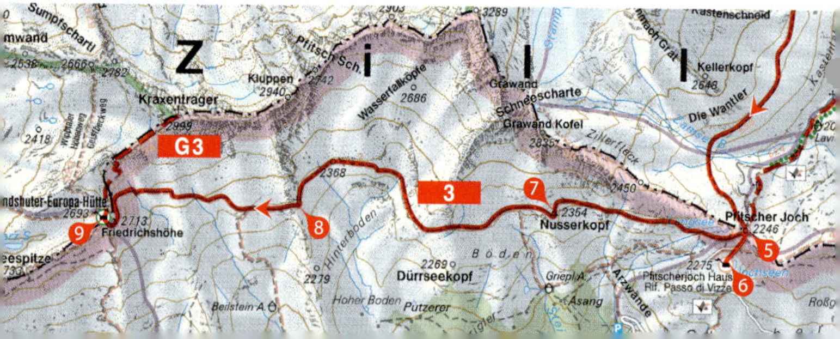

Kurz vor dem **Pfitscher Joch (5)**, 2246 m, wechseln wir auf die Bewirtschaftungsstraße, die in der Gegenrichtung zur tiefer liegenden Lavitzalm führt, und sind nach wenigen Metern am ehemaligen Grenzposten zwischen Südtirol und Österreich. Nach dem »Pflichtfoto« am Grenzstein können wir nun entweder dem **Pfitscher-Joch-Haus (6)**, 2275 m, einen Besuch abstatten und zur wohlverdienten Jause einkehren, oder wir biegen gleich nach dem rechten Grenzhäuschen in Richtung **Europahütte** ab. Die Landschaft des Pfitschtals ist nun etwas sanfter und grüner als auf der anderen Seite des Pfitscher Jochs im Zamser Grund. Nachdem wir die kleinen Schmelzwasserseen hinter uns gelassen haben, geht es wieder leicht, aber stetig bergauf. Der Wanderweg ist ein ehemaliger Militärpfad der italienischen Grenzsoldaten, meistens recht breit und immer wieder mit verfallenden Mäuerchen gesichert. Am **Nusserkopf (7)**, 2354 m, biegen wir in das weite Kar unterhalb der Wasserfallköpfe ein und können die Lage der Europahütte auf ihrem kleinen Hügel zwischen Wildseespitze und Kraxentrager immerhin schon erahnen. Wir durchqueren eine kleine Hochebene unterhalb der Wasserfallköpfe, in der unzählige Bäche zusammenfließen und über eine Kante weiter ins Tal stürzen. Allerdings liegt nach der Durchquerung des Kars noch der Kamm des Durrecks wie ein Riegel in unserem Weg. Nach der Scharte oberhalb des **Durrecks (8)**, an der uns ein Kruzifix und eine Bank zu einer Zwischenrast einladen, beginnt der letzte, immer steiler werdende Aufstieg zur **Landshuter Europahütte (9)**. Auch das eine oder andere

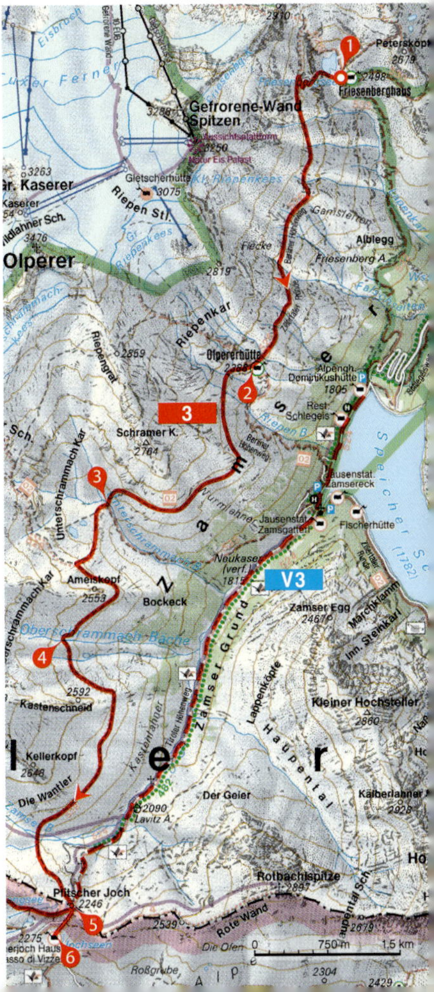

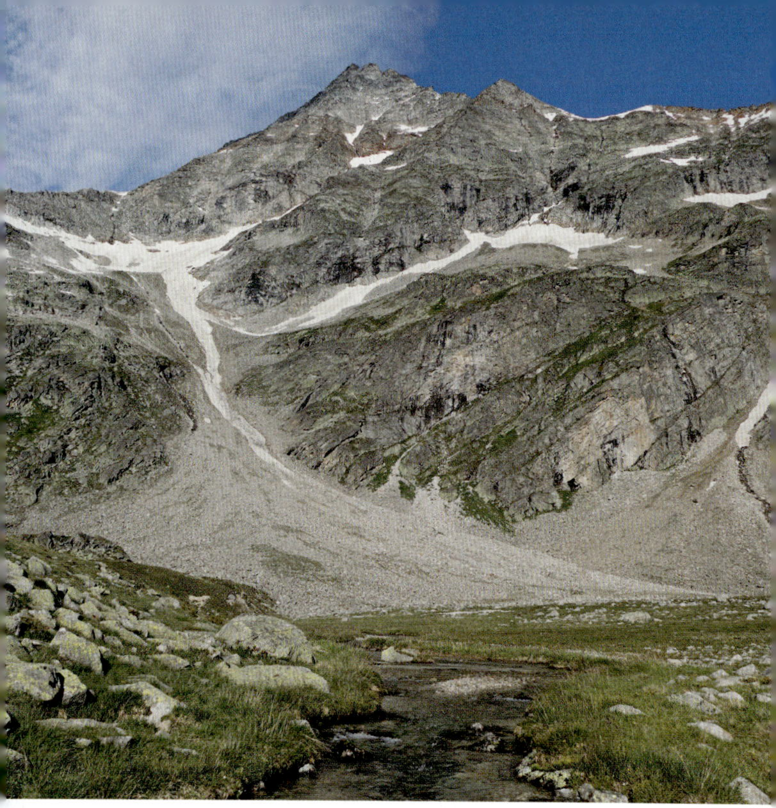

Unterschrammachkar, mit Blick auf den Olperer.

Restschneefeld werden wir bis in den Spätsommer hinein beim Aufstieg zur Hütte queren müssen. Diese liegt auf der anderen Seite der Friedrichshöhe und ist erst kurz vor der Ankunft zu sehen. Vorher gibt uns nur ihre nun immer besser sichtbare Europaflagge die Richtung durchs Kar unterhalb des Kraxentragers vor. Von der Hütte genießen wir ein letztes Mal die Aussicht auf den Zillertaler Hauptkamm, und erstmals in der anderen Richtung ins geschäftige Wipptal mit der Brennerautobahn. Sogar unser nächstes Etappenziel, die Sattelbergalm, ist etwas nördlich oberhalb des Brenners schon auszumachen. Und wer heute noch nicht genug gelaufen ist, den lockt vielleicht noch der Hausberg der Hütte, der Kraxentrager, 2999 m, dessen Gipfel man von hier aus in einer guten Stunde erreichen kann. Nicht verpassen sollten wir bei gutem Wetter trotz der gemütlichen Stube und des fantastischen Essens den atemberaubend schönen Sonnenuntergang über den Stubaier Alpen als Abschluss eines langen, erfüllten Wandertages.

i Die Landshuter Europahütte – Teilung und Wiedervereinigung

Niemand konnte ahnen, welche wechselvolle Geschichte der Landshuter Hütte zuteil werden würde, als die Sektion Landshut in den 1890er-Jahren beschloss, auf der Friedrichshöhe, dem Kamm zwischen Kraxentrager und Wildseespitze, eine Schutzhütte zu bauen. 1899 wurde die Hütte eingeweiht, wegen der explodierenden Kosten fiel der Bau allerdings etwas kleiner als geplant aus. Aufgrund des großen Andrangs wurde sie schon 1902/3 erheblich erweitert. Nach Beginn des Ersten Weltkriegs musste sie 1914 ein erstes Mal schließen. Als nach Ende des Krieges Südtirol italienisch und die Grenze neu gezogen wurde, verlief diese direkt durch die Hütte. In der Folge enteignete das italienische Militär den italienischen Teil. Der östliche österreichische Teil blieb bei der Sektion Landshut, die ihn in den 1930er-Jahren erneut erweiterte und wieder für Bergsteiger öffnete. Auch nach dem Zweiten Weltkrieg war es ab 1953 erst der österreichische Teil der Hütte, der hergerichtet und als Schutzhütte wiedereröffnet wurde, während den italienischen Teil zeitweise weiter das Militär nutzte. Wegen der politischen Spannungen im Rahmen der Südtirol-Krise musste die Landshuter Hütte 1966 für sechs Jahre erneut schließen. In den 1980er-Jahren entstand dann die Idee einer »Europahütte«. Aufgrund der komplexen rechtlichen Situation zogen sich die Verhandlungen darüber aber in die Länge. Gleichzeitig begann man mit der Renovierung des italienischen Teils der Hütte, der in einem stark heruntergekommenen Zustand war. Seit 1989 wird die Hütte völkerverbindend als Europahütte / Rifugio Europa gemeinsam von den Sektionen Landshut (DAV) und Sterzing (CAI) bewirtschaftet. Mit der Öffnung der innereuropäischen Grenzen erinnern nur noch die zahlreichen Grenzsteine beiderseits der Hütte und die zwei Küchen der beiden Hüttenteile an die ehemalige Trennung. Durch den auftauenden Permafrost ist eine dauerhafte Standsicherheit der Hütte leider nicht mehr gewährleistet, sodass sie abgerissen und an derselben Stelle bis 2024 neu aufgebaut werden soll.

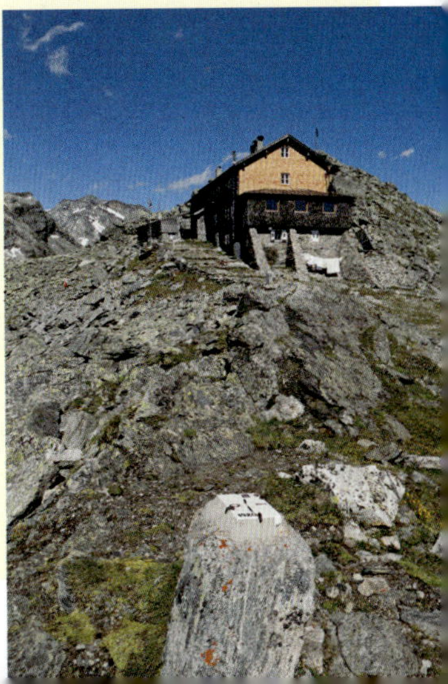

Die Grenze verläuft mitten durch die Europahütte. Das ist an den beiderseits der Hütte stehenden Grenzsteinen erkennbar.

G3 Kraxentrager, 2999 m

2.00 Std.
↑360 ↓350

Aussicht pur

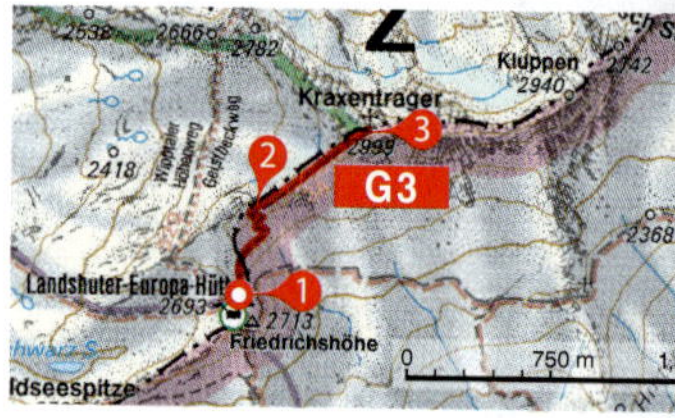

Drei Gipfel liegen in direkter Nachbarschaft der Landshuter Europahütte. Wildseespitze und Wolfendorn sind Teil der vierten Etappe des Tiroler Höhenwegs, für den Kraxentrager muss man zusätzliche Kräfte mobilisieren. Mit gut zwei Stunden für Auf- und Abstieg zusammen ist er ein Gipfel, den man gut anhängen kann, wenn man früh genug an der Hütte ankommt. Der Gipfelaufstieg ist eigentlich ziemlich unproblematisch und immer gut markiert. Beim Abstieg vom Vorgipfel zum Kamm gibt es allerdings eine längere ausgesetzte Passage mit Drahtseilsicherung. Vom Kraxentrager bietet sich ein einzigartiges Panorama in alle Himmelsrichtungen: auf Schrammacher und Olperer, Hochfeiler und Großen Möseler in nächster Nähe, jenseits des hier niedrigeren Zillertaler Hauptkamms aber auch auf die Dolomiten im Süden, auf die Stubaier und Ötztaler Alpen im Westen und das Karwendel und Wettersteingebirge im Norden.

Ausgangs- und Endpunkt: Landshuter Europahütte, 2693 m.
Anforderungen: Bis auf eine ausgesetzte, seilversicherte Kletterstelle unkomplizierte Gipfelbesteigung.
Markierungen: Rot-weiß-rot, »3A«.

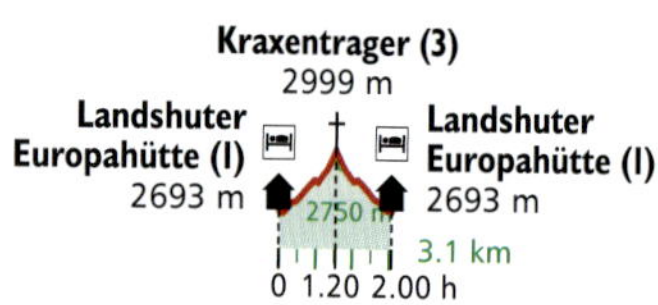

Übers Blockgelände geht es zunächst zum kleinen Joch nördlich der **Landshuter Europahütte (1)** und anschließend weiter über grobes Gestein immer gut markiert den Kamm hinauf. Später schlängeln wir uns auf einem normalen Wanderpfad weiter bergauf bis zu einem kleinen Zwischengipfel **(2)**, ca. 2850 m. Hier folgt nun die etwas kritische, seilversicherte Abstiegsstelle zurück zum Kamm auf der anderen, nordöstlichen Seite. Danach führt der Weg entweder direkt auf dem Grat entlang oder knapp unterhalb davon, bis wir in Kehren durch den Blockfeldaufbau unterhalb des Gipfels ein letztes Stück wieder etwas steiler bis zum ausgesetzt stehenden Gipfelkreuz des **Kraxentragers (3)**, 2999 m, aufsteigen. Nach dem Genuss des Gipfelpanoramas geht es auf demselben Weg zurück zur **Landshuter Europahütte (1)**.

Der Gipfel des Kraxentragers.

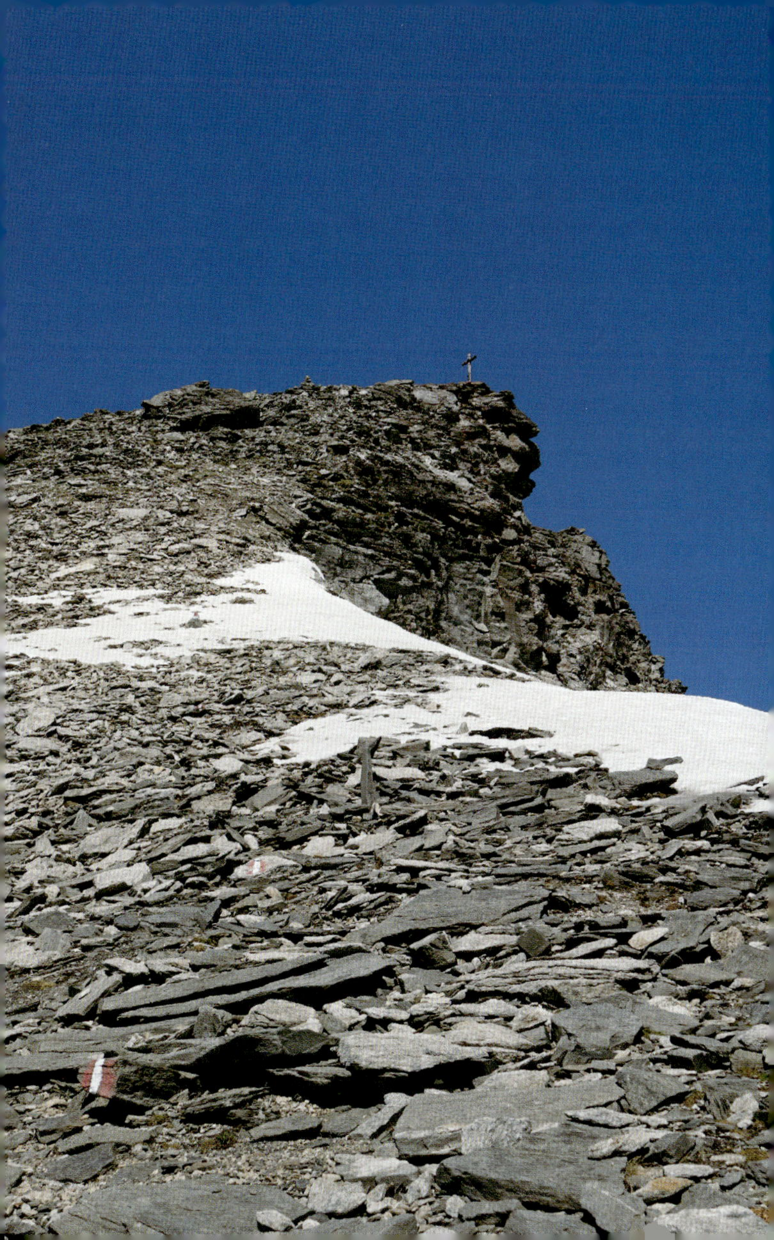

V3 Schlegeisspeicher – Landshuter Europahütte

5.00 Std.

↑1180 ↓270

Der offizielle Start des Höhenwegs

Dies ist der »offizielle« Beginn des Tiroler Höhenwegs, so wie er im Juli 2002 eröffnet wurde. Vom Schlegeisspeicher geht es immer den Zamser Bach entlang zum Pfitscher Joch an der Grenze nach Südtirol. Nur unwesentlich länger ist der zweite Teil der Etappe immer auf der Südseite des Hohe-Wand-Massivs zur Landshuter Europahütte mit ihrer besonderen Lage direkt auf der Grenze. Für Architektur- und Technikbegeisterte gibt es zum Start gleich eine Besonderheit. Täglich zwischen 10 und 16 Uhr finden Führungen ins Innere der Schlegeis-Staumauer statt, mit vielen Erklärungen rund um den Schlegeisspeicher und die Energiegewinnung im Zillertal. Karten für die Führung sind im Bergrestaurant Schlegeis erhältlich.

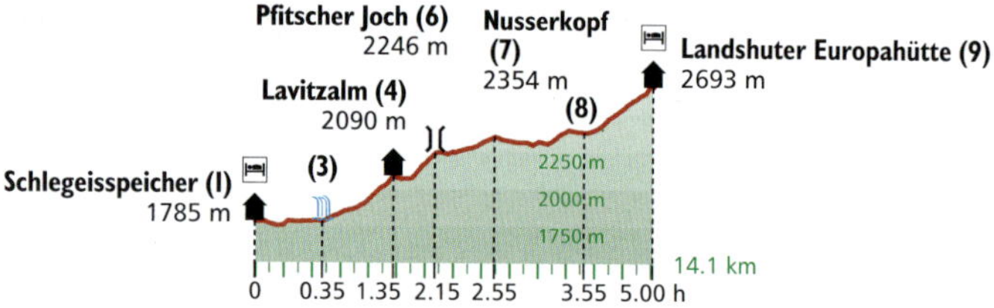

Sonnenuntergang an der Europahütte.

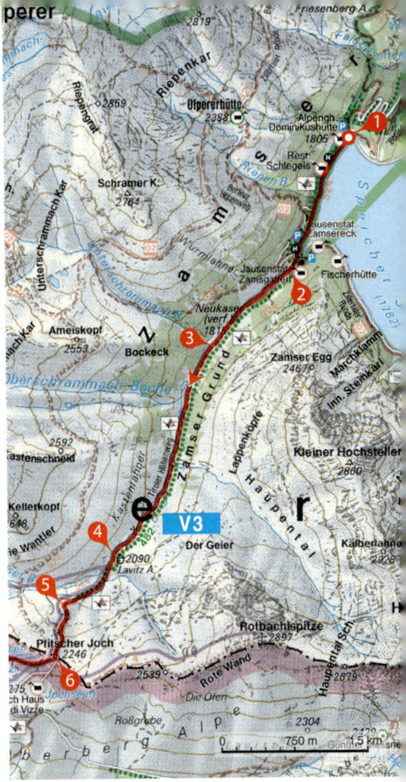

Ausgangspunkt: Schlegeisspeicher/ Bergrestaurant Schlegeis, 1785 m.
Anforderungen: Leichte, gut beschilderte Wanderung auf breitem Zufahrtsweg zum Pfitscher Joch, von dort gut präparierter Wanderweg.
Markierungen: Rot-weiß-rot; »524« bis Pfitscher Joch, »528/3« bis Europahütte.
Einkehr: Lavitzalm, 2090 m, geöffnet ab Anfang Juli; Pfitscher-Joch-Haus, 2277 m (siehe Etappe 3).
Unterkunft: Siehe Etappe 3. Am Ausgangspunkt: Dominikushütte, 1805 m, privat, bewirtschaftet Mitte Mai bis Ende Oktober, Tel. +43 664 73296939, info@dominikushuette.at, www.dominikushuette.at.
Einkaufsmöglichkeiten: Kiosk Zamsgatterl am Abzweig vom Schlegeisspeicher Richtung Pfitscher Joch.
Verkehrsmittel: Mit der Bahn bis Jenbach, von dort mit der Zillertalbahn nach Mayrhofen, von dort mit dem Bus 4102 (Anfang Juni bis Anfang Oktober) bis zum Schlegeisspeicher. Mit dem Auto über die Mautstraße bis zum Schlegeisspeicher, dort Parkplätze. Infos: www.verbund.com/de-at/ueber-verbund/besucherzentren/schlegeis.
Gipfeloption: Kraxentrager, Etappe G3.
Karte: Ab Pfitscher Joch siehe Etappe 3.
Sonstiges: Staumauerführung Schlegeissperre, von 10 bis 16 Uhr immer zur vollen Stunde, Dauer ca. 45 Min., Tickets und Treffpunkt im Bergrestaurant Schlegeis.

Wichtiger Hinweis: Die Landshuter Europahütte soll voraussichtlich bis 2024 abgerissen und wieder neu aufgebaut werden. Während dieser Zeit empfiehlt es sich, die Etappen V 3 und V 4 zu einer Etappe zusammenzufügen (25,2 km, 9 Std.) und eventuell noch eine Übernachtung im Pfitscher-Joch-Haus (siehe Etappe 3) einzulegen. Aktuelle Informationen erhalten Sie unter www.europahuette.it.

Die Etappe beginnt am **Bergrestaurant Schlegeis (1)**. Zunächst laufen wir den Schlegeisstausee entlang bis zum Einfluss des Zamser Baches. Der **Kiosk Zamsgatterl (2)** bietet uns die Gelegenheit, noch einige Kleinigkeiten einzukaufen. Direkt am Kiosk vorbei führt unser für die vielen Tagestouristen breit ausgebauter Weg in den Zamser Grund. Schon bald kommt rechts der beeindruckende Wasserfall des Unterschrammachbaches ins Blickfeld. Wir passieren die kleine Raststelle **(3)** gegenüber dem Wasserfall und treffen nur wenig später bereits auf den etwas kleineren Wasserfall des Oberschrammachbachs. Der Weg wird nun etwas steiler, bis am Beginn einer Hochebe-

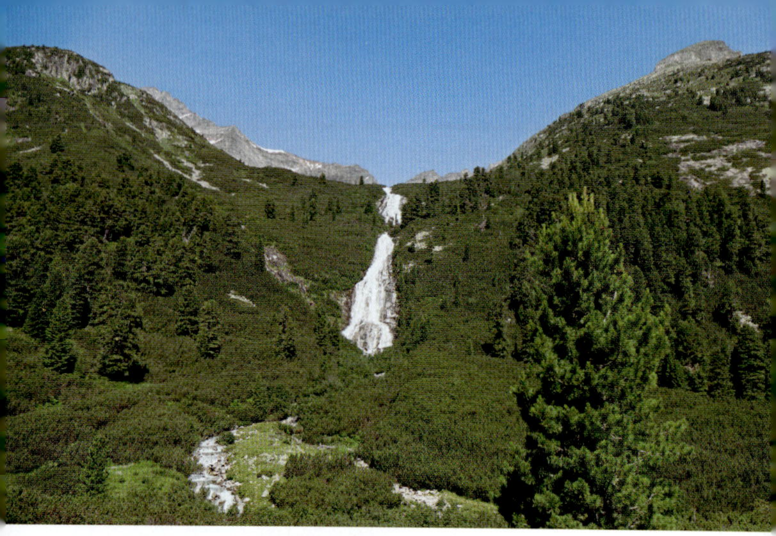

Wasserfall des Unterschrammachbaches.

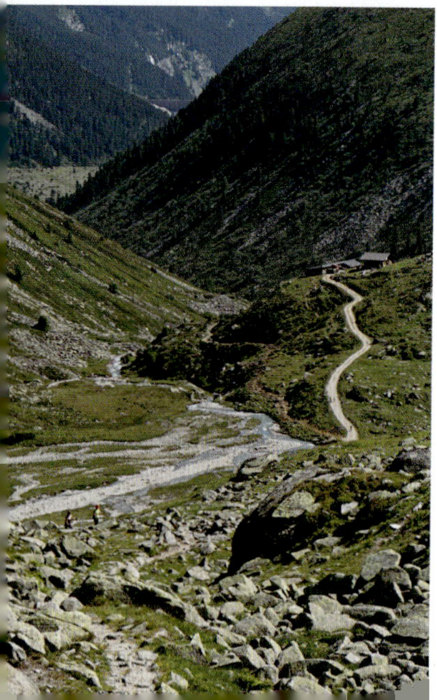

ne, die **Lavitzalm (4)**, 2090 m, auftaucht. Diese lockt nicht nur mit hausgemachtem Apfelstrudel und anderen Köstlichkeiten, sondern auch mit einer kleinen Ausstellung unter anderem von alten Werkzeugen und Utensilien, die bei archäologischen Grabungen unweit der Hütte zutage gefördert wurden. Auf den Almwiesen rund um die Lavitzalm weiden im Sommer ca. 150 Kühe, wofür die Alm über einen Wirtschaftsweg vom Pfitscher Joch aus erreichbar ist, über den wir bequem weiter aufsteigen können. Einige hundert Meter nach der Lavitzalm zweigt aber auch ein unscheinbarer Wanderweg **(5)** nach

Lavitzalm: Blick zurück vom Wanderweg, über den man ein paar Kehren der Bewirtschaftungsstraße abkürzen kann.

links ab, auf dem wir die Kehren des Wirtschaftsweges abkürzen können. Beide Wege treffen sich wieder direkt an den ehemaligen Grenzgebäuden des **Pfitscher Jochs (6)**, 2246 m. Hier verläuft seit dem Ende des Ersten Weltkriegs die Grenze zwischen Österreich und Südtirol/Italien. Aufgrund der lange herrschenden großen Spannungen wegen der Teilung Tirols war die Grenze hier besonders gut gesichert. Erst der Beitritt Österreichs zur EU am 1.1.1995 und das damit geltende Schengener Abkommen machte die Kontrollen am Pfitscher Joch überflüssig. Wir können uns jetzt noch im etwas höher gelegenen **Pfitscher-Joch-Haus** stärken, bevor wir direkt am Grenzhaus in westlicher Richtung abbiegen und dem Weg der Etappe 3 am **Nusserkopf (7)**, 2354 m, vorbei und über den Kamm des **Durrecks (8)** zur **Landshuter Europahütte (9)**, folgen.

i ***Der Schlegeisspeicher*** *ist Teil der Zemm-Ziller-Speicherkraftwerke des österreichischen Stromunternehmens VERBUND. Die Staumauer wurde von 1965 bis 1971 errichtet. Dabei wurde der Schlegeisgrund geflutet, und die 1883 von der Sektion Prag des DÖAV erbaute Dominikushütte musste den Wassermassen weichen. Sie wurde knapp oberhalb der Staumauer neu errichtet und wird heute privat bewirtschaftet. Die Staumauer hat eine Länge von 725 Metern und eine Höhe von 131 Metern und liegt genau auf einer geographischen Höhe von 1800 Metern. Sie wurde als doppelt gekrümmte Bogengewichtsmauer errichtet, das heißt, dass der Wasserdruck sowohl in horizontaler wie auch in vertikaler Richtung zu ihrer Stabilität beiträgt. Über Hunderte von Messstellen wird diese ständig überwacht. Im Schlegeisspeicher fließen nicht nur die Zuflüsse aus dem Zamsergrund und aus dem Schlegeisgrund unterhalb des Schlegeissees, des größten Gletschers der Zillertaler Alpen, zusammen, über unterirdische Rohre wird auch Wasser aus dem oberen Zemmbach und dem oberen Tuxbach in den See geleitet. Und auf dem Weg zum Pumpspeicherkraftwerk Roßhag ungefähr drei Kilometer talaufwärts von Ginzling werden auch noch alle Bäche am Tuxer Hauptkamm zwischen dem Stausee und der Pitzenalm angezapft. Das Wasser wird gleich mehrfach zur Energieerzeugung eingesetzt, denn vom Kraftwerk Roßhag wird es weitergeleitet zum Speicher Stillup, von wo aus es ins Kraftwerk Mayrhofen zu Tale stürzt. Vom Speicher Stillup kann es aber im Pumpwälzbetrieb in Zeiten geringen Stromverbrauchs auch wieder in den Schlegeisspeicher oder in den Speicher Zillergründl zurückgepumpt werden, um im Bedarfsfall wieder zur Stromerzeugung zur Verfügung zu stehen.*

Spannend! Die Tour ins Innere der Staumauer des Schlegeisspeichers.

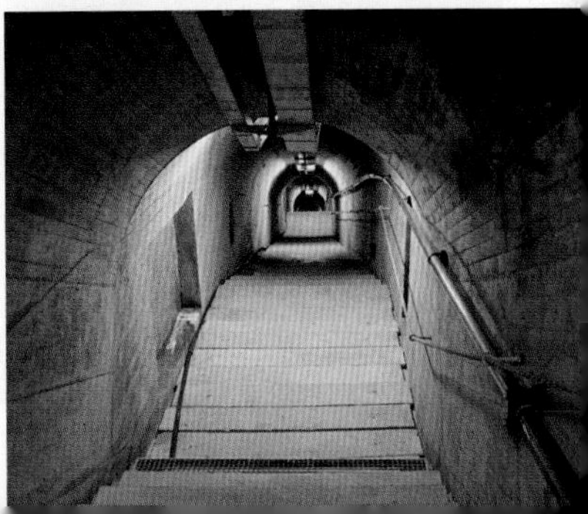

4 Landshuter Europahütte – Wolfendorn – Sattelbergalm

7.00 Std.

↑850 ↓1910

Zwei Gipfel – ein Kulturschock

Bei der heutigen Tour kann es gut vorkommen, dass wir immer wieder mit einem Bein in Österreich und mit dem anderen in Italien bzw. Südtirol stehen oder gehen, denn die erste Hälfte unserer Tagesetappe verläuft direkt auf der Kammlinie zum Wolfendorn, die seit 1920 die Grenze zwischen den beiden Staaten bildet. Dabei sind am Grat und beim Aufstieg zur Wildseespitze gleich mehrere ausgesetzte, aber sehr gut mit Drahtseilen abgesicherte Passagen zu meistern. Bei feuchter Witterung sollte man lieber über die Variante durchs Venntal nachdenken, da dann die Blocksteine zwischen Hütte und Wildseespitze sehr rutschig werden können. Um den Wolfendorn mit seinem tafelbergigen Aufbau fühlt man sich plötzlich wie in die Dolomiten versetzt, ein kleines geologisches Intermezzo auf dem Weg zu den ebenfalls aus Dolomit bestehenden Tribulaunen. Die günstige Lage des Wolfendorns, DES Aussichtsgipfels am Brenner, erkannte auch das italienische Militär, sodass wir hier auf erstaunlich gut befestigte Wege treffen. Unter Mussolini sollten hier große Flutlichter installiert werden, um das Wipptal bei einem deutschen Angriff ausleuchten zu können. Nach Süden genießen wir letztmals die Aussicht auf die westlichen Ausläufer des Zillertaler Hauptkamms, nach Norden schweift unser Blick ins Wipptal. Vom Wolfendorn steigen wir zum Brenner ab und erleben dort durch das geschäftige Treiben einen kleinen Kulturschock, haben allerdings auch ein letztes Mal für längere Zeit die Gelegenheit, unsere Vorräte aufzufüllen. Der letzte kleine Anstieg zur Sattelbergalm ist dann eher ein gemütliches Auslaufen. Von der Sonnenterrasse der Sattelbergalm aus genießen wir dann den Blick zurück auf unser Tagwerk, den langen Kamm vom Schrammacher bis zum Wolfendorn.

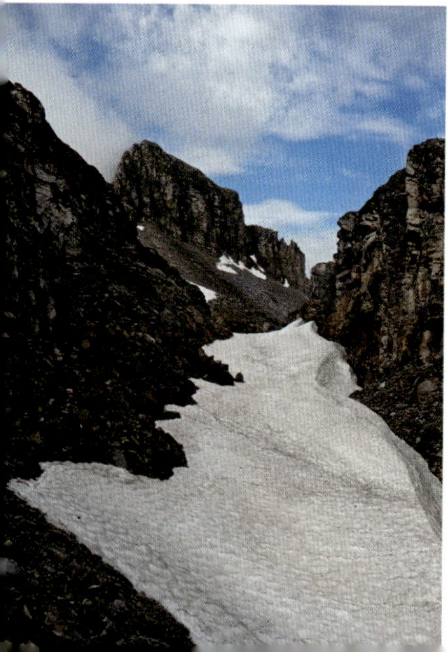

Schneefeld am Wolfendorn, eine Landschaft wie in den Dolomiten.

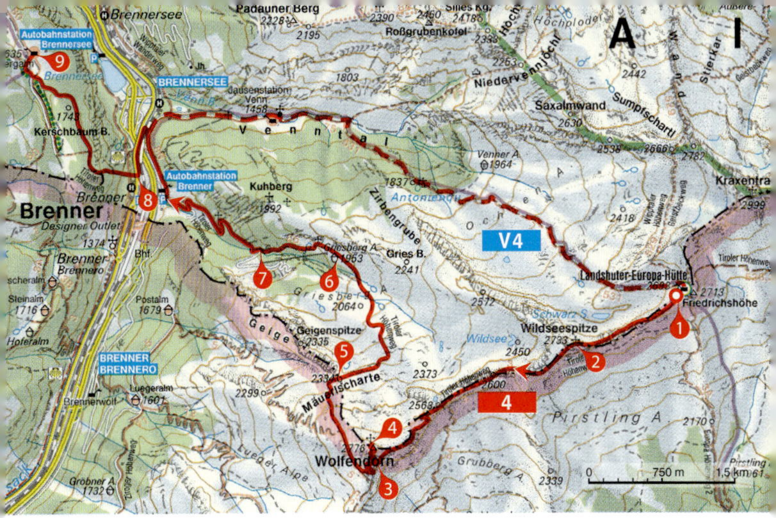

Ausgangspunkt: Landshuter Europahütte, 2693 m.
Anforderungen: Markierte Wanderwege, bis zur Wildseespitze mit mehreren seilversicherten ausgesetzten Passagen meist über Blockfelder, deren Felsblöcke bei Nässe extrem rutschig sind. Daher empfiehlt es sich, bei schlechtem Wetter den kürzeren und leichteren Abstieg durch das Venntal (V4) zum Brenner zu wählen. Trittsicherheit unbedingt erforderlich. Langer, kräftezehrender Abstieg zum Brenner.
Markierungen: Rot-weiß, »3« bis Wolfendorn, »5a« bis Brenner, rot-weiß-rot oder roter Punkt mit weißem Kreis zur Sattelbergalm.
Einkehr: Verschiedene Lokale am Brenner.
Unterkunft: Sattelbergalm, 1635 m, privat, bewirtschaftet Anfang Juni bis Mitte Oktober, Tel. +43 5274 87717, info@sattelbergalm.at, www.sattelbergalm.at; Übernachtung unbedingt vorher reservieren, da die Alm sehr beliebt ist.
Einkauf: Am Brenner gibt es die letzte Einkaufsmöglichkeit vor Maiern (8. Etappe). Das Outlet Center Brenner ist täglich von 10 bis19 Uhr geöffnet, auch an Sonn- und Feiertagen. Hier gibt es auch einen Lebensmittel-Supermarkt (M-Preis) und mehrere Bankautomaten. Der traditionsreiche Brenner-Markt findet i. d. R. an jedem 5. und 20. des Monats statt (falls Sonn-/Feiertag: am Tag davor).
Verkehrsmittel: Der Brenner ist internationaler Verkehrsknotenpunkt mit Bahnhof (Nah- und Fernverkehr), regionaler Busanbindung und zahlreichen kostenlosen Parkmöglichkeiten rund um das Outlet Center, die aber zum Teil zeitlich begrenzt sind.
Wichtiger Hinweis: Während der Baumaßnahmen an der Landshuter Europahütte (sie soll bis 2024 abgerissen und wieder neu aufgebaut werden), kann diese nicht als Übernachtungsherberge genutzt werden. Aktuelle Informationen erhalten Sie unter www.europahuette.it.

Wir verlassen die **Landshuter Europahütte (1)** in Richtung Südwesten und folgen den Markierungen auf dem Kamm zur Wildseespitze. Dabei sollten wir uns nicht von den an der Hütte angegebenen Gehzeiten irritieren lassen. Zur

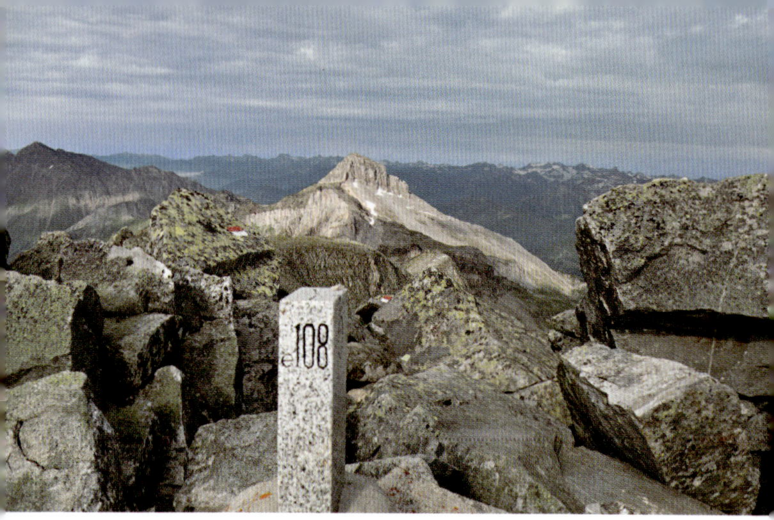

Von der Wildseespitze zum Wolfendorn: Beide Gipfel liegen genau auf der Grenze zwischen Österreich und Südtirol.

Wildseespitze brauchen wir mindestens eine Stunde, und für die ganze Strecke zum Wolfendorn sind in der Gegenrichtung auf Wegweisern dort knapp drei Stunden veranschlagt. Zunächst geht es meist über Blockgestein, das aber gut zu einem Weg präpariert ist. An einem kleinen Zwischengipfel gibt es die erste seilversicherte Kletterstelle. Einen recht neu eingerichteten längeren Klettersteig (ohne Ausrüstung begehbar) müssen wir direkt zum Gipfel der **Wildseespitze (2)**, 2733 m, meistern, wo wir uns aber nicht länger aufhalten, da unser eigentlicher Aussichtsberg ja noch vor uns liegt. Zwar durchsteigen wir auch nach der Wildseespitze noch ein paar unkomplizierte Kletterstellen mit Drahtseilsicherung, insgesamt wird der Weg aber bequemer. Meist wandern wir auf der etwas weniger abfallenden italienischen Seite, denn nach Norden hin bricht der Grad oft steil ab. Schließlich erreichen wir ein kleines Plateau unterhalb des Wolfendorns. So sehr die rechtsseitig gelegene Ebene zum Weiterwandern (und Abkürzen) einlädt, folgen wir doch den Markierungen auf dem Fels links, die in den Abgrund zu führen scheinen, lassen ein kleines Massiv rechts liegen und erreichen einen in Serpentinen ansteigenden, aufwendig angelegten ehemaligen Grenzsteig, der einen Schuttabhang hinaufführt. Oben fühlen wir uns plötzlich ob der unwirtlichen Landschaft und der Tafelberge mitten in die Dolomiten versetzt. Hier müssen wir auch im Spätsommer noch mit leicht zu querenden Schneefeldern rechnen. Wir erreichen ein weiteres Hochplateau, über dessen Felsspalten kunstvoll ein breiter Weg angelegt wurde, der dem italienischen Militär zum Grenzschutz diente. Richtung Norden schweift unser Blick nun ins Wipptal mit der Brennerautobahn, und auf der hinter dem Brenner ansteigenden Anhöhe können wir schon unser Tagesziel, die Sattelbergalm, erkennen. Der breite, sonst nur noch von Schafen genutzte Weg führt uns südlich um den Wolfendorn herum. Nun teilt sich der Wanderweg **(3)**: den kleinen, etwa halbstündigen Abstecher auf den **Wolfendorn (4)**, 2776 m, sollten wir uns wegen der Aussicht von diesem markanten Gipfel oberhalb des Brenners nicht entgehen lassen. Zurück am Beginn des Gipfelanstiegs steigen wir über die ausgedehnten Serpentinen ab, bis wir endlich auf einen Wegweiser stoßen, der uns zur Mäuerlscharte nach rechts schickt. Wir folgen dem Weg weiter um den Wolfendorn herum, bis er sich teilt. Zwar führen beide Routen zum Brenner, wir gehen aber nicht über die Postalm, sondern biegen rechts ab zur Mäuerlscharte bzw. über die Griesbergalm. Der gelbe Wegweiser trägt hier sogar das Logo des Tiroler Höhenwegs. Wir wandern nun durch Felder mit skurrilen Felsblöcken aus Schiefergestein, deren geschichtete Struktur sie wie versteinerte Bücher aussehen lässt, die durcheinandergefallen sind. Über ein etwas steileres und rutschiges Schuttfeld steigen wir ab an das obere Ende des Postkessels unterhalb des Geigenspitzen-Massivs. Allerdings führt unser Weg noch nicht hier hinab ins Tal zur Postalm, sondern wir wenden uns nach rechts und laufen über die **Mäuerlscharte (5)**, 2334 m, auf die andere Seite dieses Massivs. Hier können wir allerdings nicht auf direktem Weg zur Griesbergalm absteigen. Wegen eines Felsvorsprungs geht es sogar noch ein paar Meter aufwärts, bis wir zu einer geeigneten Stelle für den Abstieg kommen. Über die

Militärwege am Wolfendorn.

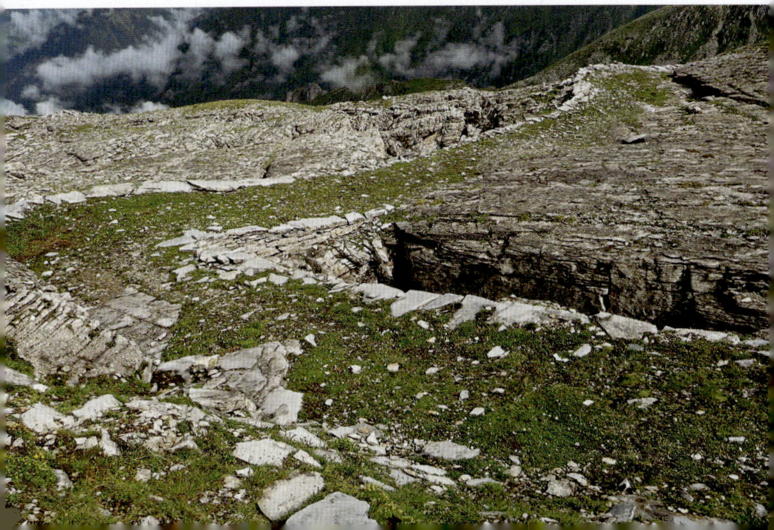

Almwiesen unterhalb eines kleinen Dankeskreuzes müssen wir nun immer wieder den Weg suchen, weil die Markierungspflöcke entweder umgefallen sind oder die Farbe auf den Steinen verblasst ist. Letztendlich geben die Almgebäude auf der anderen Talseite die Richtung vor. Wir queren mehrere Bäche und kommen zu den wunderschönen Blumenwiesen rund um die **Griesbergalm (6)**, 1953 m. Auch die Baumgrenze haben wir jetzt erreicht und sehen erstmals den Steinbruch auf der anderen Talseite, über dessen Lärm wir uns vielleicht schon gewundert haben: den lauten Knall von Sprengungen und den Motorenlärm der Bagger und LKWs. Unser Pfad schlängelt sich nun steil abwärts durch den Wald, bis er über eine Brücke **(7)** auf die Zufahrtsstraße zum Steinbruch trifft. Nun müssen wir uns mit dem regelmäßigen Schwerlastverkehr arrangieren, der uns bis zum Brenner begleiten wird. Oberhalb der Verkehrsadern des Brenners endet unsere Straße an einer T-Kreuzung. Hier halten wir uns rechts, bis uns eine Unterführung unter der Eisenbahn hindurchleitet und wir an der **Brenner-Staatsstraße (8)**, 1372 m, ankommen. Kurz vor der Unterführung stößt von rechts auch die Schlechtwettervariante durch das Venntal wieder auf unseren Weg. Nun können wir uns entweder ins Einkaufsgetümmel des Outlet Centers oder Brenner-Marktes stürzen, oder wir beginnen gleich unseren letzten kleinen Aufstieg zur Sattelbergalm, der auf der gegenüberliegenden Straßenseite links von der Wartezone für die LKW-Bahnverladung anfängt. Da wir uns gerade wieder auf österreichischem Boden befinden, gibt es gut zu erken-

Das schiefe Gipfelkreuz des Wolfendorns.

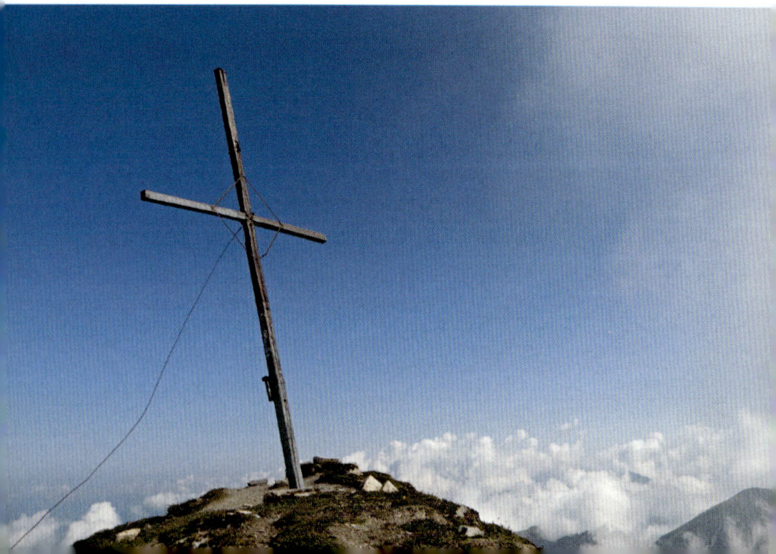

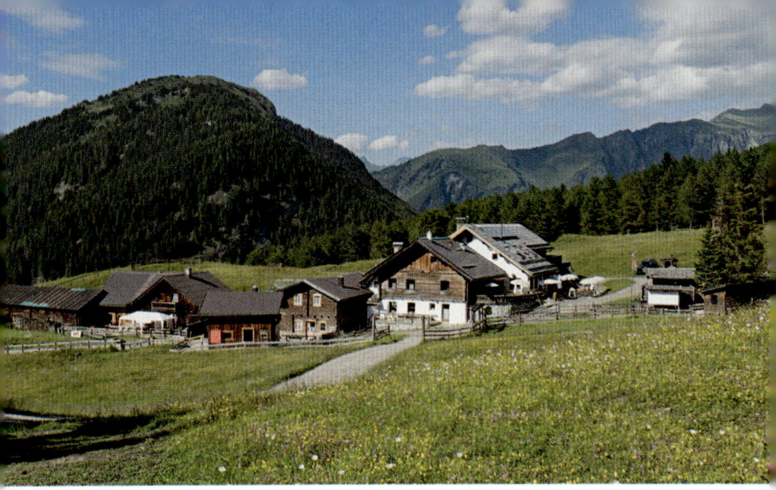

Sattelbergalm.

nende, gelb leuchtende Wegweiser. Steil geht es nun die gut 300 Höhenmeter durch den Wald hinauf, unter anderem auf einer von der Grenzpolizei errichteten Metalltreppe. Bald treffen wir auf einen querenden Forstweg, halten uns rechts und erreichen gut einen Kilometer später unser Tagesziel, die **Sattelbergalm (9)**, auf der sich Luis um das Wohl der Gäste und seine Eltern um das der Tiere kümmern. Hier fällt nun die Wahl schwer, ob man es sich sofort auf der Sonnenterrasse gemütlich machen oder doch erst die Zimmer beziehen soll. Beim Abendessen wandert dann der Blick immer wieder zurück zum gut erkennbaren Grat zwischen Europahütte und dem die Bergkette eindrucksvoll abschließenden Wolfendorn. Auf keinen Fall entgehen lassen sollte man sich den hausgemachten Zirbenschnaps zum Ausklang dieses abwechslungsreichen Tages.

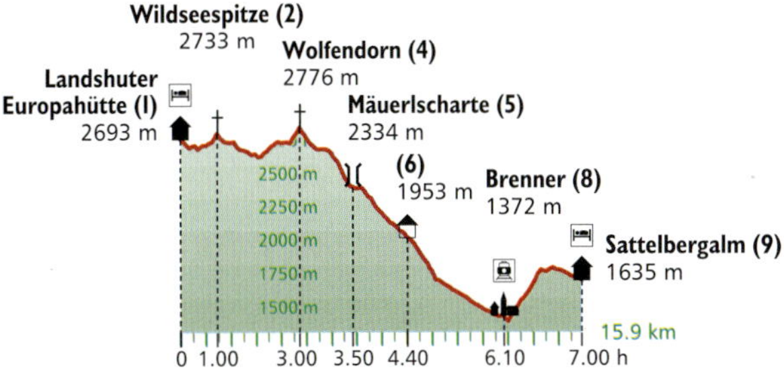

i Der **Brenner-Pass** ist mit 1372 m der tiefste Einschnitt im Alpenhauptkamm und trennt die Stubaier von den Zillertaler Alpen. Es ist daher nicht verwunderlich, dass über ihn schon für ungefähr 2000 v. Chr. eine Handelsroute nachgewiesen ist, als die Illyrer auf der »Bernsteinstraße« ihre Handelsschätze aus Nordeuropa zu den Häfen am Mittelmeer brachten. Natürlich gab es damals noch keine befestigten Wege, wahrscheinlich wiesen Einheimische den Händlern den Weg durch das unwirtliche Berggelände. Der Brenner selbst war ein sumpfiger Taleinschnitt mit zwei Seen, den selbst die Römer auf der westlichen Anhöhe umgingen, als sie zwischen 195 und 215 n. Chr. unter Kaiser Septimus den Weg über den Brenner als Teil der Via Raetia zur Militär- und Handelsstraße ausbauten. Über die Reste dieser Route zogen im Mittelalter auch 66 deutsche Kaiser mit ihrem Gefolge nach Rom, um sich dort vom Papst krönen zu lassen, von Otto I. im Jahr 962 bis zu Karl V. 1530. Allerdings waren die engen Schluchten auf Südtiroler Seite lange Zeit unpassierbar und mussten z. B. über den Ritten umgangen werden. Durch den privaten Bau einer Straße durch die Talenge zwischen Bozen und Klausen im Jahr 1314 nahm der Handel auf der Strecke weiter zu. Für den Bau der Straße erhielt der Bozener Kaufmann Heinrich Kunter das Recht, Wegzoll zu erheben und Gasthöfe zu betreiben. 1777 ließ Kaiserin Maria Theresia den Weg zu einer befestigten Straße ausbauen und trug damit der Bedeutung der Handelsroute Rechnung. Die Eröffnung der Bahnlinie über den Brenner am 25. Juli 1867 markierte einen weiteren Meilenstein in der Geschichte des Passes, führte zu einem ersten Aufschwung des Tourismus in der Region und förderte die wirtschaftliche Entwicklung vor allem der Gegend um Sterzing. Nach dem Ersten Weltkrieg wurde der Brenner Staatsgrenze zwischen Österreich und Italien. Das Misstrauen auf italienischer Seite gegenüber dem Dritten Reich führte zu zahlreichen Befestigungsbauten rund um den Brenner, um die Passhöhe gegen einen möglichen Einmarsch der Deutschen zu sichern. Am 18. März 1940 besiegelten Hitler und Mussolini beim Treffen am Brenner den »Stahlpakt«, ein Militärbündnis, in dem Hitler den Italienern die Brenner-Grenze bestätigte. Nach dem Zweiten Weltkrieg nahm der Verkehr auf der Staatsstraße über den Brenner schnell so große Ausmaße an, dass auf österreichischer Seite 1959 mit dem Bau der Europabrücke als erstem Teil einer Brenner-Autobahn begonnen wurde. Während die Österreicher ihren Teil bereits 1968 in Betrieb nehmen konnten, begannen die Bauarbeiten in Südtirol erst 1966. Sechs Jahre später wurde auch hier die Brenner-Autobahn dem Verkehr übergeben und bis 1974 bis Modena als Teil der E6 Oslo – Rom fertiggestellt. Die Grenzstation am Brenner entwickelte sich zum wichtigen Wirtschaftsfaktor der Region. Nach der Abschaffung der Grenzkontrollen im Rahmen des Schengener Abkommens am 1. April 1998 wurden die Grenzanlagen am Brenner weitgehend abgebaut und der Passort musste sich neu orientieren. So ist seit 2007 das Brenner Outlet Center das neue, nicht zu übersehende Aushängeschild des Ortes, das versucht, die Reisenden zu einem Shopping-Zwischenstopp zu bewegen. Ein weiterer Magnet für Touristen ist der Brenner-Markt, der jeden 5. und 20. des Monats stattfindet.

4.00 Std.

↑390 ↓1450

Landshuter Europahütte – Venntal – Sattelbergalm

V4

Abkürzung durchs Venntal

Der Weg durch das Venntal ist der direkte Abstiegsweg von der Landshuter Europahütte zum Brenner. Auch hierbei gibt es einige Höhenmeter im Abstieg zu überwinden. Allerdings ist die Variante deutlich kürzer als der Hauptweg. Wegen des tollen Kammwegs und der grandiosen Aussicht vom Wolfendorn ist die Variante durch das Venntal jedoch für die meisten wohl nur die Schlechtwetteralternative. Denn bei schlechter Sicht und feuchtem Wetter wird aus der Hauptroute schnell ein rutschiges, gefährliches Unternehmen, bei dem sich auch die Gehzeit beträchtlich verlängert. Der Weg durchs Venntal ist dagegen mit der nötigen Sorgfalt auch bei schlechtem Wetter recht einfach zu bewältigen. Und wenn man bereits in Venn zu einer ordentlichen Jause einkehrt, kann man sich auch den Aufenthalt im hektischen Treiben des Brenners sparen und gleich zur gemütlichen Sattelbergalm aufsteigen.

Ausgangspunkt: Landshuter Europahütte, 2693 m.

Anforderungen: Langer Abstieg zum Brenner auf gut beschildertem Wanderweg. Vom Brenner kurzer, einfacher Aufstieg zur Sattelbergalm.

Markierungen: Rot-weiß-rot, »531« bis Venn, »75« zum Brenner; rot-weiß-rot oder roter Punkt mit weißem Kreis zur Sattelbergalm.

Einkehr: Jausenstation Venn, 1458 m, beim Abstieg (Do Ruhetag); Tel. +43 664 3130353; verschiedene Lokale am Brenner.

Unterkunft/Einkaufsmöglichkeiten/Verkehrsmittel: Siehe Etappe 4.

Wichtiger Hinweis: Während der Baumaßnahmen an der Landshuter Europahütte (sie soll bis 2024 abgerissen und wieder neu aufgebaut werden) empfiehlt es sich, nach einer Übernachtung im Pfitscher-Joch-Haus diese Variante zu wählen (18,7 km, 7 Std.).

Brenner: Früher Grenz-, heute Raststation mit großem Shoppingcenter.

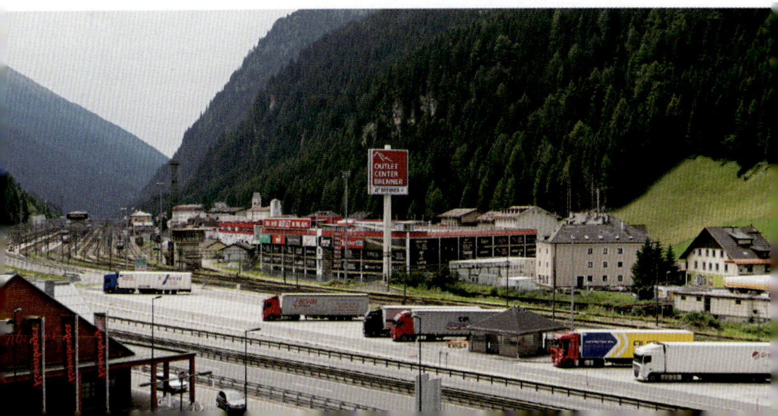

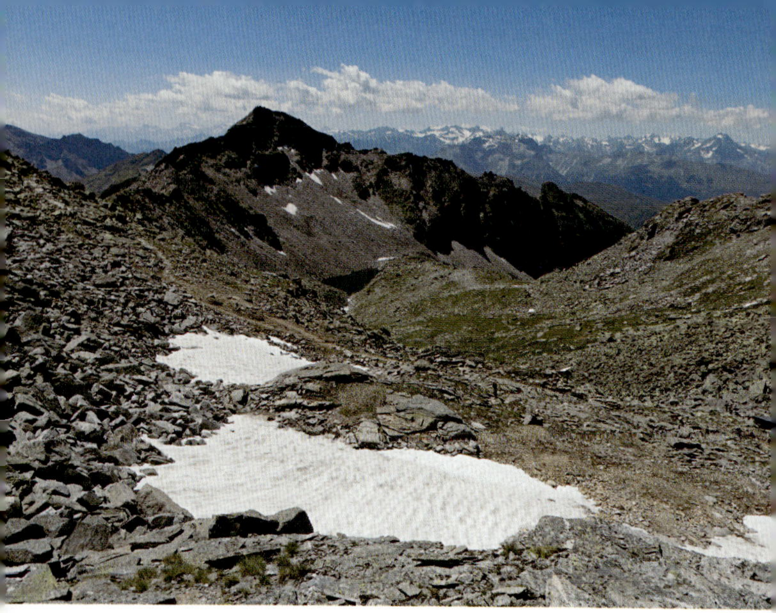

Blick ins Venntal von der Europahütte, links die Wildseespitze, im Hintergrund die Stubaier.

Am großen Wegweiser oberhalb der **Landshuter Europahütte (1)** wählen wir den einzigen Weg, der ins Tal absteigt. Obwohl ich diese Variante als Schlechtwetteralternative anpreise, ist bei den Steinplatten im oberen Bereich der Tour wegen Rutschgefahr bei Nässe erhöhte Wachsamkeit gefragt. Auch können bis in den Juli hinein noch einige Restschneefelder zu queren sein. Der Wanderweg wechselt fast stufig zwischen steileren und flacheren Passagen und führt anfangs nur durch Geröllfelder. Vom malerischen See unterhalb der Wildseespitze sehen wir nur zu Beginn etwas, dann verschwindet er hinter den Geröllmassen aus unserem Blick. Nur langsam wird die Landschaft weicher

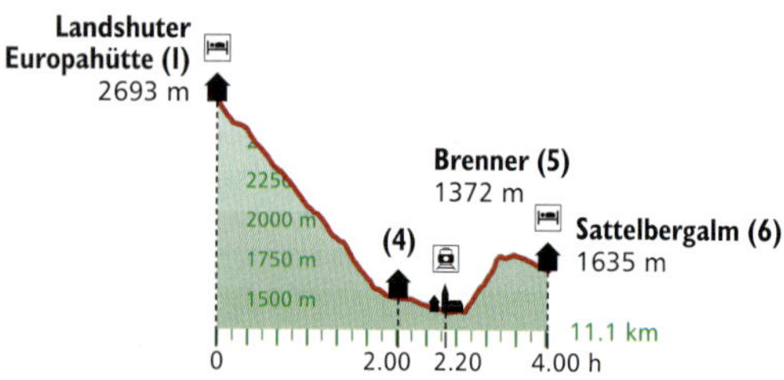

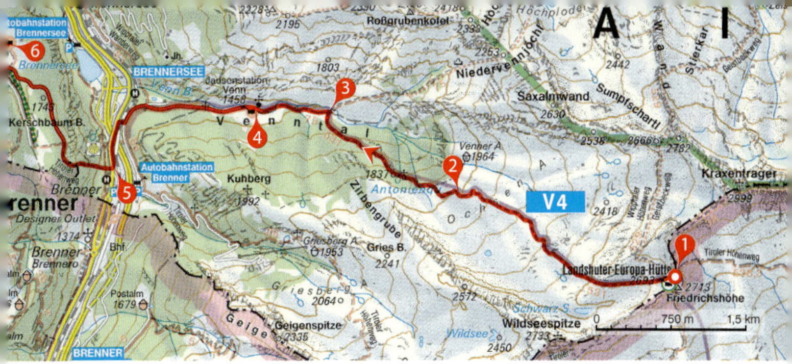

und grüner. Alpenrosen und Blaubeersträucher prägen das Bild. Schließlich kündigt die eine oder andere Lärche die Baumgrenze an, die wir bei ca. 2000 m Höhe erreichen **(2)**. Danach zieht sich der Weg schier endlos durch den Wald. Kein Wunder, denn bis zum Brenner müssen wir ja gut 1300 m absteigen. Nach ca. zwei Stunden Gehzeit lichtet sich der Wald und wir erreichen die zum Weiler Venn gehörenden Almen **(3)**, ca. 1520 m. Auf dem hier beginnenden Wirtschaftsweg ist der weitere Abstieg ein leichtes Auslaufen. Nach wenigen Minuten ist die **Jausenstation Venn (4)**, 1458 m, erreicht. Und kaum eine halbe Stunde später treffen wir an der Straße auf den Hauptweg dieser vierten Etappe, gerade bevor dieser durch eine Unterführung unter der Bahn zur Brenner-Staatsstraße führt. Ab hier folgen wir dem Hauptweg zum **Brenner (5)**, 1372 m, und steigen direkt nach der LKW-Verladestation rechts den Wald hinauf zur **Sattelbergalm (6)**.

Stahltreppe: Überreste des Weges der Grenzsicherung helfen beim Aufstieg aus der Brennersenke.

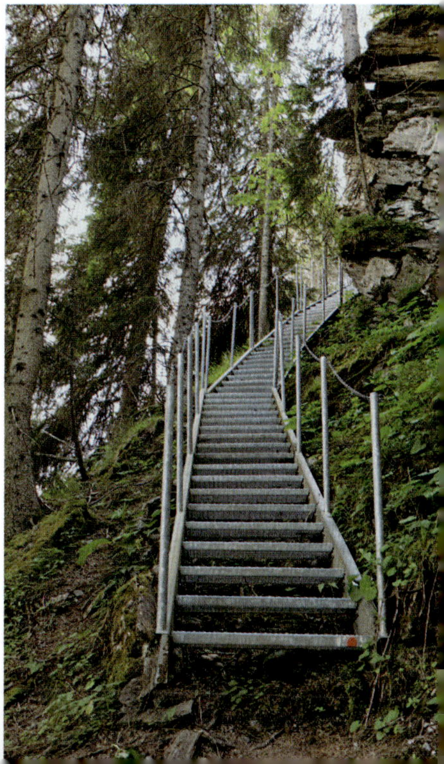

5 Sattelbergalm – Jubiläumsweg – Obernberg

6.00 Std.

↑980 ↓1180

Jubiläumsbergweg – immer entlang der Grenze

Der Jubiläumsbergweg ist ein Kammweg, der vom Sattelberg bis zum Hohen Lorenzenberg immer auf der seit 1920 hier verlaufenden Grenzlinie zwischen Österreich und Südtirol entlangführt. Bei dieser Etappe wird der völkerverbindende, versöhnende Charakter des Tiroler Höhenwegs besonders deutlich. Wo früher eine gut gesicherte Landesgrenze verlief – viele ehemalige Festungsgebäude und Bunker zeugen noch davon (siehe auch die Variante dieser Etappe) – überspringen wir nun mit Leichtigkeit und ungehindert die vielen Grenzsteine, die uns auf unserem Weg auch als Orientierung dienen, wenn die anderen Markierungen mal wieder fehlen, denn diese sind oft umgefallen oder kaum noch zu erkennen. Da es zwischen Sattelberg und Hohem Lorenzenberg keine einzige schattige Stelle und kein frisches Quellwasser gibt, sollte man bei dieser Etappe genügend Getränke dabeihaben. Etappenziel ist mit dem Gasthof Waldesruh der erste Vorposten des kleinen Örtchens Obernberg. Der Gasthof hat allerdings nur wenige Zimmer, die vor allem in der Hauptsaison meist ausgebucht sind. Für Alpenvereinsmitglieder empfiehlt sich daher das Jugend- und Seminarhaus Obernberg ungefähr einen Kilometer talabwärts in Richtung Obernberg als Übernachtungsquartier. In Obernberg lockt mit der Pfarrkirche St. Nikolaus noch ein kleines Prunkstück barocker Kirchenbaukunst. Die Kirche wurde 1761 geweiht, Teile des Turms gehen noch auf den gotischen Vorgängerbau aus dem 14. Jahrhundert zurück.

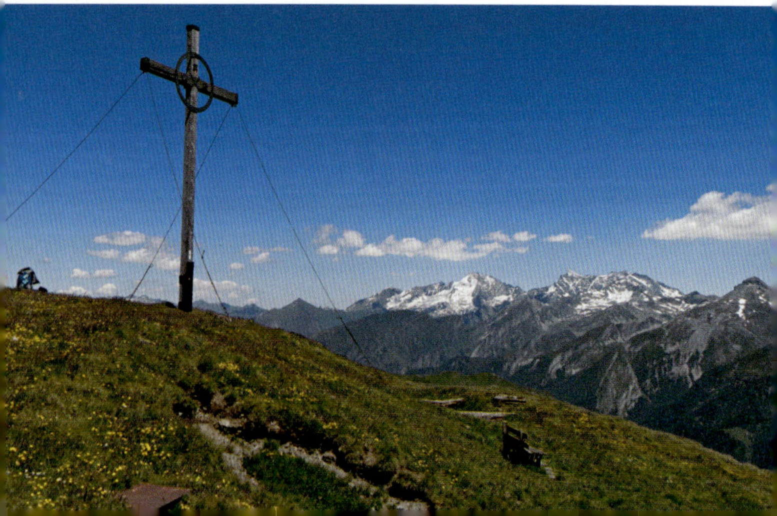

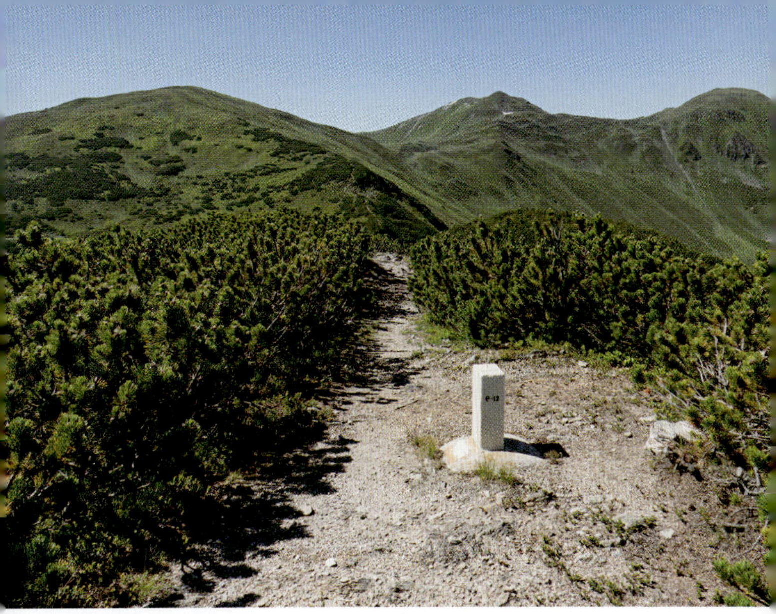

Kammweg, immer auf der Grenzlinie zwischen Österreich und Italien.

Ausgangspunkt: Sattelbergalm, 1635 m.
Anforderungen: Leichte, aber lange Bergwanderung. Die Wege sind nicht immer gut markiert, die Richtung aber eindeutig. Unbedingt genug Getränke mitnehmen, da es keine Quellen bis kurz vor Ende der Wanderung gibt.
Markierungen: Rot-weiß-rot, auch als Kreis, oft schlecht markiert (umgefallene Holzpflöcke), im Notfall weiße Grenzpflöcke, »80/80B« bis Flachjoch, »97A« bis Sandjöchl, »97« zum Obernberger See.
Unterkunft: Gasthof Waldesruh, 1439 m, privat, unbedingt reservieren! Tel. +43 5274 87575, waldesruh.obernberg@a1.net, www.gasthof-waldesruh.stadtausstellung.at; Jugend- und Seminarhaus Obernberg, ÖAV Sektion Innsbruck (nur für Alpenvereinsmitglieder!), unbedingt reservieren! Tel. +43 5274 87475 oder +43 680 5540877, info@jugendhaus-obernberg.at, www.jugendhaus-obernberg.at; Almi's Berghotel, privat, Tel. +43 664 4340471, info@almis-berghotel.at, www.almis-berghotel.at.
Einkaufsmöglichkeiten: In Obernberg gibt es einen Bankautomaten der Raiffeisenbank Wipptal und »Kreiziger's Hofladele«, einen klitzekleinen, immer geöffneten Selbstbedienungsladen.
Verkehrsmittel: Obernberg liegt am Ende des Obernbergtals und ist mit dem Auto erreichbar (Parkplatz am Gasthof Waldesruh). Mit öffentlichen Verkehrsmitteln erreicht man Obernberg mit dem Postbus 4145 von Steinach am Brenner (Bahnverbindung von Innsbruck/Brenner). www.oebb.at.
Kultur: Barockkirche zum Heiligen Nikolaus in Obernberg.

Gipfelkreuz des Hohen Lorenzenbergs.

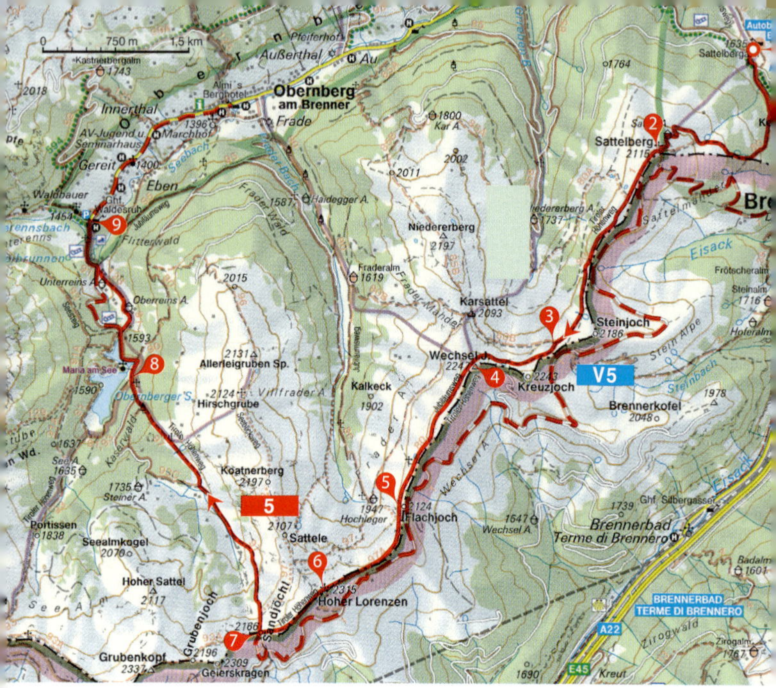

Von der **Sattelbergalm (1)** gehen wir zunächst den Weg von gestern ein kleines Stück zurück. Bald teilt er sich und wir halten uns rechts in Richtung Sattelberg. Kurz danach zweigt rechts der Wanderweg in den Wald ab, auch markiert als Mountainbike-Schiebestrecke. Wir gewinnen rasch an Höhe, bald wird der Wald lichter, und mit dem Erreichen der Waldgrenze wird das Gelände auch flacher. Wir wandern weiter über Almen, an den Resten der Pistenbegrenzungen des ehemaligen Skigebiets vorbei bis zum Gipfelkreuz des **Sattelbergs (2)**, 2115 m, das wir schon von der Sattelbergalm durch die ehemalige Liftschneise erblicken konnten. Vom Sattelberg genießen wir erst einmal die Aussicht ins Wipptal und auf die umliegenden Bergketten. Danach beginnt unser Kammweg, mal auf der einen, mal auf der anderen Seite entlang der Grenze. Die leuchtend weißen Grenzsteine bieten uns Orientierung, wenn Wegmarkierungen fehlen oder die Wegführung durch die Trampelpfade der Weidetiere unklar wird. Häufig geht es auf der Kammlinie durch dichte Latschenkiefern, die ein Durchkommen immer wieder erschweren. Am Sellasattel, 2024 m, steht als erstes Grenzrelikt eine kleine Grenzerhütte. Von dort führt uns der Weg auf österreichischer Seite am Steinjoch vorbei. Auffallend sind die vielen kleinen Tümpel am Wegesrand, entweder Reste der Schneeschmelze

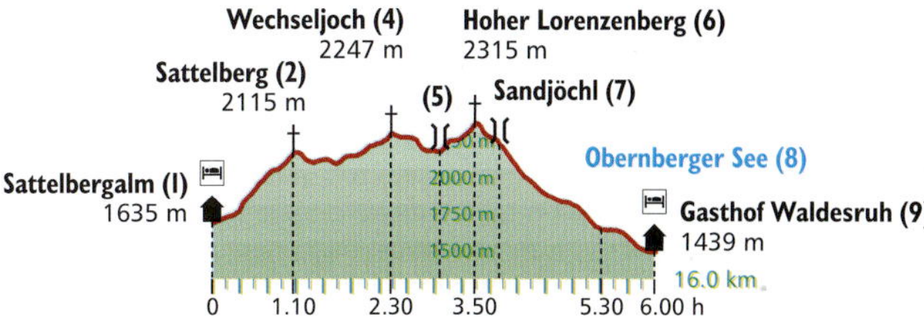

oder Regensammelbecken, die die Weidetiere mit Wasser versorgen. Wenn wir unterhalb des Steinjochs eine halbverrottete Tränke passiert haben, erreichen wir bald eine kleine Weidefläche mit einem Wegweiser **(3)**. Unser Weg ist hier allerdings nicht zu erkennen und wir sollten nicht der Versuchung erliegen, dem deutlich sichtbaren Weg zum Karsattel zu folgen. Am besten orientieren wir uns leicht links und gehen immer am Stacheldrahtzaun entlang in Richtung der kleinen Hütte, die wir etwas oberhalb am Hang des Kreuzjochs sehen. Von der Hütte aus ist der Weg wieder besser zu erkennen, zumindest für ein kurzes Stück. An einem kleinen Tümpel zeigt ein Wegweiser ins Nirgendwo. Nun orientieren wir uns an dem Stacheldrahtzaun, der die Weide auf österreichischer Seite begrenzt, bis wir entdecken, dass einer der Pfosten als Wegmarkierung angestrichen ist. Wir folgen dem Zaun nach oben bis zu einer Stelle, wo wir ihn übersteigen können und laufen weiter bis zum Steinhaufen, der den Gipfel des **Wechseljochs (4),** 2247 m, auch Fradersteller genannt, ziert. Von hier aus sehen wir zahlreiche ehemalige Befestigungsanlagen der italienischen Grenzer. Der Weg wechselt nun von einer Seite des Stacheldrahtzauns zur anderen und zurück. Wir können uns aber auch einfach auf österreichischer Seite einen Pfad zum **Flachjoch (5)**, 2124 m, suchen. Dort treffen wir wieder auf den Militärweg (siehe Variante), der sich auf italienischer Seite den Höhenzug entlangwindet. Wir wandern aber

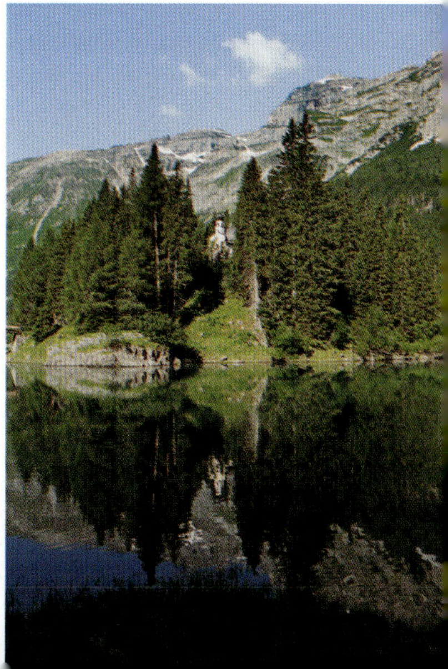

Kapelle Maria am See auf einem Felsen im Obernberger See.

weiter auf dem nun gut erkennbaren Wanderweg zum **Hohen Lorenzenberg (6)**, 2315 m. Hier lohnt es sich, eine ausgiebige Pause auf den schönen Bänken einzulegen und ein letztes Mal den wunderbaren Ausblick ins italienische Wipptal bis über Gossensass hinaus zu den Vororten von Sterzing zu genießen. Und natürlich überblicken wir von hier auch unsere ganze bisherige heutige Etappe auf der einen Seite und sehen auf der anderen Seite die Tribulaune thronen, unser Ziel der nächsten Tage. Vom Hohen Lorenzenberg steigen wir ab zum **Sandjöchl (7)**, 2166 m. Beim weiteren Abstieg durch Alpenrosenfelder überqueren wir einige Bäche, an denen wir unsere Trinkflaschen zur Not wieder auffüllen können. An den ersten Almhäusern beginnt nicht nur ein bequemerer Wirtschaftsweg, sie spenden uns nach circa vier Stunden praller Sonne auch zum ersten Mal ein wenig Schatten. Bis zum Obernberger See dauert es nun doch noch eine ganze Weile, wobei wir uns von den seltsamen Zeitangaben auf den Wegweisern nicht verunsichern lassen sollten. Wenn sich der Wirtschaftsweg teilt, halten wir uns rechts, auch wenn es noch einmal kurz bergauf geht. Bald wird der Weg wieder zum Trampelpfad und führt in den Wald hinein, in dem wir dann wieder auf einen Waldweg treffen, dem wir nach rechts zum **Obernberger See**

Abzweig Karsattel (Wegpunkt 3): Entscheidender Punkt, weil der Abzweig zum Wechseljoch schlecht markiert ist. Erst bei der kleinen Hütte am Hang des gegenüber liegenden Hügels ist der Weg wieder erkennbar.

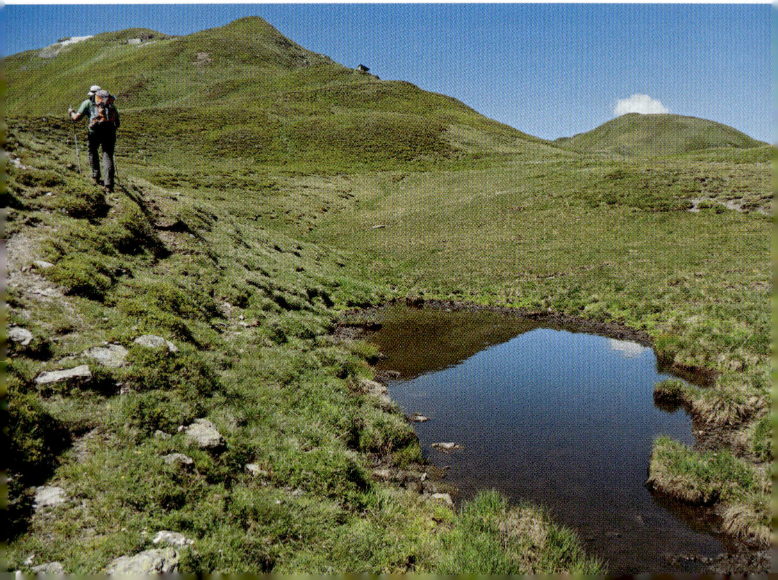

(8), 1590 m, folgen. Wir erreichen ihn direkt an der Stelle, wo auf einer großen Halbinsel die kleine, erst 1935 erbaute Kapelle Maria am See mit ihrer Kuppel aus dem Wald ragt. Wir können das Kirchlein über eine kleine Holzbrücke bequem erreichen. Da der See ein beliebtes Ausflugsziel für Familien ist, sind wir dort plötzlich nicht mehr so alleine wie auf der bisherigen Wanderung. Nachdem es bis zum Ende der heutigen Tour nicht mehr weit ist, schließen wir uns den vielen Tagestouristen an und machen es uns am Ufer des klaren Bergsees bequem. Das Baden ist allerdings nicht erlaubt, befindet sich der See doch in einem Naturschutzgebiet. Nach unserer verdienten Pause laufen wir auf dem Seeweg am Seeufer bis zu dessen Ende, an dem der nun leerstehende ehemalige Gasthof Obernbergersee früher seine Gäste empfangen hat. Dort biegen wir über eine kleine Brücke auf den Fußweg nach Obernberg ab, über den wir nach ungefähr einem Kilometer den Parkplatz am **Gasthof Waldesruh (9)** erreichen. Entweder haben wir hier nun schon unser Quartier, oder wir müssen an der Straße noch einen Kilometer bis zum Jugendhaus des ÖAV oder noch zwei Kilometer bis Obernberg weiterlaufen, bis wir unsere müden Beine hochlegen können.

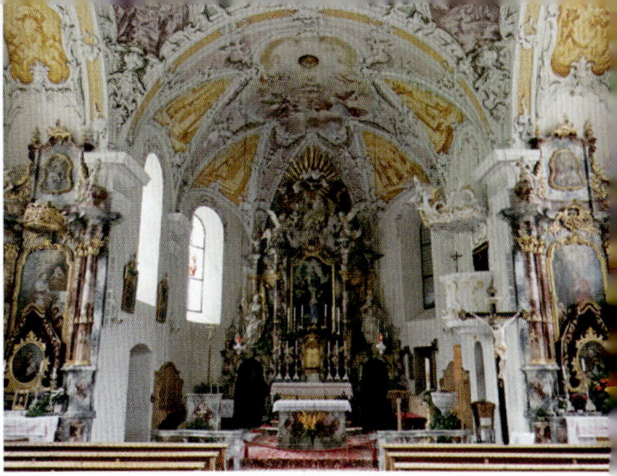

Pfarrkirche St. Nikolaus in Obernberg, lohnendes Ziel für einen kleinen Abendspaziergang.

i Der Obernberger Felssturz

Vor ca. 8600 Jahren ereignete sich am Obernberger Tribulaun ein katastrophaler Bergsturz, der noch heute die Landschaft vom Obernberger See bis nach Obernberg prägt. Unterhalb des Obernberger Tribulauns bis hin zum kleinen Tribulaun lösten sich ungefähr 50 Millionen Kubikmeter Gestein und donnerten zu Tal. Sie füllten nicht nur den Talkessel, in dem sich danach der Obernberger See aufstaute, einzelne Felsblöcke wurden bis weit ins Obernberger Tal geschleudert. Heute sind sie bewachsen und meist als kleine Hügel erkennbar. Auf einem der größten thront die Obernberger Pfarrkirche St. Nikolaus. Ein anderer teilt den Obernberger See. Auf ihm wurde die malerische Kapelle »Maria am See« errichtet, die man über eine kleine Brücke erreichen kann. Die Abrisskante ist noch heute eindrucksvoll zu sehen. Beim Aufstieg zum Obernberger Tribulaun wird sie auf einem drahtseilgesicherten Kletterpfad durchstiegen. Lange Zeit wurden die Steine im Tal als Baumaterial verwendet, inzwischen sind die Hügel Teil des lokalen Landschaftsschutzgebietes Nösslachjoch-Obernberger See-Tribulaune.

V5 Sattelbergalm – Militärweg – Obernberg

6.30 Std.

↑790 ↓990

Militäranlagen und Mountainbiker

Wer einen Blick hinter die Kulissen der Grenzsicherung werfen möchte, der wählt die Alternative zum Jubiläumsweg, auch wenn diese zunächst wenig attraktiv klingt: Gut vier Stunden nur auf Militär- und Wirtschaftswegen unterwegs sein und dabei jeden Berg in weitem Bogen umwandern, statt ihn zu erklimmen. Während man auf dem Kammweg quasi von Grenzstein zu Grenzstein schreitet, erfährt man auf der Alternativroute, welchen Aufwand die Italiener nach der Annexion Südtirols betrieben, um die Grenze gegen die Nordtiroler zu sichern und zu bewachen. Dabei sehen wir einerseits zahlreiche Befestigungs- und Bunkeranlagen knapp unterhalb des Sattels, kommen andererseits aber auch direkt an mehreren ehemaligen Kasernengebäuden vorbei, die heute dem Verfall preisgegeben sind und nur noch den weidenden Schafen als Unterschlupf dienen. Wie die Tiere können auch wir die Gebäude erkunden und finden dort noch die Reste der Stockbetten oder Öfen der Grenzschützer. Ständiger Begleiter auf unserem Weg sind die vielen Mountainbiker, für die diese Militärstraßen wie geschaffen zu sein scheinen. Natürlich haben wir das italienische Wipptal auch ständig im Blick und können an mehreren Stellen problemlos auf die Hauptroute wechseln, mit der wir uns am Sandjöchl wieder vereinigen.

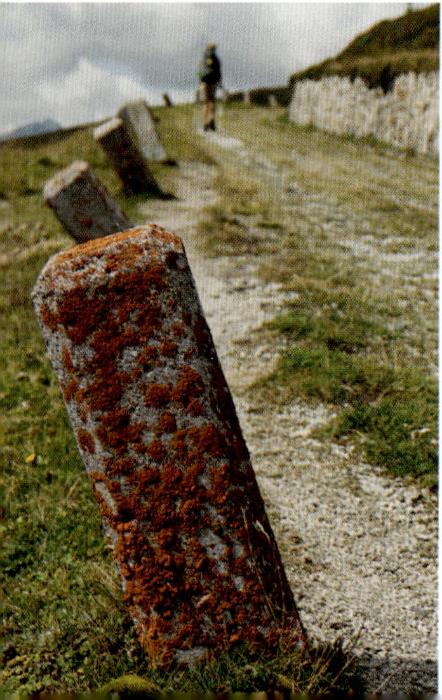

Ausgangspunkt: Sattelbergalm, 1635 m.
Anforderungen: Längere Etappe als Hauptweg, dafür weniger Höhenmeter, fast ausschließlich auf Militär- und Wirtschaftswegen. Auch hier unbedingt genug Getränke mitnehmen, da es bis kurz vor Ende der Wanderung keine Quellen gibt.
Markierungen: »1/1A« bis Sandjöchl; rot-weiß-rot, »97« zum Oberberger See
Unterkunft: Siehe Etappe 5.

Militärweg.

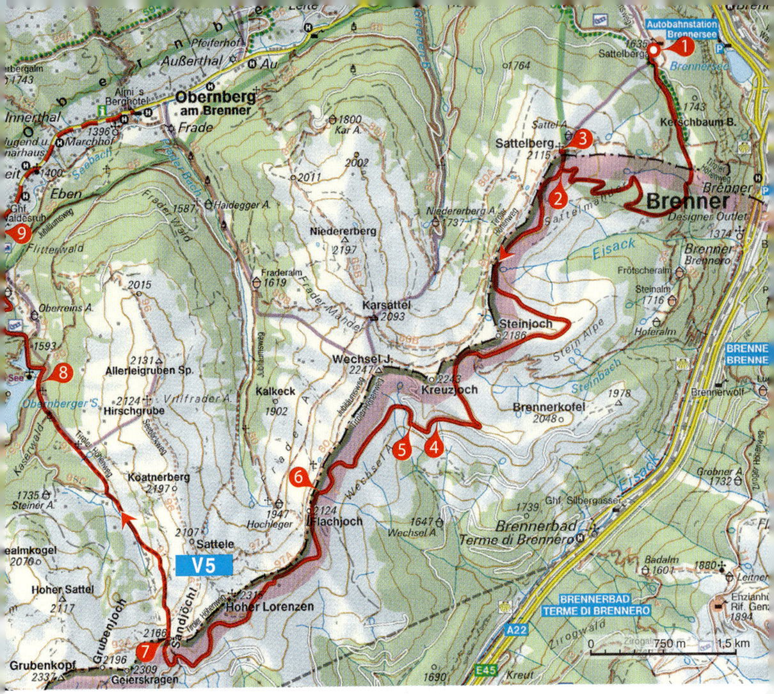

Von der **Sattelbergalm (1)** laufen wir zunächst den Wirtschaftsweg ein Stück zurück, auf dem wir gestern gekommen sind. Nach dem ersten Weidegatter teilt sich der Weg und wir halten uns rechts und folgen einem kleinen Bach, bis rechts der Jubiläumssteig (Mountainbike-Schiebestrecke) abzweigt. Statt steil durch den Wald aufzusteigen, bleiben wir auf dem komfortablen Wirtschaftsweg, passieren ein paar Fischteiche und erreichen das nächste Gatter, an dem den Radlern das Weiterfahren verboten ist, nicht aber uns das Weiterwandern. Bald teilt sich der Weg erneut, und wir steigen rechts auf, während der Weg links ins Wipptal hinabführt. Kurz später lassen

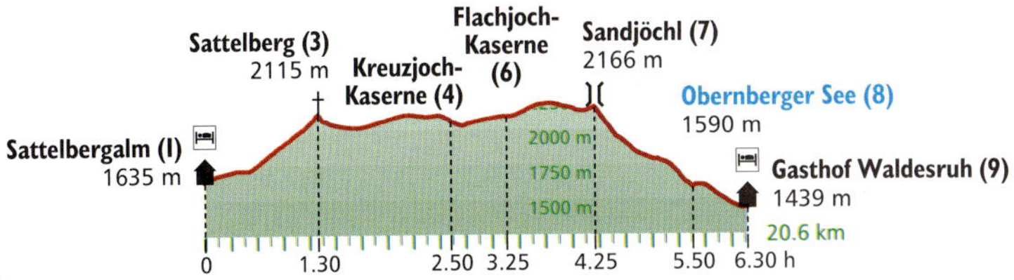

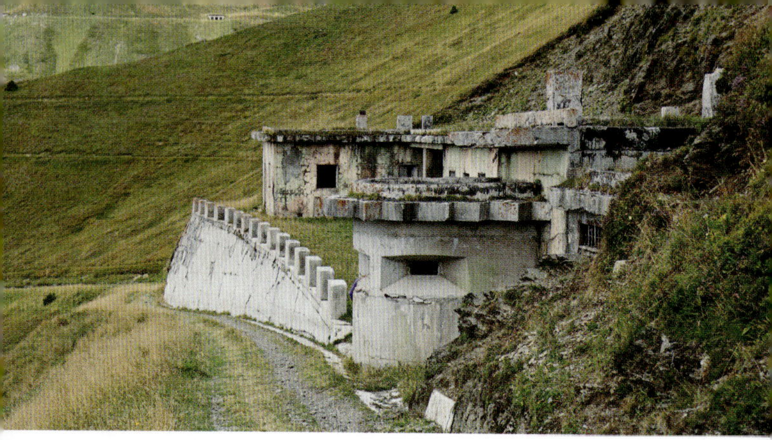

Kaserne am Kreuzjoch.

wir eine kleine Alm links liegen und wandern immer weiter aufwärts, bis wir unterhalb des Sattelberges auf die Überreste eines ersten Kasernenbaus **(2)** treffen. Ein kleiner Abstecher zum Gipfelkreuz des **Sattelbergs (3)**, 2115 m, lohnt sich nun wegen der tollen Aussicht auf jeden Fall. Nach der kurzen Aussichtspause zieht sich unser Weg auf nahezu gleicher Höhe den ganzen Bergrücken entlang – sehr beliebt bei den Mountainbikern, die wir auf dieser Strecke häufig treffen werden. Wir umrunden in großem Bogen das Steinjoch und geraten an der nächsten Senke wieder in Blickweite des Hauptweges und einer kleineren neueren Grenzhütte. Kurz später passieren wir einen Bunker, dessen Decke aber zum größten Teil eingestürzt ist. Auch unterhalb des Gipfels des Kreuzjoches entdecken wir mächtige Befestigungsanlagen. Kaum haben wir die äußerste Spitze um das Kreuzjoch umwandert, blicken uns Schießscharten grimmig entgegen, und wir erreichen die größte Kasernenanlage **(4)** an unserem Weg. Im Inneren sind noch der große Toilettenbereich und in zahlreichen Zimmern die Gerüste der ehemaligen Stockbetten erkennbar. Kurz später vermittelt uns die kleine **Obere Wechselalm (5)**, ca. 2030 m, mit einem Holzkreuz im Zentrum der Almwiesen kurzzeitig ein bisschen heile Bergwelt inmitten der vielen Befestigungsanlagen. Wir folgen weiter unserem Militärweg und kommen kurz vor dem Flachjoch an der nächsten Kasernenruine **(6)** vorbei. Hier erinnern ein alter Herd und der Abdruck eines Militärsterns im Eingang an frühere Zeiten. Entweder indem wir nun auf den Hauptweg wechseln oder an einem Wegweiser nach einem kleinen See etwas später bieten sich zwei Gelegenheiten, auch auf dieser Variante den Hohen Lorenzenberg, 2313 m, mitzunehmen. Ansonsten bleiben wir unserem Weg treu und erreichen über einen Abzweig nach rechts schließlich auch das **Sandjöchl (7)**, 2166 m, von wo aus wir auf dem

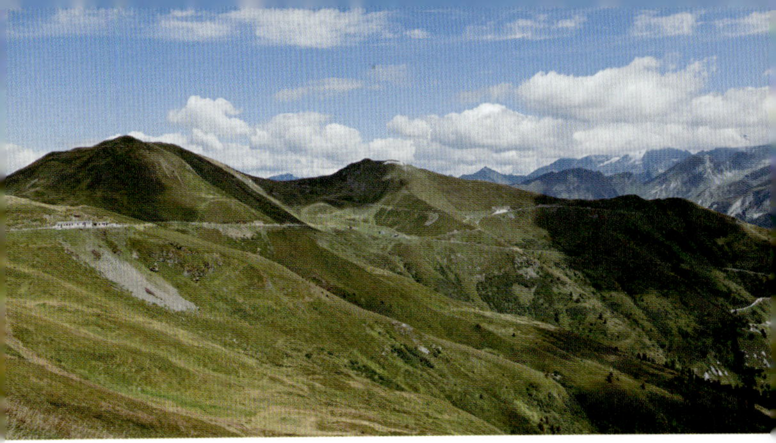

Rückblick auf Flach- und Kreuzjoch.

Hauptweg zum **Obernberger See (8)** und anschließend nach Obernberg absteigen. Auch hierbei können wir noch eine kleine Variante einbauen. Wenn unsere Beine eh schon müde vom Abstieg vom Sandjöchl sind, können wir vom Obernberger See zum Parkplatz am **Gasthof Waldesruh (9)** auch den bequemeren Wirtschaftsweg nehmen, der für den Autoverkehr gesperrt ist und auf dem wir nicht länger unterwegs sind als auf dem ausgewiesenen Fußweg.

Talweg zum Obernberger See.

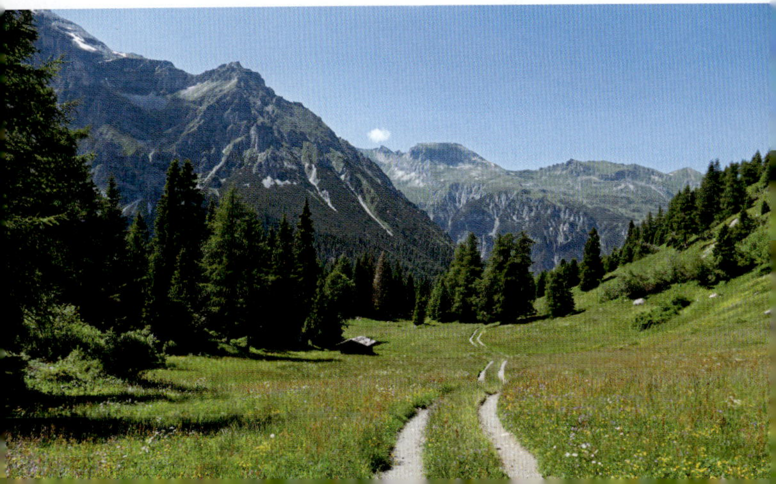

6 Obernberg – Südroute – Tribulaunhütte

6.30 Std.

↑1330 ↓400

Auf schmalen Pfaden nah am Abgrund

Der südliche Weg um die Tribulaune ist zwar der kürzeste der vier und beinhaltet die wenigsten Höhenmeter, steckt aber, wie auch die anderen, voller Abenteuer und kleinerer Herausforderungen. Bis zum Portjoch ist die Wegfindung nicht immer ganz einfach, abgesehen davon, dass es eigentlich immer nur aufwärts gehen muss. Der Weg entlang der steil abfallenden südlichen Tribulaunwände ist oft sehr schmal und ausgesetzt. Mehrere Kletterstellen sind durch die Drahtseilsicherungen aber gut zu meistern. Im Frühsommer kann sich in einzelnen Spalten auch noch lange Restschnee halten, der ein Weiterkommen erschweren oder unmöglich machen kann. Und bei Nässe oder schlechter Sicht kann der Weg wegen seiner steilen Abgründe schnell gefährlich werden. Vom Portjoch und durch den Koggraben gibt es in diesem Fall aber auch Abstiegswege ins Pflerschtal. Bei gutem Wetter ist er aber ein wunderbares Wanderabenteuer. Und auf der 2015 renovierten Tribulaunhütte kann man sich anschließend von Daniela und ihrem Team kulinarisch verwöhnen lassen und unterhalb der Pflerscher Scharte vielleicht den einen oder anderen Steinbock erspähen.

Pflerscher Höhenweg mit Nördlichem Roßlauf.

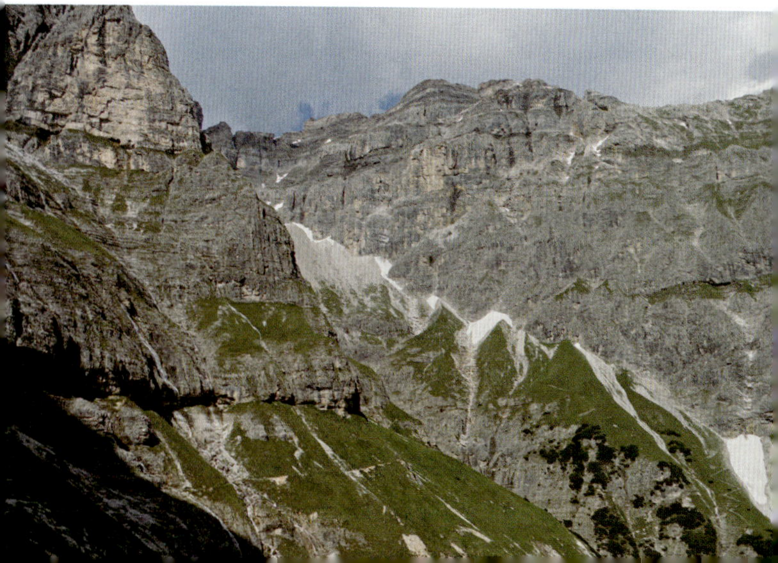

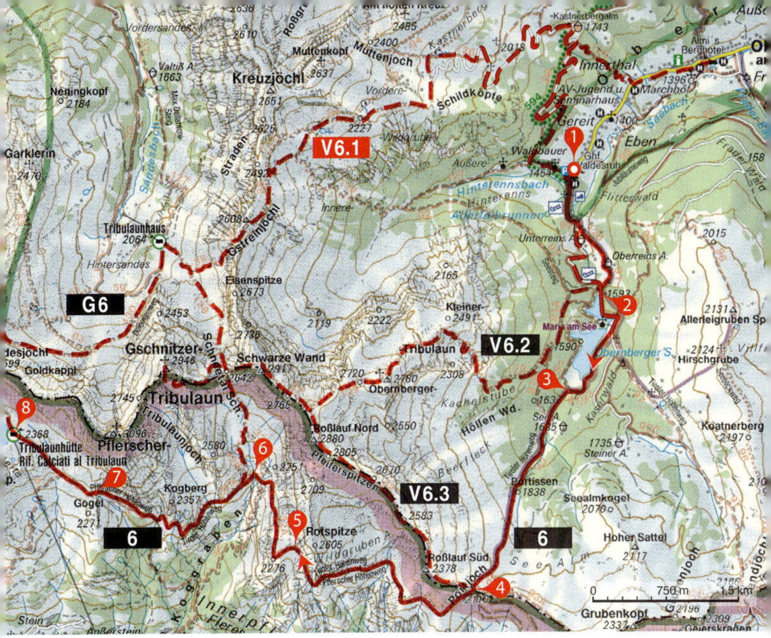

Ausgangspunkt: Parkplatz Gasthof Waldesruh/Obernberg, 1439 m.
Anforderungen: Bis zum Obernberger See breite Wander- oder Wirtschaftswege, danach bis zum Portjoch manchmal nicht gut erkennbare Pfade, ab dem Portjoch zum Teil ausgesetzter, schmaler und drahtseilversicherter Weg. Trittsicherheit und Schwindelfreiheit unbedingt erforderlich. Bei Feuchtigkeit und schlechter Sicht nicht zu empfehlen. Nennenswerte Schneereste bis in den Frühsommer hinein. Bitte vorher auf der Tribulaunhütte Begehbarkeit erfragen.
Markierungen: Rot-weiß-rot, »91/93« bis Portjoch; »32A/7« zur Tribulaunhütte.
Unterkunft: Ital. Tribulaunhütte/Rifugio Tribulaun, 2368 m, CAI Sektion Sterzing, bewirtschaftet 1. Juli bis 30. September; bitte telefonisch reservieren: Tel. +39 0472 632470, info@tribulaunhuette.com, www.tribulaunhuette.com.
Gipfeloption: Gschnitzer Tribulaun, Etappe G6.

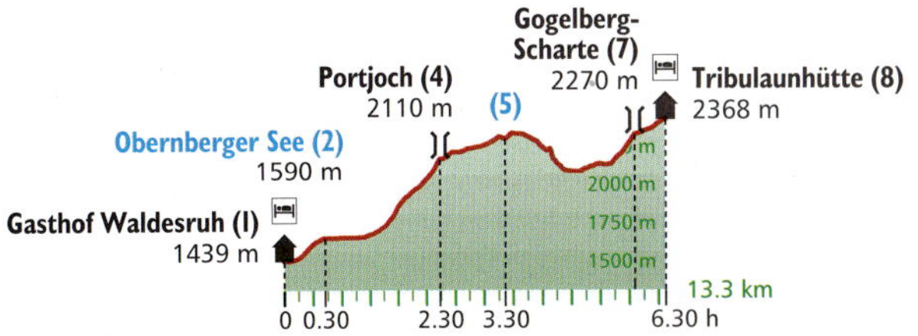

Wir starten die Tour am Parkplatz am **Gasthof Waldesruh (1)**, zu dem uns die Füße oder der Bus gebracht haben, wenn wir dort nicht übernachtet haben. Zunächst müssen wir wieder hinauf zum **Obernberger See (2)**, 1590 m, und haben hier wieder die Wahl zwischen dem Fußweg durch die Almwiesen oder der schattigeren, genauso langen Variante über den Wirtschaftsweg. Am Anfang des Sees halten wir uns links in Richtung Seekapelle, von wo aus wir gestern gekommen sind. Kurz nach der Seekapelle bleiben wir auf dem Seeweg und lassen unseren gestrigen Abstiegsweg links liegen. Am Ende des Sees folgen wir den Wegweisern nach rechts und gleich nach dem Privatgrundstück der Seealm wieder nach links **(3)**. Ein in der Wiese stehender Wegweiser weist uns nun geradewegs durch diese Wiese und nicht weiter auf dem bald endenden Wirtschaftsweg. Wir folgen dem Trampelpfad durch die Wiese, der abhängig von der Grashöhe besser oder schlechter erkennbar ist und der sich am Waldrand wieder zu einem richtigen Weg bis zu den nächsten Almwiesen verbreitert. Hier wird die Orientierung kurz etwas schwieriger, aber wir steigen die Almwiese einfach gerade hoch, bis kurz vor deren oberem Ende links der Weg wieder sichtbar wird. Nun wird das Gelände steiler, und der Wanderweg windet sich den Hang hinauf. Oben landen wir auf einer großen Almfläche mit vielen Wiesenblumen und Alpenrosen. Bald erreichen wir auch den nächsten Wegweiser, dessen Zeitangaben wir nicht so ernst nehmen sollten. Nachdem wir diese Hochalm durchquert haben, kommt der letzte Aufstieg immer durch Al-

Alpenrosen beim Aufstieg zum Portjoch.

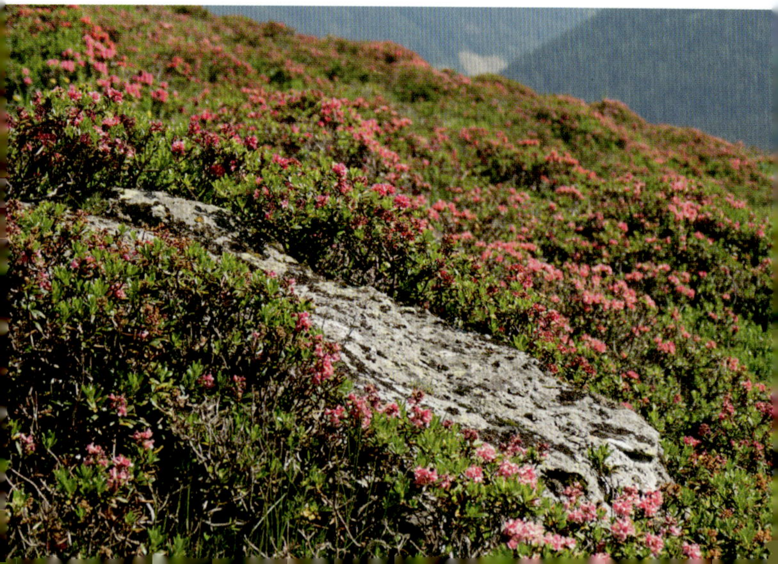

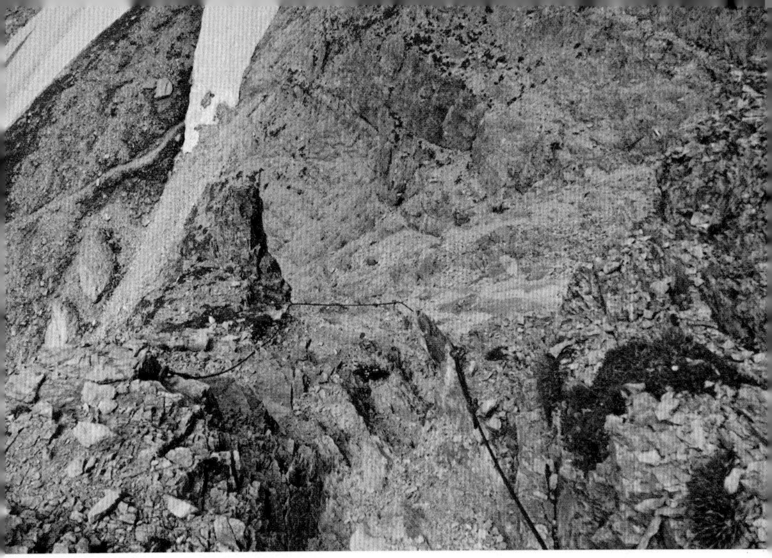

Steiler Abstieg vor dem Koggraben.

penrosen zum weithin gelb leuchtenden Wegweiser und kurz später zum **Portjoch (4)**, 2110 m. Vom Portjoch folgen wir dem Pflerscher Höhenweg nach rechts auf einem schmalen Graspfad. Die unterschiedlichen Zeitangaben bis zur Tribulaunhütte auf den Wegweisern am Joch (gelb/österreichisch: 4 Std. – Holz/italienisch: 2.50 Std.) zeigen uns, wie wenig wir ihnen vertrauen können. Realistisch bei gutem Wetter sind wahrscheinlich die 4 Stunden. Schnell wird der schmale Pfad sehr ausgesetzt, links geht es steil bergab. Nachdem wir unter dem Kreuzjoch entlanggewandert sind, kommen die ersten drahtseilgesicherten Kletterstellen, wobei die Drahtseile zunächst nur die abschüssigsten Wegstellen absichern. Der Weg verläuft zwar wenig an- oder absteigend durch das glatte Gestein, verlangt aber bei jedem Schritt volle Konzentration. Nun stehen uns zwei abenteuerliche Kletterstellen bevor. Zunächst müssen wir ein größeres Stück zu einem Wasserfall absteigen, wobei uns Drahtseile durch das brüchige Gestein helfen und Halt bieten. Am Wasserfall **(5)** erwartet uns dann eine kleine Überraschung, denn wir müssen durch seine Schlucht ein weiteres Stück absteigen und ihn dabei auch überqueren. Bei Regen kann diese Stelle schnell unpassierbar werden. Wenn wir anschließend um den Vorsprung unterhalb der Rotspitze biegen, wandern die Blicke sofort zur Felswand des Pflerscher Tribulauns auf der gegenüberliegenden Talseite. Wo soll dort unser Weg weitergehen? Er ist kaum zu erkennen! Zunächst müssen wir den Taleinschnitt aber noch erwandern und dabei gut 300 Höhenmeter wieder zu einem Wasser-

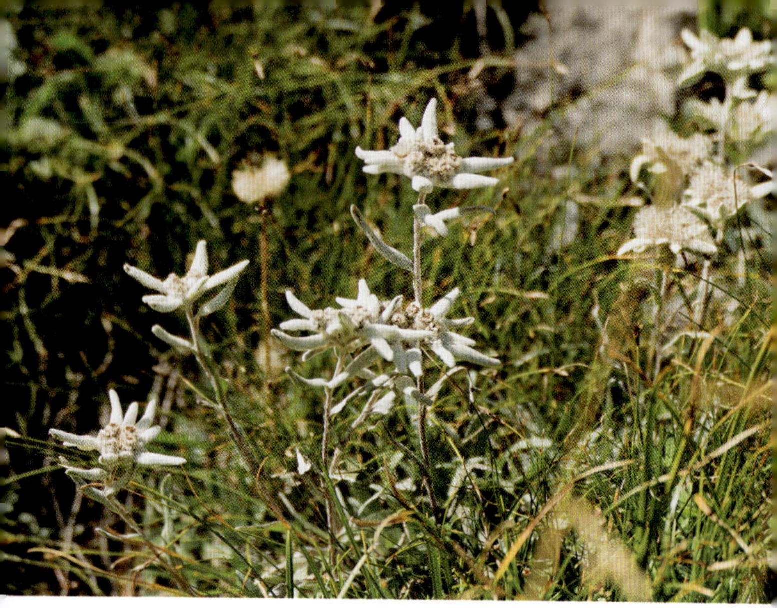

Eine der wenigen Stellen auf dem Tiroler Höhenweg, wo es zuverlässig viele Edelweiße gibt.

fall absteigen, erneut unterstützt von Drahtseilen. Hier am Ende des **Koggrabens (6)** erreichen wir bei gut 2000 m unseren tiefsten Punkt seit dem Portjoch. Nun stößt von oben auch der Weg von der Schneetalscharte zu uns (Touren V6.2 und G6). Dann beginnt der aus der Ferne kaum erkennbare Weg durch die Felswand unter dem Pflerscher Tribulaun, immer ausgesetzt und teilweise auch wieder mit Seilen gesichert. Wenn wir um den nächsten Bergrücken unter dem Kogberg biegen, kommen wir zum letzten steileren Anstieg zur Scharte am **Gogelberg (7)**, ca. 2270 m. Vorher zwingt uns ein bis weit in den Spätsommer nicht wegtauendes Schneefeld noch zu einem kurzen zusätzlichen Ab- und Aufstieg. Es ist zu steil, um gefahrlos gequert werden zu können. Immerhin ist der Weg jetzt nicht mehr so ausgesetzt, wir kommen schneller voran und haben auch noch Zeit für einen Blick auf die zahlreichen Edelweiße, die rundherum sprießen. Vom Gogelberg aus müssen wir nur noch einen Geröllhang queren, bis wir auf den Aufstiegsweg aus dem Tal zur Tribulaunhütte treffen. Wir folgen ihm nach rechts ins Talende hinein und erreichen bald die frisch renovierte **Tribulaunhütte (8)** im Bergkessel am Ufer des Sandessees. Nun haben wir uns mindestens ein Stück von Danielas Buchweizenkuchen verdient, der einfach unvergleichlich gut schmeckt und die Pause bis zum Abendessen kulinarisch überbrücken hilft.

Tiroler Buchweizentorte

Als glutenfreies »Pseudogetreide« gehört Buchweizen zu den Mode-Nahrungsmitteln der letzten Jahre. Dabei ist seine Geschichte schon viel älter und er findet sich in vielen Rezepten der traditionellen Tiroler Küche. Besonders Buchweizentorten bekommt man in den Hütten des Tiroler Höhenwegs immer wieder angeboten, eine der besten hier in der italienischen Tribulaunhütte, sofern die Tagesgäste ihn nicht schon bis zum letzten Stück verputzt haben, wenn wir auf dem Tiroler Höhenweg die Hütte erreichen. Zum Nachbacken zuhause gibt's hier das Rezept:

Zutaten: *Für den Teig: 250 g Butter, 250 g Zucker, ein Päckchen Vanillezucker, 250 g grobes Buchweizenmehl, 250 g gemahlene Mandeln, 6 Eier; für die Füllung: mindestens 250 g Preiselbeermarmelade (je mehr, desto leckerer).*

Zubereitung: *Butter mit 150 g Zucker, dem Vanillezucker und den Eigelben schaumig rühren, dann Buchweizenmehl und Mandeln dazugeben und gut vermischen. Eiweiß zu Eischnee halbsteif und anschließend mit dem restlichen Zucker steif schlagen und unter den Teig heben. Teig in eine runde gefettete Backform geben und bei 180° (150° Umluft) 60 Minuten backen. Abgekühlten Kuchen waagerecht teilen, untere Hälfte mit der Marmelade bestreichen und obere Hälfte daraufsetzen. Eventuell mit Zuckerguss glasieren oder vor dem Servieren mit Puderzucker bestreuen. Guten Appetit!*

Blick zur Gogelbergscharte.

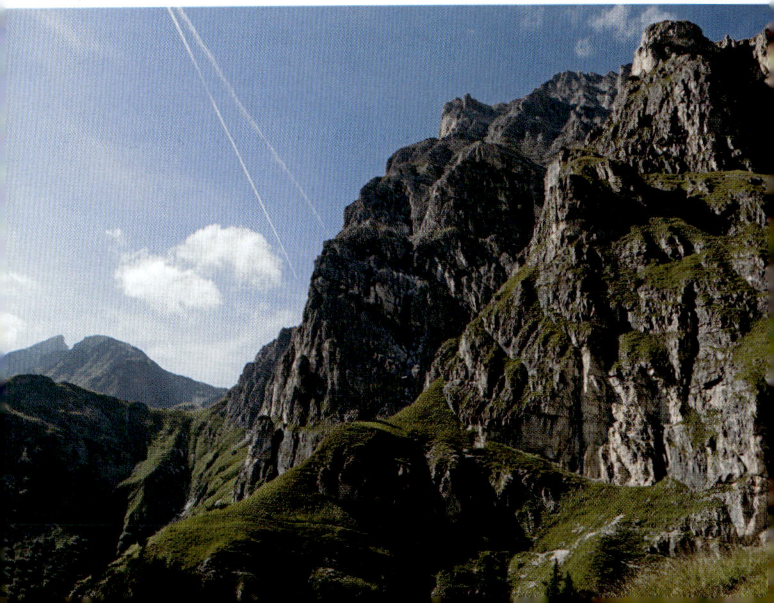

G6 Gschnitzer Tribulaun, 2946 m

6.30 Std.
↑1680 ↓1680

Steile Wände und Schotter

Der Pflerscher Tribulaun, der die Felswand über der italienischen Tribulaunhütte markant überragt, ist leider ein Kletterberg und ohne Ausrüstung nicht zu bezwingen. Etwas zurückgesetzt liegt der 150 Meter tiefere Gschnitzer Tribulaun, der Hausberg des österreichischen Tribulaunhauses. Während er von dort mit seinen steilen Felswänden unbesteigbar anmutet, sieht er von Südosten aus wie ein flacher Schuttberg, über dessen Flanken der Aufstieg, abgesehen von wenigen seilversicherten Kletterstellen, unproblematisch ist. Von seinem meist sehr zugigen Gipfel aus blickt man zu beiden Seiten auf die anderen Tribulaungipfel und natürlich auch weit in die Ferne. Und wenn man durchs Schneetal auf- und auf der anderen Seite wieder absteigt, kann man aus der Besteigung eine vielseitige Rundtour machen.

Ausgangs- und Endpunkt: Ital. Tribulaunhütte/Rifugio Tribulaun, 2368 m.
Anforderungen: Zum Teil ausgesetzter, schmaler und drahtseilversicherter Weg. Aufstieg durchs Geröll im Schneetal sehr rutschig. Trittsicherheit und Schwindelfreiheit unbedingt erforderlich.
Markierungen: Rot-weiß-rot; »130« bis österr. Tribulaunhaus, »128« bis Schneetalscharte, rot beim Aufstieg zum Gipfel.
Einkehr: Österreichisches Tribulaunhaus (Naturfreunde-Haus), siehe Etappe V6.1.

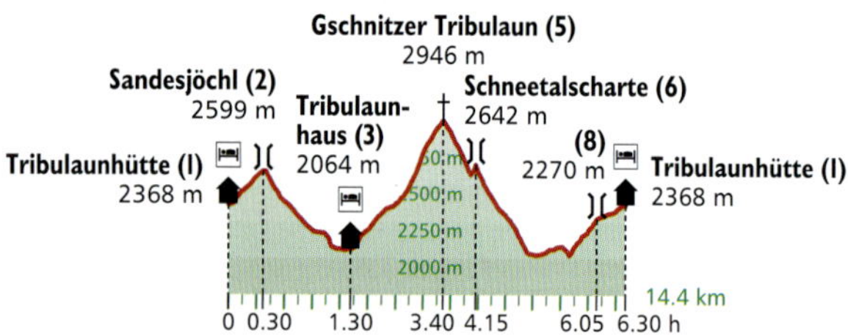

Von der italienischen **Tribulaunhütte (1)** geht es zunächst über den Abfluss des Sandessees und dann immer bergauf zum Sandesjöchl. Den Abzweig zur Magdeburger Hütte lassen wir dabei auf fast halber Strecke links liegen. Mit etwas Glück begegnen uns hier beim Aufstieg ein paar Steinböcke, die im Gebiet um den Pflerscher Pinggl zu Hause sind und sich gerne in der Morgensonne unterhalb des Jochs aufhalten. Vom **Sandesjöchl (2)**, 2599 m, blicken wir hinab ins Sandestal und erkennen unseren Weg durch die Schuttfelder bis zum österreichischen Tribulaunhaus. Beim zunächst steilen Abstieg zweigen

Gschnitzer Tribulaun: Man kann den Aufstiegsweg fast nur erahnen.

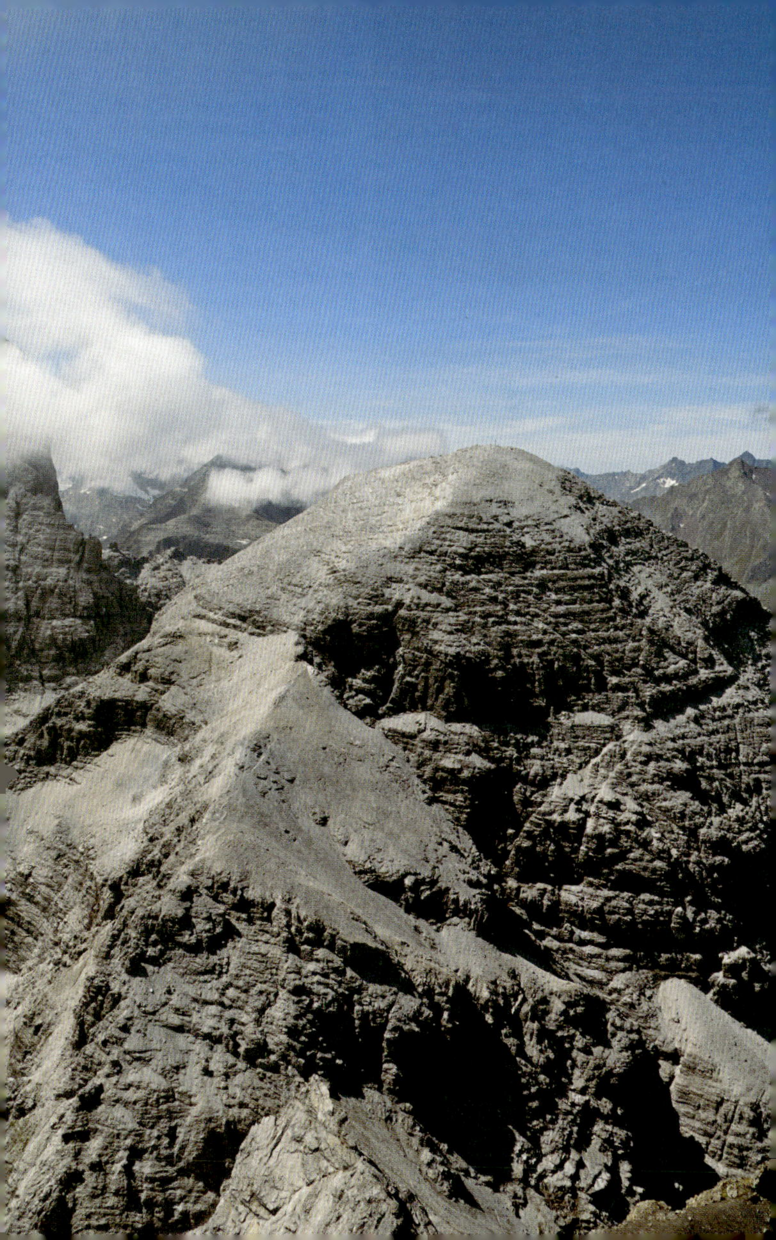

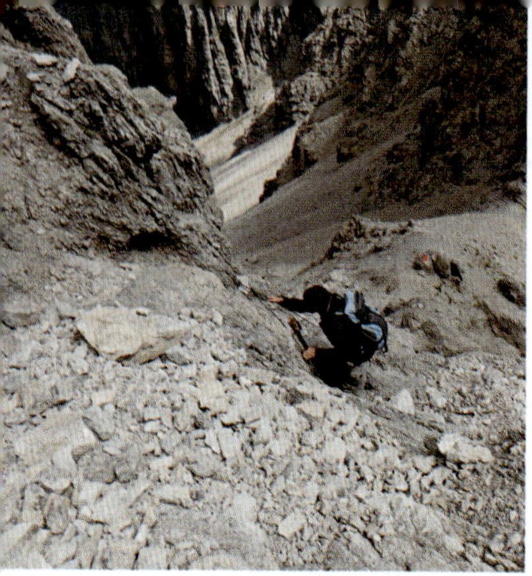

Seilgesicherter Aufstieg von der Schneetalscharte.

die Wege zur Bremer Hütte und zur Gargglerin, dem markantesten Gipfel der Berggruppe westlich des Tals, ab. Durch die Schotterfelder geht es nun langsamer, aber weiterhin leicht bergab, und wir haben die Felswand des Gschnitzer Tribulauns immer im Blick. Die letzten Meter vor der Hütte laufen wir schließlich auf dem Wirtschaftsweg. Der beschilderte Weg läuft eigentlich um das österreichische **Tribulaunhaus (3)**, 2064 m, herum, wir können aber kurz davor rechts über einen Wiesenweg abkürzen, sollten wir in der Hütte nicht zum zweiten Frühstück einkehren wollen. Nun beginnt der mühsame Aufstieg durchs Schneetal. Nachdem links der Weg zum Gstreinjöchl abgezweigt ist, geht es zunächst noch auf festem, später auf immer rutschigerem Geröll aufwärts. Dazu bläst uns meist ein scharfer, kalter Wind von der Scharte entgegen. Kurz bevor wir den Einstieg zum Gipfelkamm auf der Gschnitzer Seite der Schneetalscharte **(4)** erreichen, zweigt links noch der Weg zur eigentlichen Schneetalscharte unterhalb der Schwarzen Wand ab, über den wir beim Rückweg gehen werden. Gleich am Beginn des Gipfelweges warten zwei Drahtseilstellen auf uns, wobei vor allem die zweite auch mit ein wenig Kletterei verbunden ist. Anschließend geht es durchs Geröll auf einem gut markierten Weg zum Gipfelkreuz des **Gschnitzer Tribulauns (5)**, 2946 m, mit seinem großen flachen Hochplateau. Nachdem wir von einem windgeschützten Platz aus die tolle Aussicht genossen haben, steigen wir zunächst auf demselben Weg wieder zur Scharte hinab. Nur kurz rutschen wir durch den Schotter nach unten und nehmen dann den vorher schon erwähnten Abzweig zur Schneetalscharte. Die wenigen Meter dorthin sind wieder ähnlich mühsam und rutschig wie der Aufstieg durchs Schneetal. Von der **Schneetalscharte (6)**, 2642 m, führt uns der Weg, wie bei Etappe V6.2 beschrieben, hinunter zum Pflerscher Höhenweg **(7)** und auf diesem vorbei am **Gogelberg (8)** zurück zur Tribulaunhütte.

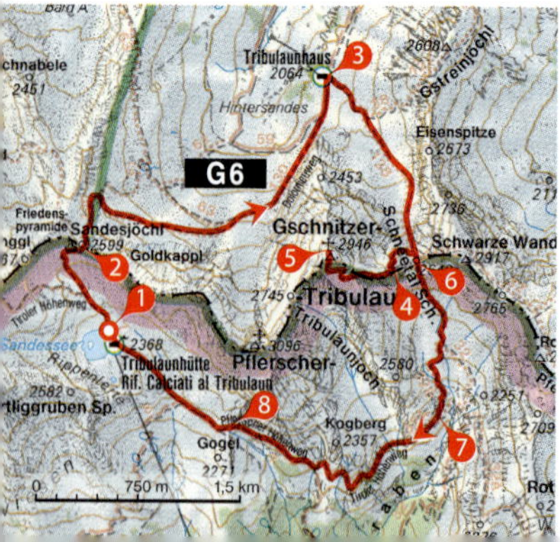

8.00 Std.

↑1740 ↓810

Obernberg – Nordroute – Tribulaunhütte

V6.1

Im Norden um die Tribulaune

Die Variante im Norden um die Tribulaune ist mehr als eine Schlechtwettervariante zum Pflerscher Höhenweg oder zum Weg über die Tribulaune. Von den konditionellen Anforderungen liegt sie deutlich über dem südlichen Hauptweg, allerdings kann man sie auch abkürzen und nur bis zum österreichischen Tribulaunhaus der Naturfreunde gehen und die Überschreitung des Sandesjöchls auf die nächste Etappe verschieben. Insgesamt ist diese Tour landschaftlich abwechslungsreicher als die drei anderen: Da ist zunächst der bequeme Aufstieg über Wirtschaftswege bis auf ca. 2200 m, dann der Weg über die Almwiesen unterhalb der Tafelberge des Kreuzjöchls immer mit Blick auf Obernberger Tribulaun und Schwarze Wand, sowie anschließend die hochalpine Überschreitung des Gstreinjöchls mit dem steilen Abstieg zum österreichischen Tribulaunhaus. Von hier geht es weiter durch die schier endlosen Geröllfelder unterhalb des Gschnitzer Tribulauns hinauf zum Sandesjöchl, von wo man die italienische Tribulaunhütte bereits am Sandessee leuchten sieht, sodass dieser letzte unschwierige Abstieg fast von selbst geht.

Italienische Tribulaunhütte.

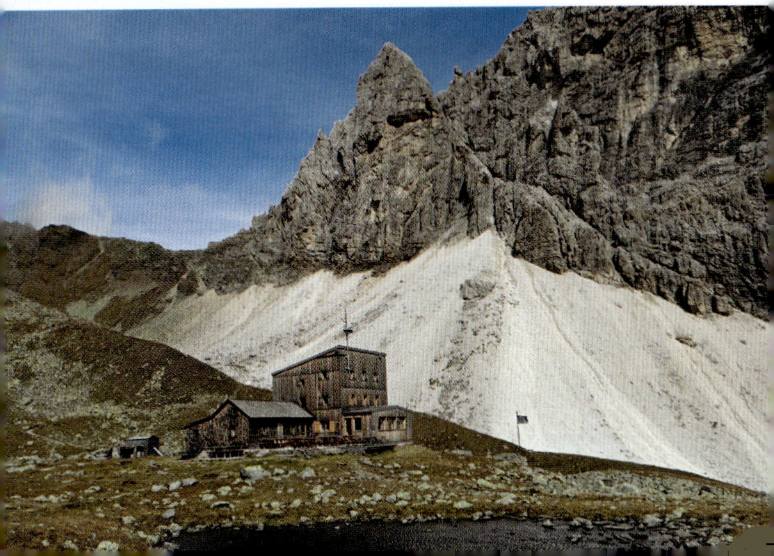

Ausgangspunkt: Parkplatz Gasthof Waldesruh/Obernberg, 1439 m.
Anforderungen: Lange Etappe, viele Höhenmeter, gut markierte Wirtschafts- und Wanderwege.
Markierungen: Rot-weiß-rot, »99« bis Kastnerbergalm, »126« bis innere Wildgrube, »127« bis österr. Tribulaunhaus, »130/7« bis italienische Tribulaunhütte.
Einkehr/Übernachtung: Österr. Tribulaunhaus (Naturfreunde-Haus), 2064 m, bewirtschaftet Juni bis Anfang Oktober, Tel. +43 664 4050951, info@tribulaunhuette.at – Vorbestellungen aber nur telefonisch, weil es auf der Hütte kein Internet gibt. E-Mails werden nur bei Ausflügen ins Tal abgerufen. www.tribulaunhuette.at.
Unterkunft: Siehe Etappe 6.

Vom Parkplatz am **Gasthof Waldesruh (1)** halten wir uns in Richtung »Waldbauer«, einem Haus mit Ferienwohnungen. Von dort führt uns der Wirtschaftsweg mit ein paar Kehren bequem hinauf zur **Kastnerbergalm (2)**, 1743 m. Der eigentlich auf den Karten als Tiroler Höhenweg verzeichnete Weg direkt durch das Hinterenns ist unter anderem wegen Steinschlaggefahr nicht zu empfehlen.
Wer im Gästehaus des ÖAV oder in Obernberg übernachtet hat, braucht nicht erst bis zum Parkplatz zurückzulaufen. Wenige Meter talauswärts des Gästehauses zweigt eine kleine Einfahrt nach Norden ab. Wenn sich der ungeteerte Weg aufgabelt, halten wir uns links und folgen kurz dem Bachlauf,

Ende des Wirtschaftswegs: Wegpunkt 3, dahinter das Gstreinjöchl.

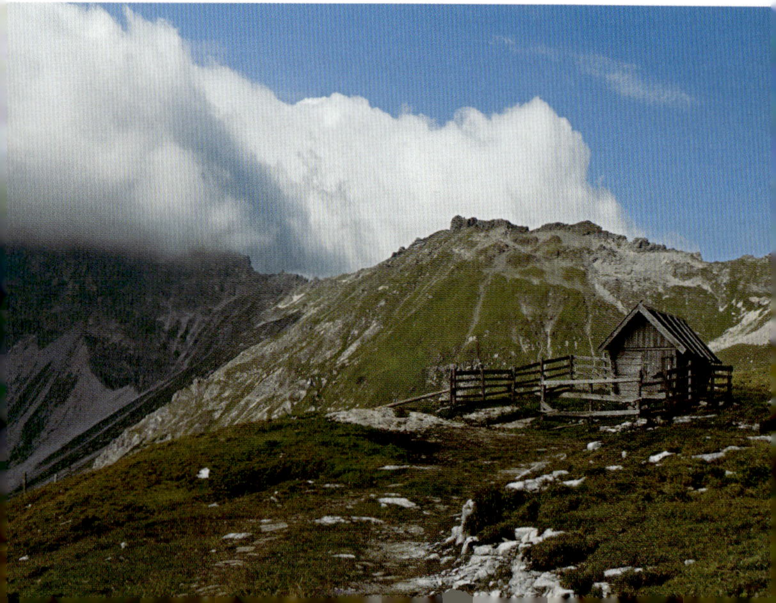

i **Das Dolomit und sein Entdecker**

Manchmal wird man eher zufällig berühmt, denn wäre es nach Déodat de Dolomieu (1750–1801) gegangen, wäre der Dolomit nicht nach ihm benannt worden. Eigentlich war Dolomieu Ritter des Malteserordens, doch schon mit 30 Jahren quittierte er den Kriegsdienst, um sich ganz seiner Leidenschaft, der Geologie, Mineralogie und Vulkanologie hinzugeben. Auch wenn er diese Fächer nie offiziell studierte, wurde er bald korrespondierendes Mitglied der Pariser Akademie der Wissenschaften, lehrte und bereiste immer wieder Gegenden von den Alpen bis Ägypten, um Mineralien und Erkenntnisse zu sammeln. Allerdings hatte er es zu seiner Zeit als Malteserritter geschafft, sich in die Intrigen des Ordens und damit auch der europäischen Politik zu verstricken. Als er von einer Reise nach Ägypten im Gefolge Napoleons und seiner Truppen zurückkehrte, landete er daher auf Sizilien für zwei Jahre im Kerker. Von dieser Kerkerhaft erholte er sich nicht mehr und starb nur wenige Jahre nach seiner Entlassung an den Spätfolgen. Das Dolomitgestein fand er zusammen mit seinem Schüler Louis Benjamin Fleuriau (1761–1852) bei einer Reise über den Brenner, als sie Steine aus dem Bachbett des Eisacks in der Nähe von Sterzing sammelten. Dolomieu wunderte sich, dass sich das kalkhaltige Gestein in Salzsäure nur langsam auflöste und nicht aufbrauste. Er schickte es seinem Freund, dem Chemiker Nicolas Théodore de Saussure (1767–1845), zur Analyse. Dieser beschrieb es daraufhin in der angesehenen Zeitschrift »Journal de Physique« als Doppelkarbonatgestein aus Kalzium und Magnesium und gab ihm den französischen Namen »Dolomie«, zu deutsch »Dolomit«. Auch andere Geologen befassten sich mit dem Gestein und gaben ihm Namen, es setzte sich aber die Bezeichnung »Dolomit« durch. Im Jahr 1864 erschien in London das Buch »The Dolomite Mountains« über die »Bleichen Berge« in Südtirol, die wir heute nur noch als Dolomiten kennen. Als 1876 der neue Name für die ganze Gebirgskette erstmals auf offiziellen Karten gedruckt wurde, machte das den Entdecker des Gesteins quasi unsterblich.

bis wir nach links in den Wald abbiegen. Bis zu einem Weidegatter geht es steil durch den Wald bergauf. Nach dem Gatter steigen wir auf einer schmalen, steilen Almwiese, mal am einen, mal am anderen Rand aufwärts. Auch wenn die Markierungen oder der Weg nicht immer zu erkennen sind, die Richtung ist immer klar: nach oben. Bei der **Kastnerbergalm (2)** treffen wir auf den Hauptweg.

Am Gatter hinter dem Almhäuschen halten wir uns links und folgen dem Wirtschaftsweg immer weiter auf seinen Windungen nach oben. Wir passieren mehrere kleine Almschuppen und bleiben am besten immer auf diesem Weg, auch wenn uns Wegmarkierungen mitunter in die Almwiesen auf kaum erkennbare und markierte Pfade ablenken wollen. Wir kommen trotz der wenigen Kehren auf dem breiten Weg mindestens genauso schnell voran und erreichen schließlich ein kleines Häuschen, an dem der Weg endet **(3)**. Etwas oberhalb erkennen wir nun die rot-weißen Markierungen des Wanderwegs, denen wir weglos durch die Almen in Richtung Talschluss folgen. An einem im Sommer ausgetrockneten Bachbett geht es ein paar Meter abwärts, da unser Weg unterhalb der wie bei Tafelbergen aufragenden Felsen weiterführt. Bald erreichen wir die Almgebäude der inneren Wildgrube **(4)**. Kurz danach stößt auch der oben erwähnte nicht zu empfehlende Weg aus dem Kar zu uns. Auf einer lang gestreckten Bergflanke beginnen wir den letzten Aufstieg zum **Gstreinjöchl (5)**, 2540 m, vor dem das Gelände noch etwas hochalpiner und felsiger wird. Das Joch selbst markiert ein Fels in Form einer großen aufgestellten Hand. Wir lassen ihn links liegen und steigen noch ein wenig auf zur westlichen Seite der Scharte. Hier pfeift meist ein kräftiger, kalter Wind, der uns auch den ganzen steilen Abstieg über unzählige Kehren zum österreichischen **Tribulaunhaus (6)**, 2064 m, begleitet. Hier sollten wir uns jetzt unbedingt eine kleine Jause gönnen, denn zwischen uns und der italienischen Tribulaunhütte liegen noch einmal ca. 600 Höhenmeter Aufstieg zum Sandesjöchl. Vom Tribulaunhaus begeben wir uns zunächst auf die Zufahrtsstraße und gehen sie einige Meter bergab. Schon bald zweigt links der Wanderweg zum Sandesjöchl ab und führt uns leicht ansteigend durch die Geröllhalden unterhalb des Gschnitzer Tribulauns. Wir durchwandern das ganze Talende, bis auf der anderen Talseite der letzte steile Aufstieg zum Sandesjöchl beginnt. Bei zwei Abzweigen zur Gargglerin und zur Bremer Hütte bleiben wir unserem Aufstiegspfad treu und genießen bald die Aussicht vom **Sandesjöchl (7)**, 2599 m, in Richtung Pflerschtal auf der einen Seite, weswegen es auch Pflerscher Scharte heißt, und natürlich in

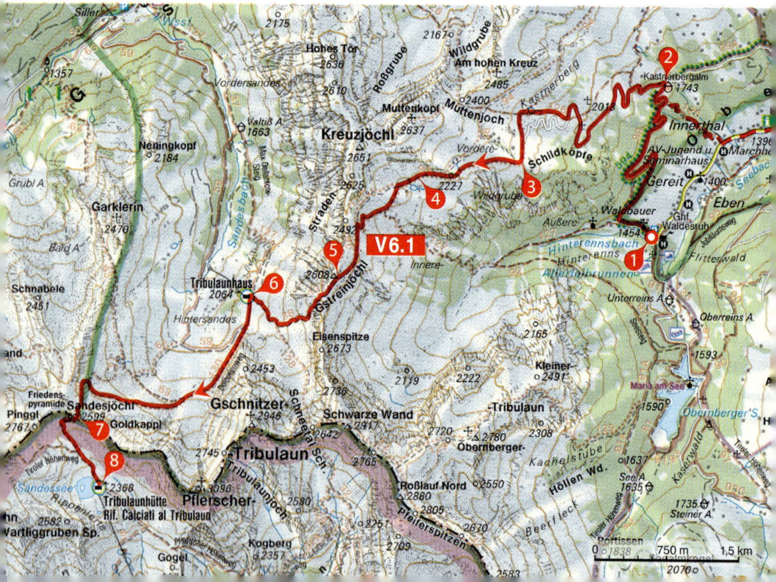

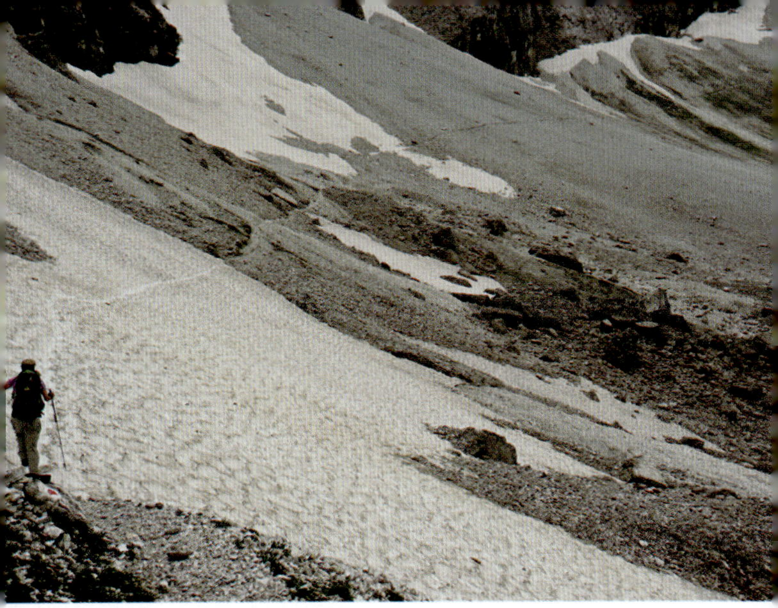

Schnee- und Schuttfelder unterhalb der Tribulaune.

unser Aufstiegstal, das Sandestal. Zahlreiche Schilder aus vergangenen Tagen weisen uns darauf hin, dass wir wieder einmal die Grenze zwischen den beiden Teilen Tirols überschreiten. Auch die spitze, silberne Pyramide etwas oberhalb der Scharte ermahnt zu grenzenlosem Frieden. Nun haben wir es aber bald geschafft. Die Hütte ist von der Scharte schon unten am Sandessee zu erkennen, und Strudel oder Weißbier vor Augen fliegen wir fast den restlichen Weg von der Scharte hinunter zur **Tribulaunhütte (8)**.

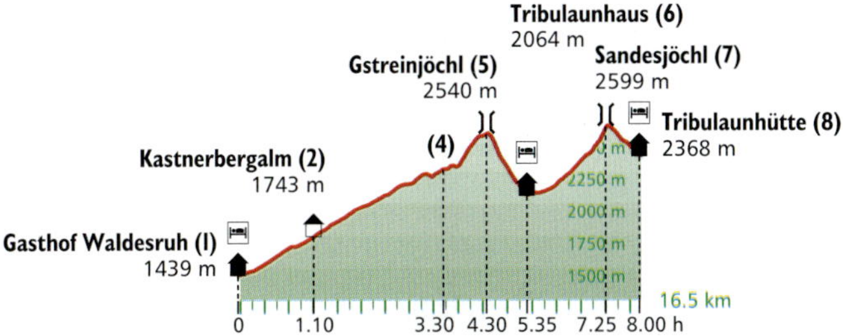

V6.2 Obernberg – Obernberger Tribulaun – Tribulaunhütte

8.45 Std.
↑2030 ↓1100

Über die Tribulaune I

Die Tour über den Obernberger Tribulaun und die Schwarze-Wand-Spitze ist eine der anspruchsvollsten und forderndsten Etappen dieses ganzen Büchleins. Da sich die Tribulaune gerne in Wolken hüllen, ist stabiles, klares Wetter die Grundvoraussetzung für diese hochalpine Wanderung. Aufgrund der Länge, der vielen zu absolvierenden Höhenmeter und diverser anspruchsvoller Kletterstellen, die alle mit Drahtseilen, Leitern oder Halterungen ausgestattet sind, ist die Tour nur erfahrenen Bergsteigern zu empfehlen. Belohnt wird man durch die grandiose Aussicht und durch eine reizvolle, raue Bergwelt mit vielen steilen Abbrüchen und Talblicken. Nach dem Abstieg von der Schneetalscharte trifft diese Variante auf den Pflerscher Höhenweg (Etappe 6) mit ein paar weiteren ausgesetzten Stellen, aber auch mit Wiesen voller Edelweiß und Enzian. Und die Tribulaunhütte wurde in den vorangegangenen Beschreibungen ja schon in höchsten Tönen gelobt.

Ausgangspunkt: Parkplatz Gasthof Waldesruh/Obernberg, 1439 m.
Anforderungen: Anstrengende, lange Gipfel-Tour. Nur bei zuverlässig gutem Wetter zu empfehlen! Zum Teil ausgesetzter, schmaler und drahtseilversicherter Weg. Zwei in den Fels betonierte Eisenleitern vor und nach der Schwarzen Wand. Unterwegs keine Abstiegsmöglichkeiten zum Abbruch der Tour. Trittsicherheit, Schwindelfreiheit und alpine Erfahrung unbedingt erforderlich.
Markierungen: Rot-weiß; »129« bis Schwarze Wand, »32/32A« bis Tribulaunhütte.
Unterkunft: Siehe Etappe 6.

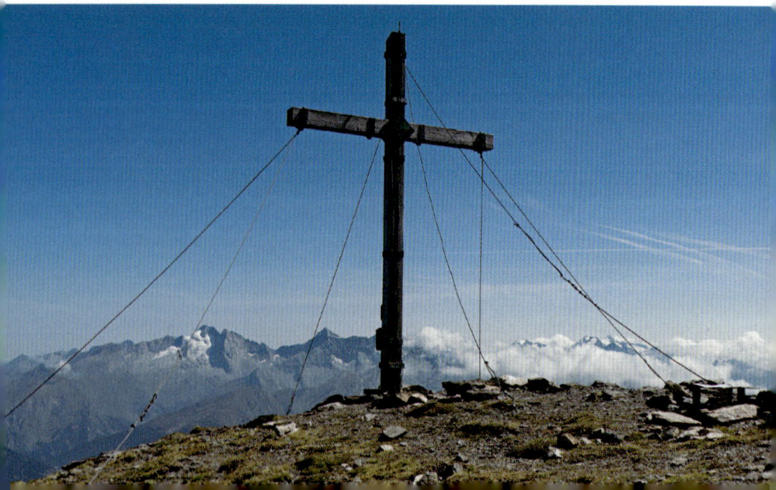

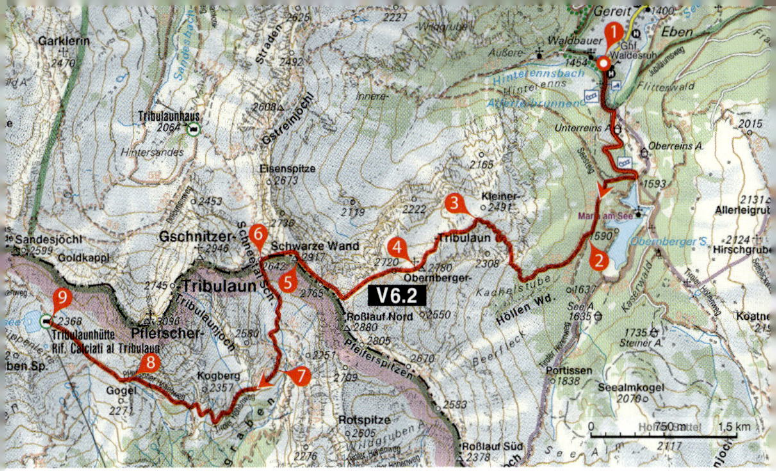

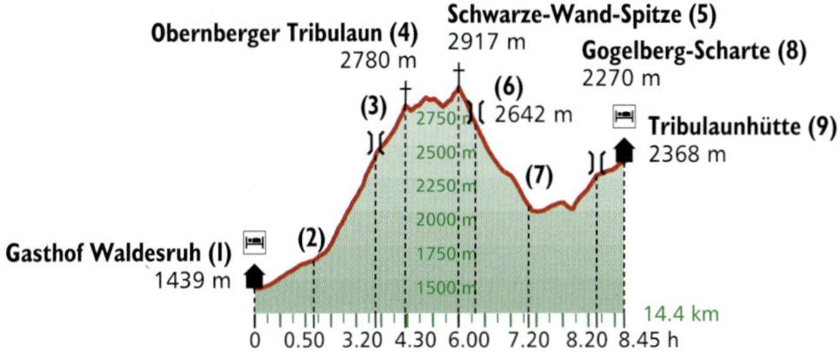

Vom großen Parkplatz am **Gasthof Waldesruh (1)** starten wir auf dem Wirtschaftsweg zum Obernberger See. Nach den ersten Kehren biegt rechts ein weiterer Wirtschaftsweg mit Gatter in Richtung Seesteig ab, dem wir ein wenig folgen. Kurz später biegt wieder rechts ein kleiner steinschlaggefährdeter Weg zum Gstreinjöchl ab. Wir bleiben aber unserem Wanderweg treu und genießen den Blick von oben auf den Obernberger See, bis uns ein Wegweiser **(2)** rechts in den Wald in Richtung Obernberger Tribulaun schickt. Ab jetzt geht es stetig bergauf. Dreimal müssen wir an Felsstufen ein bisschen klettern, jedes Mal mit Drahtseilunterstützung, bis wir auf gut 2400 m ein kleines Plateau direkt unterhalb des kleinen Tribulauns erreichen **(3)**. Diesen könnten wir nun weglos ersteigen, aber wir haben ja noch viel vor heute. Stattdessen steigen wir auf der anderen Seite den Bergrücken weiter empor, bis wir auf die Geröllflanke des Obernberger Tribulauns kommen, durch die es das letzte Stück bis zum Gipfel

Gipfelkreuz des Obernberger Tribulauns, Blick in Richtung Zillertaler Alpen.

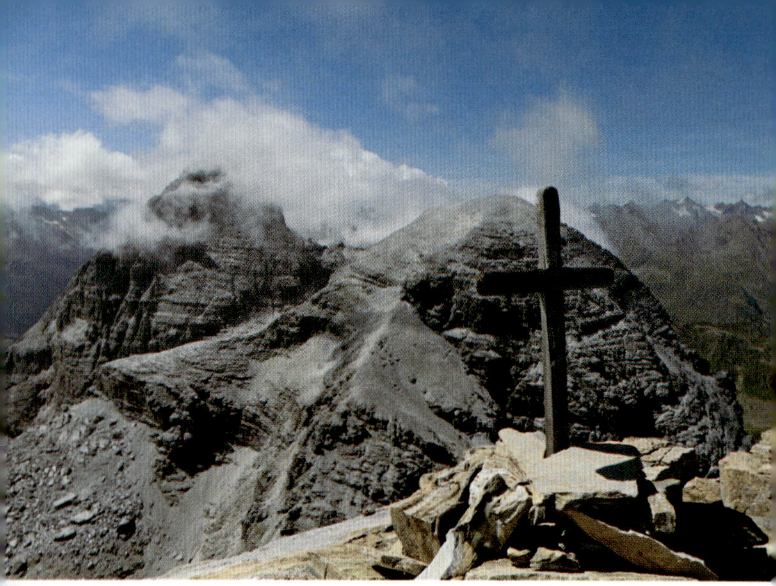

Schwarze-Wand-Spitze, Gipfelkreuz mit Blick auf Pflerscher und Gschnitzer Tribulaun.

nach oben geht. Am Gipfelkreuz des **Obernberger Tribulauns (4)**, 2780 m, genießen wir ausgiebig die Aussicht und steigen auf der anderen Seite wieder ein wenig ab in Richtung Schwarze Wand. Bald erreichen wir die erste steile Scharte mit einem kurzen Drahtseil-Abstieg. Nach einer weiteren, weniger abenteuerlichen Senke erreichen wir ein großes Hochplateau. Ein Steinmandl gaukelt uns sogar eine Art Gipfel vor. Davon haben wir aber auch zwei im Blick vor uns: etwas weiter links den Nördlichen Roßlauf (Variante V6.3) und etwas weiter rechts die Schwarze-Wand-Spitze. Wenn wir von diesem Plateau ein wenig abgestiegen sind, teilt sich der Weg und wir halten halbrechts auf eine Lücke zwischen zwei Felsen zu. Direkt an den Felsen möchte uns ein Abzweig nach links noch einmal zum Roßlauf lotsen. Unser Weg führt aber etwas unscheinbar rechts an den Felsen mit der Lücke vorbei. Und schon wartet der nächste tiefe Einschnitt auf uns. Hier helfen uns im Fels verankerte Trittstufen und Halterungen hinab in die Scharte. Gleichzeitig gibt es ein Drahtseil zum weiteren Festhalten. Nun haben wir aber auch die letzte Hürde vor der Schwarzen Wand genommen. Zwar gäbe es auch schon einen Aufstiegsweg von dieser Seite des Gipfels, wir umgehen ihn aber auf seiner nördlichen Seite und erreichen weitere Drahtseile, die uns das Klettern zur **Schwarzen-Wand-Spitze (5)**, 2917 m, erleichtern. Von hier aus blicken wir direkt auf Gschnitzer und Pflerscher Tribulaun, hinter denen sich unser Tagesziel, die Tribulaunhütte, befindet. Der Gipfel mit seinem kleinen Kreuz bietet nicht viel Platz zum Rasten, aber etwas unterhalb wird man mit Blick nach Norden fündig. Blickt man allerdings nach Westen steil hinab zur Schneetalscharte, so kann man sich schon fragen, wie man da hinunterkommen soll. Durch rutschiges Geröll winden wir uns nach unten, bis es plötzlich nicht mehr weiterzugehen scheint. Wie bei einer Leiter sind nun Trittstufen im senkrechten Fels befestigt. Ein Seil bietet zusätzlich Halt. Nach dieser mit schwerem Rucksack abenteuerlichen Kletterstelle ist die **Schneetalscharte (6)**, 2642 m, nicht mehr weit. Ein paar weitere Kehren im Schutt, noch ein paar leichtere Drahtseilstellen und wir haben es geschafft und blicken hinauf, zurück zum mächtigen Felsen der Schwarzen Wand. Die beiden Geröllfelder beiderseits der Scharte schenken sich nicht viel. Wir steigen nach Süden ab in Richtung Pflerscher Höhenweg, da dies der etwas kürzere Weg zur italienischen Tribulaunhütte ist. Schier endlos geht es in Schleifen das Kar hinab. An einem ausgetrockneten Bachbett teilt sich der Weg zwischen Portjoch und Tribulaunhütte. Wir steigen weiter Richtung Hütte ab, auch wenn im Schuttfeld zu unserer Rechten zwei Wege aufscheinen, die aber oberhalb der nächsten Felswand enden und uns nicht weiterhelfen. Kurz vor Erreichen des Pflerscher Höhenwegs wird es noch einmal etwas schwierig, weil wir eine weitere Drahtseilstelle überwinden müssen. Da sich ein Bächlein den gleichen Weg gesucht hat, ist die Stelle unangenehm rutschig. Sobald wir auf dem Pflerscher Höhenweg angekommen sind **(7)**, beginnt der leichtere Teil unserer heutigen Tour (siehe Etappe 6). Zwar müssen wir auch hier noch den einen oder anderen ausgesetzten Abschnitt auf dem Weg zur **Scharte am Gogelberg (8)**, ca. 2270 m, meistern und ein großes, den Weg auch im Sommer versperrendes Schneefeld umgehen, aber es bleibt auch Zeit für den Blick auf die vielen Edelweiß und Enziane am Wegesrand. Und schließlich erreichen wir, erfüllt von den vielen Eindrücken dieser großartigen Tour, dankbar die gemütliche, 2015 renovierte **Tribulaunhütte (9)**.

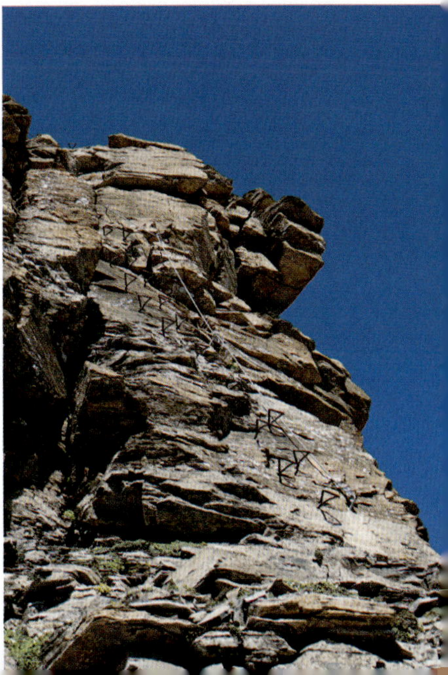

Himmelsleiter.

V6.3 Obernberg – Nördlicher Roßlauf – Tribulaunhaus

8.00 Std.
↑1650 ↓1030

Über die Tribulaune II

Der zweite hochalpine Weg durch die Welt der Tribulaune führt wie der Hauptweg zunächst am Obernberger See vorbei zum Portjoch. Während sich der Hauptweg nun entlang der steilen Felswände der Tribulaune schlängelt, führt diese Variante über den nördlichen Kamm immer auf der Grenzlinie zwischen Österreich und Südtirol bis zum Gipfel des Nördlichen Roßlaufs. Beginnt die Tour zunächst als anspruchsvoller Wanderweg, kommen vermehrt kleine Kletterstellen und Seilversicherungen dazu. Hinter dem Nördlichen Roßlauf verbindet sich die Tour bald mit der ersten Variante durch die Tribulaune und führt über die Schwarze-Wand-Spitze zur Schneetalscharte. Hierbei müssen zwei steile, in den Fels betonierte, seilversicherte Leitern gemeistert werden. Aufgrund der Länge der Etappe wird empfohlen, von der Schneetalscharte nach Österreich zum Tribulaunhaus der Naturfreunde abzusteigen und dort zu übernachten. Man kann aber auch wie die Variante V6.2 zur italienischen Tribulaunhütte weitergehen. Das Besondere an dieser Variante sind die Einblicke in die hochalpine Landschaft der dolomitenähnlichen Hochebene der Tribulaune mit einmaligen Ausblicken auf die anderen Tribulaungipfel und natürlich auf die umgebende Bergwelt, aber auch auf den Obernberger See und ins Obernberger Tal bis zur Grieser Autobahnbrücke.

Ausgangspunkt: Parkplatz Gasthof Waldesruh/Obernberg, 1439 m.
Anforderungen: Anstrengende, lange Gipfel-Tour, teilweise schlecht markiert. Nur bei zuverlässig gutem Wetter zu empfehlen! Zum Teil ausgesetzter, schmaler und drahtseilversicherter Weg. Zwei in den Fels betonierte Eisenleitern vor und nach der Schwarzen Wand. Unterwegs keine Abstiegsmöglichkeiten zum Abbruch der Tour. Trittsicherheit, Schwindelfreiheit und alpine Erfahrung unbedingt erforderlich.
Markierungen: Rot-weiß-rot, »91/93« bis Portjoch, »32/129« bis Österr. Tribulaunhaus.
Unterkunft: Siehe Etappe V6.1.
Gipfeloption: Gschnitzer Tribulaun, Etappe G6.

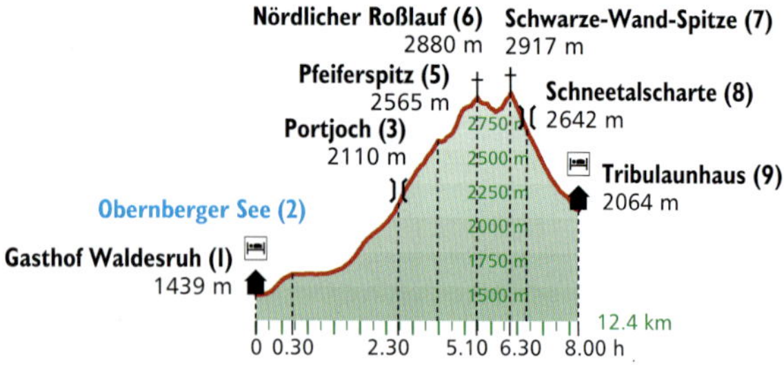

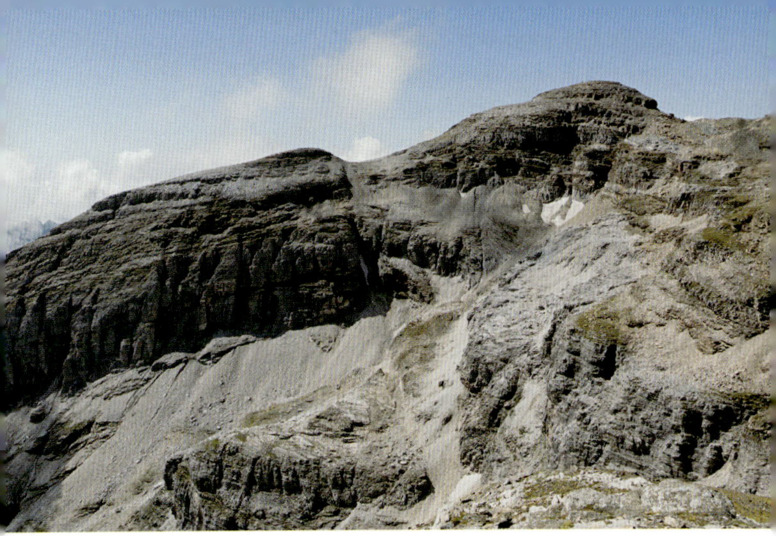

Schuttplateau und Roßlauf, gesehen vom Obernberger Tribulaun.

Vom Parkplatz am **Gasthof Waldesruh (1)** am **Obernberger See (2)** vorbei bis zum **Portjoch (3)**, 2110 m, folgen wir der Wegbeschreibung des Hauptwegs der 6. Etappe. Bis dorthin haben wir schon 700 Höhenmeter hinter uns gebracht, noch einmal so viele sind es jetzt zum Nördlichen Roßlauf. Vom Joch folgen wir einem Wiesenpfad nach Westen direkt am oft windigen Kamm. Bald wird es felsiger, der Weg bereitet uns bis zum **Kreuzjoch (4)**, 2378 m, unweit des Steinmandls auf dem südlichen Roßlauf aber keine Probleme. Weiter geht es in der Nähe des Kamms bis zur **Pfeiferspitz (5)**, ca. 2565 m. Bei den Felszacken unterhalb der Roßlauf-Hochebene wird es noch steiniger und an einer ausgesetzten Stelle treffen wir auf die erste Seilversicherung. Die letzten Meter vor der Hochebene wird es etwas steiler, und oben müssen wir ernüchtert feststellen, dass dies noch nicht der Gipfel des Nördlichen Roßlaufs ist, sondern nur der Beginn eines steinigen Plateaus. Dafür ist der Blick zum Obernberger Tribulaun schon jetzt eine Wucht, falls er sich nicht in Wolken hüllt. Bevor wir nun tatsächlich den Gipfelaufstieg beginnen können, müssen wir noch eine kleine Senke durchwandern. Der Weg führt schließlich östlich knapp unterhalb des Gipfels vorbei. An vielen Stellen kann man aber ohne Probleme zum Steinmandl auf dem flachen Gipfelplateau des **Nördlichen Roßlaufs (6)**, 2880 m, auf- und wieder absteigen. von hier hat man den perfekten Blick auf Pflerscher und Gschnitzer Tribulaun (G6) und die Schwarze Wandspitze, die wie drei ungleiche Geschwister in den Himmel ragen. Beim Abstieg halten wir uns immer nahe an der weit in die Tiefe stürzenden Flanke und orientieren uns an schlecht

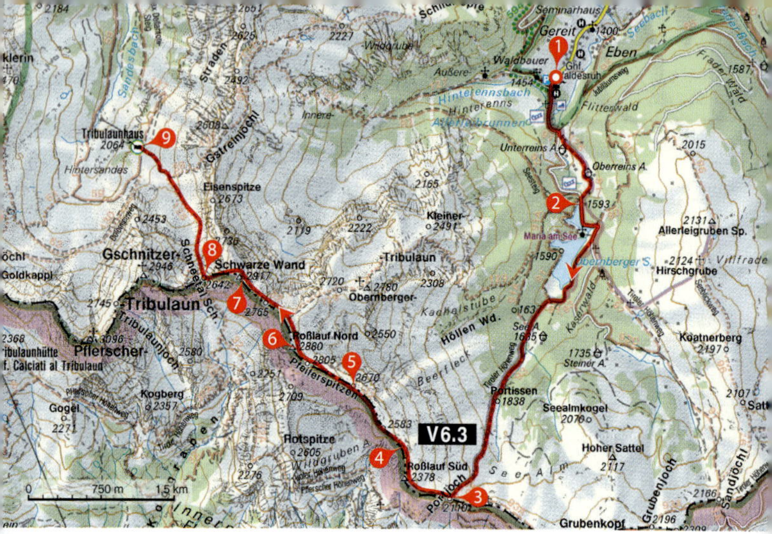

erkennbaren weiß-roten Markierungen. Die weißen Kreise mit rotem Punkt zielen dagegen zum Wegweiser in Richtung Obernberger Tribulaun. Sollten wir aus Versehen dorthin gelangen, ist es auch nicht schlimm. Auch von dort führt ein Weg zur Schwarzen-Wand-Spitze, der mit dem unserem bei einem großen, markanten Felsblock zusammentrifft. Zur **Schwarzen-Wand-Spitze (7)**, 2917 m, und **Schneetalscharte (8)**, 2642 m, folgen wir nun der Beschreibung in Etappe V 6.2. An der Schneetalscharte müssen wir uns entscheiden, ob wir den kürzeren Abstieg nach Norden zum österreichischen Tribulaunhaus durchs Schneetal wählen wollen oder noch genügend Energie für den längeren Weg nach Süden und über den Pflerscher Höhenweg zur italienischen Tribulaunhütte haben (siehe Etappe V 6.2). Das Schneetal ist eine schiefe Geröllebene, bei der wir bei fast jedem Schritt nach unten rutschen und Schutt mitschieben. Am anspruchsvollsten und steilsten ist der erste Teil unter der Scharte. Wir halten uns zunächst in der Nähe der rechten Felswand, bis uns rote Markierungen zum vorsichtigen Queren des Schuttfeldes auffordern. Nun müssen wir unterhalb einer Felswand zur Seite des Gschnitzer Tribulauns wechseln. Dort folgen wir dem Abstiegsweg vom Gschnitzer Tribulaun ins Tal und passen vor allem auf, dass die von uns losgetretenen Steine keine Mitbergsteiger treffen können. Schließlich erreichen wir festeres Geröll, und wenn es flacher wird, stößt auch der Weg vom Gstreinjöchl (Etappe V 6.1) zu uns. Nun ist es nicht mehr weit zum österreichischen **Tribulaunhaus (9)**, wo wir den Tag gemütlich ausklingen lassen können.

Weg zur Schwarzen-Wand-Spitze.

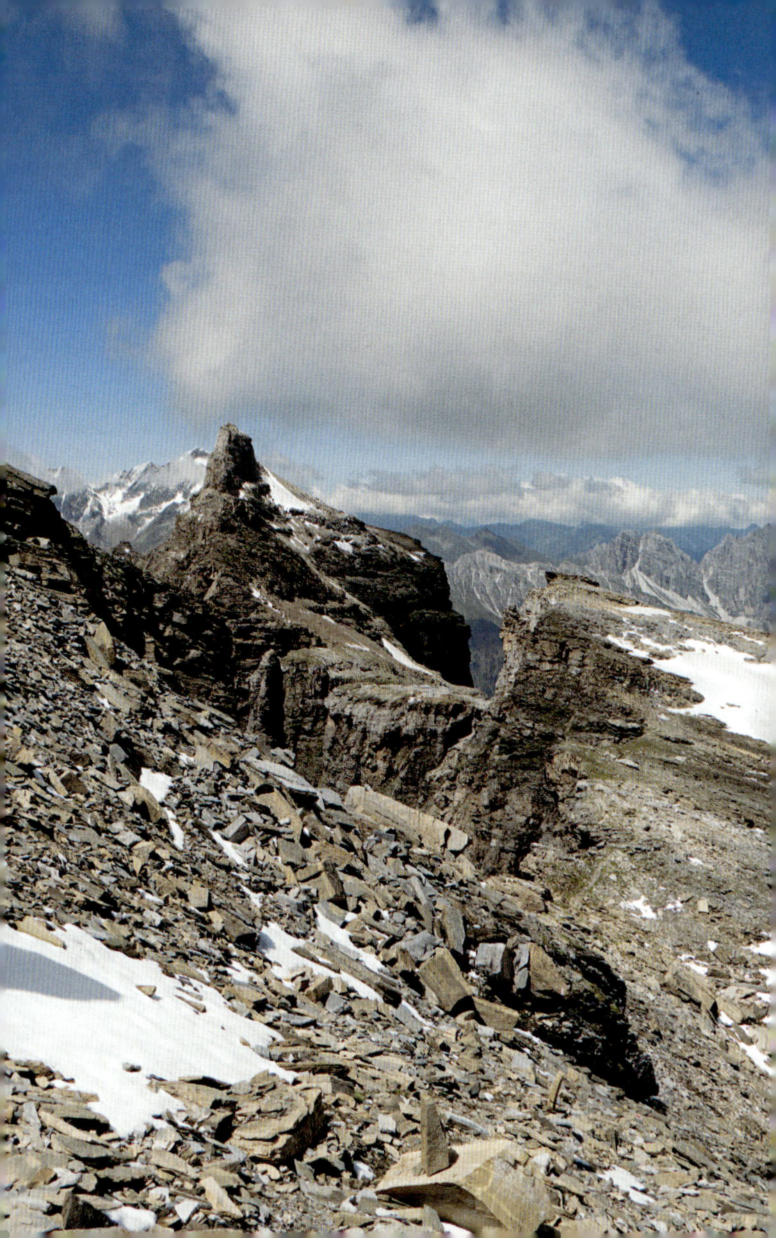

7 Tribulaunhütte – Magdeburger Hütte – St. Anton

6.30 Std.

↑830 ↓1950

Viel Zeit für Aussicht

Die Etappe von der italienischen Tribulaunhütte zur Magdeburger Hütte ist eine recht kurze Tour. Egal, ob man auf der Hütte übernachtet, noch die Schneespitze erklimmt oder ins Tal nach St. Anton absteigt, man kann die Zeit gut nutzen für die nicht enden wollenden Eindrücke und Ausblicke. Beim Aufstieg zum Hohen Zahn heißt es: genau beobachten. Die mit Tümpeln übersäte, felsige Hochebene zwischen Pflerscher Pinggl und Hohem Zahn ist ein beliebter Rückzugsort für Schneehühner und Steinböcke. Schon von der mit Steinmandln übersäten Gipfelplattform des Hohen Zahns bietet sich ein grandioser Blick in alle Richtungen, noch übertroffen von der Aussicht von der Weißwand, eines leicht zu besteigenden Dreitausenders. Die Magdeburger Hütte schließlich liegt knapp über dem malerischen Stubensee, der zum großen Teil von blühendem Wollgras zugewachsen ist. Von ihrer Sonnenterrasse blickt man auf die rötlichen Felsen von Feuerstein, Schnee- und Aglsspitze und den großen Feuersteinferner. Wer nicht auf der gemütlichen Hütte übernachtet, dem steht noch der lange Abstieg nach St. Anton ins Pflerschtal bevor, mit der Möglichkeit zu Abstechern zur Ochsenalm oder zum 46 Meter in die Tiefe stürzenden Wasserfall namens »Hölle«.

Tribulaune: Goldkappl, Gschnitzer und Pflerscher Tribulaun.

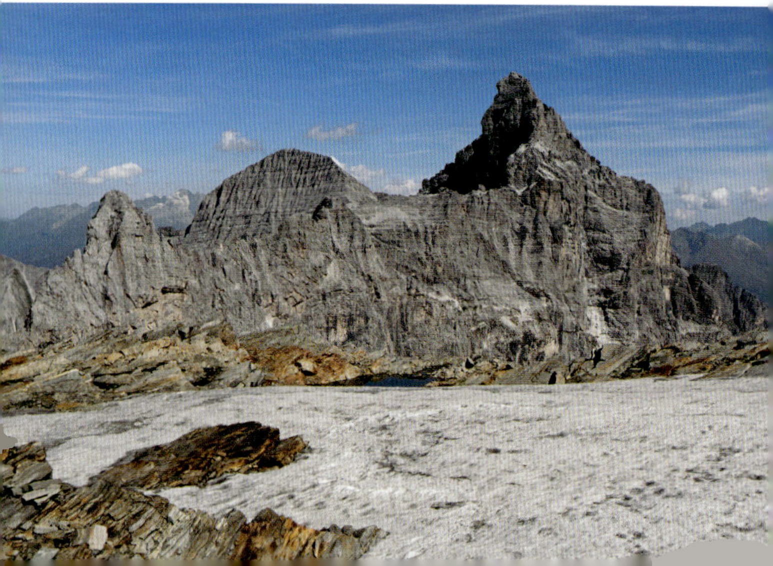

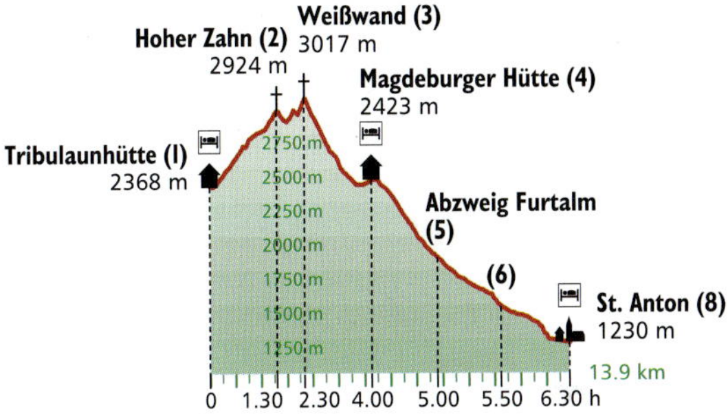

Ausgangspunkt: Ital. Tribulaunhütte/Rifugio Tribulaun, 2368 m.
Anforderungen: Hochalpine Etappe bis zur Magdeburger Hütte. Bis weit in den Sommer zu querende Schneefelder, einfache, drahtseilversicherte Kletterstellen. Langer Abstieg nach St. Anton/Innerpflersch.
Markierungen: Rot-weiß-rot, »7/7A« bis Magdeburger Hütte, »6« beim Abstieg nach St. Anton/Innerpflersch.
Einkehr/Übernachtung: Magdeburger Hütte, 2423 m, CAI Sterzing, bewirtschaftet Mitte Juni bis Ende September, Tel. +39 346 7055530, hermann.vantsch20@gmail.com, www.magdeburger.13h.de; Furtalm (ehem. Ochsenalm), 1693 m, privat, bewirtschaftet Anfang Juni bis Ende September, Tel. +39 348 3144772.
Unterkunft: Hotel (und Pizzeria) Argentum, Tel. +39 0472 770083 oder +39 338 5001655, info@hotel-argentum.it, www.hotel-argentum.info; Aktivhotel Panorama, Tel. +39 0472 770010, info@hotel-panorama.it, www.hotel-panorama.it.
Einkaufsmöglichkeiten: Kleiner Laden in St. Anton (Öffnungszeiten: 9–12 und 15–19 Uhr außer Do nachmittag, im Zweifelsfall klingeln).
Verkehrsmittel: Bus 313 Innerpflersch (Hotel Feuerstein) – Sterzing, www.suedtirolmobil.info.
Gipfeloption: Schneespitze, Etappe G7.

Auf der Rückseite der **Tribulaunhütte (1)** überqueren wir zunächst den Ausfluss des Sandessees und beginnen dann mit dem Aufstieg Richtung Sandesjöchl. Bald zweigt links unser Weg zur Weißwand und Magdeburger Hütte ab. Durch felsiges Gelände geht es stetig bergauf, zum Teil über zu Treppen aufgeschichteten Steinplatten. Dabei sollten wir die Berghänge immer wieder nach Steinböcken absuchen, die im Gebiet um den Pflerscher Pinggl zuhause sind. Wir erreichen eine Hochebene mit Schneeresten und zahlreichen Schmelzwassertümpeln. Unser erstes Zwischenziel, den wie eine Schuttpyramide aufragenden Hohen Zahn, haben wir dabei immer im Blick. Und rechts dahinter wartet schon die Weißwand auf unseren Besuch. Nur kurz wandern wir auf dem Kamm zum Gschnitztal entlang, bevor wir durch die Hochebene zum Grat auf der Pflerschtaler Seite queren. Nun geht es mit Blick ins Pflerschtal weiter bergauf bis kurz unter den Gipfel. Gerade bevor es wieder bergab gehen will, zweigt rechts der kurze Weg zum Gipfelplateau des **Hohen Zahns (2)**, 2924 m, ab, von dem wir die Tribulaune und die Weißwand besonders gut im Blick

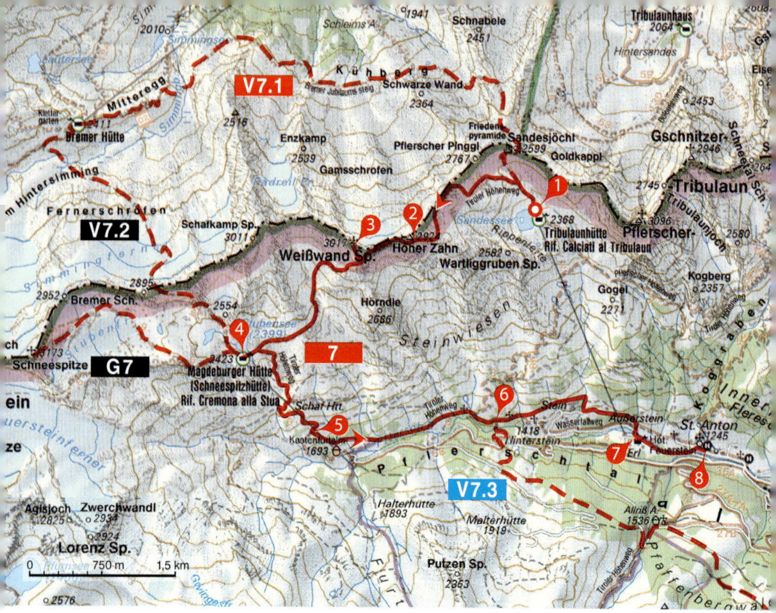

haben. Um zur Weißwand zu gelangen, müssen wir ein kleines Stück bis zum Grat zwischen den beiden Bergen absteigen. Auf der Seite der Weißwand geht es dafür mit leichter Kletterei wieder etwas bergauf, bis wir auf dem Weg direkt am Marmoraufbau die Weißwand ein gutes Stück umrunden können. Erneut zweigt der Gipfelweg ab, kurz bevor es wieder nach unten geht. Die Wegweisung auf einem Felsen ist leider nur aus der Gegenrichtung gut erkennbar. Markiert durch Steinmandl windet sich der nicht immer leicht zu entdeckende Weg durchs weiße Marmorgestein hinauf zum Gipfel der **Weißwand (3)**, 3017 m, mit seinem alten und größeren neuen Gipfelkreuz. Nach ausgiebiger Gipfelrast steigen wir auf demselben Weg wieder ab zum Gipfeleinstieg. Nun müssen wir über ein großes Schuttfeld hinab. Die eine oder andere Seilsicherung und ein paar im Fels verankerte Halterungen helfen uns über die wenigen kniffligeren Stellen hinweg. Schließlich verläuft der Wanderweg bequem durch grünere Hügel und steigt nur kurz vor der Hütte noch einmal leicht an. So erreichen wir die direkt über dem halb zugewachsenen Stubensee gelegene **Magdeburger Hütte (4)**, 2423 m, und lassen von der Terrasse unseren Blick ins Pflerschtal oder zum Feuersteinferner schweifen. Der Abstieg von der Hütte ins Tal verläuft zum großen Teil über die Überreste eines ehemaligen Knappenweges, eines der vielen Relikte intensiven Bergbaus in früheren Zeiten. Kurz unterhalb des Stubensees zweigt links der Weg zur Weißwand ab. Der Talweg hat zwar keinen Wegweiser, geht aber geradeaus weiter und ist der einzige, der nach unten führt. Neben den aus dem Stubensee abfließenden Wasserfällen steigen wir über viele Serpentinen eine große Felsstufe hinab und landen auf den ersten Schafweiden. Bald wird der Weg flacher, je näher wir dem Talboden kommen. Ein Abzweig nach rechts **(5)** lädt uns zu einem Abstecher auf die **Furtalm** (ehem. Ochsenalm), 1693 m, ein. Wir können dieses Angebot annehmen oder weiter fast auf einer Höhe immer weiter das Tal entlang Richtung St. Anton laufen. Kurz nachdem der direkte Abstiegsweg von der Tribulaunhütte zu uns gestoßen ist, haben wir Gelegenheit, nach rechts zum Parkplatz an der »Hölle« abzuzweigen **(6)**, von wo aus Treppenstufen zu einer Aussichtsplattform am »Hölle« genannten Wasserfall hinabführen, der sich hier 46 Meter in die Tiefe stürzt. Wenn wir direkt nach St. Anton weiterlaufen wollen, wählen wir den »Wasserfallweg«, der halblinks weiter das Tal entlangführt. Wir wandern durch die Wiesen und landen nach einem kurzen Abstieg an einer Teerstraße. Auf dieser halten wir uns links und folgen ihr geradeaus, bis uns ein Wegweiser kurz vor ein paar Häusern rechts auf einen schmalen Wiesenpfad leitet. Nun geht es auf recht rutschigem Grund nochmal ein Stück bergab bis zu einem Wirtschaftsweg direkt am Fernerbach. Über eine Brücke erreichen wir kurz später das **Hotel Feuerstein (7)**, eine erste (teure) Übernachtungsmöglichkeit im Tal. Von hier nehmen wir entweder den Bus oder laufen die noch weiteren ungefähr 10 Minuten bis zum Ort **St. Anton** mit seiner neugotischen Pfarrkirche St. Antonius **(8)**. Oberhalb der Kirche befindet sich das Hotel Panorama und am Ortsausgang das Hotel Argentum mit einer Pizzeria, in der wir diesen langen Wandertag gemütlich ausklingen lassen können.

Steinböcke beim Aufstieg zum Hohen Zahn.

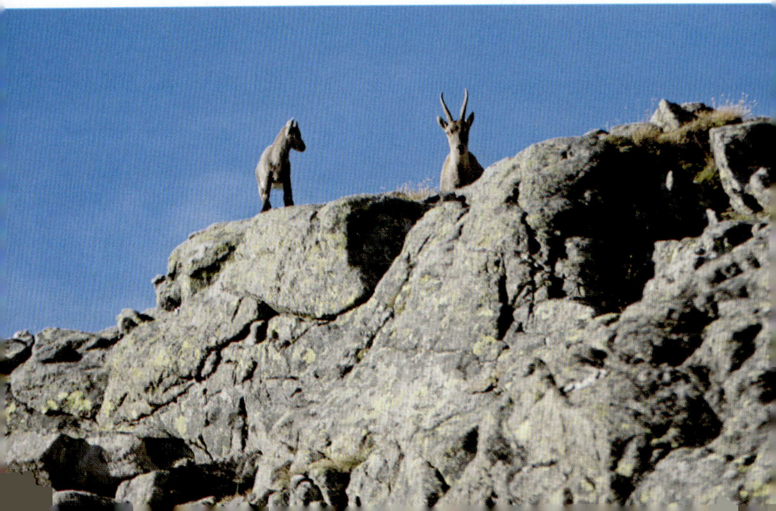

i Das Fuggerstädtchen **Sterzing** ist zwar kein Etappenort des Tiroler Höhenwegs, aber es liegt im mehrfachen Sinne nahe, einen kleinen Abstecher dorthin zu machen, sei es, um auf halber Strecke des Höhenwegs einen Pausentag einzulegen, einen Schlechtwettertag zu nutzen oder die Vorräte wieder aufzufüllen, oder sei es, weil in der Haupturlaubszeit alle Betten am Ende des Pflersch- oder Ridnauntales schon belegt sind. Es gibt also viele Gründe, nach Sterzing zu kommen. Das kleine Städtchen ist noch weit entfernt von der Hektik der größeren Städte Südtirols, auch wenn es mehr und mehr wegen seiner malerischen Altstadt von den Touristen entdeckt wird.
Die Frühgeschichte Sterzings liegt im Dunkeln. Als die Römer das Alpenland besetzten, errichteten sie 14 v. Chr. in der Gegend von Sterzing das Kastell Vipitenum, von dem sich nicht nur der Name des Wipptals, sondern auch die italienische Ortsbezeichnung Vipiteno herleitet. Im Mittelalter bekam die Neustadt unter Meinhard II. eine Stadtmauer, der Ort erhielt außerdem das Stadtrecht und das exklusive Recht auf Weinausschank. Außerdem ließen sich die Ritter des Deutschen Ordens 1241 vor den Toren der Stadt nieder. Nachdem Herzog Rudolf IV. 1313 den auf der Brennerroute reisenden Händlern verboten hatte, die Stadt auf einem Hochweg zu umgehen, blühte der Handel in Sterzing auf. Und als der Bergbau im Pflersch- und Ridnauntal zu boomen begann, zog es zahlreiche Unternehmerfamilien nach Sterzing, die entweder direkt mit dem Bergbau oder mit der Logistik viel Geld verdienten, so auch die Augsburger Handelsfamilie der Fugger. Sterzing wurde wichtiger Marktplatz und Gerichtssitz. Als die Neustadt 1443 abbrannte, bauten sie die reichen Bürger einfach noch schöner wieder auf, und sie erhielt das heutige Aussehen mit großen Bürgerhäusern und lauschigen Innenhöfen. Der wirtschaftliche Niedergang ab dem Ende des 16. Jahrhunderts durch das Ende des Silberbergbaus traf Sterzing hart. Erst im 19. Jahrhundert erlangte es wieder geschichtsträchtige Berühmtheit, als am 11. April 1809 von hier aus unter Andreas Hofer der Tiroler Freiheitskampf gegen die Truppen Napoleons begann. Zwar sorgte der Zinkblendeabbau am Schneeberg ab 1840 für einen kleinen wirtschaftlichen Aufschwung, mit der Eröffnung der Brenner-Eisenbahn verloren jedoch viele Fuhrleute ihr Auskommen. Auf Anregung des Sterzinger Bürgermeisters wurde mit der Entsumpfung des Sterzinger Mooses und der Viehzucht begonnen, sodass die Stadt bis heute Sitz einer überregionalen Molkerei ist. Beide Weltkriege überstand die Stadt ohne große Schäden. Heute ist Sterzing durch seine Lage am Beginn mehrerer Alpentäler lokales Zentrum und touristisches Ausflugsziel. Neben der Alt- und Neustadt ist vor allem der Zwölferturm aus dem 15. Jahrhundert zum Wahrzeichen der Stadt geworden.

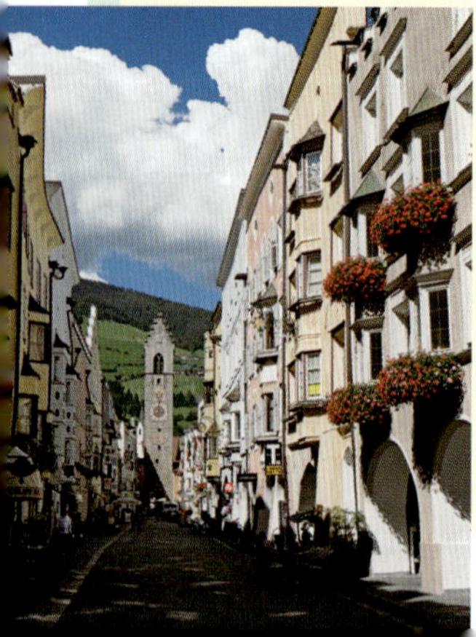

Hauptstraße der Sterzinger Neustadt mit dem Zwölferturm am Ende.

5.30 Std.

↑810 ↓770

Tribulaunhütte – Bremer Hütte V7.1

Vom Reich der Steinböcke zur Bremer Hütte

In dem kleinen Tal zwischen Baldalm und Pflerscher Pinggl wurden 1970 Steinböcke aus der Schweiz angesiedelt, um den Bestand zu retten, der heute ungefähr 300 Tiere umfasst. Die Wahrscheinlichkeit ist also groß, dass wir gleich zu Beginn unseres Weges ein paar Exemplare davon zu sehen bekommen. Nach dem Sandesjöchl auf dem Jubiläumssteig oberhalb des Gschnitztals geht es zunächst hinab bis auf knapp 2000 Meter, bevor der langsame, aber stetige Aufstieg zur Bremer Hütte beginnt. Bei der Umgehung der Ausläufer der Schafkammspitze gibt es eine seilversicherte Kletterstelle mit Leiterstufen im senkrechten Fels. Dies ist aber die einzige schwere Stelle auf einem manchmal etwas feucht-rutschigen und zugewachsenen Weg. Unser Blick wandert mal ins Gschnitztal, dann wieder zur steil abfallenden Weißwand, oder zur Inneren oder Äußeren Wetterspitze auf der anderen Talseite. Die Bremer Hütte ist Teil des Stubaier Höhenwegs und im Sommer häufig sehr überlaufen. Eine Voranmeldung ist daher auf jeden Fall empfehlenswert.

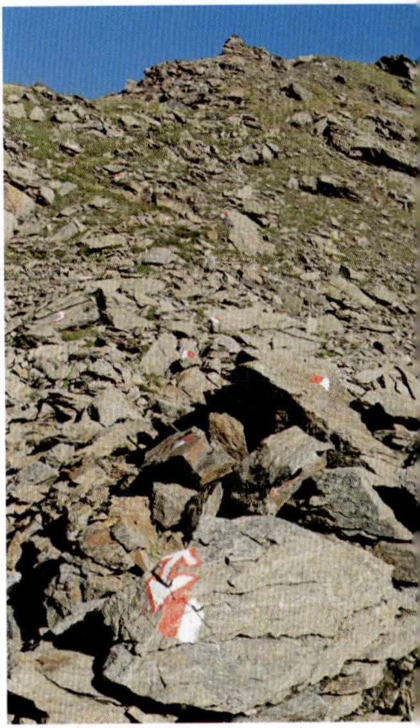

Auf dem Weg hinter dem Sandesjöchl hat jemand seinen Farbtopf ausgeschüttet.

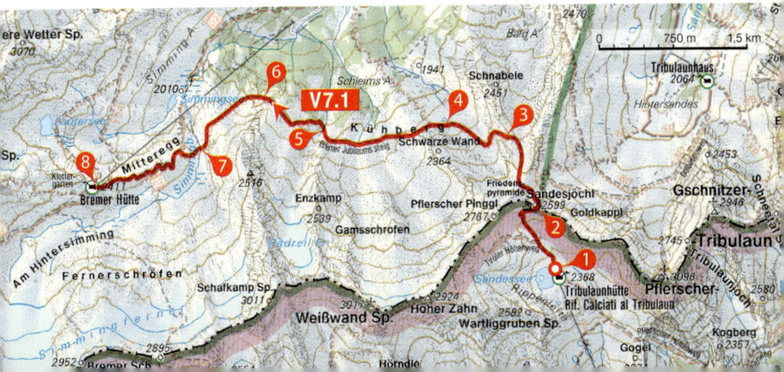

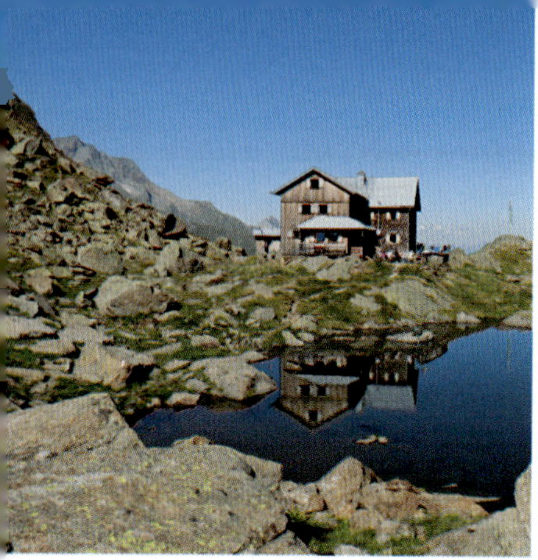

Ausgangspunkt: Ital. Tribulaunhütte/Rifugio Tribulaun, 2368 m.
Anforderungen: Abgesehen von einer seilversicherten Leiterstelle unschwierige Wanderung auf zum Teil feucht-rutschigen und halb zugewachsenen Wanderwegen.
Markierungen: Rot-weiß, keine Wegnummer/Jubiläumssteig.
Unterkunft: Bremer Hütte, 2411 m, DAV Sektion Bremen, bewirtschaftet Ende Juni bis Ende September, Tel. +43 720 270660 (Hütte) oder +43 664 3047360 (Pächter), buchungen@bremerhuette.at, www.bremerhuette.at.

Bremer Hütte.

Direkt hinter der **Tribulaunhütte (1)** beginnt der Aufstieg zum Sandesjöchl. Die Kehren zum Joch sind aus der Ferne schon gut zu erkennen. Auf der anderen Seite des **Sandesjöchls (2)**, 2599 m, steigen wir nur wenige Meter ab, bevor unser Weg zur Bremer Hütte nach links abzweigt. Deutlich leuchten uns die vielen Markierungen zur Scharte über den Bergstock der Gargglerin entgegen. Danach geht es hinab in das kleine, geschützte Tal zwischen Gargglerin und Schnabele, und spätestens hier sollten wir auf die ersten Steinböcke treffen. Über einen Geländeübergang **(3)** unterhalb des Schnabele geht es an der Flanke der Schwarzen Wand (nicht zu verwechseln mit der Schwarzen Wand der Tribulaune) auf manchmal feucht-rutschigem Pfad stetig abwärts, bis wir einen kleinen See **(4)** erreichen, der im Laufe des Sommers immer mehr austrocknet. Kurz danach beginnen wir die Stein- und Schuttfelder unterhalb der Weißwand zu queren. Durch die zunächst großen Steinblöcke können wir uns nicht nur an den rot-weißen Markierungen orientieren, rote Punkte auf den Steinen zeigen uns zudem eine empfohlene Route. Haben wir das Blockfeld hinter uns gelassen, kommen wir durch ein weiteres Schuttfeld. Der Weg wird angenehmer zu gehen, und die Umgebung wandelt sich fast unmerklich zu einer Graslandschaft. Nun müssen wir noch ein kleines weiteres Stück bergab, bis wir an einem rauschenden Bach den tiefsten Punkt **(5)**, ca. 1920 m, der heutigen Tour erreichen. Der Weg um die Ausläufer der Schafkammspitze beginnt gleich mit ein paar großen Geländestufen, die wir irgendwie überwinden müssen. Außerdem ist der Pfad von Gebüsch ziemlich zugewachsen, was das Weitergehen etwas mühsamer macht. Kleine Trittstufen aus Eisen sind Vorboten der einzigen richtigen Kletterstelle, bei der wir über in den Fels eingelassene Leiterstufen **(6)** ein paar Meter senkrecht nach unten klettern müssen. Da der Wegabschnitt durch seine schattige Lage meist recht feucht ist, ist besondere Vorsicht geboten, um hier nicht abzurutschen. Haben wir diesen feucht-rutschigen, von Farnen überwucherten Weg hinter uns gelassen, wird das Gelände sanfter. Durch Gras und Heidelbeergestrüpp windet sich der Pfad um kleinere und größere Felsen herum bergauf. Wir passieren ein paar malerisch gelegene Tümpel und steuern endlich auf eine Brücke über den **Simmingbach (7)** zu, der hier aus einer großen Schwemmfläche ins Tal zu stürzen beginnt. Wir steigen auf den Felsrücken des Mitteregg, der sich zwischen dem Abfluss aus dem Lautersee und dem Simmingbach erhebt, und erreichen bald den Weg, der aus dem Gschnitztal zur Bremer Hütte führt. Wir folgen ihm über große Steinflächen bis zur **Bremer Hütte (8)**, die an einem kleinen Badetümpel liegt und von der wir einen wunderbaren Blick auf die nördlichen Gletscher unterhalb von Feuerstein und Schneespitze haben.

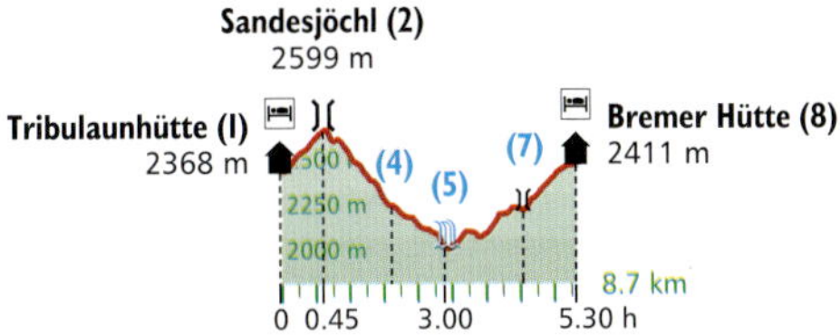

Tümpel, in dem sich die Innere Wetterspitze spiegelt.

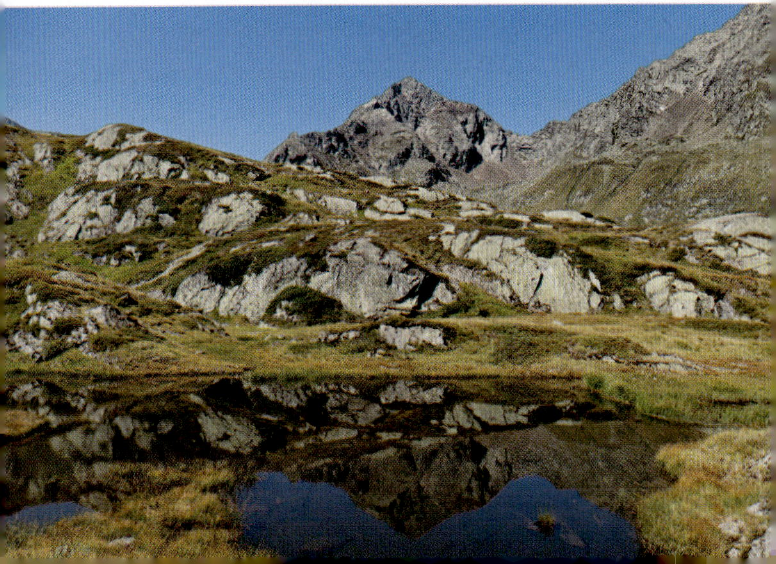

V7.2 Bremer Hütte – Magdeburger Hütte

3.30 Std.
↑550 ↓540

Hochalpin im Schnellformat

Der Übergang von der Bremer zur Magdeburger Hütte bietet in kurzer Zeit alles, was eine hochalpine Etappe ausmachen kann: einen knackigen Aufstieg mit leichten Kletterstellen und einer kurzen Gletscherrestquerung, großartige Ausblicke von der Bremer Scharte und einen zum Teil steilen Abstieg mit einer kurzen leichten Drahtseilpassage. Von der Magdeburger Hütte, direkt am von Wollgras umwachsenem Stubensee gelegen, blickt man wunderbar ins Pflerschtal und auf die Gipfel und Gletscher der Feuersteingruppe. Und weil die Teiletappe zur Magdeburger Hütte so kurz ist, bietet sich danach noch die Besteigung der Schneespitze (G 7) mit einer Nächtigung in der gemütlichen Magdeburger Hütte oder der Abstieg ins Pflerschtal nach St. Anton an (siehe Etappe 7).

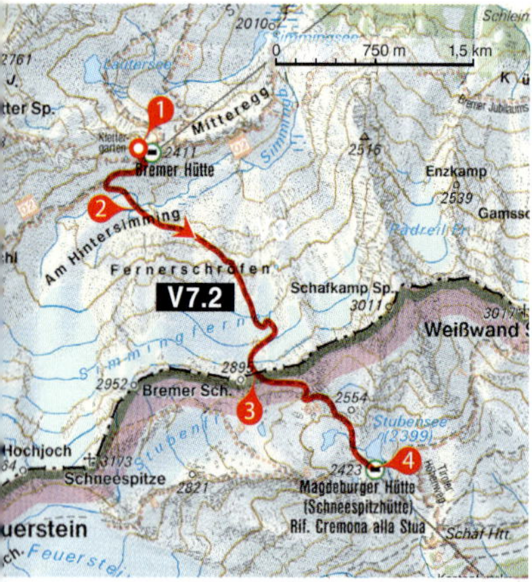

Ausgangspunkt: Bremer Hütte, 2411 m.
Anforderungen: Bis in den Spätsommer Restschneefelder. Kurze, im Sommer glattrutschige Gletscherquerung vor der Bremer Scharte, kleine seilversicherte Kletterstelle beim Abstieg zur Magdeburger Hütte.
Markierungen: Rot-weiß, kurzer wegloser Abschnitt über Gletscherreste, »6A« ab Bremer Scharte.
Einkehr/Unterkunft: Magdeburger Hütte, 2423 m, siehe Etappe 7.
Gipfeloption: Schneespitze, Etappe G 7.

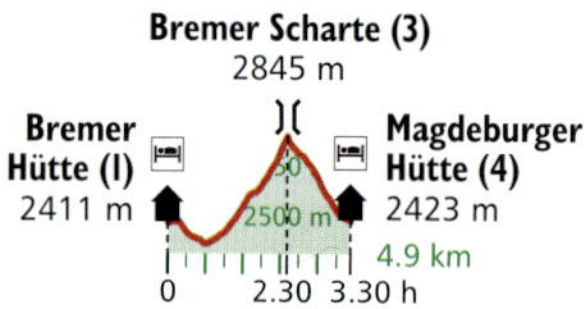

Zunächst wandern wir von der **Bremer Hütte (1)** noch ein wenig Richtung Talschluss. Kurz nacheinander zweigen nun erst rechts der Weg zur Inneren Wetterspitze und dann links unser Abstiegspfad in Richtung Magdeburger Hütte ab. Wir steigen ab bis zur Talsohle, wo sich der Simmingbach durch eine breite Schwemmebene **(2)** schlängelt. An einer selbstgewählten Stelle überqueren wir den schon recht breiten Bach und beginnen auf der anderen Talseite unseren Aufstieg auf einem breiten, gut markierten Wanderweg. Bald erreichen wir die Felsen, die die Gletscherschmelze hier vor gar nicht langer Zeit freigelegt

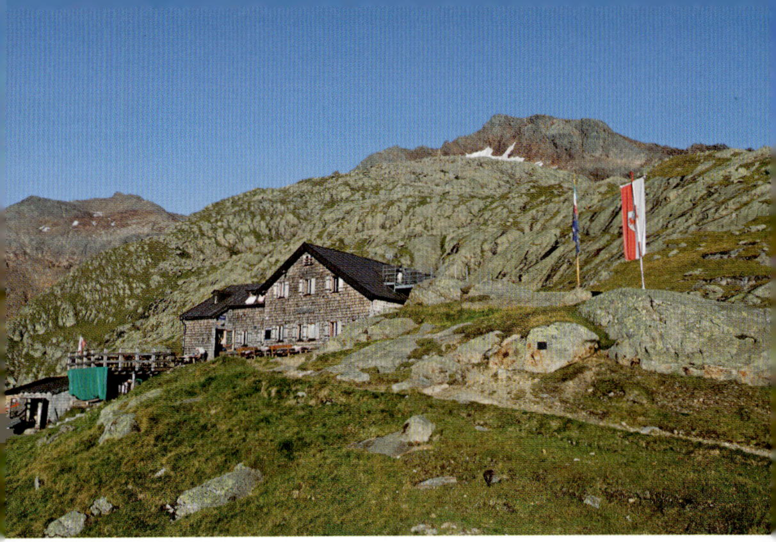

Magdeburger Hütte, dahinter die Schneespitze (Etappe G 7).

hat, die Fernerschrofen. Leichte Klettereien gehören hier zum gut markierten Weg dazu. Über dieser Felsstufe kommen wir zu einer sandigen Hochfläche, das ehemalige Schwemmgebiet des oberen Teils des Gletschers. Dessen Reste liegen nun in unserem Weg. Einzelne markierte Steine geben die Richtung vor, und weiter oben zeigt ein großer weißer Pfeil den nächsten Klettereinstieg an. Solange der Gletscher mit Restschnee bedeckt ist, ist der Aufstieg kein größeres Problem. Ist der Schnee weg, wird es glatt und eisig, aber das viele festgefrorene Geröll gibt uns den nötigen Halt auf der Route, die wir uns bis zu den oberen Markierungen selbst suchen müssen. Aufpassen sollten wir, dass wir nicht zu weit rechts von den Markierungen landen, und auch eine Umgehung des Gletschers ist nicht möglich, weil an seinem oberen Ende große Spalten und Löcher die Querung zum Klettereinstieg unmöglich machen. Jenseits des Gletschers ist der weitere Weg wieder gut erkennbar, und bald erreichen wir über einen kleinen Grat die von einem großen Steinmandl besetzte **Bremer Scharte (3)**, ca. 2845 m. Nach einer kurzen Aussichtspause geht es auf der anderen Seite kurz steil bergab, bevor wir uns oberhalb einer steilen Felswand durch das Geröll einen Weg Richtung Tal bahnen. Bei den nun folgenden zwei steileren Passagen helfen uns ein paar Holzstufen und ein Drahtseil. Danach geht es unschwierig durch eine Graslandschaft zum Bach oberhalb des Stubensees. Wir queren den Bach, bevor er sich über Wasserfälle in den See ergießt, und stehen wenig später an der **Magdeburger Hütte (4)** mit ihrer schönen, sonnigen Aussichtsterrasse.

G7 Schneespitze, 3173 m

4.30 Std.

↑790 ↓790

Gletscherblick

Die Schneespitze ist nach dem Feuerstein und der Aglsspitze der dritthöchste Gipfel rund um den großen Feuersteinferner. Und sie kann von der Magdeburger Hütte ohne große Probleme bestiegen werden, seit vor wenigen Jahren die neuen Seilversicherungen und Trittstufen am Grat eingerichtet wurden. Vom Gipfel bietet sich ein unvergleichlicher Blick auf den Feuersteinferner, auf die Tribulaun-Gruppe und nach Süden auf die Berge des weiteren Tiroler Höhenwegs. Der Gletschersee auf halbem Wege lädt zwar zum Verweilen, wegen seines eisigen Wassers aber kaum zum Baden ein.

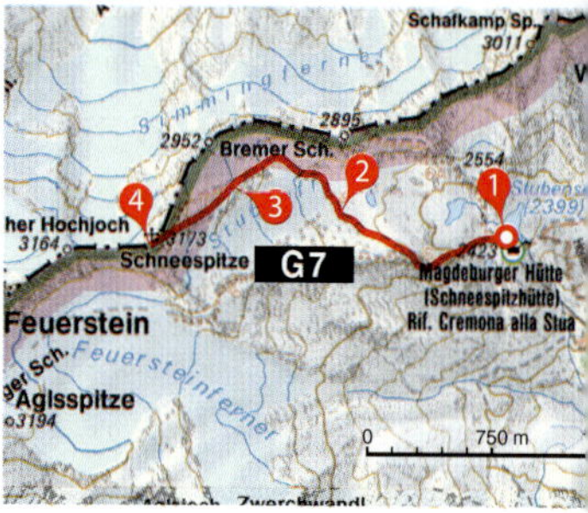

Ausgangs- und Endpunkt: Magdeburger Hütte, 2423 m.

Anforderungen: Hochalpine Tour, seit wenigen Jahren verläuft der Aufstiegsweg nicht mehr durch das steinschlaggefährdete Kar unter der nördlichen Stubenscharte, sondern über einen gut zu gehenden langen Klettersteig mit Seilversicherung, bei dem alpine Erfahrung, aber keine spezielle Ausrüstung erforderlich ist.

Markierungen: Rot-weiß, Steinmännchen auf Gipfelgrat; »6 «, später »9«.

Das Gipfelkreuz der Schneespitze.

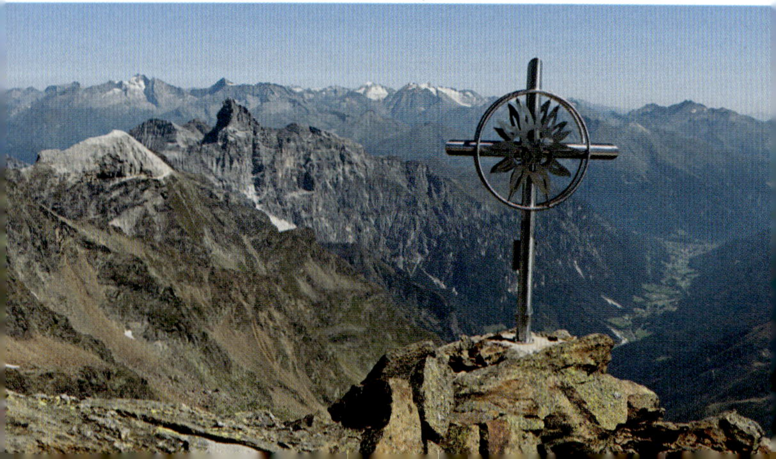

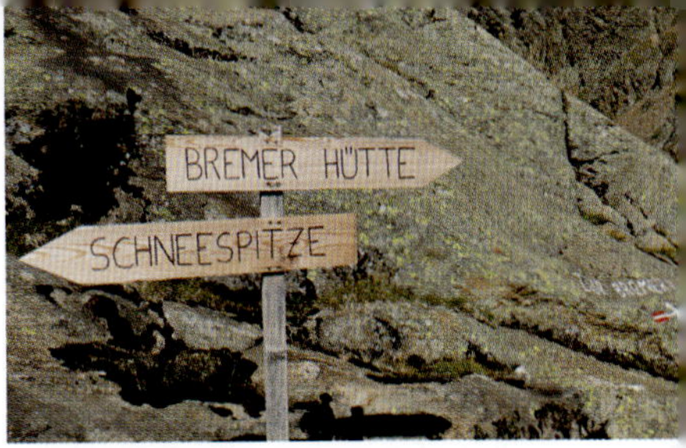

Wegweiser oberhalb der Magdeburger Hütte.

In unmittelbarer Nähe zur **Magdeburger Hütte (1)** geben zwei Wegweiser die Richtung vor. Schnell geht es auf dem ehemaligen Knappenweg auf den Bergrücken hinter der Hütte hinauf. Bald müssen wir uns für eine der beiden Zustiegsvarianten entscheiden. Da der Weg Nr. 6 über den Grat an vielen Stellen ungesicherte Kletterei verlangt, gehen wir mit dem Weg Nr. 9 den normalen Aufstiegsweg. Beide Wege verlaufen zunächst fast parallel, bis unsere Route nach rechts in Richtung Gletschersee abbiegt. Wir passieren den milchigen See **(2)** mit seinem eisigen Wasser, queren den ausfließenden Bach und erklimmen die nördliche Seitenmoräne, auf der wir weiter aufsteigen. Das Gelände wird langsam felsiger, und über den Gletscherbach der Gletscher unterhalb der nördlichen Stubenscharte erreichen wir die erste steilere Passage entlang einer Felswand und kurz danach den Beginn der Drahtseil-Sicherungen **(3)**, die sich glänzend, fast wie ein Spinnennetz, den Berg hinaufziehen. Durch die Drahtseile und die in die Felswand eingelassenen Metallstufen ist dieser Aufstieg aber gut und sicher zu meistern, sodass wir bald zu großen Blockfeldern gelangen, über die der Weg nicht immer erkennbar ist, aber Markierungen und Steinmandl die Richtung vorgeben. Haben wir diese Blockfelder und eine kleine weitere steilere Passage hinter uns gebracht, kommen wir auf ein erstes breites Schuttplateau. Wir arbeiten uns weiter an den Markierungen voran, teilweise auf einem erkennbaren Weg, sonst eigenständig, und queren ein zweites Plateau, bis wir einen breiten Weg unterhalb des letzten Schutt- und Blockfeldanstiegs erreichen. Nun können wir entweder versuchen, uns an den Steinmandln zu orientieren, oder selbst querfeldein einen Weg zum Gipfelkreuz suchen. Etwas westlich des Gipfelkreuzes der **Schneespitze (4)**, 3173 m, finden wir genügend windgeschützten Platz für unsere Gipfelrast und das Genießen der grandiosen Rundumsicht. Auf dem Aufstiegsweg geht es anschließend wieder zurück zur **Magdeburger Hütte (1)**.

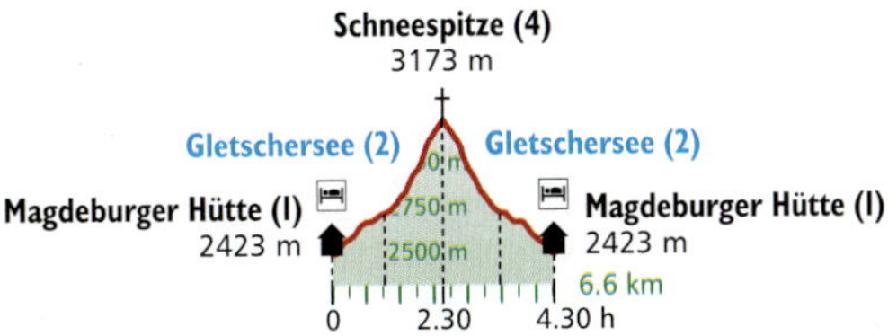

V7.3 Magdeburger Hütte – Edelweißhütte

5.30 Std.

↑770 ↓1240

Von Hütte zu Hütte

Wer statt der Übernachtung im Hotel in St. Anton lieber weiter von Hütte zu Hütte wandern möchte, muss einen kleinen Umweg in Kauf nehmen. Denn die einzige Hütte zwischen Pflersch- und Ridnauntal ist die Edelweißhütte etwas oberhalb der Bergstation der Ladurnser Seilbahn. Dafür ist der Weg dorthin recht entspannt. Nach dem Abstieg von der Magdeburger Hütte ins Tal geht es auf dem gut hergerichteten »6-Almen-Weg« durch Wald und Almwiesen erst ein Stück das Pflerschtal hinab und dann bis zum Ende des Toffringtales. Wer Einkäufe tätigen will, kann auch noch einen kleinen Umweg über St. Anton machen und von dort wieder zur Allrissalm aufsteigen (Wegbeschreibungen in den Etappen 7 und 8). Von der Edelweißhütte kommt man dann am nächsten Tag über die Wetterspitze ins Ridnauntal, wo man wieder vor der Entscheidung zwischen einem Hotel im Tal oder dem zusätzlichen Weg zur Grohmannhütte (Etappe 8V) steht.

Ausgangspunkt: Magdeburger Hütte, 2423 m.

Anforderungen: Leichte Bergwanderung, erst steiler Abstieg, dann sanfter Aufstieg auf guten Wanderwegen.

Markierungen: Rot-weiß, »6« ins Pflerschtal, »6-Almen-Weg/Dolmieu-Weg« bis Edelweißhütte.

Einkehr: Allrissalm, 1536 m, bewirtschaftet täglich ab 10 Uhr (montags geschlossen, außer August), Tel. +39 349 2648358.

Unterkunft: Edelweißhütte Ladurns, 1950 m, privat, bewirtschaftet Anfang Juli bis Ende Sept., Tel. +39 0472 671705 oder +39 339 6459558, info@edelweiss-huette.it, www.edelweisshuette.it.

Einkaufsmöglichkeiten: Nur bei Abstieg nach St. Anton (siehe Etappe 7).

Verkehrsmittel: Siehe Etappe 7.

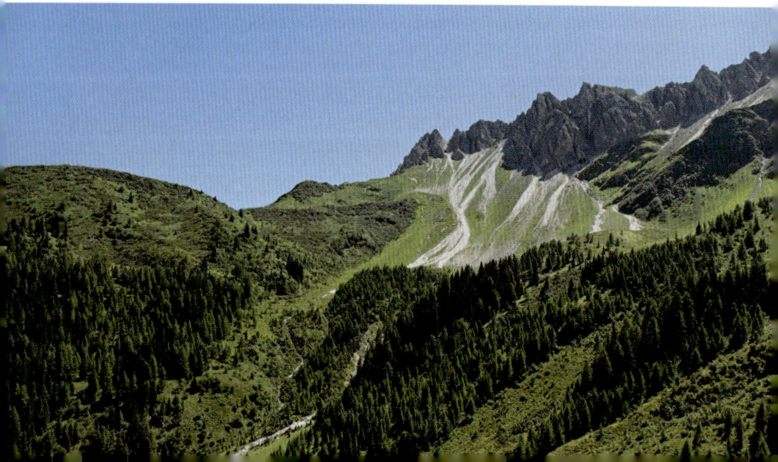

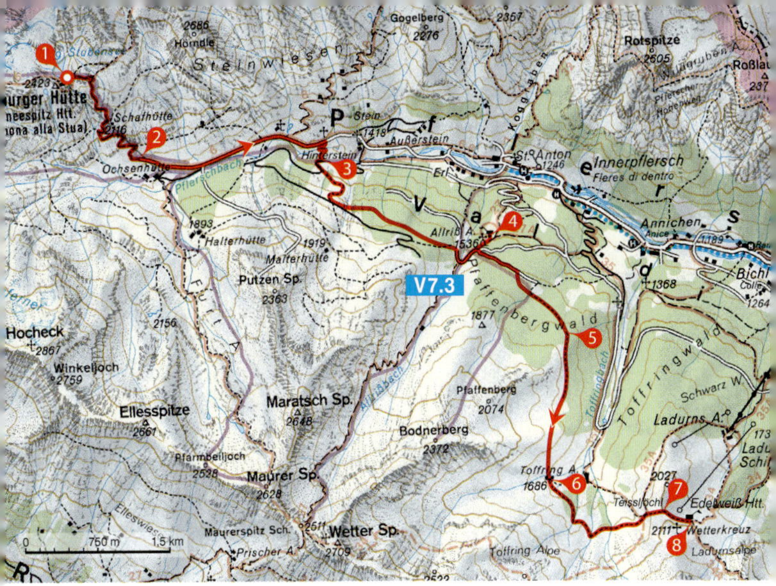

Von der **Magdeburger Hütte (1)** folgen wir dem in der Etappe 7 beschriebenen Abstiegsweg an der **Furtalm (2)**, ehem. Ochsenalm, vorbei zum Parkplatz oberhalb des Wasserfalls »Hölle«. An der Einfahrt des Parkplatzes **(3)** biegen wir scharf rechts auf den Wirtschaftsweg zur Ochsenalm, verlassen diesen nach der ersten Kehre und folgen dem Wegweiser zur Allrissalm in den Wald, wo es nun recht steil bergauf geht, bis wir erneut auf den Wirtschaftsweg stoßen. Wir verlassen diesen aber gleich wieder nach links und befinden uns von nun an auf dem 6-Almen-Weg, der vom Pflerscher Tourismusverband für Spaziergänger toll ausgebaut ist. Nach einiger Zeit endet unser Waldweg auf einer Schotterstraße, die an einer kleinen Hütte vorbei ins Allrisstal führt. Wir überqueren den Allrissbach über eine Brücke und erreichen wenige Minuten später die **Allrissalm (4)**, 1536 m, ein beliebtes Ausflugsziel für Jung und Alt. Nach einer kleinen Stärkung auf der Alm gehen wir denselben Weg wieder ein kleines Stück zurück, bis unser Weg zur Toffringalm abknickt. Nach ein paar hundert Metern verlassen wir die Straße aber schon wieder nach rechts in den Wald. Nun liegen gut 200 Höhenmeter recht steiler Aufstieg im Schatten der Bäume vor uns. Eine Bank unter einem kleinen Kruzifix **(5)**, ca. 1750 m, markiert das Ende dieser Mühen. Nun wandern wir fast eben, später leicht absteigend, das Tal hinein, bis wir die unbewirtschaftete **Toffringalm (6)**, 1686 m, erreichen. Nachdem wir das Talende

Blick zum Teissljöchl.

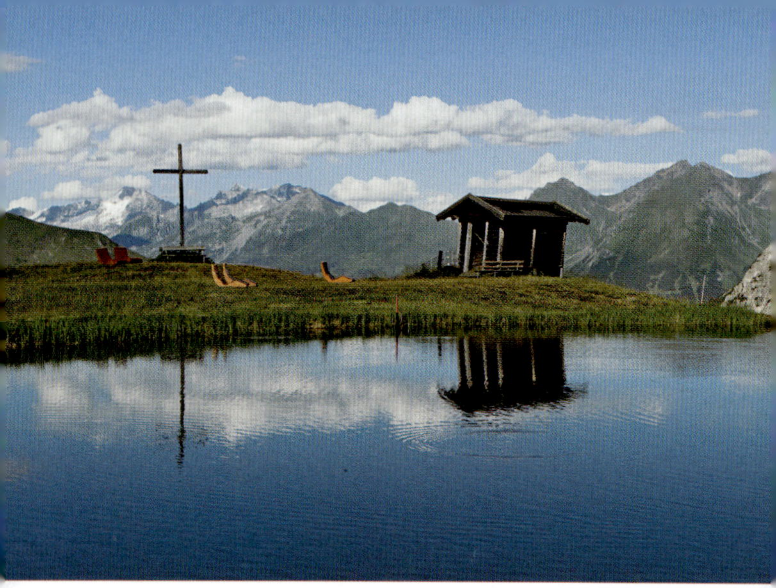

An der Edelweißhütte: Sonnenliegen mit Panoramablick.

leicht ansteigend ausgegangen sind, kommen wir nach einer kleinen Schotterfläche an einen Wegweiser, auf dem die Edelweißhütte erstmals erwähnt wird. Steil müssen wir zunächst fast weglos die Almwiese hinauf, bevor wir auf einen Pfad treffen. Noch sind es ungefähr 150 Höhenmeter bis zu der kleinen Hütte am **Teissljöchl (7)**, 1981 m. Von dort geht es dann nur noch wenige Meter hinab bis zur **Edelweißhütte (8)**. An der Hütte tobt bei schönem Wetter der Bär. Zahllose Seilbahntouristen lassen es sich auf den Sonnenliegen am kleinen Fischteich oder auf der großen Terrasse der Hütte gutgehen. Gegen Abend kehrt dann Ruhe ein, denn für Übernachtungsgäste ist die Edelweißhütte im Sommer noch ein Geheimtipp, während sie im Winter immer gut gebucht ist, weil sie mitten im Ladurnser Skigebiet liegt.

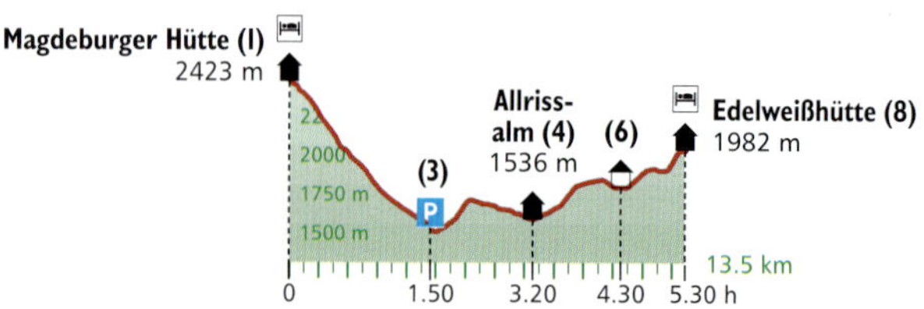

6.30 Std.

↑1300 ↓1180

St. Anton – Maiern 8

Von Tal zu Tal

Der Aufstieg von St. Anton über die Allrissalm zur Maurerscharte ist zwar lang, aber völlig unschwierig und verläuft meist über breite ehemalige Transportwege. Von der Scharte lohnt sich der kurze Abstecher zur Wetterspitze (Etappe G 8.1), von der man ein letztes Mal auf die Tribulaune und die Wanderziele der letzten Tage blickt, bevor der lange Abstieg nach Maiern auf dem Programm steht, wieder auf guten Wanderwegen, oder von der unbewirtschafteten Prischeralm mit einem kleinen Umweg über Wirtschaftswege. Wer nicht im 5-Sterne-Hotel Schneeberg nächtigen will, hat die Wahl zwischen verschiedenen kleineren Herbergen zwischen Maiern und Ridnaun, dem gut zweistündigen Aufstieg zur Grohmannhütte (siehe Etappe V8) oder einer Fahrt mit dem Bus nach Sterzing, wo viele Hotels und Gasthöfe zur Auswahl stehen. Wer rechtzeitig in Maiern ankommt, sollte unbedingt einen Blick ins Südtiroler Bergbaumuseum werfen als Einstieg für die nächste Etappe zum Bergwerksdorf St. Martin am Schneeberg.

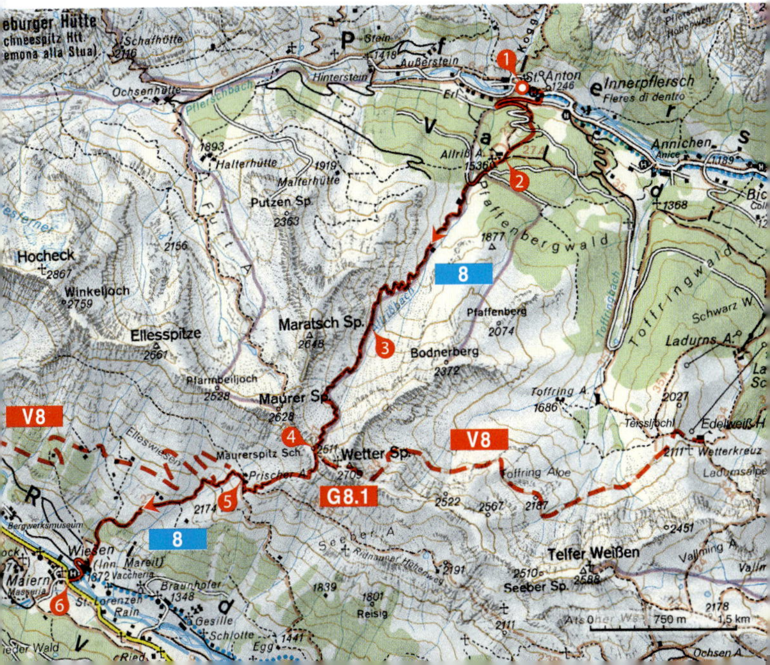

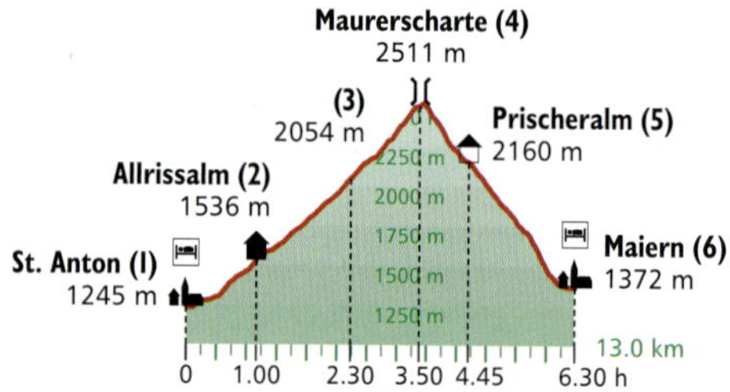

Ausgangspunkt: St. Anton/Innerpflersch, 1245 m.
Anforderungen: Unschwierige Tour mit langem Auf- und Abstieg auf Wander- und Wirtschaftswegen.
Markierungen: Rot-weiß, »27«.
Einkehr: Alrissalm, 1536 m, siehe Etappe V7.3.
Unterkunft: Residence Rainer (Familie Rainer), Tel. +39 0472 656238 oder +39 333 628017, info@residence-rainer.com, www.residence-rainer.com; Pension Magdalena, Tel. +39 0472 656207.
Einkaufsmöglichkeiten: Bäckerei Brunner (mit kleinem Supermarkt) am Ortsausgang von Maiern in Richtung Ridnaun; Öffnungszeiten: Mo–Fr 7–12 und 15–18 Uhr (außer Do); Sa 7–12 und 15–17 Uhr; So und Do-Nachmittag geschlossen.
Verkehrsmittel: Bus 312 von Sterzing nach Maiern, www.suedtirolmobil.info.
Kultur: Südtiroler Bergbaumuseum Maiern, Di–So 10-17 Uhr (Mo Ruhetag, außer feiertags), verschiedene Führungen, die letzte um 15.15 Uhr, www.bergbaumuseum.it. Siehe auch Infokasten S. 126/127.
Gipfeloption: Wetterspitze, Etappe G8.1.

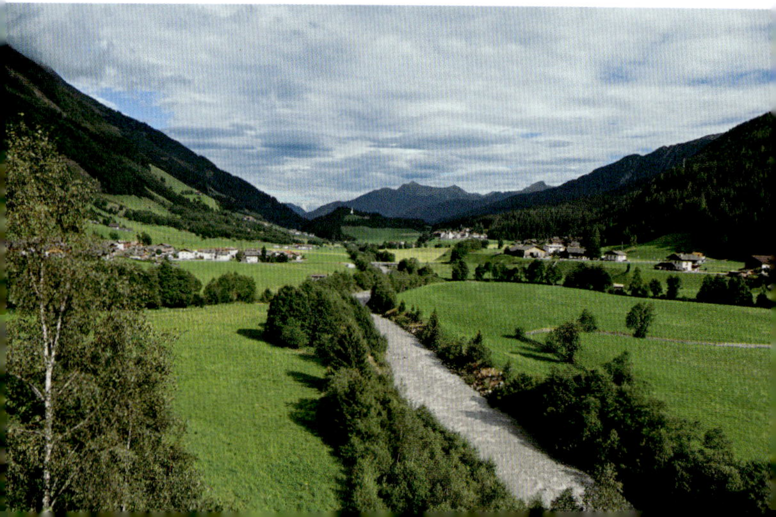

Ridnauntal.

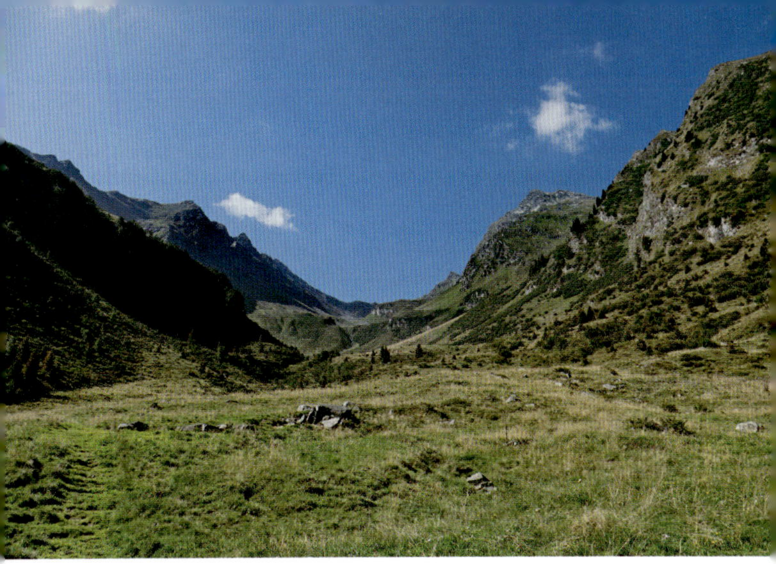

Allrisstal mit Blick zur Maurerscharte und Wetterspitze (links).

Am Ortsausgang von **St. Anton (1)** queren wir zwischen dem Hotel Argentum und der Bushaltestelle über die Brücke den Pflerschbach und folgen einige hundert Meter der Teerstraße nach rechts in Richtung Talschluss bis zu einer Kombination aus Wanderparkplatz und abknickendem Wirtschaftsweg. Bis zur ersten Kehre folgen wir dieser Schotterstraße, wo uns ein Schild »Allriss« in den Wald leitet und wir so immerhin drei weitere Kehren abkürzen. Wenn wir das übernächste Mal wieder auf dem Wirtschaftsweg landen, folgen wir ihm nur kurz nach links, bevor ein breiter Wanderweg zur **Allrissalm (2)**, 1536 m, abknickt. Kurz darauf erreichen wir die Almgebäude, ein beliebtes Ausflugsziel auf dem 6-Almen-Weg. Auf einer Schotterstraße gehen wir von der Alm wenige Minuten ins Alrisstal hinein, bevor direkt nach der Brücke über den Alrissbach der Aufstiegsweg zur Maurerscharte beginnt. Wir wandern zunächst durch die Almwiesen der Alrissalm. Dabei halten wir auf eine Felsstufe zu, über die sich der Bach als Wasserfall in die Tiefe stürzt. Wir umgehen diese Stufe, indem sich unser Weg rechts am Hang durchs Gras nach oben schlängelt. Auf der Felsstufe angekommen sehen wir auf der anderen Bachseite die Reste eines ehemaligen Almgebäudes **(3)** und marschieren weiter durch die Almwiesen bis zum Beginn der Schutt- und Blocksteinfelder. Hier kommt nun der alte Transportweg zum Vorschein, den wir unter dem Gras manchmal schon erahnen konnten, und leitet uns beinahe komfortabel durch die Schuttmassen in vielen Serpentinen hinauf zur **Maurerscharte (4)**, 2511 m. Falls wir nicht noch den Gip-

fel der Wetterspitze erklimmen wollen, haben wir uns spätestens hier eine ausgiebige Rast verdient.
Auf der anderen Seite der Scharte folgen wir dem schmalen Wanderweg durch die grünen Wiesenhänge hinab zur **Prischeralm (5)**, 2160 m, die leider nicht bewirtschaftet ist. Von der Alm aus können wir entweder den Wirtschaftsweg wählen, der sich in ausgedehnten Kehren nach unten schlängelt, oder wir orientieren uns an den Wegweisern und kürzen auf einem schmalen Pfad durch die Almwiesen den Wirtschaftsweg ab. Bald kommen wir an die Waldgrenze und steigen weiter durch den Wald hinab ins Ridnauntal. Kurz vor Maiern treffen wir auf zwei breite Waldwege, die wir allerdings gleich wieder verlassen, den ersten nach links, nachdem rechts auf einem Felsen eine weiß-rote Markierung erscheint, den zweiten nach rechts direkt am Gatter zu einer großen Weidefläche. Schließlich erreichen wir die erste Straße, folgen ihr nach rechts, biegen zweimal links ab, überqueren den begradigten Ridnauner Bach und kommen so ins Zentrum von **Maiern (6)**, das in der Hauptsache aus den Gebäuden des 5-Sterne-Resorts Schneeberg besteht. Direkt am Abzweig unserer Straße auf die Hauptstraße befindet sich eine Post mit Geldautomat, ein Stück talabwärts am Ortsausgang die Bäckerei Brunner mit ihrem kleinen Supermarkt, wo wir uns für die weiteren Etappen mit allem Nötigen eindecken können. Das Bergbaumuseum, das wir beim Abstieg schon gut sehen konnten, liegt ungefähr einen Kilometer die Hauptstraße talaufwärts.

Panorama Wetterspitze: Allrisstal und Bergkette vom Feuerstein über die Weißwand bis zu den Tribulaunen.

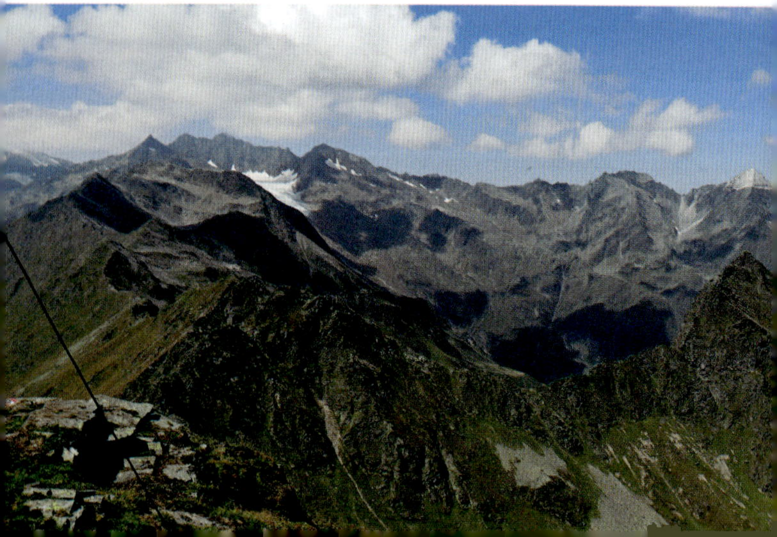

1.00 Std.

↑200 ↓200

Wetterspitze, 2709 m

G8.1

Ausgangs- und Endpunkt: Maurerscharte, 2511 m.
Anforderungen: Recht einfache Gipfelbesteigung mit nur leichten Kletterstellen.
Markierungen: Rot-weiß, »34«

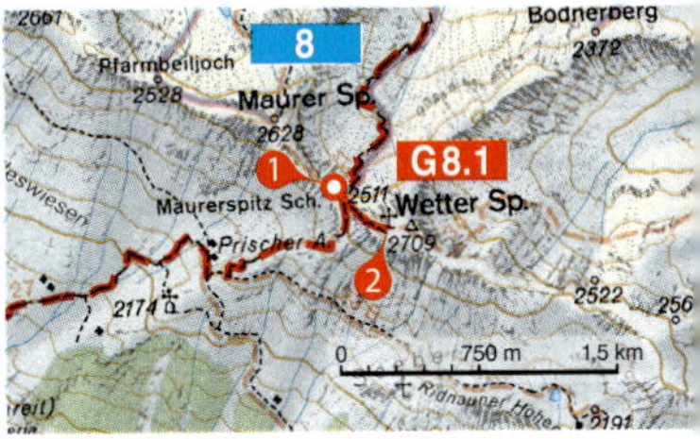

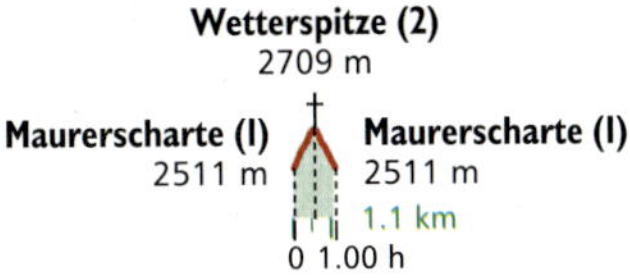

Der Weg von der **Maurerscharte (1)** zum Gipfel führt zunächst den grasigen Grat entlang nach Südwesten. Fast ausschließlich auf der Ridnauner Seite geht es weiter durchs Blockwerk unterhalb des Gipfels. Wir umgehen einen kleinen Vorgipfel und erreichen ziemlich sicher in kürzerer Zeit als auf dem Wegweiser angegeben das Gipfelkreuz der **Wetterspitze (2)**, 2709 m. Das Gipfelplateau ist wohl ein beliebter Weideplatz, sodass wir nach einer sauberen Sitzgelegenheit für die Gipfelrast etwas suchen müssen. Vom Gipfel blicken wir ins Ridnauntal auf der einen und nochmals zum Abschied zurück zu den Tribulaunen auf der anderen Seite. Zurück zur Scharte geht es anschließend auf dem Aufstiegsweg.

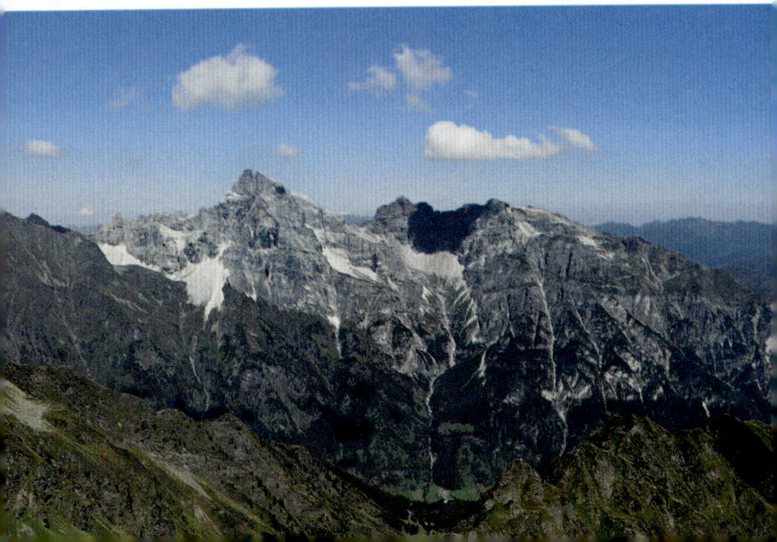

Kleine Geschichte des Bergbaus am Schneeberg

Bergbaumuseum Maiern – Erlebnisbergwerk Schneeberg

Die Anfänge des Bergbaus am Schneeberg liegen ziemlich im Dunkeln. Kupferlöcher im südlich von St. Martin gelegenen Bergstock namens »Himmelreich« lassen vermuten, dass schon in prähistorischer Zeit am Schneeberg Kupfer abgebaut wurde. Verschiedene Sagen ranken sich um die Entdeckung der Silbervorkommen am Schneeberg; meistens sind es überirdische Wesen, die einem Einheimischen eine Silberader zeigen. Tatsächlich waren es wohl sogenannte Zeigerpflanzen wie das Alpenleinkraut, das einblütige Hornkraut oder der rote Steinbrech, die ortskundige Einheimische auf mögliche Erzvorkommen hinwiesen, denn diese Pflanzen vertragen den hohen Schwermetallanteil im Boden über den stark bleihaltigen Erzadern. Das Schneeberger Silber wurde im Jahr 1237 erstmals schriftlich erwähnt. Das Erz wurde im Tal möglichst ortsnah eingeschmolzen, das Silber anschließend nach Meran zum Hof des Tiroler Landesfürsten gebracht. Eine erste Blütezeit des Bergbaus endete um 1360, als die oberflächennahen Vorkommen erschöpft waren. Mit der Entdeckung großer Silbervorkommen Anfang des 15. Jahrhunderts in Schwaz im Inntal, für deren Verarbeitung das bleihaltige Silbererz vom Schneeberg benötigt wurde, erlebte der Bergbau am Schneeberg eine zweite Blüte. Nachdem sich zunächst viele Einheimische und auch die Kirche am Bergbauboom beteiligt und Schürfrechte erworben hatten, verdrängten Finanzinvestoren wie die Fugger, ausgestattet mit landesfürstlichen Privilegien, bald die kleineren Bergbauunternehmen. Da den Tiroler Landesfürsten ein Zehntel der Erzproduktion zustand und sie das Monopol auf den Weiterverkauf hatten, brachte das Silber nicht nur vielen Bergleuten, sondern auch den Fürsten großen Wohlstand. Als Drehkreuz für den Erztransport und für die Versorgung der Bergleute mit Lebensmitteln wurde Sterzing zum neuen städtischen Zentrum des Bergbaus.

Das Leben am Schneeberg war für alle Beteiligten hart. In den Hochzeiten des Bergbaus waren bis zu 1000 Personen im Bergbau beschäftigt. Die Bergleute arbeiteten im Schichtdienst in den Stollen. Ihre Frauen und Kinder zerkleinerten und sortierten das Gestein vor Ort, damit nur das Erz den schweren Transportweg über die Schneebergscharte und das Lazzacher Tal ins Ridnauntal nehmen musste. Für die Lebensmittelversorgung ohne Seilbahnen oder Lastenaufzüge wurden jedes Frühjahr eigens eine Almwirtschaft und eine Metzgerei mit bis zu 300 weidenden Ochsen aufgebaut. Am Lebensmittelvertrieb verdienten die großen Unternehmen zum Teil mehr als am geförderten Erz, auch weil die Bergleute von den Lieferungen abhängig waren.

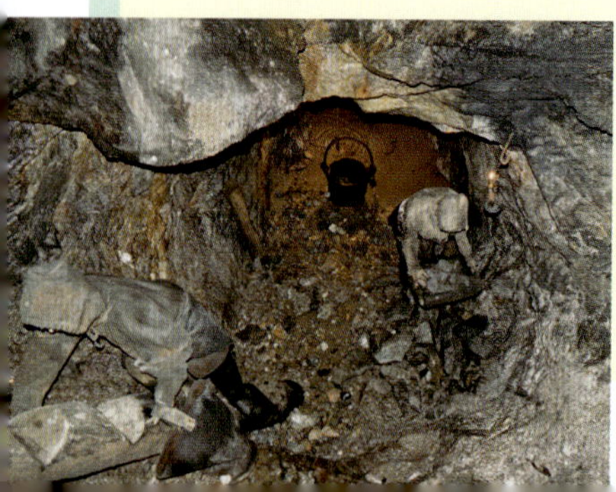

Blick in einen der Modellstollen des Bergbaumuseums.

Als in der zweiten Hälfte des 16. Jahrhunderts billiges Silber aus Amerika den Markt überschwemmte, kaufte das Land Tirol fast alle Gruben auf. 1657 wurden die Fugger als letzte Bergbauunternehmer entschädigungslos enteignet. Bis ins 19. Jahrhundert dümpelte der Bergbau im Staatsbetrieb vor sich hin und wurde zeitweise offiziell eingestellt. Mit dem Abbau von Zinkblende als bisher nicht gefördertem Erz in den 1840er-Jahren begann die letzte Phase des Bergbaus am Schneeberg. Ab 1871 errichtete man Erz-Übertage-Förderanlagen auf Schienen, über deren acht Bremsberge/Wassertonnenaufzüge und Pferdebahnen unter Einbeziehung des Kaindlstollens das Erz nach Maiern und weiter bis Sterzing transportiert werden konnte. Mehrere Erzkästen dienten der Zwischenlagerung, da die Witterung nicht immer einen Transport auf allen Strecken erlaubte. In Maiern entstand eine Erzaufbereitungsanlage, die zunächst mechanisch und später im Flotationsverfahren mit Zusatz von Chemikalien das Erz aus dem Gestein heraustrennte. Nach dem Ersten Weltkrieg fielen die Bergwerke in die Hand des italienischen Staates, der den Abbau ein letztes Mal intensivierte. Bis 1926 ließ er eine Materialseilbahn von St. Martin bis nach Mareit bauen, die die bisherige Übertage-Förderanlage ersetzte. Ab den 1960er-Jahren ermöglichte der neu gegrabene Poschhausstollen den direkten Abtransport des Erzes ins Lazzacher Tal. Über eine Personenseilbahn und einen künstlichen Tunnel von der Bergstation zum Poschhausstollen war der Zugang zu den Stollen nun ganzjährig witterungsunabhängig möglich. Nachdem 1955 schon die Knappenkapelle niedergebrannt war, zerstörte 1967 ein Feuer die große Arbeiterkaue in St. Martin, was zum Ende der Nutzung der Bergwerkssiedlung führte. 1979 wurde der Erzabbau eingestellt. Nach jahrelangen Sicherungsarbeiten erfolgte 1985 die endgültige Schließung des Bergwerks am Schneeberg.

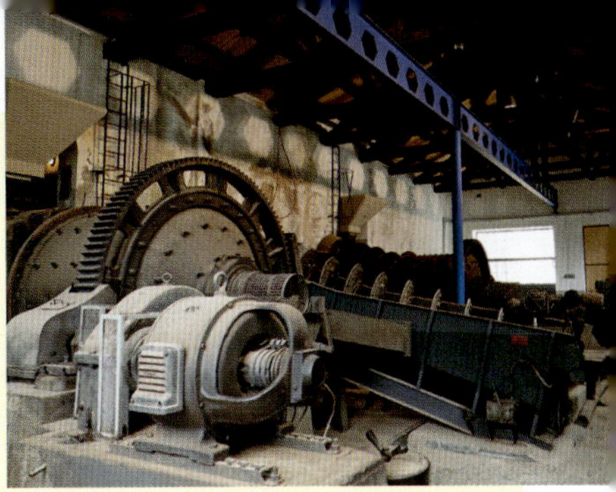

Blick in eine Halle der ehemaligen Erzaufbereitungsanlage in Maiern.

Das 1993 eröffnete Bergwerksmuseum in Maiern bietet neben Schauräumen zur Geologie, zur Geschichte des Bergbaus und zum Erztransport Führungen an, auf denen die alten Anlagen zur Erzaufbereitung und ein Schaubergwerk besichtigt werden können. In St. Martin am Schneeberg kann man seit 1996 auf drei Erlebniswegen das umfangreiche Bergwerksgelände erkunden, einen Schaustollen durchschreiten und viele Relikte des Lebens am Schneeberg in der ehemaligen Schmiede besichtigen.

www.bergbaumuseum.it; www.schneeberg.org.

V8 Edelweißhütte – Grohmannhütte

8.30 Std.
↑1650 ↓1350

Langer Weg – viel Aussicht

Wer den Umweg über die Edelweißhütte macht, um sich die Hotels im Tal zu sparen, auf den wartet heute eine lange und abwechslungsreiche Etappe. Zunächst geht es an den Flanken von Telfer Weißen und Seeberspitze meist über grasige Wege zur Wetterspitze. Darauf folgt der lange, aber unschwierige Abstieg ins Ridnauntal, ab der Prischeralm auf einem Wirtschaftsweg, bevor wir, immer am Fernerbach entlang, wieder ein ganzes Stück zur Grohmannhütte an den Rand der Stubaier Gletscherwelt aufsteigen müssen. Für Abwechslung sorgt dabei der Weg durch die Burkhardtklamm mit ihren Wasserfällen. Eine Stärkung für die letzten 500 Höhenmeter bietet die Aglsbodenalm, eine der beliebtesten Ausflugsalmen der Gegend. Wenn wir durchs schon wilder und hochalpiner wirkende Egatal die Grohmannhütte erreichen, sollten wir unbedingt vorher einen der wenigen Schlafplätze reserviert haben, da uns sonst noch eine weitere Stunde Aufstieg zur zugegebenermaßen wunderschön gelegenen Teplitzer Hütte bevorsteht.

Ausgangspunkt: Edelweißhütte, 1950 m.
Anforderungen: Sehr lange Tour mit viel Auf- und Abstieg auf allerdings unschwierigen, meist gut markierten Wegen. Beim Aufstieg zur Wetterspitze kurze Passagen mit Seilsicherung.

Markierungen: Rot-weiß; »34« bis Maurerscharte, »27« beim Abstieg nach Maiern, »8/9« beim Aufstieg zur Grohmannhütte.
Einkehr: Aglsbodenalm, 1717 m, privat, bewirtschaftet Anfang Juni bis Ende Oktober, Tel. +39 347 1104726.
Unterkunft: Grohmannhütte, Provinz Bozen, bewirtschaftet Mitte Juni bis Mitte Oktober, Tel. +39 335 8047545, info@grohmannhuette.com, www.grohmannhuette.com.
Gipfeloption: Magdeburger Scharte – Nördl. Aglsspitze, Etappe G 8.2.

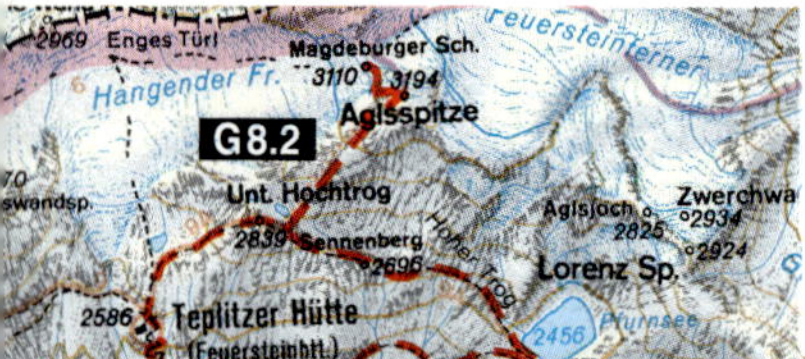
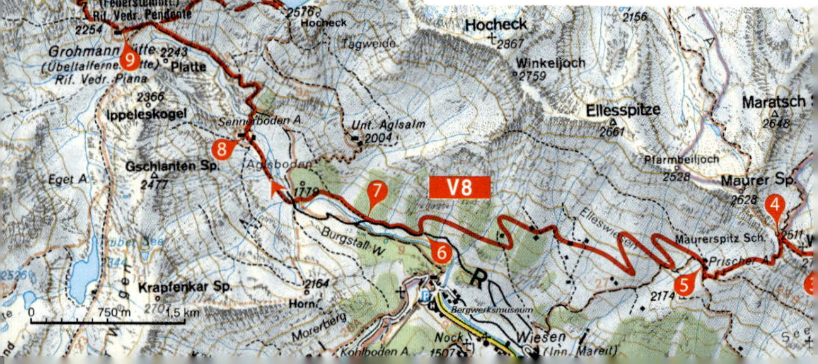

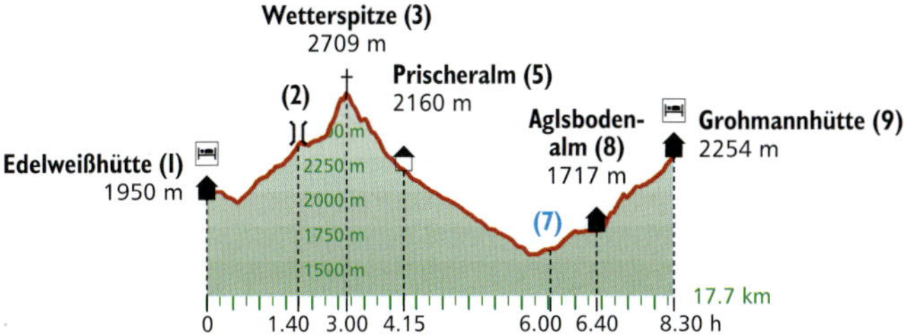

Von der **Edelweißhütte (1)** gehen wir die wenigen Meter zurück zum Teissljöchl hinauf, wo sich der Weg teilt. Wir bleiben auf gleicher Höhe und wandern auf schmalen Pfaden durch Grasflächen, die im Spätsommer wegen des hohen Grases bei Feuchtigkeit unangenehm rutschig sein können, am Bergrücken des Telfer Weißen entlang. Wenn es steiler wird, ist der Weg nicht mehr immer gut erkennbar, wir steigen immer weiter in Richtung des Bergkamms auf, bis wir, an Überresten von Almgebäuden vorbei, in einem kleinen Hochtal landen. Es geht weiter bergauf, und wir erreichen eine kleine namenlose Scharte **(2)**, auf der ein unmarkierter Weg zur Seeberspitze abzweigt. Inzwischen ist aber auch die Wetterspitze mit ihrem Gipfelkreuz ins Blickfeld gerückt. Wir queren weiter den Berghang, bis es kurz vor dem Kamm zum Allrisstal links durch eine Geröllrinne recht steil nach oben geht. Wir landen so, unterstützt von wenigen Drahtseilen, auf dem Grat zum Ridnauntal, und uns fehlen nur noch wenige Höhenmeter bis zum Gipfelkreuz der **Wetterspitze (3)**, 2709 m. Dort genießen wir erst einmal die Aussicht auf die

Burkhardtklamm: touristisch aufbereiteter Wasserfallweg entlang der unteren Wasserfälle des Fernerbaches.

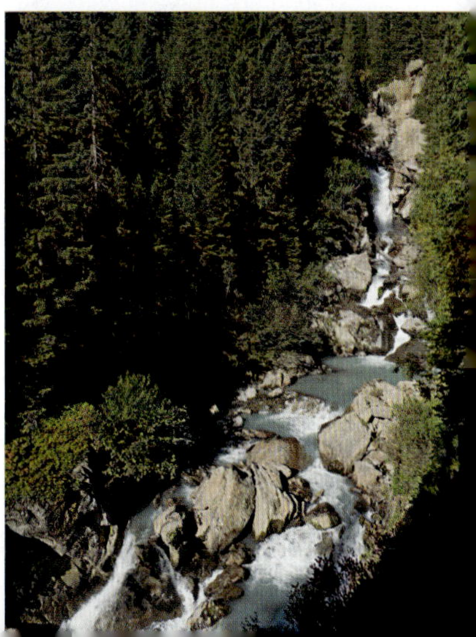

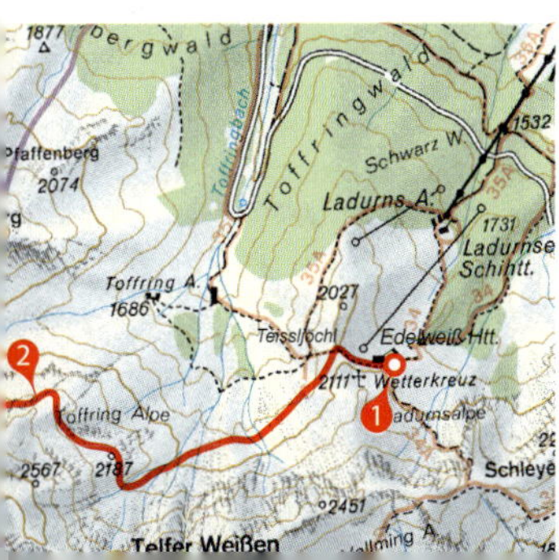

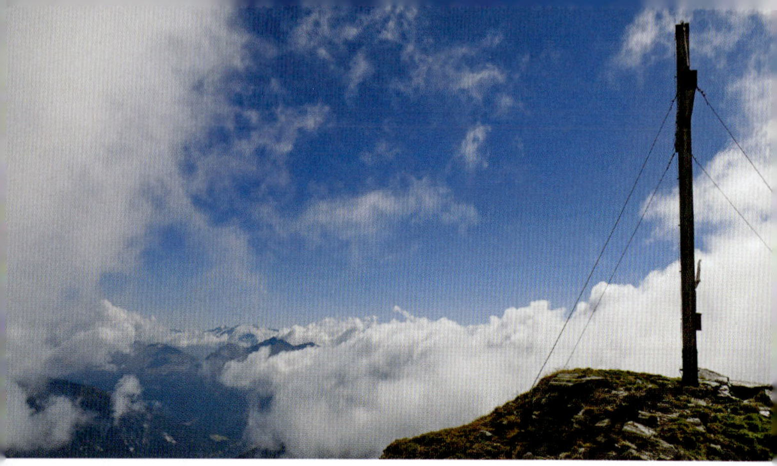

Wolkenstimmung am Gipfel der Wetterspitze.

Tribulaune und zu den Stubaiern, bevor wir uns auf der anderen Seite des Gipfels an den Abstieg zunächst über Blockgestein, später über den grasigen Grat zur **Maurerscharte (4)**, 2511 m, machen. Von der Scharte bis zur **Prischeralm (5)**, 2160 m, wandern wir durch die grasigen Hänge hinab ein Stück auf dem Hauptweg der Etappe. Spätestens nach der zweiten Abkürzung durch die Almwiesen unterhalb der Almgebäude wechseln wir auf den Wirtschaftsweg. Dieser führt uns nun erst durch die Wiesen, dann durch den Wald stetig abwärts. Kurz vor der Talsohle treffen wir auf den Zufahrtsweg **(6)** zur Aglsbodenalm und folgen ihm nach rechts. An der nächsten Brücke bleiben wir auf unserer Bachseite und nehmen den mit EU-Mitteln hergestellten Weg durch die **Burkhardtklamm (7)** mit Blick auf die unteren Wasserfälle des Fernerbachs. Oberhalb der Klamm überqueren wir den Bach und laufen auf der Schotterstraße durch den Aglsboden zur **Aglsbodenalm (8)**, 1717 m, einem beliebten Ausflugsziel, wo wir uns für den restlichen Weg noch einmal stärken können. Nachdem wir über die Hängebrücke hinter der Alm wieder die Bachseite gewechselt haben, beginnt der Aufstieg über die Felsstufe der oberen Wasserfälle des Fernerbachs. Nach kurzer Zeit gesellt sich von rechts der Wanderweg zu uns, der den Aglsboden auf der anderen Talseite umrundet hat. Haben wir diesen manchmal steilen Aufstieg geschafft, geht es weiter durch das Egatal. Wir sehen schon die Teplitzer Hütte in der Höhe auf den Felsen thronen, und bald kommt auch die **Grohmannhütte (9)** in unser Blickfeld. Nun ist es nicht mehr weit, der letzte Anstieg nicht mehr sehr steil, und schon können wir auf der Terrasse der kleinen Hütte die Beine hochlegen und auf die Sandböden herabblicken, durch die sich der Fernerbach von seinem großen Wasserfall am Ende des Tals bis zur Egatal-Schlucht schlängelt.

5.30 Std.

↑1130 ↓1130

Nördliche Aglsspitze, 3180 m

G8.2

Gletscherblick pur

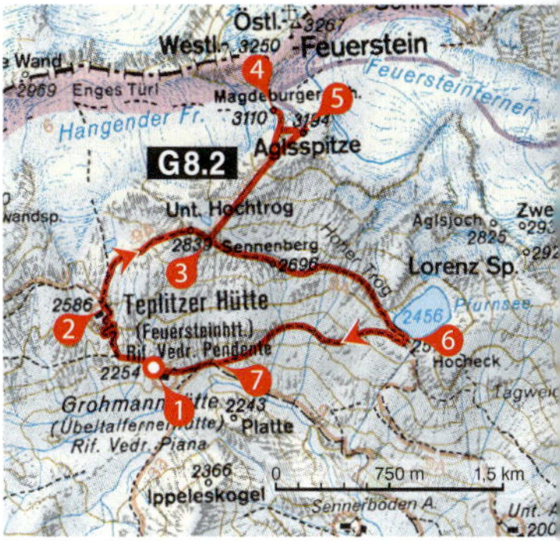

Von der Grohmannhütte sind sie nur zu erahnen, die Gletscher unter Wildem Pfaff, Wildem Freiger und Zuckerhütl. Allein der mächtige Wasserfall, Abfluss des Ebenferners, verspricht einiges. Schon von der Teplitzer Hütte aus bietet sich ein spektakuläres Gletscherpanorama. Beim Aufstieg zur Magdeburger Scharte geraten der Gletscher am Wilden Freiger und der Hangende Ferner immer mehr ins Blickfeld. Und von der Madgeburger Scharte schaut man schließlich über den Feuersteinferner zurück zu den Tribulaunen. Wem das nicht genug Aussicht ist, der kann auf einem nicht markierten Pfad durch Blockfelder problemlos noch die Nördliche Aglsspitze erklimmen. Für den etwas südlicheren, 14 Meter höheren Hauptgipfel mit Gipfelkreuz benötigt man allerdings Kletterausrüstung. Die vielen Eindrücke kann man dann in der Ruhe des blau-grünen Pfurnsees nachwirken lassen. Wegen der Grashänge beim Abstieg vom See zur Grohmannhütte ist diese Runde bei nassem Wetter allerdings nicht zu empfehlen.

Teplitzer Hütte.

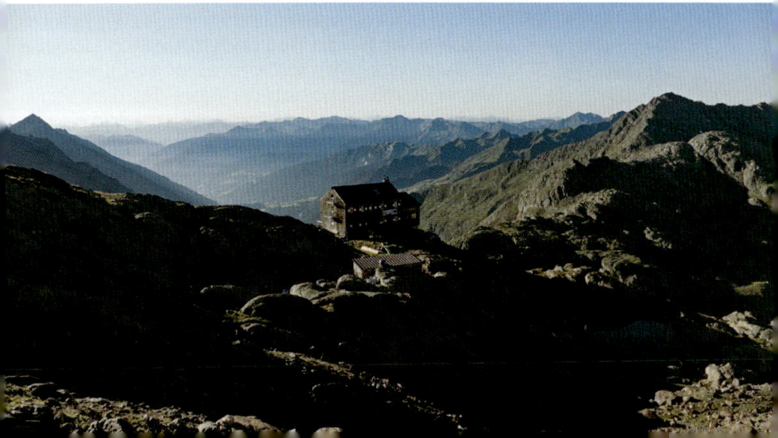

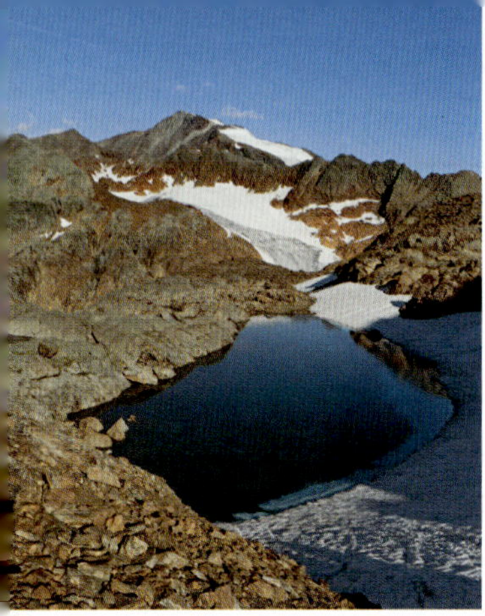

Hoher Trog, dahinter der Wilde Freiger und der Hangende Ferner.

Ausgangs- und Endpunkt: Grohmannhütte, 2254 m.
Anforderungen: Hochgebirgswanderung auf meist gut markierten Wegen, Kletterstellen unterhalb der Aglsspitze und direkt an der Scharte. Nicht markierte Besteigung der Nördl. Aglsspitze über Geröllfelder, ein erkennbarer Weg ist hier nur z. T. vorhanden. Der Abstieg vom Pfurnsee ins Egatal durch Grashänge ist schlecht markiert und bei Nässe gefährlich.
Markierungen: Rot-weiß, »9« bis Teplitzer Hütte, »9A« bis hoher Trog, »6« bis Magdeburger Scharte, teilweise weglos zur nördl. Aglsspitze, »9A« bis Pfurnsee, »9B« teilweise wegloser Abstieg, »9« im Egatal bis zur Grohmannhütte.
Einkehr/Übernachtung: Teplitzer Hütte, 2586 m, Provinz Bozen, bewirtschaftet Anfang Juli bis Mitte September, Tel. +39 338 1358371, info@teplitzerhuette.com, www.teplitzerhuette.com.

Man sieht sie von der **Grohmannhütte (1)** hoch oben am Rande eines Felsens thronen: die **Teplitzer Hütte (2)**, 2586 m. Der Aufstieg ist einfach nur steil, aber die Aussicht entschädigt für die Mühen und ein kleines zweites Frühstück ist heute zeitlich durchaus drin. Nach diesem steilen Beginn ist der weitere Weg Richtung Magdeburger Scharte reinstes Genusswandern. Schon kurz nach der Hütte trennt sich unser Pfad rechts vom Weg zum Becherhaus, wie alle Wege in dieser Gegend mit einem großen bemalten Stein als Wegweiser. Wir gewinnen gemütlich, aber stetig an Höhe, lassen einen kleinen See links liegen und halten immer wieder inne, um die tollen Ausblicke zu genießen. Der Weg ist meist gut mit rot-weißen Markierungen gekennzeichnet, nur ab und zu müssen wir uns den Verlauf durchs Blockwerk selbst suchen. Nach zwei weiteren Schmelzwasserseen kommen wir am **Hohen Trog (3)** zum Abzweig nach links zur Magdeburger Scharte. Geradeaus geht's später zum Pfurnsee. Weiter steigen wir durch die Blockfelder auf. Erst oberhalb der Reste des diesseitigen hangenden Ferners für das letzte Stück zur Magdeburger Scharte wird die Kraxelei etwas unangenehmer. Hier versperrt uns bis spät in den Sommer hinein ein Schneefeld den Weg, das wir wegen seiner Steilheit und Vereisung oberhalb durchs Blockwerk umgehen sollten. Der letzte kleine Abstieg zur **Magdeburger Scharte (4)**, 3110 m, mit ihrem kleinen Kreuz ist sehr ausgesetzt, aber gut mit Drahtseilen gesichert. Nur wenige Höhenmeter östlich über der Scharte befindet sich die Aglsspitze. Ältere Karten verzeichnen einen Pfad hinauf, der auch immer noch in Teilen existiert, aber nicht markiert ist. Entweder steigen wir über dem Schneefeld des Hinwegs schräg nach oben, bis wir auf seine Spuren treffen, oder wir finden seinen unscheinbaren Abzweig nach links, kurz nach-

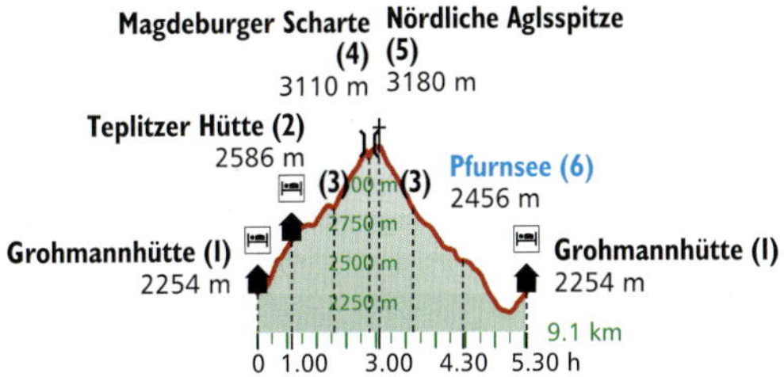

dem wir das Schneefeld hinter uns gelassen haben. Wer also noch einen Blick ins Pflerschtal und zu den Tribulaunen genießen will, der sollte sich die zusätzliche Dreiviertelstunde für Auf- und Abstieg gönnen, auch wenn nur der nördliche Gipfel der **Aglsspitze (5)**, 3180 m, ohne Kletterausrüstung erreichbar ist. Der Abstieg bis zum Hohen Trog entspricht genau der Aufstiegsroute. Hier wenden wir uns nun nach links Richtung Pfurnsee. Der Weg führt weiterhin überwiegend über Blockgestein, später kommen ein paar grasigere Intermezzi dazwischen. Der **Pfurnsee (6)**, 2456 m, mit seinem blaugrünen Wasser liegt malerisch in einer von steilen Felshängen umgebenen Senke und lädt zu einer ausgiebigen Rast an seinen grünen Ufern ein. Der Abzweig zur Grohmannhütte ungefähr nach einem Drittel des Seewegs ist wieder auf einem Stein markiert. Die rot-weißen Wegzeichen sind aber viel schlechter erkennbar als bisher. Bald steigen wir einen steilen Grashang hinunter, der wegen seiner Bodenlöcher und unter dem Gras verstreckten Bachläufe volle Achtsamkeit fordert. Am Ende eines langen Wasserfalls landen wir schließlich auf dem Weg durchs Egatal **(7)**, der uns wieder hinauf zur **Grohmannhütte (1)** bringt.

Blick von der Nördlichen Aglsspitze auf den Feuersteinferner, gegenüber die Schneespitze (Etappe G 7).

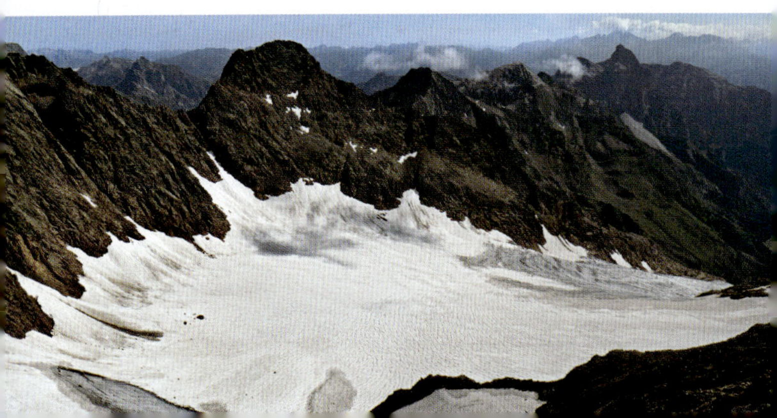

9 Maiern – Schneeberghütte

5.00 Std.

↑1330 ↓350

Auf den Spuren des Erzes

Die Etappe von Maiern zum Bergwerksdorf St. Martin am Schneeberg steht ganz im Zeichen des Bergbaus. Vom Bergbaumuseum in Maiern aus folgen wir das ganze Lazzacher Tal hinauf dem Bergwerks-Lehrpfad und wandern auf den Transportwegen, auf denen das Erz von den Stollen am Schneeberg über die Schneebergscharte (Kaindlscharte) ins Ridnauntal transportiert wurde. Dabei wechseln sich auf unserem Weg steile Passagen – hier wurden auf den sogenannten Bremsbergen Höhenmeter überwunden – mit nahezu waagerechten Wegen ab, auf denen mit von Pferden gezogenen Schienenwägen die Distanzen zwischen den Bremsbergen zurückgelegt wurden. An den Übergängen finden sich immer wieder beachtliche Industriebauten zum Zwischenlagern oder Umladen des Erzes. Auf ungefähr halber Strecke lädt die Moarerbergalm zu einer Jause ein, bevor der steile Anstieg zur Schneebergscharte beginnt. Der Abstieg zur Bergwerkssiedlung St. Martin am Schneeberg mit der Schneeberghütte und dem Erlebnisbergwerk ist dann ein angenehmes Auslaufen dieser Etappe. Bei der Ankunft sind die größeren Führungen durch das Bergwerk leider schon vorbei (die letzte beginnt um 12.30 Uhr). Man kann das Gelände aber auch gut auf eigene Faust über die zahlreichen Wege erkunden, sich die kostenlose Ausstellung ansehen oder den Martinsstollen durchqueren, der unter der Schneeberghütte verläuft. Oder man genießt in einem der Liegestühle die Sonne und lässt sich vom Personal der Hütte kulinarisch verwöhnen.

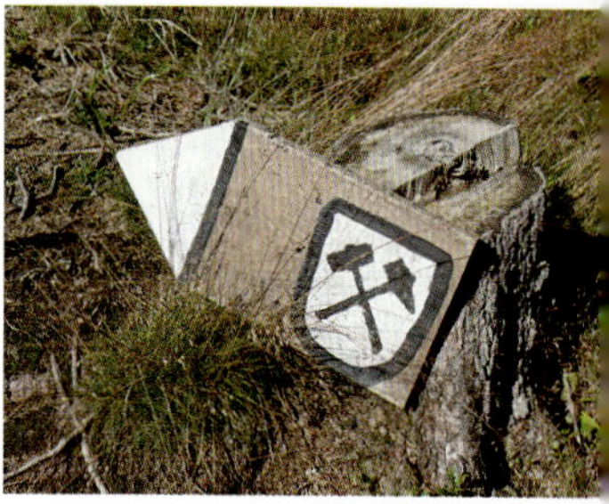

Beschilderung des Lehrpfads.

Ausgangspunkt: Maiern, 1370 m.
Anforderungen: Unproblematische Bergwanderung auf guten, nie ausgesetzten Wanderwegen, langer Aufstieg. Auf dem Lehrpfad wechseln sich steile Passagen (Bremswege) mit ebenen Wegen ab.
Markierungen: Bergwerkszeichen (Lehrpfad) bis Poschhausstollen; rot-weiß, »33«, »28B«, »28« zur Schneeberghütte.
Einkehr: Moarerbergalm, 2112 m, Übernachtung möglich, Tel. +39 340 3630458.

Unterkunft: Schneeberghütte, 2355 m, Provinz Bozen, bewirtschaftet Mitte Juni bis Mitte Oktober, Tel. +39 0473 932900, schutzhuette@schneeberg.org, www.schneeberg.org.
Kultur: Erlebnisbergwerk Schneeberg, Öffnungszeiten: Mitte Juni bis Mitte Oktober; Siehe auch Infokasten S. 126/127. Kirchweihfest in St. Martin am Schneeberg am 15. August (Mariä Himmelfahrt).

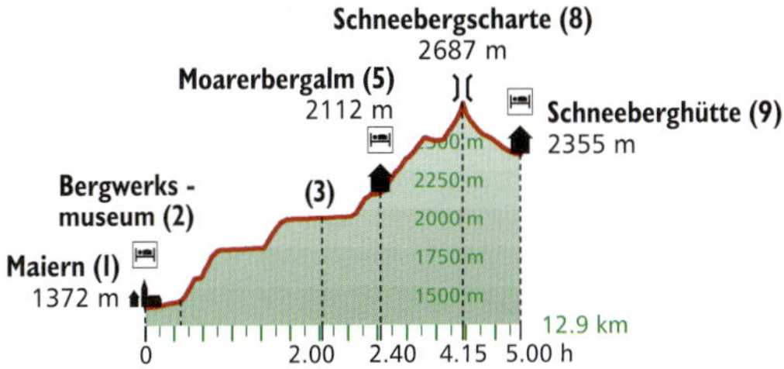

Wir folgen zunächst der Hauptstraße ca. einen Kilometer vom Hoteldorf **Maiern (1)** bis zum **Bergwerksmuseum (2)**. In der Museumsanlage beginnt der Bergwerks-Lehrpfad, dessen Einstieg wir uns am besten zeigen lassen. Sollte das Museum geschlossen haben, so können wir den Museumsteil des Weges mit dem ersten Bremsberg auch auf dem am Bergwerksmuseum vorbeiführenden Wirtschaftsweg in Richtung Moarerbergalm umgehen und dann auf dem Lehrpfad weiterwandern. Sollte man die steilen Bremsberg-Aufstiege scheuen, kann man auch bis zur Moarerbergalm auf dem Wirtschaftsweg bleiben oder den kleineren Wanderweg immer entlang des Moarer Bachs wählen. Beide Wege sind aber weniger interessant und verlaufen schon bald in der prallen Vormittagssonne, während der Lehrpfad bis zur Baumgrenze den schattigen Wald durchquert. In Richtung Talstation der Erz-Seilbahn im Museum sind die

Lazzacher Erzkasten: Hier wurde das Erz vor dem Weitertransport zwischengelagert.

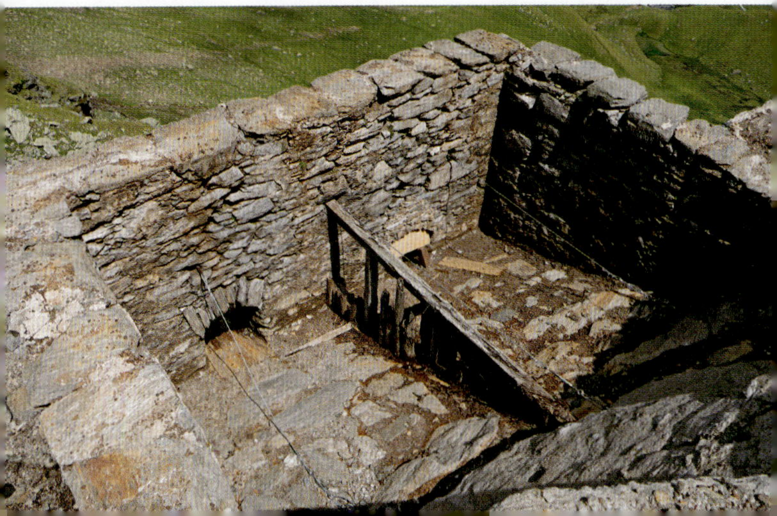

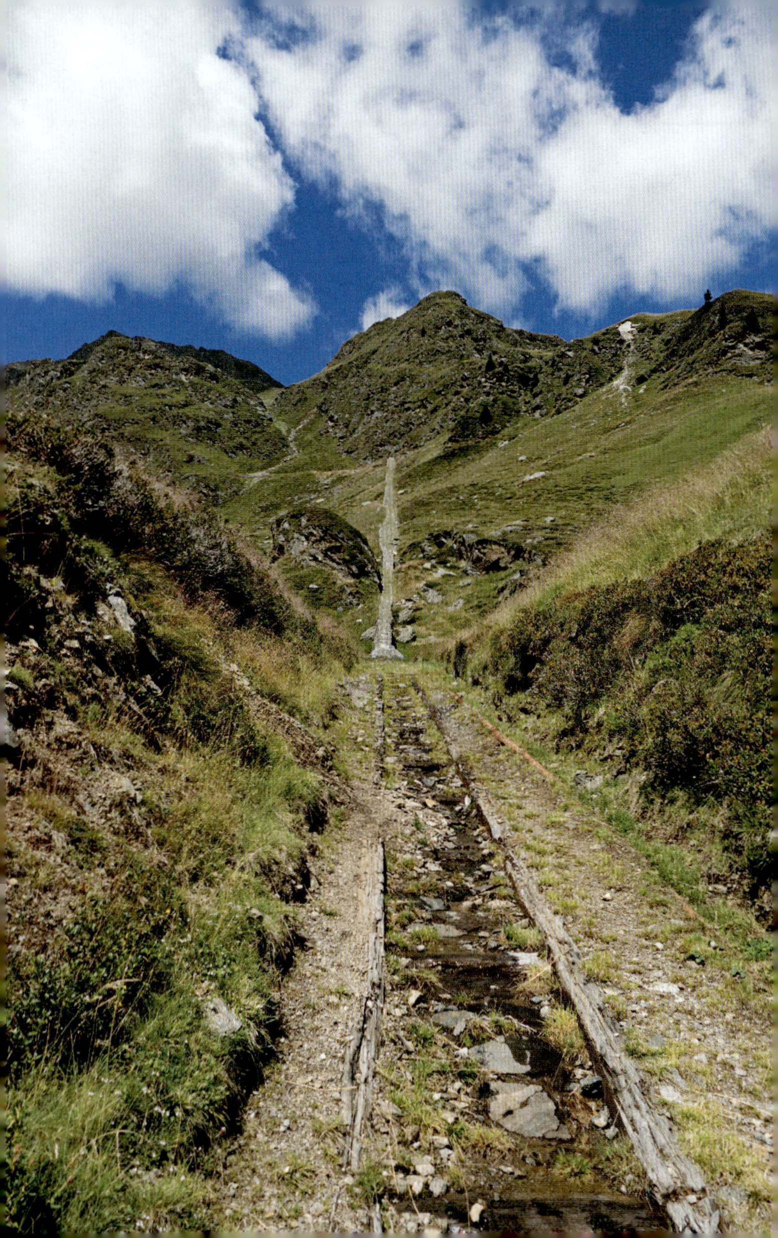

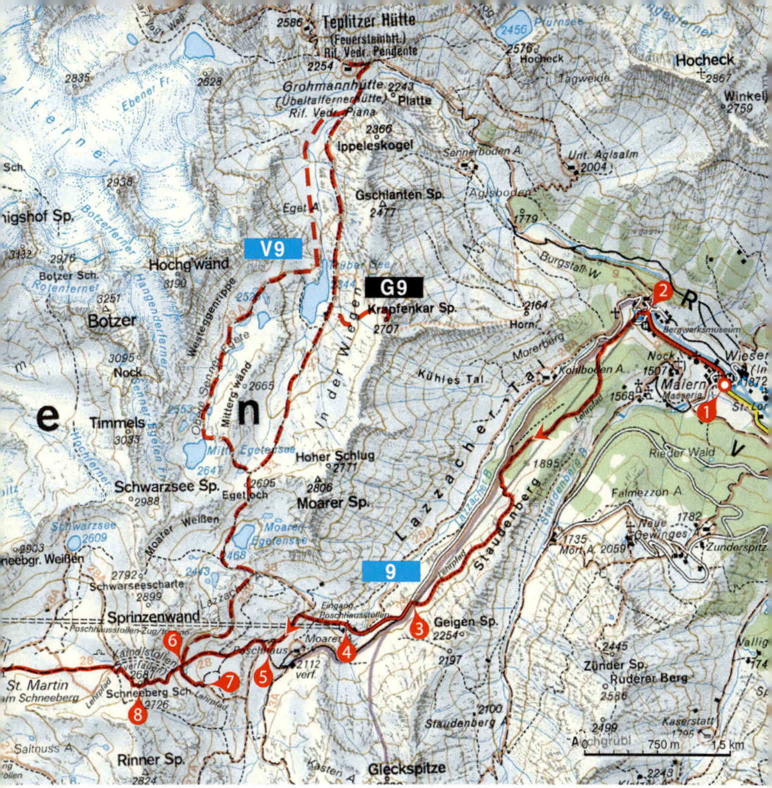

Geländer des Aufstiegsweges schon gut zu sehen. Unser erster Aufstieg endet am Maierner Erzkasten, von wo aus wir einen hervorragenden Überblick über die Museumsanlage haben. Nur kurz können wir uns über ein waagerechtes Wegstück freuen, da beginnt mit dem zweiten Bremsberg auch schon der nächste Aufstieg, dem wir durch den Wald nach oben folgen. Sollten wir bisher auf dem Wirtschaftsweg unterwegs gewesen sein, so können wir über eine Brücke über den Moarer Bach den Lehrpfad zu Beginn des zweiten Bremsbergs wieder erreichen. An einer kleinen Senke zwischen dem Hochnock und dem Staudenberggrat werfen wir einen letzten Blick zurück ins Ridnauntal. Wir folgen weiter dem mit dem Zeichen der Bergleute (zwei gekreuzte Hämmer) markierten Weg und erreichen die nächste Pferdebahnstrecke. Gut eineinhalb

Weg über den Kasten-Bremsberg: Über diese steilen Wege wurden die Erzwaggons mithilfe von Wasser oder Proviant und Baumaterial als Gegengewicht herabgelassen.

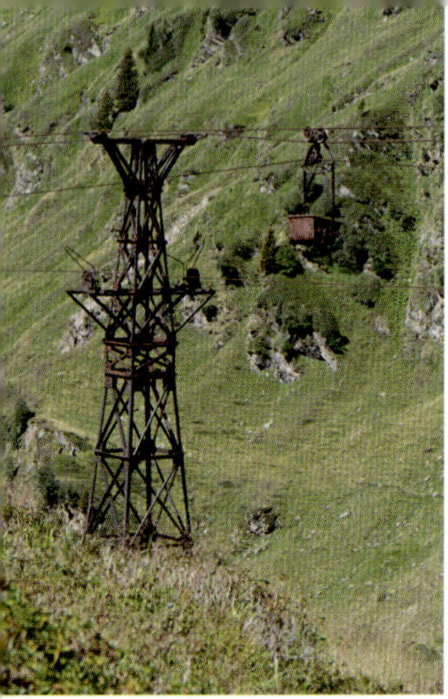

Materialseilbahn: Zwischenpfosten der Seilbahn im Lazzacher Tal.

ebene Kilometer lang können wir uns nun vom Aufstieg erholen. Der breite, gut erhaltene Weg, auf dem nur die Schienen entfernt wurden, trifft schließlich wieder auf den Wirtschaftsweg. Nun verlässt auch der Lehrpfad den schattigen Wald und wir steigen entlang des Kohlberg-Bremsweges durch Wiesen und Alpenrosen unter der Seilbahn hindurch weiter auf. Die mittlere Pferdestrecke verwöhnt uns dafür mit zweieinhalb Kilometern waagerechter Strecke. Unser Weg führt uns kurz durch die Bergstation der Materialseilbahn **(3)** mit dem dazu gehörigen Erzkasten. Schließlich wandern wir entlang eines zum Teil eingefallenen Verbindungsstollens, durch den die Bergleute früher auch im Winter unabhängig von Witterung und Schneehöhe zur Arbeit gelangen konnten, zum Eingang des **Poschhausstollens (4)**. Hier wartet nun eine besondere Herausforderung auf uns Wanderer, denn der weitere Weg führt uns auf dem Kasten-Bremsberg bergauf, und wir erleben schmerzlich, wie steil hier das Erz transportiert werden musste. Wir erreichen die obere Pferdebahnstrecke und sehen etwas unter uns die **Moarerbergalm (5)**, 2112 m, die zur Rast einlädt. Wir bleiben nur kurz auf der Pferdebahnstrecke und zweigen bald rechts den Berg hinauf ab. Es beginnt der Aufstieg zum Eingang des **Kaindlstollens (6)**, den wir am einen Ende des nächsten waagerechten Transportweges nur erahnen können. Beeindruckend, einer

St. Martin am Schneeberg mit der Schutzhütte.

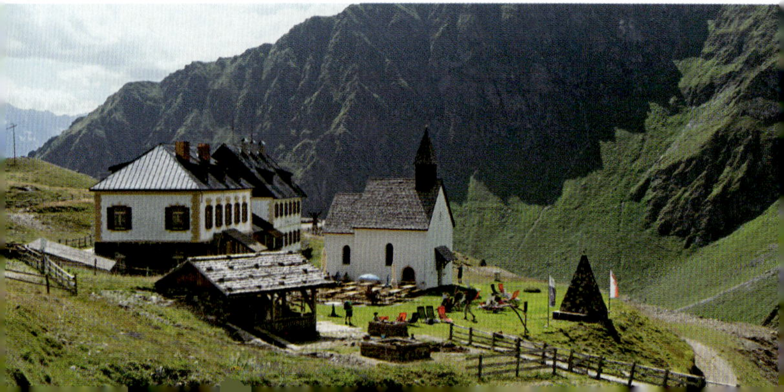

Burg gleich, thront der **Lazzacher Erzkasten (7)** am anderen Ende dieses Transportweges. Die fünf Minuten zur Besichtigung des Erzkastens, der etwas abseits unseres Weges liegt, sollten wir uns auf jeden Fall gönnen, nicht nur wegen der wunderbaren Aussicht, sondern auch wegen des Blicks hinab über den Lazzacher Bremsberg. Der letzte Anstieg zur **Schneebergscharte** hat es mit seinen vielen Serpentinen noch einmal in sich. Am Joch **(8)**, 2687 m, blicken wir endlich auf unser heutiges Tagesziel St. Martin am Schneeberg. Der Abstieg geht dann erstaunlich schnell vorbei. In der Hochebene um das Bergwerksdorf gibt es verwirrend viele Wege, die wahrscheinlich alle irgendwann zur **Schneeberghütte (9)** führen. Der direkte Weg ist rot-weiß gekennzeichnet und die Hütte letztendlich nicht zu verfehlen.

i **Die Schutzhütte am Schneeberg**

St. Martin am Schneeberg diente nicht nur den Knappen und ihren Familien im Sommer als Wohnort, der Gasthof beherbergte auch immer wieder Gäste, die einen alten Höhenweg vom hinteren Ötztal in Richtung Sterzing gingen. Im 19. Jahrhundert nahm der Alpintourismus immer mehr zu, und die Knappensiedlung am Schneeberg wurde zum idealen Ausgangspunkt für die Besteigung der Stubaier Gipfel. 1871 gelang Richard Getberlet aus München mit zwei Stubaier Führern vom Schneeberg aus die Erstbesteigung des Wilden Pfaff und des Wilden Freigers. Bis zur Eröffnung der Schutzhütten der Alpenvereine ab 1887 (Teplitzer Hütte) war die Hütte am Schneeberg der einzige hochalpine Stützpunkt für Bergsteiger in dieser Gegend.

1898 wäre St. Martin am Schneeberg fast eine ganz besondere Ehre zuteil geworden. 1894 war auf dem Gipfel des Bechers das Kaiserin-Elisabeth-Schutzhaus (heute Becherhaus) errichtet worden, und Kaiserin Sissi wollte dieses Schutzhaus gerne besuchen. So wurde ihr Transport dorthin genauestens geplant: von Maiern mit der Übertage-Förderanlage bis St. Martin, anschließend auf einem für Pferde ausgebautem Weg über die Karlscharte zur Schwarzwandscharte und von dort mit dem Schlitten über den Gletscher zum Fuße des Bechers. Den letzten Aufstieg hätte die Kaiserin dann auf eigenen Füßen gehen müssen. Als alle Vorbereitungen abgeschlossen waren, ging am 10. September 1898 allerdings die Nachricht um die Welt, dass die Kaiserin auf offener Straße ermordet worden war.

Durch die Aufgabe der Knappensiedlung am Schneeberg im Jahr 1967 wurde die Geschichte des Schutzhauses nur für kurze Zeit unterbrochen. Mit Unterstützung des CAI Meran errichtete und betrieb der ehemalige Knappe Aldo Sartori ab 1972 eine kleine Schutzhütte in der Ruine des ehemaligen Herrenhauses. Seit 1995 ist das Bergbaumuseum Südtirol als Träger der Museumssiedlung für die Verpachtung zuständig. Die Schutzhütte besteht heute aus dem restaurierten Herrenhaus und dem angrenzenden Gasthof und bietet ungefähr 100 Gästen die Möglichkeit zur Übernachtung in großzügigen Lagern und Zimmern. Daneben gewähren ein Schaustollen unter der Hütte hindurch, ein Ausstellungsgebäude, Schautafeln und zahlreiche Bergwerksrelikte auf dem Gelände einen Einblick in die Welt des Bergbaus und des Lebens der Bewohner in der höchsten Bergwerkssiedlung der Alpen am Schneeberg.

V9 Grohmannhütte – Egetenseen – Schneeberghütte

5.30 Std.

↑1000 ↓900

Auf der Spur des Wassers

Die Sieben-Seen-Runde gehört nicht zu Unrecht zu den beliebtesten Touren am Ende des Ridnauntals. Auf ihr werden wir nicht alleine unterwegs sein. Welche der unzähligen Tümpel und Seen nun die sieben Seen der Runde sind, sei dahingestellt. Nach jeder Felsstufe bietet sich dem Wanderer wieder eine völlig neue Wasserwelt auf dem Weg des Wassers von den Gletscherresten unterhalb des Timmels und der Schwarzseespitze oder der Moarer Weißen zu den Sandböden am Beginn des Egatals, seien es der malerische »Trübe See«, die Seenplatte oder die Wollgrasfelder der oberen Egetenseen, oder die karge Geröllandschaft mit den unterschiedlichen Gesteinsarten um den hinteren Egetensee. Und jenseits des Egetenjochs warten mit dem Moarer Egetensee und seinen Geschwistern noch weitere wunderbar in die Bergwelt eingebettete Gewässer. Zwischen Moarerbergalm und dem Eingang zum Kaindlstollen treffen wir auf den Hauptweg des Tiroler Höhenwegs, wie er in Etappe 9 beschrieben ist, und folgen ihm über die Schneebergscharte zum Bergwerksdorf St. Martin am Schneeberg.

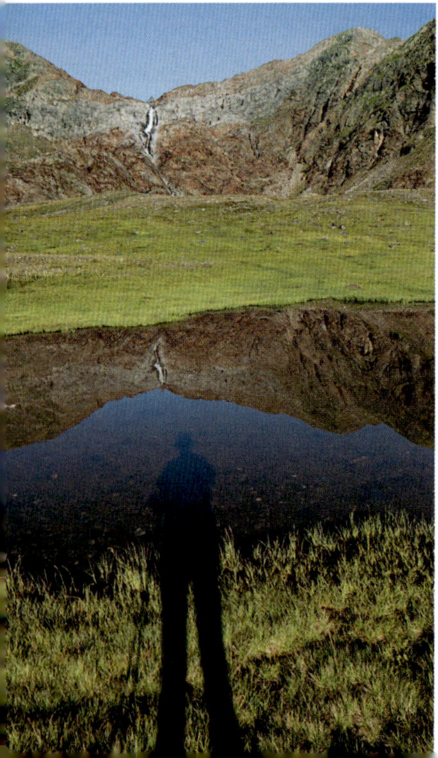

Ausgangspunkt: Grohmannhütte, 2254 m.
Anforderungen: Unproblematische Wanderung auf gut markierten Wanderwegen; zwei kurze einfache, seilversicherte Stellen.
Markierungen: Rot-weiß, »33«, »33A«, »33B« bis Hauptweg, »28« bis Schneeberghütte.
Unterkunft: Siehe Etappe 9.

Sandböden: Morgenstimmung mit Spiegelung des Wasserfalls des Übeltalfernerbaches.

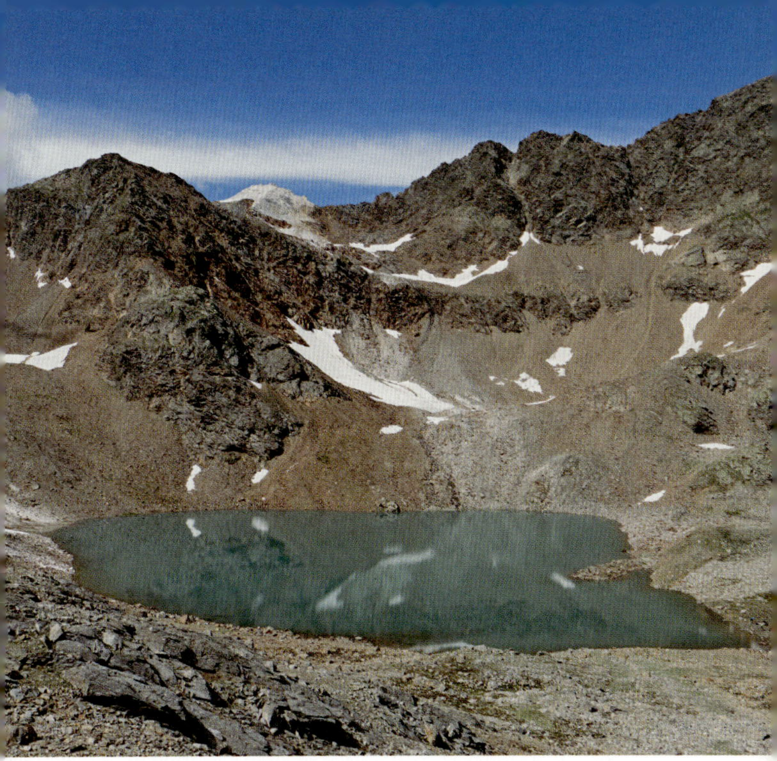

Hinterer Senner Egetensee, oberster der Senner Egetenseen. Hier laufen die unterschiedlichen Gesteinsarten malerisch zusammen.

Kurz ist der Abstieg von der **Grohmannhütte (1)** zur Hängebrücke über den trüben, reißenden Fernerbach, auf dessen Wasserfall wir von der Hütte eine so beeindruckende Sicht hatten und der sich in der Geröllebene der Sandböden mit Bächen aus allen Talrichtungen vereinigt hat, um gemeinsam durch die Schlucht des Egatals und die Burkhardtklamm ins Ridnauntal zu stürzen. Nicht weit nach der Hängebrücke teilt sich der Weg an einem großen, bemalten Wegweiser-Stein **(2)**. Auf die andere Seite des Egetenbachs führt der Weg zum »Trüben See« und zur Krapfenkarspitze (Etappe G 9). Wir folgen dem Weg 33A weiter auf der westlichen Seite des Baches und durchqueren die Sandböden auf wiesigem Grund bis an den Fuß der Wasserfälle unterhalb des trüben Sees. Beim Aufstieg über diese erste Felsstufe treffen wir auf zwei seilgesicherte, etwas ausgesetzte Stel-

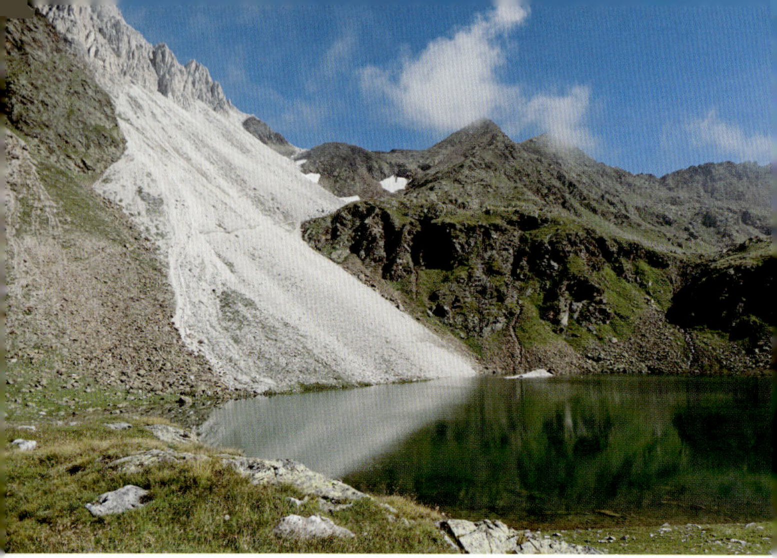

Moarer Egetensee, am Ende des Abstiegs durch die Marmorgesteinsfelder der Moarer Weißen.

len, die jedoch unschwer zu bezwingen sind. Das Ufer des türkisfarbenen »Trüben Sees« erreichen wir leider nicht, da unser Weg weit oberhalb an ihm vorbei führt und durch Wiesen weiter ansteigt. Dafür treffen wir nach der nächsten Felsstufe auf die ersten drei Seen der **Oberen Senner Egeten (3)**, 2526 m. Der erste liegt etwas erhöht und speist sich wohl hauptsächlich aus Schmelz- und Regenwasser, die anderen beiden durchfließt malerisch der obere Egetenbach. Der Weg wird nun felsiger und durchquert meist die Schutthalden des Hochgewänd. Ein weiterer Wasserfall kündigt die nächste Felsstufe an, hinter der sich eine breite sandig-sumpfige Ebene mit Teppichen aus Wollgras öffnet, zwischen denen das Wasser seicht entlangströmt. Der Weg zum Hinteren Senner Egetensee wird noch etwas steiniger, ist aber hervorragend mit rot-weißen Markierungen gekennzeichnet, wenn es über

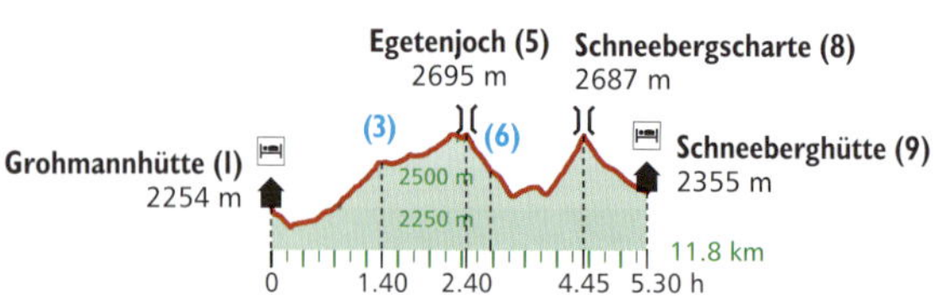

weglose Blockfelder geht. Der **Hintere Senner Egetensee (4)**, 2647 m ist der größte der Oberen Senner Egeten und lädt wegen seiner malerischen Lage unterhalb von Timmels, Schwarzseespitze und Moarer Weißen zum Verweilen ein. Beeindruckend ist vor allem, wie die Farben der unterschiedlichen Gesteine miteinander kontrastieren und ineinanderfließen. Vom Hinteren Senner Egetensee ist es dann nicht mehr weit zum **Egetenjoch (5)**, 2695 m. Der Abstieg von hier führt durch das Kalksteingeröll der Moarer Weißen, immer mit Blick auf den Moarer Egetensee. Auch der kleine Egetensee ist zu sehen, entschwindet aber bald unseren Blicken hinter einem Felswall. Kurz unterhalb des tief grünblauen **Moarer Egetensees (6)** zweigt der Weg in Richtung Schneeberghütte (Weg 33B) ab, windet sich entlang eines Grashanges und steigt ein wenig an und wieder ab, bis wir auf den Hauptweg des Tiroler Höhenwegs **(7)** treffen (siehe Etappe 9). Nun haben wir noch den steilen Aufstieg zur **Schneebergscharte (8)**, 2687 m, und den recht harmlosen Abstieg zum Bergwerksdorf St. Martin vor uns, bevor wir in den Liegestühlen an der **Schneeberghütte (9)** die Beine hochlegen können.

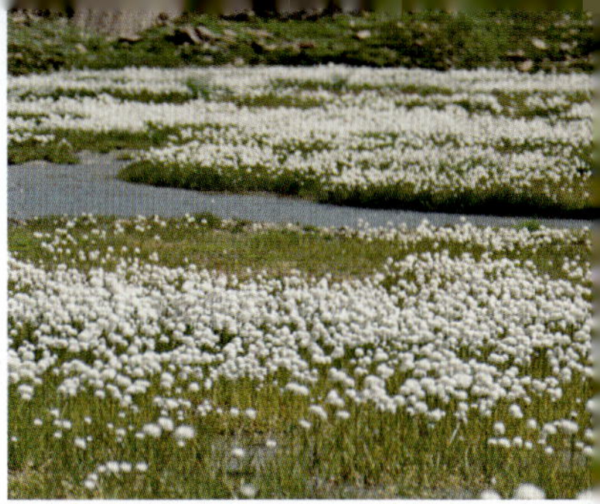

Ein Meer aus Schleuchzer Wollgras um die Wasserläufe der zweiten Stufe der Oberen Senner Egeten.

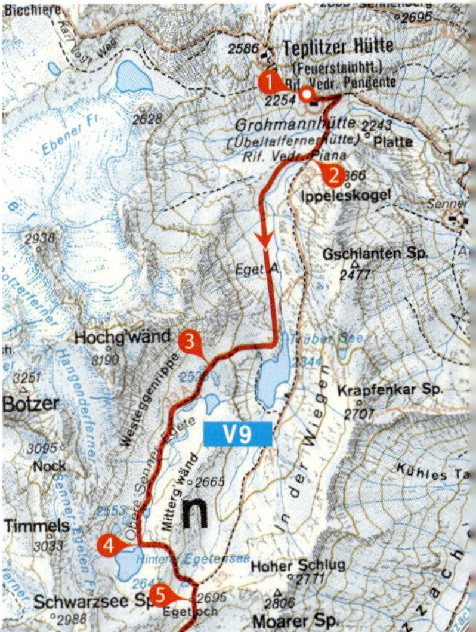

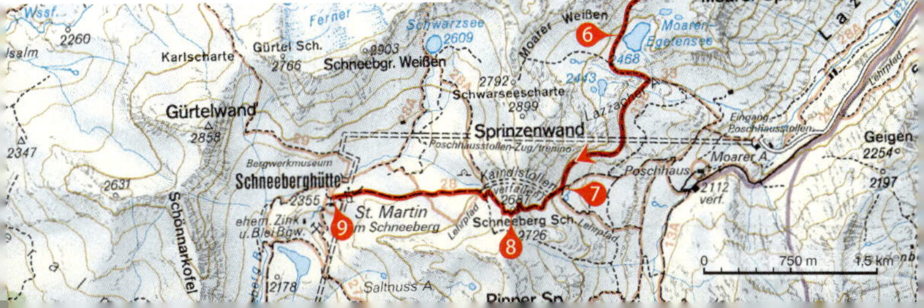

G9 Krapfenkarspitze, 2707 m

7.00 Std.
↑1270 ↓1170

Aller guten Dinge sind drei!

Drei Aufstiege auf um die 2700 m hält diese Gipfelvariante der 9. Etappe für uns bereit. Aber die Abstiege dazwischen gehen zum Glück nie unter 2300 m. Eigentlich ist die Variante (V9) über die sieben Seen die landschaftlich attraktivere Route. Gipfelstürmer werden aber durch die tolle Aussicht vom Gipfel der Krapfenkarspitze für den anschließend etwas eintönigen Weg zum Egetenjoch entschädigt. Der Auf- und Abstieg zur Krapfenkarspitze erfolgt zum Teil weglos und erfordert geübten Orientierungssinn bei der Suche nach Markierungen und auch ein wenig Erfahrung mit leichter Kraxelei. Vom Egetenjoch folgen wir dann zunächst der Variante am wunderbar gelegenen Moarer Egetensee vorbei, bis wir auf dem Hauptweg der Etappe auch noch die Schneebergscharte bezwingen und im Bergwerksdorf St. Martin am Schneeberg landen.

Ausgangspunkt: Grohmannhütte, 2254 m.
Anforderungen: Lange, anstrengende Tour. Zum Teil wegloser, markierter Auf- und Abstieg zur Krapfenkarspitze. Orientierungssinn und alpine Erfahrung empfehlenswert.
Unterkunft: Siehe Etappe 9.
Karte: Ab Egetenjoch siehe Karte Etappe V9.

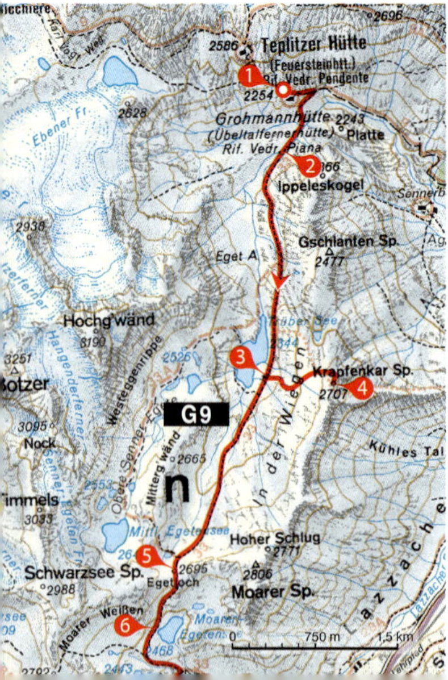

Schon kurz unter der **Grohmannhütte (1)** zweigt rechts der Weg in Richtung sieben Seen/Schneeberg ab und führt uns hinab zu den Sandböden. Nicht weit nach der Brücke über den rauschenden Fernerbach teilt sich der Wanderweg an einem großen Markierungsstein **(2)**: Geradeaus geht es zur 7-Seen-Runde (V9), wir halten uns aber links und überqueren auf einem kleinen Steg den Bach, der von den Seen herabfließt. Da unsere Seite recht steil zum Bach abfällt, müssen wir schnell an Höhe gewinnen, sodass der Trübe See weit unter uns liegt, wenn wir über seinem Abfluss ankommen. Wir steigen wieder etwas ab, das Ufer ist allerdings zu steil, um den See erreichen zu können. Kurz vor dem Ende des Sees weist

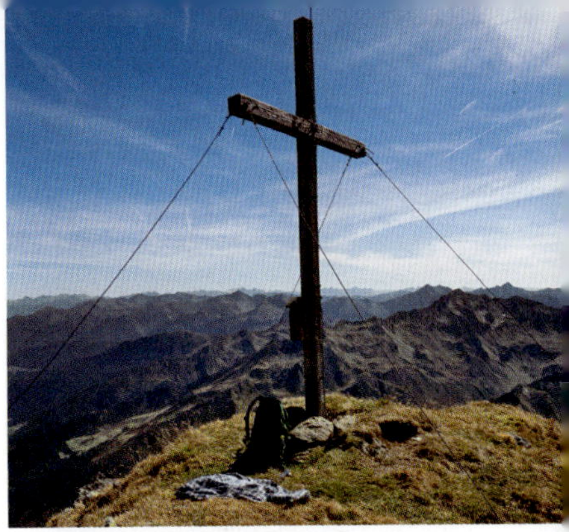

Gipfelkreuz der Krapfenkarspitze.

ein Wegweiser **(3)** links den Wiesenhang hinauf zur Krapfenkarspitze. Die ziemlich alten rotweißen Markierungen müssen wir etwas suchen, einen Trampelpfad oder Weg gibt es nicht. Im Prinzip geht es einfach gerade nach oben, und wenn wir immer diesseits des Bachs zu unserer Rechten bleiben, können wir eigentlich nicht viel falsch machen. Kurz bevor der mit Steinen übersäte Grashang an einer kleinen Felswand endet, wenden wir uns nach links und finden bald wieder einige Markierungen. Auch diese Route endet wieder an einer Felswand, an der aber genau auf unserer Höhe ein ausgesetzter Pfad weiterzuführen scheint. Rotweiße Zeichen fehlen hier aber und befinden sich erst um einiges weiter oben an der Felswand, sodass wir lieber wieder direkt nach oben laufen, statt den ausgesetzten Pfad zu nehmen. Ab jetzt sind die markierten Steine gut zu erkennen, und wir erreichen bald die Blockfelder, durch die wir uns unseren weiteren Weg Richtung Gipfel anhand der Markierungen suchen müssen. Kurz vor dem Gipfel erreichen wir den Grat, und nun sind es nur noch wenige Meter bis zum Gipfelkreuz der **Krapfenkarspitze (4)**, 2707 m. Von dort blicken wir ins Ridnauntal, und in der anderen Richtung erkennen wir gerade noch den Wilden Freiger und östlich davon Feuerstein und Aglsspitze. Unter uns liegt malerisch der Trübe See, zu dem wir auf unserem Aufstiegsweg wieder absteigen müssen. Sobald wir den Wiesenhang erreichen, können wir aber in Richtung Joch einfach ein bisschen abkürzen, da es ja eh keine Wegspuren gibt. Der Wanderweg windet sich danach etwas eintönig nach oben in Richtung **Egetenjoch (5)**, wo wir auf die Egetenseen-Variante treffen, der wir am **Moarer Egetensee (6)** vorbei zum Hauptweg der Etappe **(7)** und über die **Schneebergscharte (8)**, 2687 m, zur **Schneeberghütte (9)** folgen.

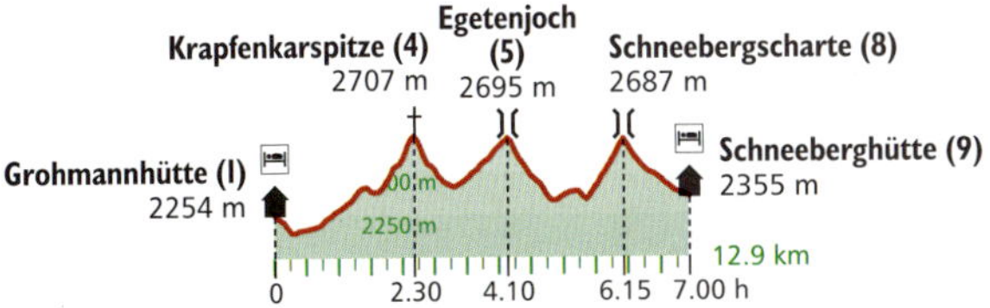

10 Schneeberghütte – Gasthof Hochfirst

5.00 Std.

↑680 ↓1240

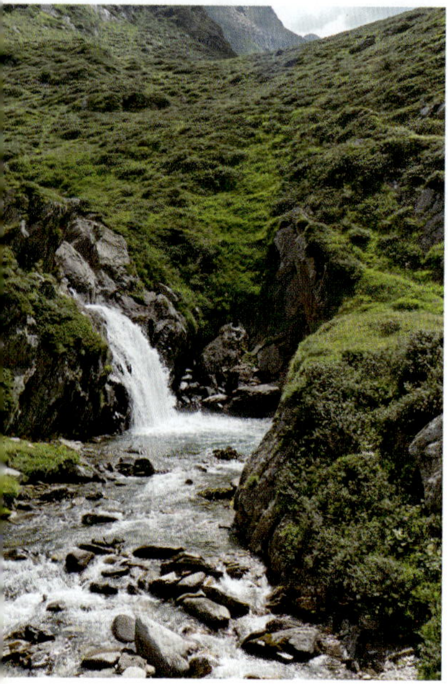

Die Pflanzen um den Wasserfall kurz oberhalb der Timmelsalm strahlen im saftigsten Grün des ganzen Tals.

Durchs Tal des Wassers

Die heutige Etappe führt uns durch eines der grünsten Täler der Gegend. Über die Karlscharte gelangen wir nämlich ins obere Passertal. Mit dem Botzer als höchstem Gipfel sind die Berge hier nicht ganz so hoch, sodass die Gletscher schon lange verschwunden sind und sich eine grüne Weidelandschaft gebildet hat, die von unzähligen Bächen durchzogen wird und gespickt ist mit vielen Tümpeln und Seen. Hier entspringt auch die Passer, die dem Passeiertal seinen Namen gegeben hat und auf die wir in Meran wieder treffen werden, wenn aus ihr inzwischen ein kleinerer Fluss geworden ist. Etwas verwirrend ist die Namensgebung der Timmelsalmen, des Timmelsferners und des Großen Timmler Schwarzsees, befindet sich das Timmelstal mit dem Timmelsbach doch auf österreichischer Seite des Timmelsjochs. Der große Timmler Schwarzsee lädt auf dieser nicht allzu langen Etappe zu einer ausgiebigen Rast ein, entweder direkt am See oder auf der Steinbank an den Ruinen einer ehemaligen Alm auf dem Hügel zwischen See und Tal. Beim Abstieg blicken wir auf die von Bächen durchzogenen Feuchtwiesen der beiden Krumpwasser und immer wieder auf Wasserfälle, die sich über die verschiedenen Felsstufen in die Tiefe stürzen. Spätestens an der Timmelsalm empfängt uns der Strom der Tagesausflügler. Die Alm ist ein beliebtes Ziel für den Spaziergang mit der ganzen Familie und lädt auch uns zur mittäglichen Einkehr ein. Von hier ist es aber auch nicht mehr weit zur Timmelsjoch-Straße und zum Gasthof Hochfirst, wo wir unser Zimmer und Lager unbedingt vorbestellen sollten, da hier der beliebte Fernwanderweg E5 Station macht und wir sicher nicht mit dem letzten Bus ins Passeiertal fahren wollen, um dort nach einer Unterkunft zu suchen.

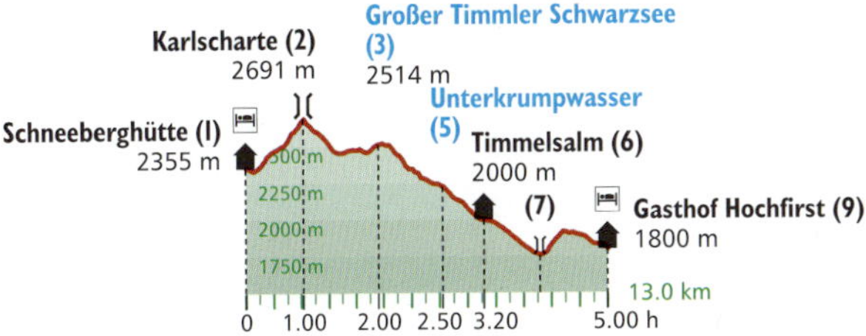

Ausgangspunkt: Schneeberghütte, 2355 m.
Anforderungen: Unschwere Tour auf guten Wanderwegen.
Markierungen: Rot-weiß-rot/später rot-weiß, »29« bis Timmler Schwarzsee, »30« bis Gasthof Hochfirst.
Einkehr: Timmelsalm, 2000 m, bewirtschaftet Mitte Juni bis September/Mitte Oktober, Tel. +39 0473 647100.
Unterkunft: Gasthof Hochfirst, ca. 1800 m, privat, bewirtschaftet Mai bis Ende Oktober, Tel. +39 0473 647040, info@hochfirst.it, www.hochfirst.net, unbedingt frühzeitig reservieren (liegt am E5). Gasthof Schönau, 1720m, ein Stück die Timmelsjochstraße talwärts, privat, Tel. +39 0473 647051 info@schoenau-timmelsjoch.it, www.schoenau-timmelsjoch.it.
Verkehrsmittel: Timmelbus 4-mal täglich zwischen Obergurgl (Ötztal) und Moos / St. Leonhardt (Passeiertal). Haltestellen an der Timmelsbrücke, am Gasthof Hochfirst und am Gasthof Schönau. Bus von St. Leonhardt nach Meran. www.vvt.at.

Oberkrumpwasser: mäandernde Bäche, sumpfig-grasige Schwemmebene, eine ideale Weidelandschaft für Kühe.

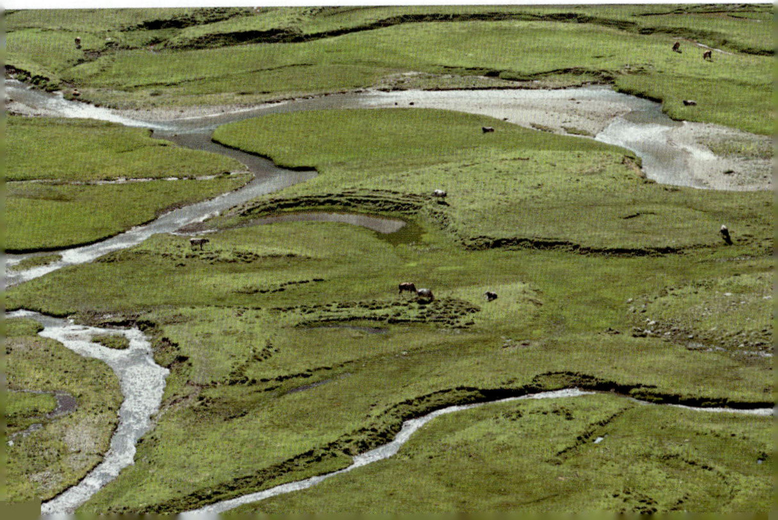

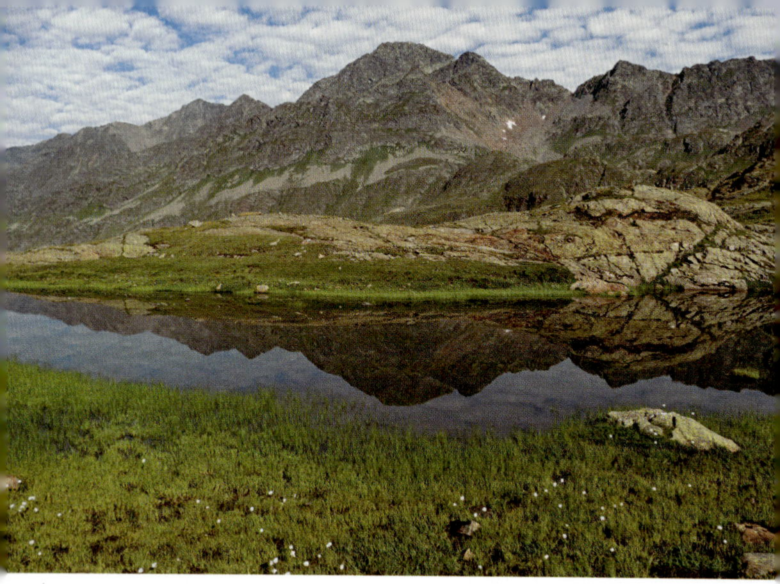

Oberes Passertal: Immer wieder Tümpel, in denen sich die Berge wunderschön spiegeln.

Wir starten von der **Schneeberghütte (1)** und steigen ein paar Meter ab zu den Almgebäuden und der Ruine der ehemaligen Schmiede. Zwischen den beiden Almhäusern, anschließend über einen kleinen Bach, führt unser Weg auf die dem Bergwerksdorf gegenüberliegende Talseite. Begleitet vom Pfeifen der bei ihrem morgendlichen Sonnenbad gestörten Murmeltiere geht es schnell bergauf. Bald kommen wir um eine Bergflanke und steigen bis zur **Karlscharte (2)**, 2691 m, im Schatten der Schneeberger Weißen auf. Von der Scharte blicken wir auf das breite, grüne, wasserreiche Passertal. Der Trampelpfad führt bald angenehm federnd durch die Bilderbuch-Weidelandschaft der Timmelsalmen. Wir queren mehrere Bäche, lassen die Tümpel am Wegesrand liegen, in denen sich die umgebenden Berge fotogen spiegeln, und stehen plötzlich am **Großen Timmler Schwarzsee (3)**, 2514 m. Wir queren seinen Auslauf auf Steinplatten und erreichen einen Hügel, auf dem Reste eines großen, von unten nicht zu sehenden, ehemaligen Almgebäudes zu finden sind. Die Besteigung dieses kleinen Hügels lohnt sich aber vor allem wegen der sonnigen Steinbank, auf der man gemütlich Pause machen kann. Der Weg führt allerdings direkt am See entlang, den wir ungefähr zu einem Viertel umrunden, bis uns ein Wegweiser in Richtung Timmelsalm und -brücke schickt. Nun beginnt der lange Abstieg durchs Passertal, zunächst mit Blick auf die **Oberkrumpwasser (4)**, ein Feuchtgebiet, durch das verschiedene Wasserläufe mäandern. Über ein Brücklein erreichen wir eine kleine Wirtschaftshütte und steigen danach etwas steiler zu den **Unterkrumpwassern (5)** ab. Diese verschwinden jedoch bald hinter einer Graskuppe aus unserem Blickfeld. Unser Weg führt nun an einer großen Feuchtwiese unterhalb der nächsten Wirtschaftshütte vorbei, die wir links auf der anderen Seite eines Baches liegen lassen. Weiter geht es bergab mit tollen Blicken in die Schlucht, durch die sich die junge Passer ihren Weg ins Tal bahnt. Knapp oberhalb der Timmelsalm legt sie dabei nach einem langen Wasserfall in einer Art Auffangbecken eine kleine Pause ein; ein malerischer Anblick. Nun haben wir die unteren Almwiesen der **Timmelsalm (6)**, 2000 m, erreicht. Über eine Brücke gelangen wir über die Passer zu der beliebten bewirtschafteten Alm. Nach einer Stärkung wandern wir auf dem Wirtschaftsweg der Alm das Tal hinab bis zur **Timmelsbrücke (7)**, 1759 m. Der direkte Weg zum Gasthof Hochfirst würde nun an der Timmelsjoch-Straße entlangführen. Angesichts von zwei Tunneln und keinem separaten Fußgängerbereich ist das allerdings gefährlich und nicht zu empfehlen. Stattdessen überqueren wir die Timmelsbrücke und biegen direkt danach auf den Zufahrtsweg zu zwei Almgebäuden ab. Kurz bevor wir diese erreichen, bringt uns ein Brücklein über

Über Steinplatten geht es über den Ausfluss des Großen Timmler Schwarzsees zu einem großen Felsblock, auf dem sich die Reste eines ehemaligen Almgebäudes befinden.

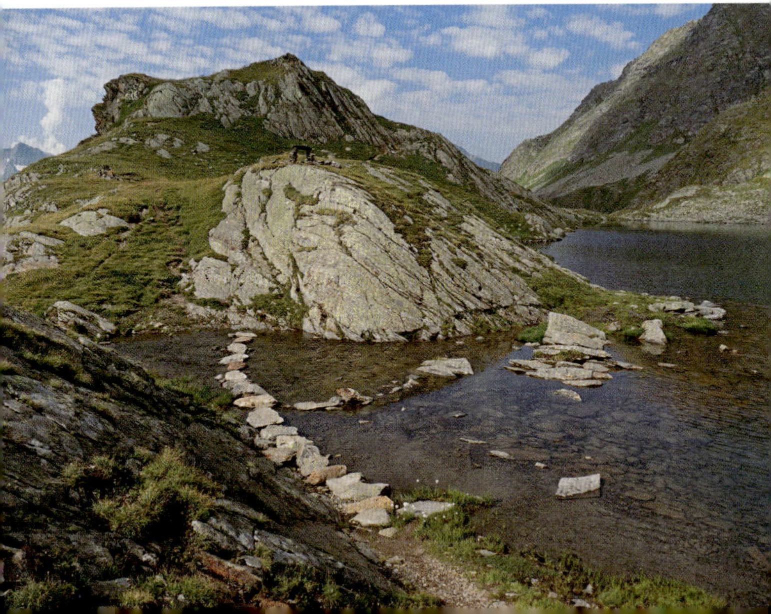

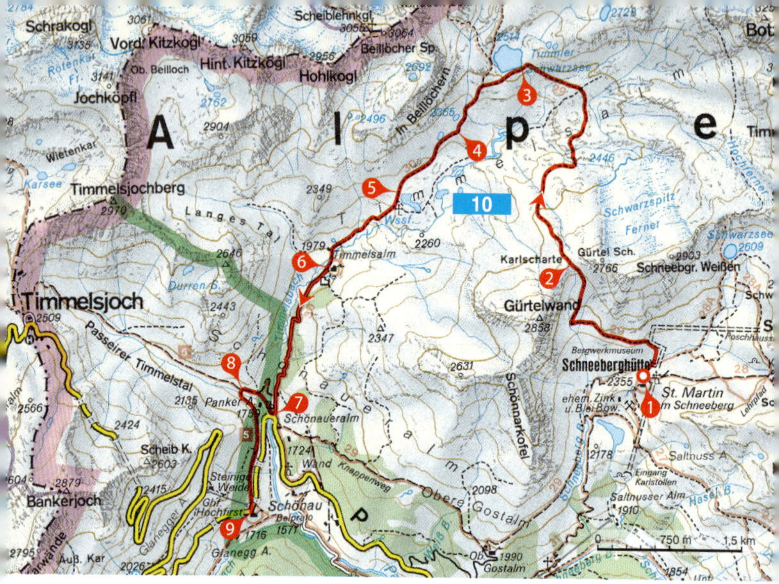

Timmelsbrücke, Teil der kurvenreichen Timmelsjoch-Passstraße.

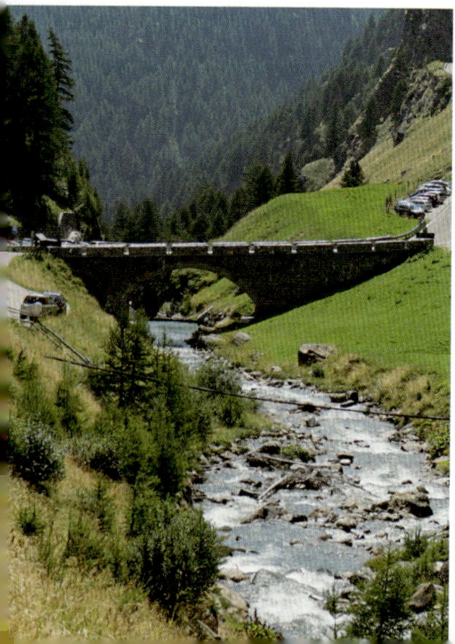

den kleinen Bach, der das Passeier Timmelstal herabfließt. Wir folgen seinem Lauf auf seiner rechten Seite gut 100 Höhenmeter bergauf und stoßen auf einen Wegweiser **(8)** des Europawanderwegs E5, der uns auf die andere Seite des Baches in Richtung Hochfirst weist. Ein kleines Stück geht es noch bergauf, dann über eine kleine Almwiese, weiter durch ein Föhrenwäldchen, bis wir durch Wiesenhänge die kleine Alm Altkaser erreichen. Den Wirtschaftsweg zur Alm verlassen wir gleich wieder nach rechts und folgen weiter dem E5, bis wir plötzlich auf den **Gasthof Hochfirst (9)** blicken, wo wir auf der großen Sonnenterrasse die Wanderung nachwirken lassen und ins Seeber Tal blicken, durch das uns die morgige Etappe führen wird.

Kleine Stubaier Runde

Die kleine Stubaier Runde um das Ruhegebiet Stubaier Alpen, ein kleines Bergmassiv zwischen Windach- und Timmelstal, kann den Tiroler Höhenweg um vier Tagesetappen erweitern, sie bietet sich aber auch als separate Fünf-Tages-Tour mit dem Aufstieg zur Schneeberghütte am Anreisetag an. Vom Bergwerksdorf St. Martin am Schneeberg geht es zunächst zur Siegerlandhütte, von der aus der Scheiblehnkogel als Dreitausender und klassischer Aussichtsberg unschwer bestiegen werden kann. Nach einer kurzen Etappe zur unterhalb von Gaiskarferner und Pfaffenferner gelegenen Hildesheimer Hütte geht es durch das Windachtal zum Brunnenkogelhaus, wo sich beim Aufstieg der kleine Abstecher zum Wannenkarsee besonders lohnt. Der Höhepunkt der kleinen Runde ist die Abschlussetappe mit der Überschreitung von gleich vier Zweitausendern, einem Zwischenstopp am berühmten Timmelsjoch und dem anschließenden Abstieg entweder zum Gasthof Hochfirst als Etappenziel des Tiroler Höhenwegs oder zum Ausgangsparkplatz an der Timmelsbrücke.

Großer Timmler Schwarzsee (Etappen 10 und V 10.1).

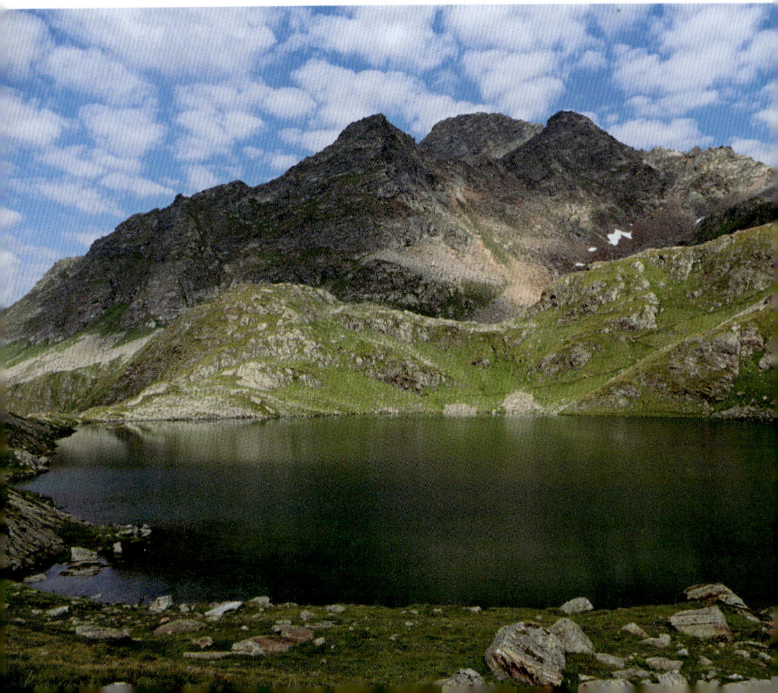

V10.0 Timmelsbrücke – Schneeberghütte

2.30 Std.
↑680 ↓80

Auf dem Knappenweg

Der Aufstieg zur Schneeberghütte über den sogenannten Knappenweg ist eine von drei Aufstiegsmöglichkeiten, die an der Timmelsjoch-Straße ihren Ausgang nehmen. Die Wanderwege sind gut präpariert und markiert. Auf knapp halbem Weg lädt die Obere Gostalm zur Einkehr ein. Der letzte steile Aufstieg liegt bereits innerhalb des ehemaligen Bergwerkgeländes am Schneeberg, das heute zu einem Freiluftmuseum hergerichtet ist, in dessen Zentrum die Schneeberghütte steht.

Ausgangspunkt: Timmelsbrücke, 1759 m.
Anforderungen: Zunächst langsam ansteigender, die letzten 150 Höhenmeter steiler Aufstieg auf gut markierten Wanderwegen.
Markierungen: Rot-weiß-rot, »29«, letzter Aufstieg »27/31A«.
Einkehr: Obere Gostalm, 1990 m, bewirtschaftet 1. Juni bis 15. Oktober, kein Ruhetag, Tel. +39 349 3122222.
Unterkunft: Siehe Etappe 9.
Verkehrsmittel: Zug bis Meran, Bus von Meran nach St. Leonhard (Passeiertal) und weiter mit dem Timmelbus Richtung Timmelsjoch bis Timmelsbrücke. Oder Zug bis Ötztal Bahnhof, Bus 4194 bis Obergurgl und weiter mit dem Timmelbus übers Timmelsjoch bis Timmelsbrücke.

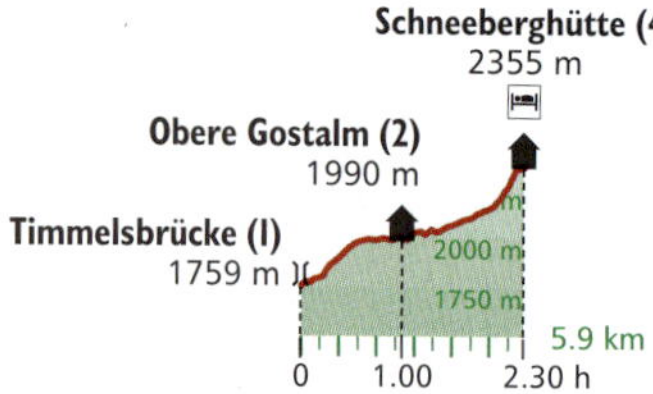

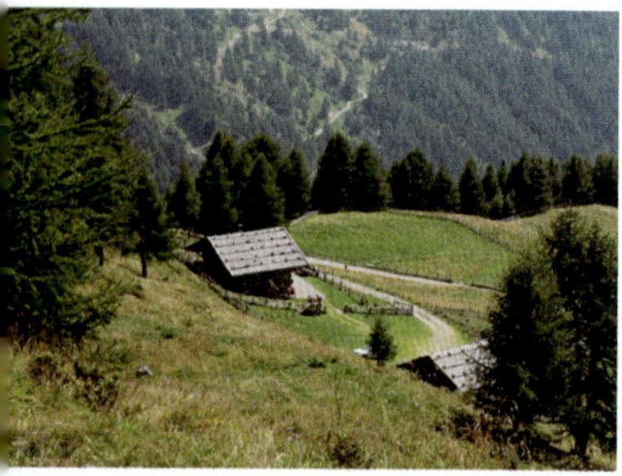

Von der **Timmelsbrücke (1)** kürzen wir eine Kehre des Wirtschaftswegs ab und erreichen einen großen Pferdehof. Wenig später biegt unser Weg rechts entlang eines Zaunes ab und führt zum Tornele Kaser. Hier folgen wir dem nächsten Wirtschaftsweg nur kurz, bis uns ein rot-weiß-roter Pfeil auf einem Stein in

Obere Gostalm, Jausenstation auf halbem Wege.

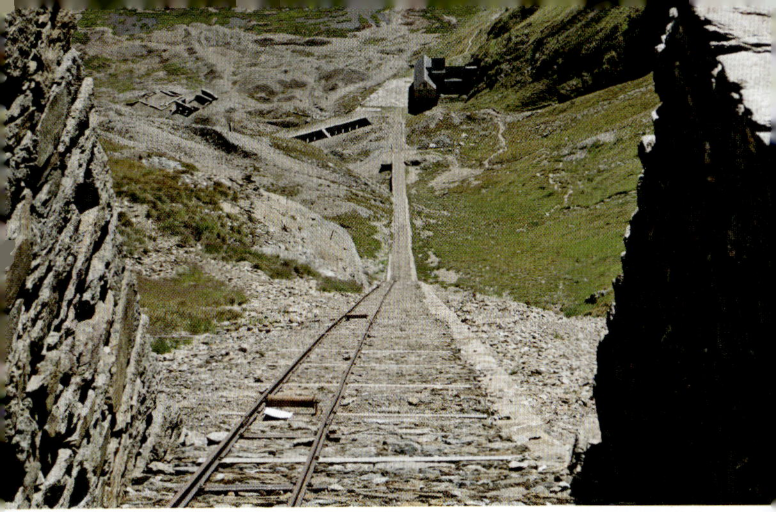

Seemoser Wassertonnenaufzug: Blick von der Bergstation des Aufzugs auf Seemoos.

den Wald schickt. Nun sind wir auf dem Knappenweg angelangt. Langsam steigen wir aufwärts, bis uns auf ungefähr halber Strecke ein Wegweiser zum Zwischenstopp auf der **Oberen Gostalm (2)**, 1990 m, einlädt. Wir überschreiten nun die Baumgrenze und wandern das Schneeberger Tal hinauf, wobei der Kalkzacken der Moarer Weißen uns die Richtung weist. Über einen Bach erreichen wir **Seemoos (3)**, ca. 2170 m, früher die Talstation des Wassertank-Aufzugs, über den das Erz nach St. Martin transportiert wurde. Heute beherbergt das Gebäude das Turbinenhaus des Wasserkraftwerks für das Bergsteigerdorf St. Martin am Schneeberg. Links des ehemaligen Wassertonnenaufzugs erreichen wir über steile Serpentinen das Erlebnisbergwerk Schneeberg und die **Schneeberghütte (4)**.

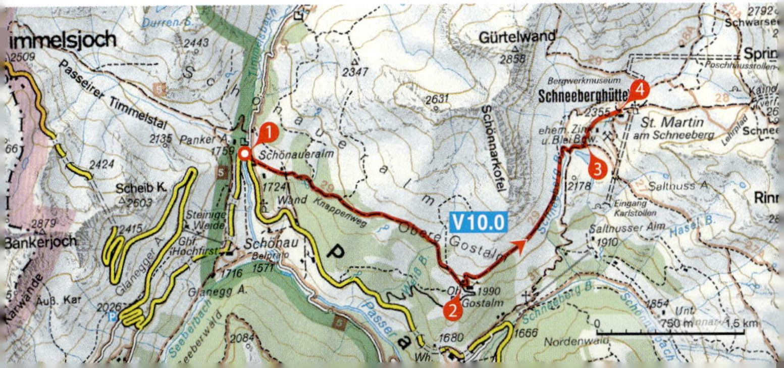

V 10.1 Schneeberghütte – Siegerlandhütte

4.30 Std.

↑870 ↓510

Zwei Scharten – zwei Täler

Die Etappe zu Siegerlandhütte gehört zu den kürzeren in diesem Wanderführer. Sie folgt bis zum Großen Timmler Schwarzsee der Hauptroute des Tiroler Höhenwegs über die Karlscharte ins wasserreiche Obere Passertal. Am See zweigt sie ab und führt über die Windachscharte in das südöstliche Ende des Windachtals, das mit seinen postglazialen Steinwüsten im großen Kontrast zum grünen Timmelstal steht. Wer sich nicht schon mittags auf der Terrasse der Siegerlandhütte ausruhen will, der kann entweder sein Gepäck auf der Hütte lassen und mit dem Scheiblehnkogel noch einen 3000er erklimmen oder gleich zur Hildesheimer Hütte weitergehen, wobei ihm dann eine Nacht in der gemütlichen Atmosphäre der Siegerlandhütte entgeht.

Ausgangspunkt: Schneeberghütte, 2355 m.
Anforderungen: Unproblematische Wanderung auf guten Wegen; etwas unschwierige Kraxelei an der Windachscharte.
Markierungen: Rot-weiß-rot/ rot-weiß ab Karlscharte; »29« bis Timmler Schwarzsee, kurz »30«, dann »33« (rot-weiß-rot) zur Siegerlandhütte.
Unterkunft: Siegerlandhütte, 2710 m, DAV Sektion Siegerland, bewirtschaftet Anfang Juli bis Ende September, Tel. +43 664 2414040, office@siegerlandhuette.com, www.siegerlandhuette.com.
Gipfeloption: Scheiblehnkogel, Etappe G 10.

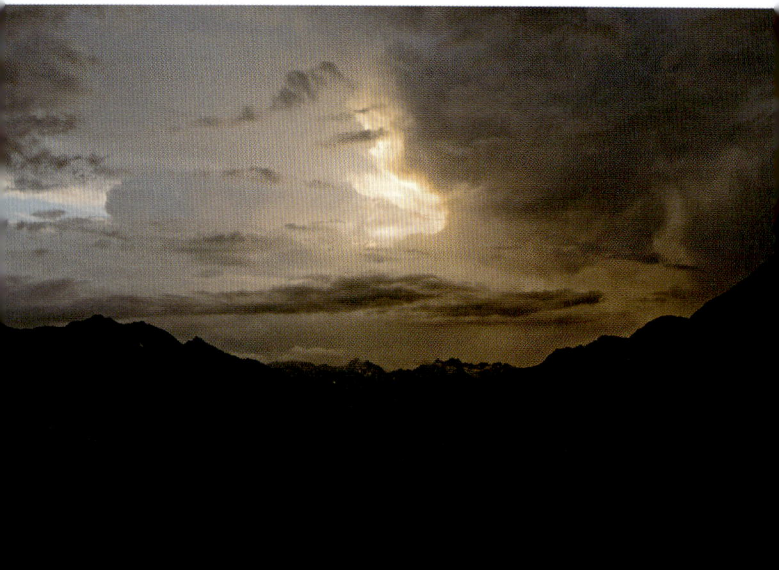

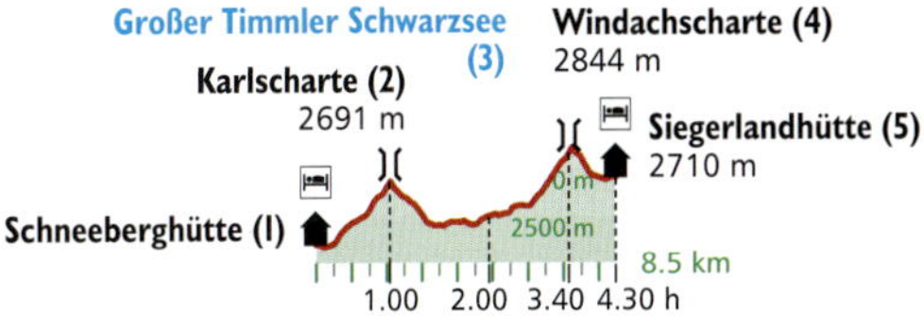

Von der **Schneeberghütte (1)** folgen wir über die **Karlscharte (2)**, 2691 m, bis zum **Großen Timmler Schwarzsee (3)** der Route, wie sie in der Etappe 10 beschrieben ist. Wir umrunden den See ca. zu einem Drittel und folgen am nächsten Wegweiser für ein kurzes Stück dem Weg 30 in Richtung Schwarzwandscharte. Nur wenig später erreichen wir den nächsten Wegweiser, auf dem die Siegerlandhütte (Weg 29) angeschrieben ist. Wie die Straße zum Timmelsjoch, die wir in der Ferne erkennen können, windet sich unser Pfad in unzähligen Kehren den Grashang hinauf, bis es vor der Windachscharte wieder steiniger wird. An der **Windachscharte (4)**, 2844 m, wo wir von Südtirol aus wieder einmal die Grenze nach Österreich überschreiten, wählen wir natürlich nicht den direkten Abstieg, vor dem ein Schild der Sektion Siegerland extra warnt, sondern steigen nach rechts noch ein wenig weiter hinauf, um einen großen Felsblock zu umgehen. Mit ein wenig unschwerer Kletterei erreichen wir die Blockfelder, über die unser Weg, unterbrochen von Restschneefeldern, bergab geht. Nun müssen wir nur noch die Steinwüste des ehemaligen Scheiblehnferners durchqueren, bis wir an der **Siegerlandhütte (5)** mit ihren bunten Fensterläden ankommen, ein Farbtupfer in dieser eintönigen Steinlandschaft.

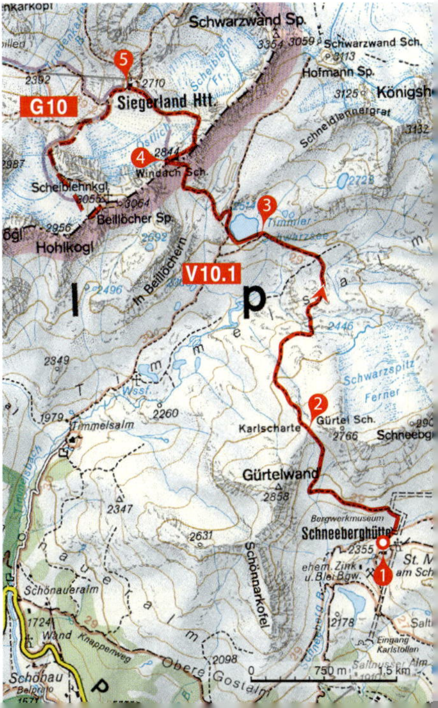

Abendstimmung über dem Windachtal, im Hintergrund grüßen die Ötztaler Alpen.

G10 Scheiblehnkogel, 3055 m

3.30 Std.

↑610 ↓610

Auf den Hausberg der Siegerlandhütte

Der Scheiblehnkogel ist der Hausberg der Siegerlandhütte. Sein Gipfelkreuz haben wir auf unserem Weg durchs Timmelstal immer wieder links von der Windachscharte gesehen. Er ist zwar nicht der höchste Gipfel rund um die Hütte, aber der einzige Dreitausender, der unschwer auf einem relativ gut markierten Weg erreichbar ist. Vom Gipfel, der genau auf der Grenzlinie zwischen Italien und Österreich liegt, blickt man nicht nur in die beiden so unterschiedlichen angrenzenden Täler, sondern in allen Richtungen auf die vergletscherten Berge von Zuckerhütl und Wildem Pfaff im Norden bis zu den Ötztalern im Westen.

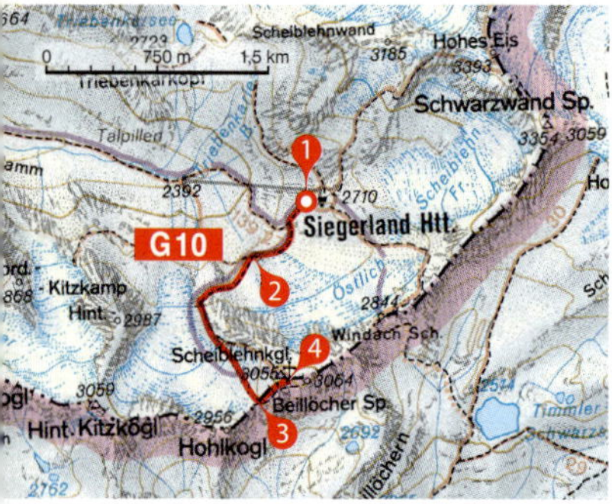

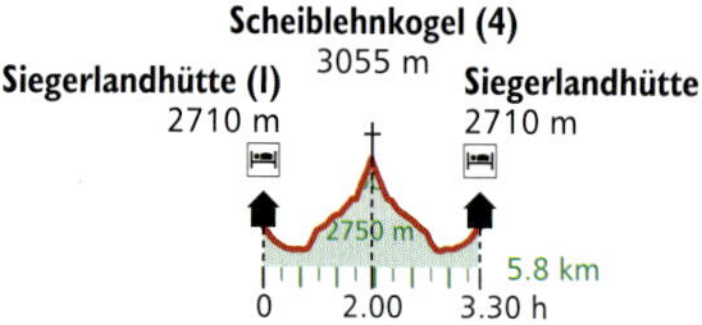

Ausgangs- und Endpunkt: Siegerlandhütte, 2710 m.

Anforderungen: Der Weg ist markiert mit Steinmandln und roten Punkten, die aber nicht immer gut zu sehen sind. Zum Teil sind selbstständige Orientierung und Wegfindung durchs Blockwerk oder Gelände erforderlich.

Markierungen: Rot-weiß-rot, später rote Punkte und Steinmännchen.

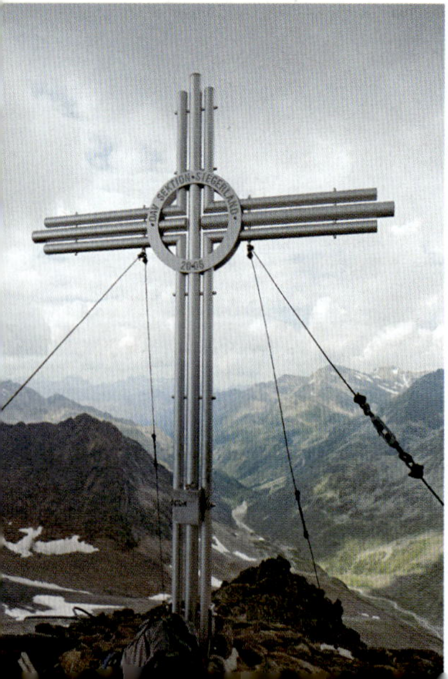

Gipfelkreuz des Scheiblehnkogels mit Blick ins Windachtal.

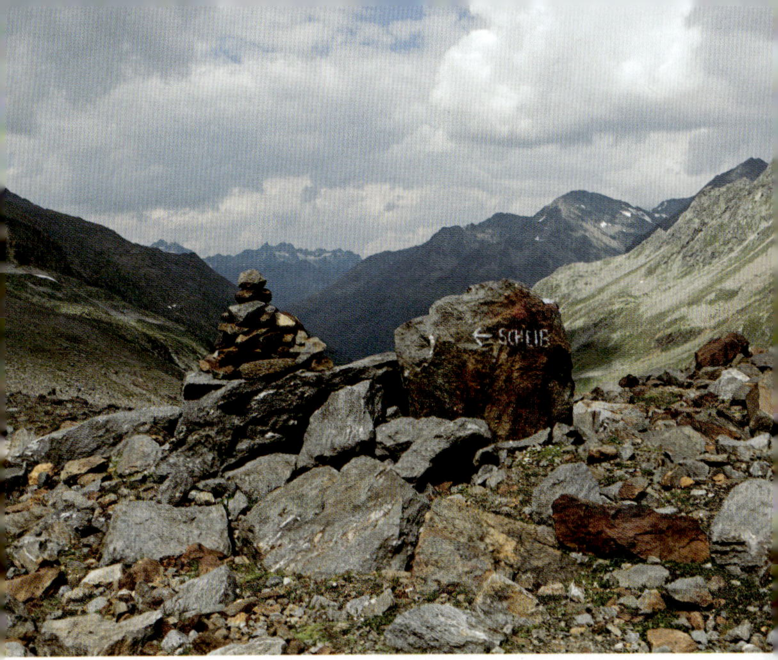

Markierungsstein: Der Wegweiser zum Scheiblehnkogel ist nicht zu übersehen.

Von der **Siegerlandhütte (1)** steigt man erst ein wenig bergab. Kurz vor einem Bach dürfen wir unseren schlecht markierten Abzweig nicht verpassen: Rechts geht es ins Tal nach Sölden, wir aber steuern direkt auf den Bach zu und überqueren ihn an geeigneter Stelle. Über die anschließende Stein-Sandfläche suchen wir uns unseren eigenen Weg von Steinmandl zu mit rotem Punkt markiertem Stein oder umgekehrt. Wir lassen den kleinen See links liegen und erreichen eine Moränenflanke, an der uns ein Wegweiser **(2)** zum Scheiblehnkogel die Moräne bis zu ihrem Ende hinaufweist. Nun gibt uns eine steinerne Rinne unseren weiteren Weg vor, bis wir in den Bereich der Blockfelder kommen. Immer im Blick haben wir dabei die mickrigen Reste des westlichen Scheiblehnferners. Auch hier ist ein Pfad oder die nächste Markierung fast immer gut zu erkennen. Nächstes Zwischenziel ist eine Scharte **(3)** südwestlich unterhalb des Gipfels. Von hier aus geht es auf einem gut sichtbaren Trampelpfad durch die Blockfelder immer nahe am Grat und damit entlang der Grenze bis zum Gipfelkreuz des **Scheiblehnkogels (4)**. Nach der wohlverdienten Gipfelrast steigen wir auf demselben Weg wieder ab zur **Siegerlandhütte (1)**.

V 10.2 Siegerlandhütte – Hildesheimer Hütte

3.00 Std.
↑540 ↓350

Die Gletscher fest im Blick

Auf unserem kurzen Weg von der Siegerlandhütte zur Hildesheimer Hütte haben wir die verschiedenen Gletscher immer fest im Blick, zunächst die Reste des Scheiblehn- und Kitzkampferners, beim Aufstieg zum Gamsplatzl den Triebenkarlasferner und auf dem weiteren Weg zur Hildesheimer Hütte den Pfaffenferner und das Skigebiet auf dem Gaiskarferner. Und in der Ferne leuchten die Ötztaler Gletscher. Der Weg ist sehr gut präpariert. Durch die Blockfelder erleichtern zahlreiche Steinstufen das Wandern.

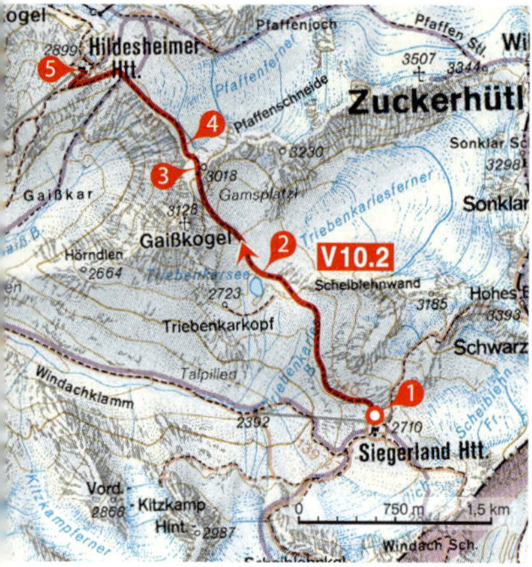

Ausgangspunkt: Siegerlandhütte, 2710 m.
Anforderungen: Gut markierter Wanderweg mit zwei unschwierigen seilversicherten Stellen beim Abstieg vom Gamsplatzl.
Markierungen: Rot-weiß-rot/rot-weiß; »140«; letzter Aufstieg »26«.
Unterkunft: Hildesheimer Hütte, 2899 m, DAV Sektion Hildesheim, bewirtschaftet Ende Juni bis Mitte September, Tel. +43 5254 2300, info@gustl-soelden.com, www.hildesheimerhuette.at.

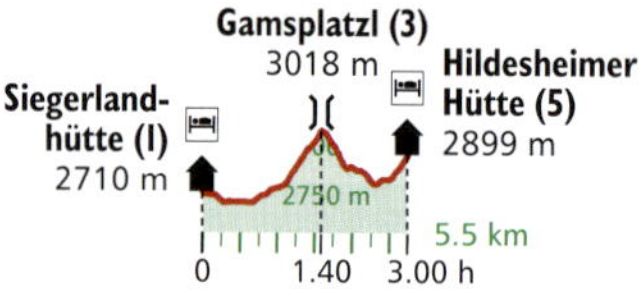

Von der **Siegerlandhütte (1)** geht es erst einmal ein kleines Stück bergab, weil wir einen Felsvorsprung umgehen müssen. Wenn die Hütte aus unserem Blickfeld verschwindet, bekommen wir immer mehr vom Triebenkarlasferner unterhalb des Zuckerhütls zu sehen. Auf einem angenehmen Wanderweg erreichen wir bald den **Triebenkarsee (2)**, der aber wegen seiner kargen Umgebung weniger zum Verweilen einlädt als die Seen der letzten Tage. Der Aufstieg durch die Steinfelder zum **Gamsplatzl (3)**, 3018 m, ist hervorragend präpariert. Oben an der Scharte erwarten uns unzählige Steinmandl. Eine Besteigung des Gaiskogels, dessen Gipfelkreuz wir beim Aufstieg immer im Blick haben, ist leider nur mit abgesicherter Kletterei möglich. Vom Gamsplatzl fallen uns gleich die Skilifte auf dem Gaiskarferner ins Auge und zeigen uns die intensive Nutzung der Stubaier Alpen für den Wintertourismus.

Beim Abstieg erleichtern uns Steinplatten und Treppen den Weg durch die Blockfelder. Nach einer ersten leichten Seilversicherung müssen wir etwas aufpassen, da uns der Weg weiter an der Felswand entlang in die Irre führen will. Wir müssen stattdessen das Blockfeld queren und wandern auf einem Felsrücken bis fast zum Bach **(4)**, der aus dem Gletschersee des Pfaffenferners abfließt. Weitere Drahtseile sichern nun ein kleines ausgesetztes Wegstück ab. Jenseits des Baches queren wir das Tal auf einer Felsschwelle. Ein letzter kleiner Abstieg führt uns zu einer Brücke über einen weiteren Bach vom Gaiskar- und Pfaffenferner. Nun fehlt uns nur noch der mit vielen Steintreppen hergerichtete Aufstieg zur **Hildesheimer Hütte (5)**, von deren Aussichtsterrasse wir einen wunderbaren Ausblick aufs Zuckerhütl haben.

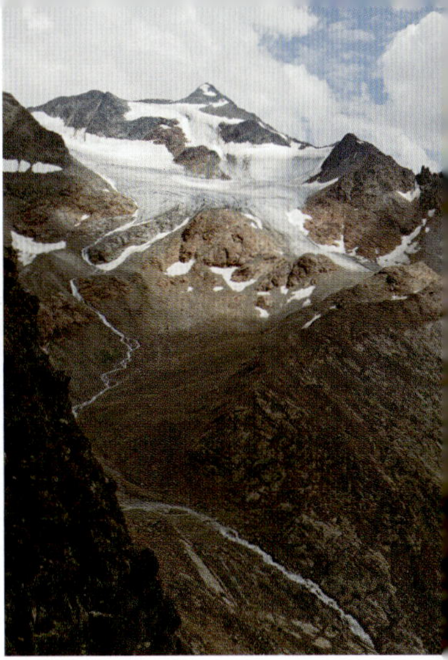

Oben: Pfaffenferner und Zuckerhütl: Blick von der Hildesheimer Hütte.
Unten: Ausfluss Pfaffenferner-Bach.

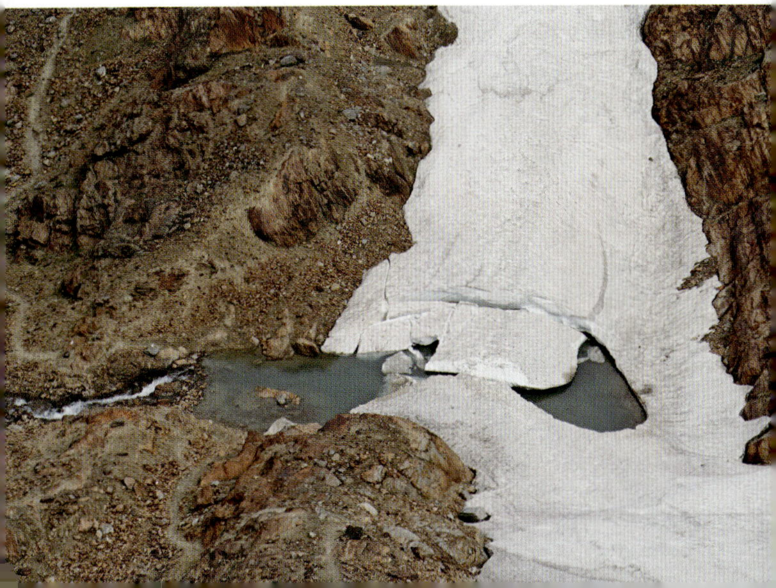

V 10.3 Hildesheimer Hütte – Brunnenkogelhaus

6.00 Std.

↑1060 ↓1220

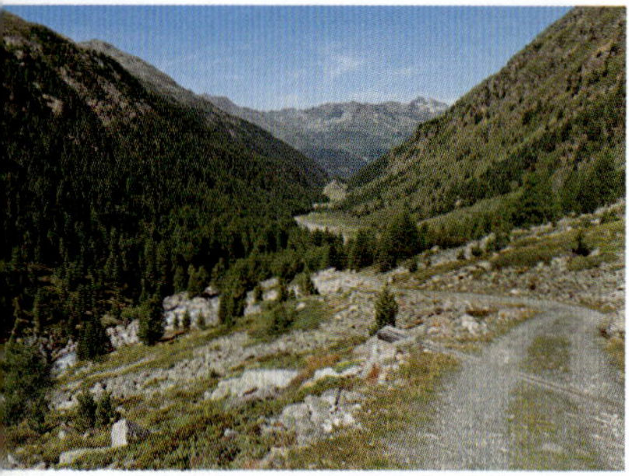

Wirtschaftsweg im Windachtal.

An die Grenze zum Ötztal

Der Brunnenkogel ist einer der Hausberge von Sölden. Das Brunnenkogelhaus thront gut 1100 Meter über dem berühmten Wintersportort im Ötztal. Der Blick von der 2007 runderneuerten kleinen Hütte des Österreichischen Touristenklubs auf die Ötztaler Gletscherwelt ist einfach unvergleichlich. Der Abstieg von der Hildesheimer Hütte ins Windachtal ist genauso unproblematisch auf guten Wanderwegen wie der Aufstieg zum Brunnenkogelhaus. Und auf halber Strecke des Aufstiegs bietet sich noch der Abstecher zum Wannenkarsee an, der unterhalb der Wilden Rötespitze in einem Blau leuchtet, wie man es nicht oft findet.

Ausgangspunkt: Hildesheimer Hütte, 2899 m.
Anforderungen: Gut markierte Wege mit zwei unschwierigen, seilversicherten Stellen beim Aufstieg zum Brunnenkogelhaus.
Markierungen: Rot-weiß-rot/weiß-rot; »26« ins Windachtal, dort »102«; Aufstieg ohne Wegnummer, später »24A« zum Brunnkogelhaus; ohne Wegnummer zum Wannenkarsee.

Einkehr/Übernachtung: Fiegl's Hütte, 1956 m; Tel. +43 650 5053958.
Unterkunft: Brunnenkogelhaus, 2738 m privat, bewirtschaftet Mitte Juni bis Ende September, Tel. +43 664 1234206, brunnenkogelhaus@soelden.at, www.brunnenkogelhaus.at.
Verkehrsmittel: 4-mal täglich Busverbindung (Bus 8402) zu Fiegl's Hütte (von/nach Sölden).

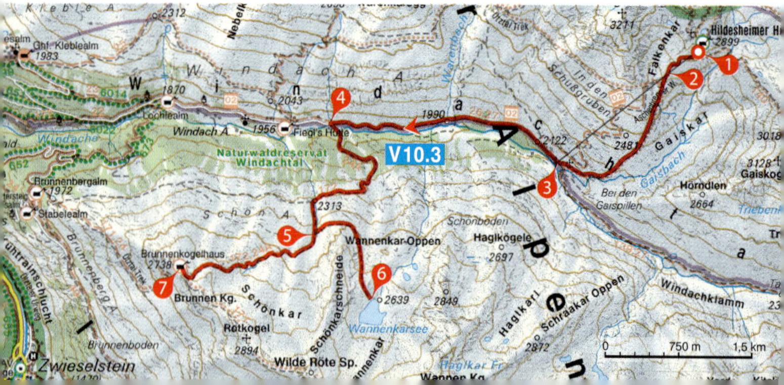

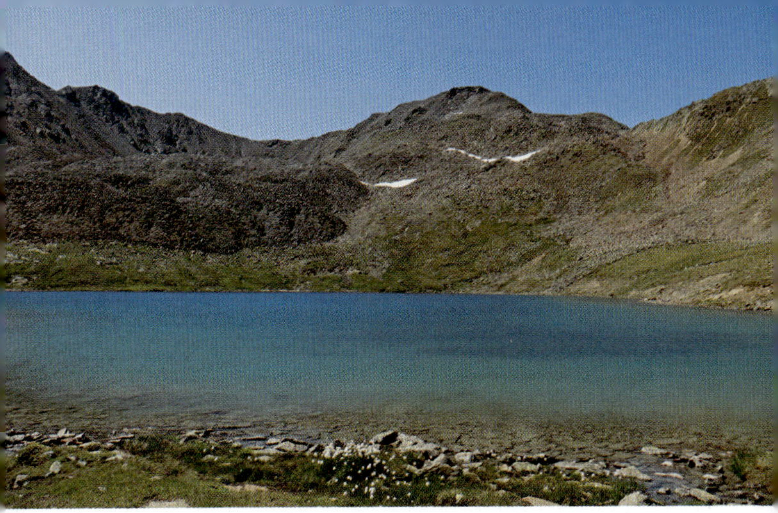

Wannenkarsee mit seinem unglaublichen Blau, dahinter die Wilde Rötespitze (Etappe V10.4).

Die ersten Meter Abstieg von der **Hildesheimer Hütte (1)** gleichen dem gestrigen Aufstiegsweg. Dann biegt der Weg zur Siegerlandhütte unscheinbar ab und wir gehen geradeaus weiter. Bald müssen wir uns zwischen zwei Abstiegsvarianten entscheiden **(2)**. Wir wählen den »steilen« Gaiskarweg, der es an Steilheit aber in keiner Weise mit den Jochüberschreitungen der letzten Tage aufnehmen kann. Ohne Umwege geht es, zum Teil leicht ausgesetzt, an den Felswänden entlang ins Gaisbachtal, dessen Talgrund wir erfreulich schnell erreichen. Der Weg wendet sich nun ins Windachtal, wo wir bald die Talstation der Materialseilbahn zur Hildesheimer Hütte **(3)** erreichen, an der ein breiter Wirtschaftsweg beginnt. Kurze Zeit später stößt von rechts auch der etwas längere Aschenbrennerweg von der Hildesheimer Hütte zu uns. Nun laufen wir gut zwei Kilometer an der Windache entlang, passieren eine kleine Jagdhütte und erreichen kurz vor Fiegl's Hütte eine Brücke über die Windache **(4)**. Fiegl's Hütte, 1956 m, ist schon in Sichtweite und die einzige Gelegenheit zur Einkehr

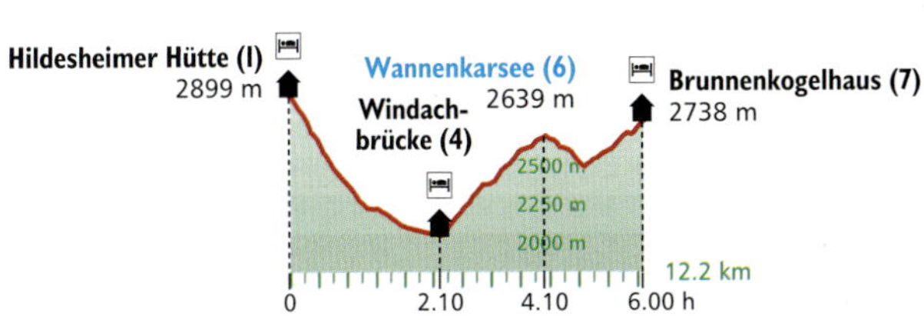

am heutigen Tag. Auf der anderen Seite der Brücke beginnt der Aufstieg in Richtung Brunnenkogelhaus, zunächst noch durch den Wald, später durch Heidelbeerkraut und Alpenrosen. Wir passieren ein stählernes Drehkreuz und kommen zu einem der beiden Aufstiegswege, die von Sölden zur Hütte hinaufführen. Rechts von einem munter sprudelnden Bach steigen wir weiter auf, bis wir die Hochebene des **Schönkars (5)** erreichen. Hier zweigt der Weg zum Wannenkarsee ab. Wer sich die ungefähr eineinhalb Stunden Umweg zum Wannenkarsee sparen will, kann nun direkt zum Brunnenkogelhaus weiterlaufen, verpasst aber einen der schönsten Seen der Gegend. In Richtung See erklimmen wir auf einem mit Platten und Stufen angelegten Weg einen kleinen Bergrücken, umgehen dann die Ausläufer der Rötespitze, queren ein weiteres kleines Blockfeld und erreichen die leicht ansteigende, grasige Fläche des Wannenkars. Die kleinen Tümpel, die wir an der gegenüberliegenden Felswand sehen, sind allerdings noch nicht der gesuchte See. Markiert durch Holzpflöcke suchen wir uns unseren Weg die Grasfläche hinauf, wo ein Bach schon den Ausfluss des Sees vermuten lässt. Bald haben wir den **Wannenkarsee (6)** erreicht und staunen über seine intensive blaue Farbe. Nach erholsamer Rast erreichen wir auf demselben Weg wieder den Abzweig zum Brunnenkogelhaus. Wir durchqueren das Schönkar und kommen nach einer kleinen Scharte und einem kurzen kettenversicherten, etwas ausgesetzteren Abschnitt über ein Blockfeld zum Grat, auf dem die letzten Meter des Weges zum **Brunnenkogelhaus (7)** führen, das am Ende des Grates einen 360-Grad-Rundumblick bietet. Auf der Aussichtsterrasse lassen wir diesen erlebnisreichen Tag ausklingen.

Brunnenkogelhaus, höchstgelegenes Gasthaus Söldens.

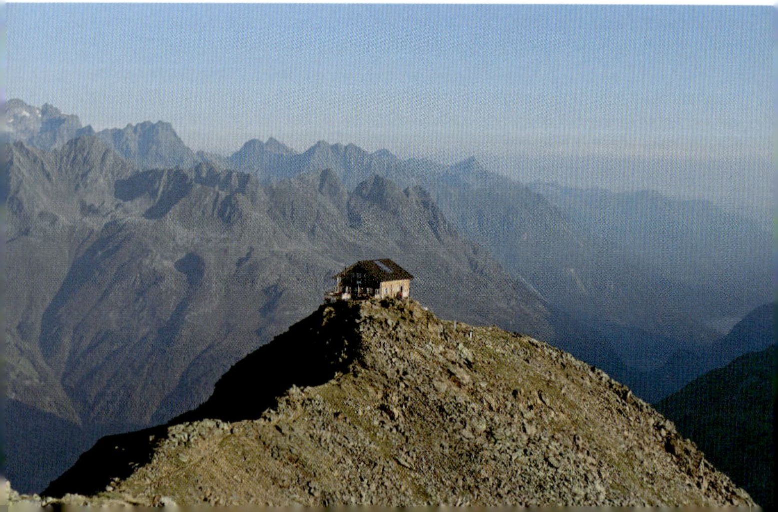

6.00 Std.

↑580 ↓1520

Brunnenkogelhaus – Gasthof Hochfirst

V 10.4

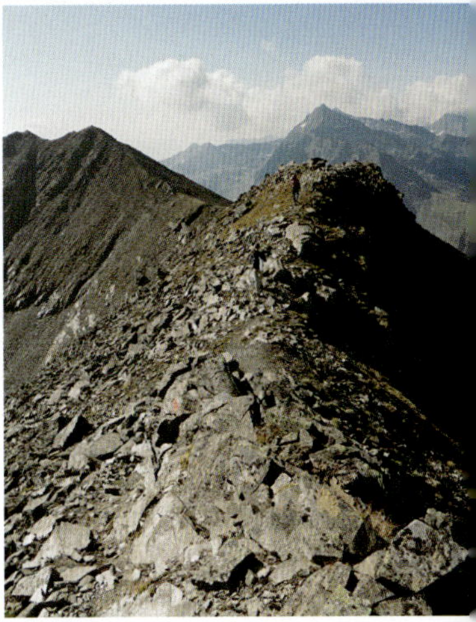

Gratweg.

Gipfelsammlung

Der Weg vom Brunnkogelhaus zum Timmelsjoch ist die Königsetappe der kleinen Stubaier Runde. Über vier aussichtsreiche Gipfel führt der Erzherzog-Eugen-Weg auf dem Grat oberhalb des Timmelstals. Und der Grat oberhalb des Wannenkarsattels könnte eigentlich als fünfter Gipfel mitgezählt werden. Danach geht es langsam bergab an mehreren kleinen Seen und Tümpeln vorbei zum Timmelsjoch. Die Timmelsjochstraße mit ihren vielen Kurven ist ein Mekka für Motorradfahrer und Radler. Entsprechend groß ist der Auflauf im Gelände rund um die Passhöhe. Kulturelle Angebote sind eine Freiluftausstellung moderner, wettergegerbter Kunst und das Pass-Museum in seinem futuristischen, schwebenden Bau, das bei freiem Eintritt in aller Kürze über den Bau und die Geschichte der Passstraße informiert. Außerdem lädt das Passrestaurant nach gut vier Stunden Wanderung zur Einkehr, bevor der lange Abstieg durchs Passeier Timmelstal zum Gasthof Hochfirst beginnt. Wie auch bei der Hauptetappe gilt für den Gasthof Hochfirst, dass man die Übernachtung dort unbedingt vorbestellen sollte, damit man nicht ungeplant mit dem letzten Bus ins Passeiertal zu einer anderen Herberge abfahren muss, weil die Plätze im recht großen Lager wieder einmal alle belegt sind.

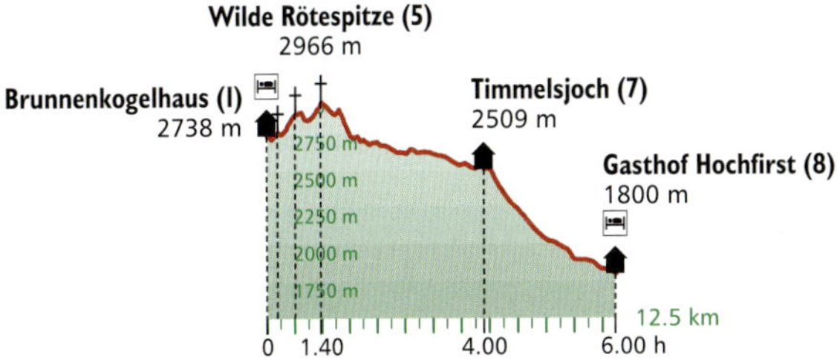

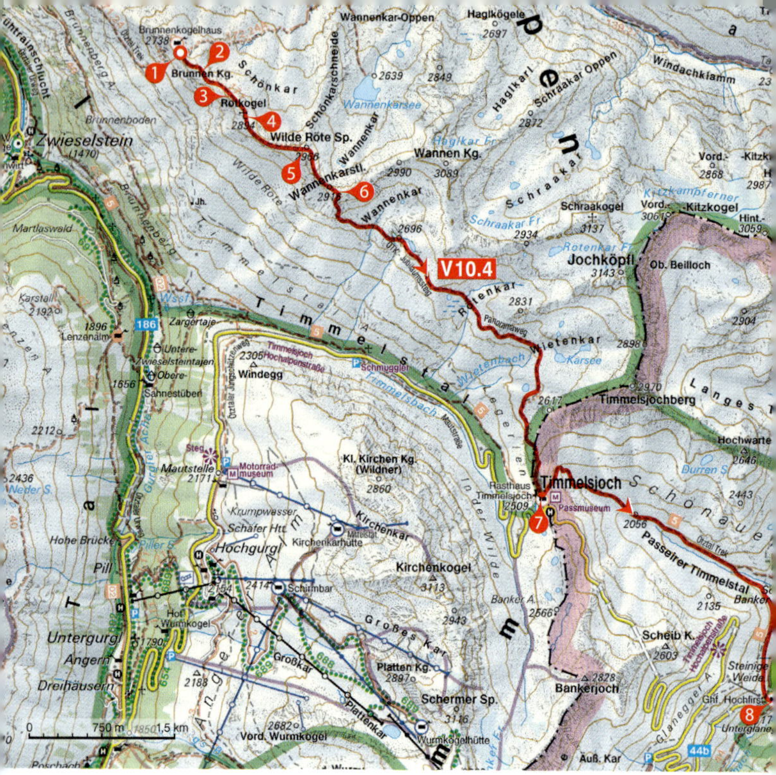

Ausgangspunkt: Brunnenkogelhaus, 2738 m.
Anforderungen: Zunächst ausgesetzt und nur z. T. versichert, einige kleinere Kletterstellen zwischen Hinterem Brunnenkogel und Wilder Rötespitze; nach Abstieg vom Wannenkarsattel unschwierige Wanderung auf guten Wanderwegen; langer Abstieg vom Timmelsjoch.
Markierungen: Weiß-rot-weiß; »171« bis Timmelsjoch, »E5« bis Gasthof Hochfirst.
Einkehr: Rasthaus Timmelsjoch, 2509 m, geöffnet ca. 7–20 Uhr (wenn die Passstraße offen ist), Tel. +43 676 9134673.
Unterkunft: Siehe Etappe 10.
Verkehrsmittel: Timmelbus von Obergurgl (Ötztal) 4-mal täglich nach Moos/ St. Leonhardt (Passeiertal), siehe Etappe 10.
Kultur: Pass-Museum, Eintritt frei; Freiluftmuseum moderner Kunst.

Schon nach wenigen Minuten Aufstieg vom **Brunnenkogelhaus (1)** durch die Blockfelder am Grat erreichen wir mit dem **Vorderen Brunnenkogel (2)**, 2761 m, den ersten, mit einem großen Steinmandl markierten Gipfel. Der Weg zum **Hinteren Brunnenkogel (3)**, 2887 m, ist zwar etwas steiler, aber immer gut präpariert. Auch von diesem Gipfel aus lockt schon das nächste Gipfelkreuz des nur wenig höheren Rotkogels. Allerdings ist zwischen den beiden noch eine Scharte zu überwinden, wobei der Abstieg die erste seilversicherte und der anschließende Aufstieg die erste ungesicherte Kletterei zu bieten hat. Die Aussicht vom **Rotkogel (4)**, 2894 m, auf die Ötztaler Gletscher und ins Gurgler Tal ist grandios. Natürlich fallen auch die ständigen Sommerbauarbeiten am Hochgurgler Skigebiet sofort ins Auge. Der Übergang zum höchsten Gipfel der heutigen Tour, der **Wilden Rötespitze (5)**, 2966 m, verläuft weiterhin auf oder am Grat mit der einen oder anderen kleineren Klettereinlage. Von hier blickt man nun auch auf den wunderbar blauen Wannenkarsee und ein paar benachbarte Tümpel. Nach einem weiteren kleinen Ab- und Aufstieg ist der **Grat (6)**, 2968 m, oberhalb des Wannenkarsattels, der gefühlte fünfte Gipfel innerhalb von gut zwei Stunden Wanderung und Kletterei. Von hier geht es kurz sehr steil abwärts ins südliche Wannenkar, 2696 m. Der weitere Weg zum Timmelsjoch, vorbei an kleineren Seen im Wannen- und Rotenkar und über den einen oder anderen Bach, ist angenehm zu gehen, scheint aber kein Ende nehmen zu wollen, vor allem weil wir das Rasthaus Timmelsjoch immer im Blick haben. Direkt vor dem Joch tauchen Ruinen von ehemaligen Joch-Gebäuden auf, von denen eine zu einem Friedenskunstwerk umgestaltet wurde, mit dem eine kleine Freiluftausstellung moderner Kunst beginnt. Wir bewe-

Wilde Rötespitze.

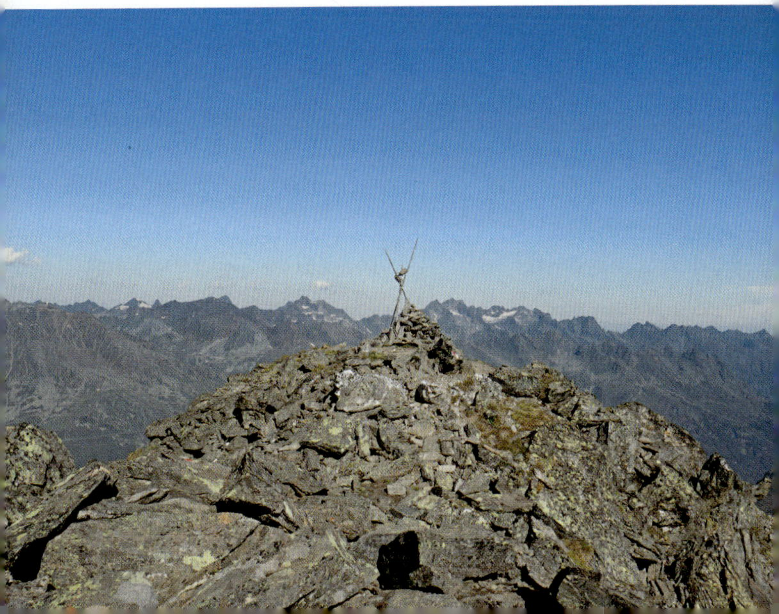

gen uns jetzt unter vielen Joch-Besuchern, die die berühmte Passhöhe des **Timmelsjochs (7)**, 2509 m, an der Grenze zwischen Österreich und Südtirol zu einer kleinen Pause nutzen. Unterhalb des futuristischen Passmuseums weisen uns die Schilder des Europawanderwegs E5 den weiteren Weg ins Passeier Timmelstal. Zunächst geht es steil bergab zur Ruine einer früheren Herberge. Danach wird der Abstieg immer flacher und wir folgen eine ganze Weile einem kleinen Bach an seinem linken Ufer. Nur langsam kommen wir den beiden Almen Schmied- und Tornelekaser auf der anderen Seite der Timmelsbrücke näher und erreichen schließlich noch ein gutes Stück oberhalb davon einen Wegweiser. Sollten wir die kleine Stubaier Runde gewandert sein und unser Auto an der Timmelsbrücke stehen haben, so gehen wir geradeaus und erreichen nach kurzem Abstieg die Brücke. Zum Gasthof Hochfirst weist uns der Wegweiser über ein Brücklein auf die andere Seite des Baches. Nach einem kurzen Aufstieg wandern wir durch Wiesenhänge an der kleinen Alm Altkaser vorbei und folgen immer der Beschilderung des E5, bis wir plötzlich auf die Timmelsjoch-Straße treffen, an der der **Gasthof Hochfirst (8)** mit seiner großen Gartenterrasse auf uns wartet.

Wannenkar mit kleinem See.

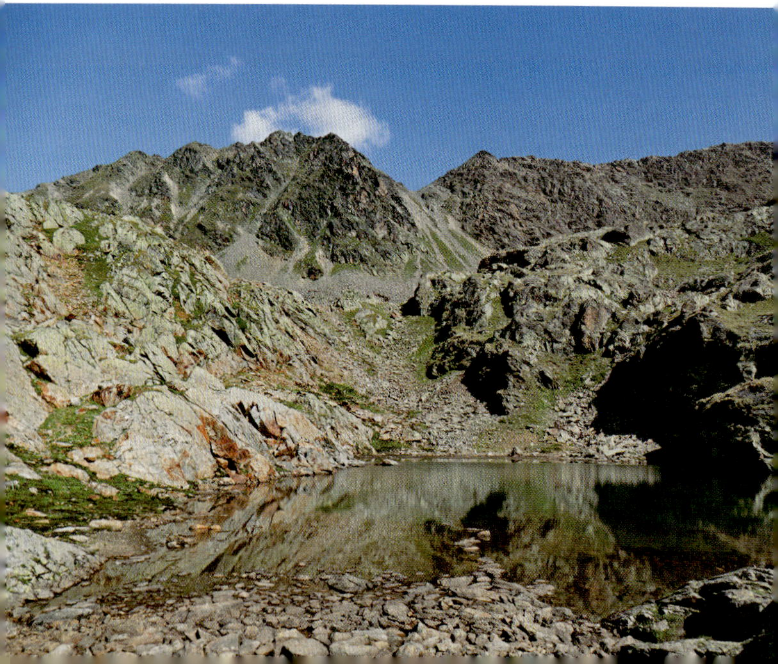

Das Timmelsjoch, 2509 m

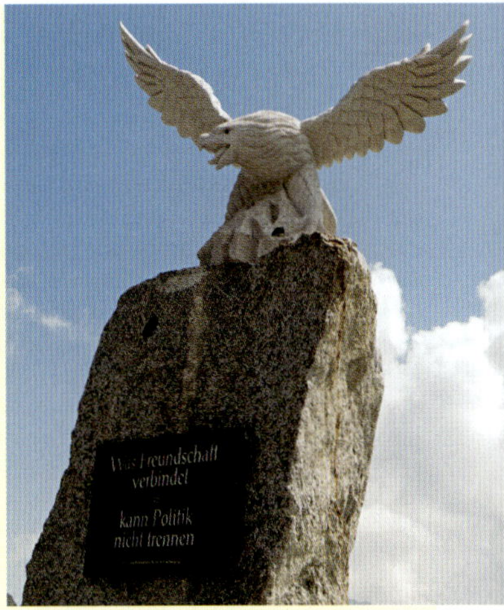

Gedenkstein am Timmelsjoch.

Das Timmelsjoch verbindet das Ötztal und das Passeiertal, trennt die Stubaier von den Ötztaler Alpen und ist Teil der europäischen Wasserscheide. Als tiefste unvergletscherte Senke im Alpenhauptkamm zwischen dem Brenner und dem Reschenpass wurde es wahrscheinlich schon vor über 9000 Jahren von umherziehenden Hirten als Pass genutzt. Seine erste Erwähnung als »Thymelsjoch« datiert aus einem Schriftstück von 1241. Vor allem zur Zeit von Meran als Landeshauptstadt von Tirol, vom 13. bis ins 15. Jahrhundert, diente ein Saumpfad über das Joch als wichtige Handelsroute ins Oberinntal. Schon Ende des 19. Jahrhunderts begann man mit Planungen für eine Passstraße, aber erst als das Timmelsjoch nach dem Ersten Weltkrieg Staatsgrenze zwischen Italien und Österreich wurde, begann die Regierung Mussolini aus strategischen Gründen mit dem Bau einer Militärstraße auf der italienischen Seite. Deutsche Soldaten nutzten diesen Weg am Ende des Zweiten Weltkriegs zum Rückzug aus Italien. Anfang der 1950er-Jahre kamen auf österreichischer Seite die ersten Ideen für eine moderne Passstraße auf. Nach dem ersten Spatenstich 1955 dauerte es nur 4 Jahre – es konnte natürlich nur in den Sommermonaten gebaut werden –, bis die Straße bis zum Joch am 17. Juli 1959 eröffnet werden konnte. Auf italienischer Seite zog sich der Ausbau der Militärstraße auch aus politischen Gründen etwas länger hin. Seit dem 15. September 1968 rollt auf der Timmelsjoch-Hochalpenstraße der Straßenverkehr. Die unzähligen Kurven, über die sich die Passstraße schlängelt, sind vor allem ein Mekka für Motorrad- und Rennradfahrer. Die Passhöhe selbst ist ein beliebter Rastplatz für alle Reisenden. Anstelle der Grenzanlagen findet der Passbesucher dort heute ein Rasthaus, ein Freiluftmuseum moderner Kunst und das zum 50. Geburtstag der Passstraße eröffnete Passmuseum. Dieses ist einer von fünf »Erfahrungs-Orten« entlang der Timmelsjoch-Hochalpenstraße und soll von seiner Architektur her an einen Findling erinnern. Das Innere ist einer Eishöhle nachempfunden und beherbergt ein kleines Museum zu Bau und Geschichte der Passstraße (Eintritt frei).

Die Timmelsjoch-Hochalpenstraße ist mautpflichtig und je nach Schneelage ungefähr von Anfang Juni bis Ende Oktober geöffnet. www.timmelsjoch.com.

11 Gasthof Hochfirst – Zwickauer Hütte

8.30 Std.

↑1970 ↓780

Königsetappe

Die Tour vom Gasthof Hochfirst zur Zwickauer Hütte ist die Königsetappe des Tiroler Höhenwegs. Sie ist nicht nur eine der längsten, es stehen mit an die 2000 Höhenmeter im Aufstieg auch Berge der »höchsten Kategorie« auf dem Programm, und wie die Königsetappe der Tour der France nach Alpe d'Huez endet sie mit einem über einstündigen steilen Schlussanstieg zur Zwickauer Hütte. Durchs grüne Seebertal geht es über schier endlose Almwiesen zum Grubjoch mit seiner tollen Aussicht ins Pfelderer- und Passeiertal und auf den Gebirgsstock der Texelgruppe. Die zweite Hälfte der Etappe zieht sich unterhalb des Gurgler Kamms entlang zur Zwickauer Hütte, vorbei am einer Raumkapsel ähnelnden Biwak Josef Pixner. Auf knapp 3000 m thront die Zwickauer Hütte seitlich der Ausläufer des Planferners und ist somit die höchstgelegene Hütte des Tiroler Höhenwegs. Der Ausblick über die Texelgruppe und, bei guter Sicht, bis zu den Dolomiten entschädigt genauso für die Mühen des Aufstiegs wie die gemütliche Atmosphäre in der Hütte, die Hüttenwirt Heinz Leitner mit seinem Team schafft. Und wenn man Glück hat, greift er sogar zur Gitarre.

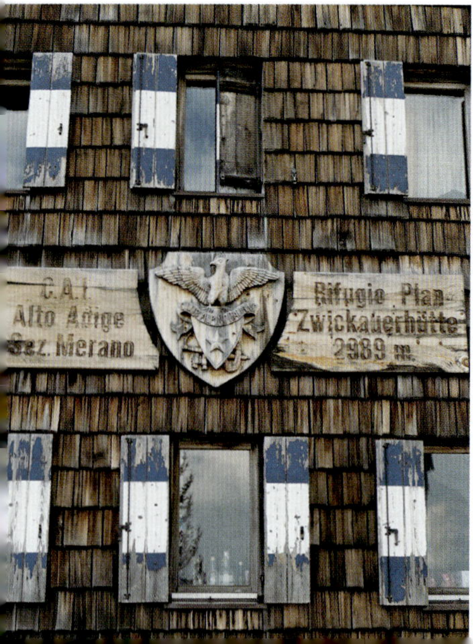

Ausgangspunkt: Gasthof Hochfirst, 1800 m.
Anforderungen: Lange, anstrengende Tour. Kurze seilversicherte, ausgesetzte Stellen zwischen Grubjoch und dem Übergang unter dem Rauhen Joch; steiler Schlussanstieg.
Markierungen: Rot-weiß-rot/rotweiß, »44«, das letzte Stück »6A«.
Einkehr: Seeberalm, 1842 m (kurz nach dem Start), Tel. +39 342 9288539, bewirtschaftet Mitte Juni bis Mitte Oktober.
Unterkunft: Zwickauer Hütte, 2989 m, Provinz Bozen, bewirtschaftet Anfang Juli bis Ende September, Tel. +39 0473 6466002, zwickauer@13h.de, www.13h.de.
Gipfeloption: Hinterer Seelenkogel, Etappe G 11.

Die Zwickauer Hütte ist die höchste Hütte auf dem Tiroler Höhenweg.

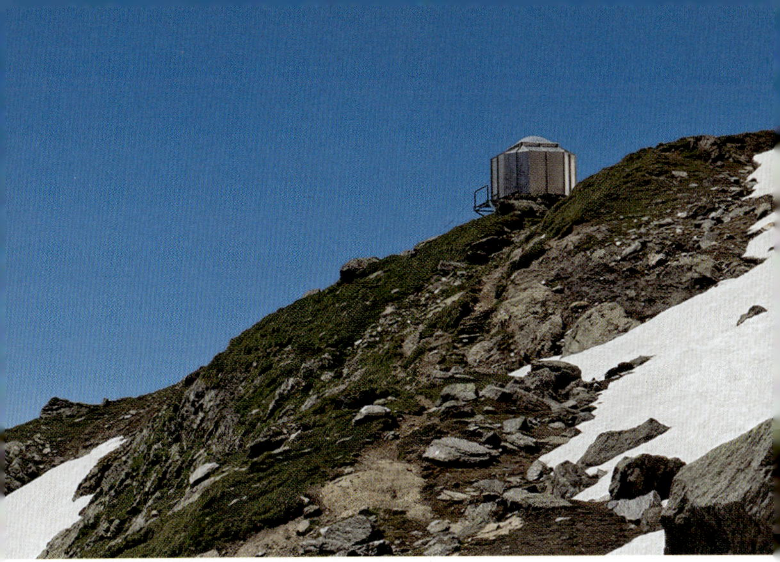

Das Biwak Josef Pixner steht wie eine Raumstation in der Landschaft. Aufgestellt wurde es im Zuge der Einrichtung des Tiroler Höhenwegs wegen der seltenen und zum Teil schwierigen Abstiegsmöglichkeiten vom Höhenweg ins Tal.

Vom **Gasthof Hochfirst (1)** folgen wir kurz der Timmelsjochstraße aufwärts an der Terrasse vorbei, wo unser Weg sich an einem Wegweiser mit dem Logo des Tiroler Höhenwegs von der Straße trennt. Zunächst müssen wir circa 100 Höhenmeter in den Talgrund zur unteren Glaneggalm absteigen. Von dort geht es auf einem breiten Almweg das Tal entlang. Wenn der breite Weg rechts abbiegt, gehen wir geradeaus auf einem schmalen Wanderpfad weiter, auf dem wir bald die **Seeberalm (2)**, 1842 m, erreichen, die einzige Einkehrmöglichkeit dieser Etappe. Wir halten uns bei den folgenden Weg-

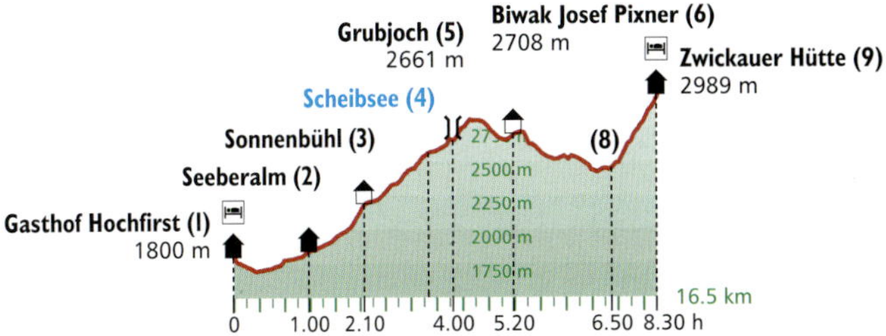

weisern immer in Richtung **Grubjoch**, überqueren den Seeberbach und wandern auf seiner östlichen Seite weiter das Seebertal hinauf. Wenn der Wald sich lichtet, erreichen wir die erste große Almwiesenebene mit einer kleinen Hütte auf der anderen Bachseite. Am Ende dieser Hochebene steigen wir erst mäßig und dann steiler durch die Scharte zwischen zwei Felsen hinauf zur nächsten Weideebene mit der kleinen **Sonnenbühl-Hütte (3)**, 2190 m, wobei uns der Seekofel den Blick auf den Seeber See versperrt. Immer weiter geht es stetig aufwärts, begleitet vom Läuten der Kuhglocken der zahllosen weidenden Kühe, bis wir den **Scheibsee (4)**, 2573 m, erreichen, in dem sich die Berge wunderbar spiegeln. Nun wird die Vegetation karger, eventuell müssen wir das eine oder andere Restschneefeld queren. Schließlich kommen wir zum **Grubjoch (5)**,

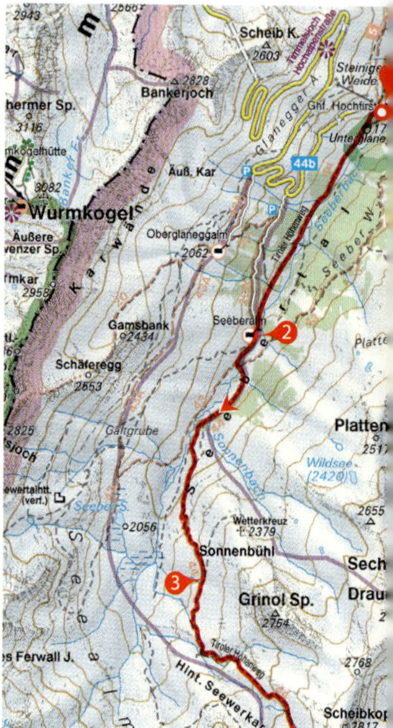

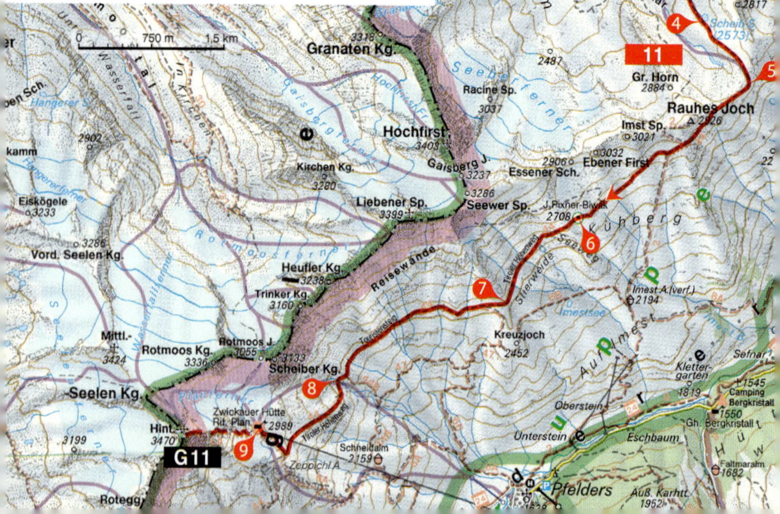

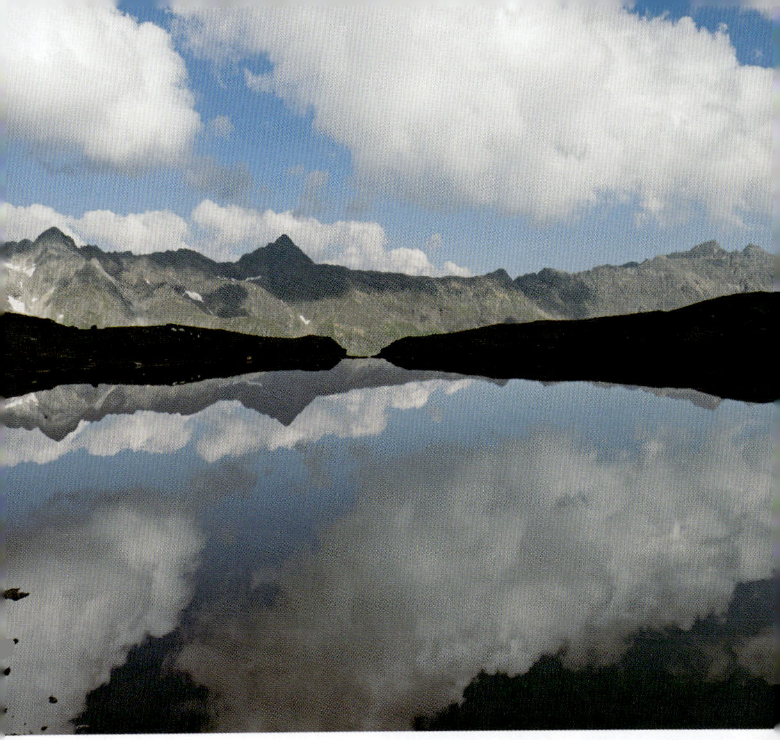

Scheibsee.

2661 m, mit seinem großen Steinmandl und haben uns spätestens jetzt eine Pause mit Blick ins Passeier und Pfelderer Tal und auf die Texelgruppe verdient. Ein kleines Stück geht es noch weiter bergauf auf dem Kamm, wobei wir ein paar unschwierige, mit Ketten abgesicherte, ausgesetzte Stellen unterhalb des Rauhen Jochs passieren müssen. Danach wandern wir immer den Hang unterhalb des Gurgler Kamms entlang, mal leicht bergab, mal leicht bergauf. Die zusätzlichen gut 100 Höhenmeter zum Gipfel des Rauhen Jochs, dessen Kreuz wir vom Grubjoch schon sehen konnten, sparen wir uns heute angesichts der eh schon langen und anstrengenden Tour. Auch die Schlechtwetter-Abstiegsmöglichkeit ins Tal über die Imestalm lassen wir einfach links abzweigen und marschieren weiter, bis das futuristisch anmutende, wie eine Raumstation in der Landschaft festgezurrte **Biwak Josef Pixner (6)**, 2708 m, in unser Blickfeld gerät, das wir heute hoffentlich nicht benötigen. Kurz danach beginnt ein langer, gemächlicher Abstieg, der sich

Naturpark Texelgruppe

Der 1976 ausgewiesene Naturpark Texelgruppe ist der größte der sieben Naturparks Südtirols. Neben der Texelgruppe umfasst er einen kleinen Teil der Stubaier Alpen südlich des Timmelsjochbergs, den Schnalser und den Gurgler Kamm, wo er auf österreichischer Seite ans UNO-Biosphärenreservat Gurgler Kamm anschließt. Die Spronser Seen als umfangreichste hochalpine Seengruppe Südtirols bilden das Herz des Naturparks. Er beherbergt außerdem eine der größten Steinbockkolonien Südtirols. Wie bei anderen Naturparks auch war die Zielsetzung bei seiner Einrichtung der Natur- und Landschaftsschutz unter Einbeziehung der traditionellen Nutzung. Ein umfangreiches Bauverbot und ein Verbot der kommerziellen Nutzung der Wasserkraft zur Stromerzeugung sind Kernpunkte der gesetzlichen Grundlagen der Südtiroler Naturparks. Wanderer werden dazu angehalten, auf den Wegen zu bleiben, Lärm zu vermeiden und nichts mitzunehmen oder wegzuwerfen. Zelten und offenes Feuer sind verboten. Das Naturpark-Haus in Naturns und das Bunker Mooseum in Moos im Passeier bieten neben Ausstellungen und Informationen ein umfangreiches pädagogisches Programm rund um den Naturpark.

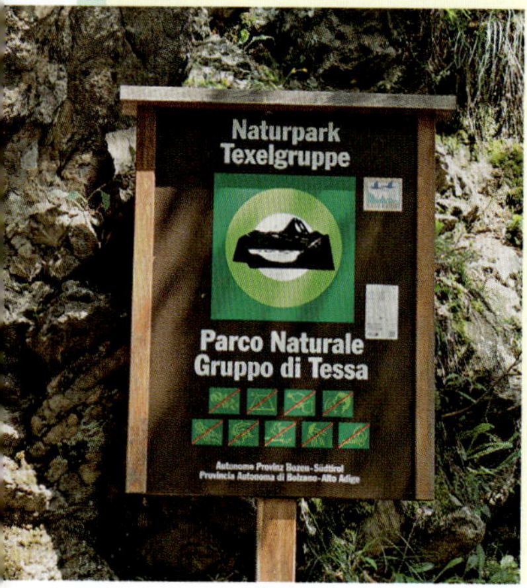

bis über den Sattel am **Kreuzjoch (7)** hinzieht. Hier sehen wir erstmals die Zwickauer Hütte hoch auf dem Felsen thronen und bedauern, dass wir bis zum Beginn des Schlussanstiegs noch so weit absteigen müssen. Im Tal blicken wir nun auf Pfelders und dahinter auf das Faltschnaltal, das wir in der 14. Etappe durchqueren werden. Nach einem kurzen steileren Abstieg setzt sich der fast ebene Wanderweg durch Wiesenhänge fort. Je näher wir der Hütte kommen, desto steiniger wird die Gegend, bis wir die Schuttfelder unterhalb des Planferners, das **Sandfeld (8)** erreichen. Bevor wir von hier den letzten Anstieg zur Hütte beginnen können, müssen wir uns noch eigenständig einen Weg über den recht breiten und schnellen Gletscherbach suchen. Der Aufstieg ist steil und manchmal etwas ausgesetzt, aber mit vielen Treppenpassagen gut angelegt. Mit einem fröhlichen »griaß enk« werden wir von einem Schild an der **Zwickauer Hütte (9)** willkommen geheißen.

Zwickauer Hütte.

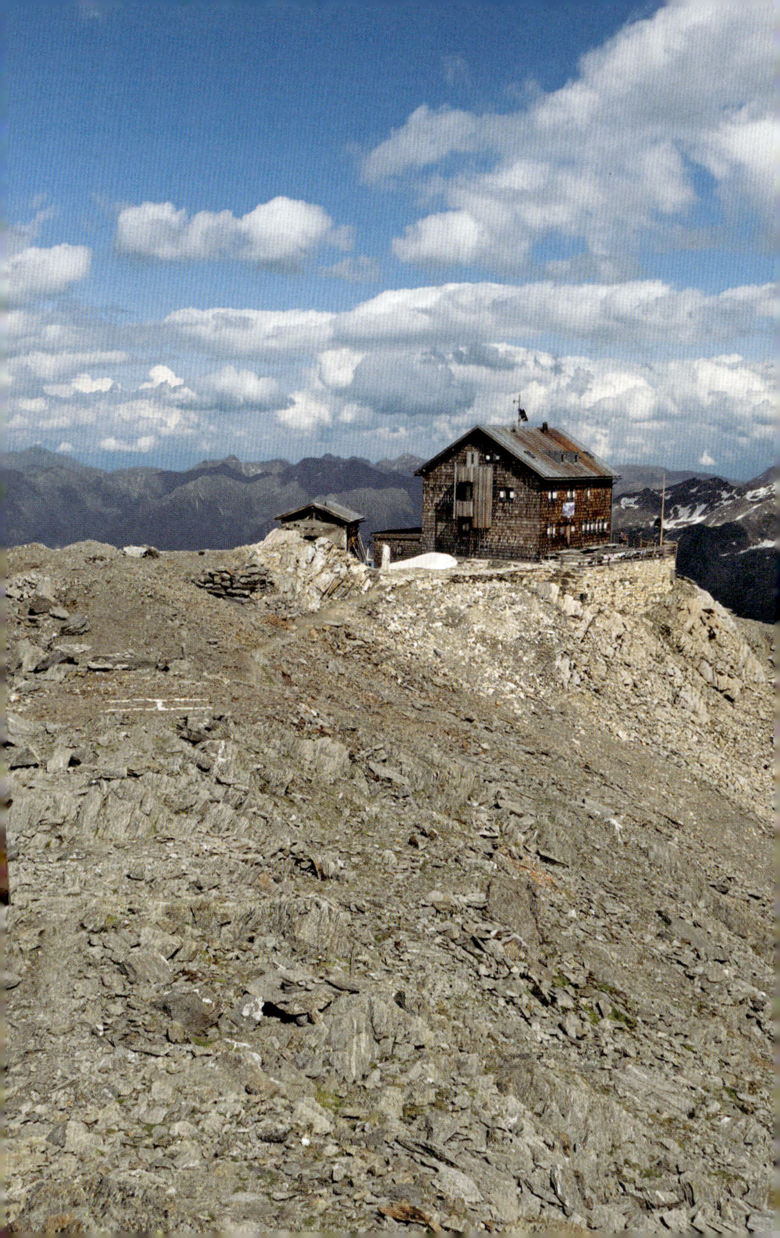

G 11 Hinterer Seelenkogel, 3470 m

2.30 Std.

↑480 ↓480

Über den Gletschern I

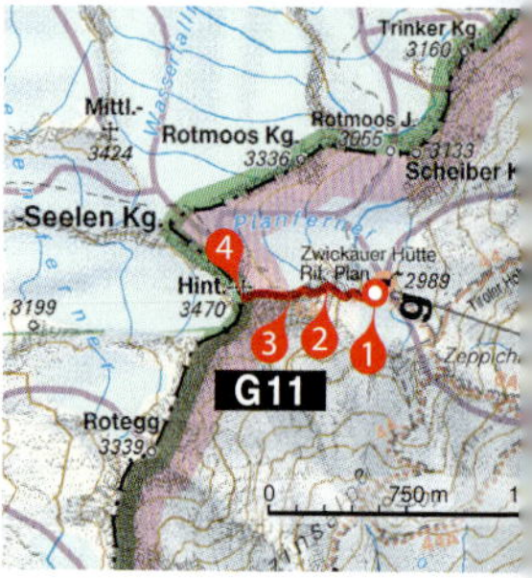

Der Hintere Seelenkogel ist der Hausberg der Zwickauer Hütte, und entsprechend zahlreich sind die Bergsteiger, die ihn jeden Tag erklettern. Seine Besteigung bietet sich quasi als Vorprogramm für die recht kurze Etappe zur Stettiner Hütte an. Der Aufstieg enthält zahlreiche kleinere Kletterstellen, die den Einsatz der Hände erfordern. Wanderstöcke (und Gepäck) lässt man also am besten in der Hütte. Die Aussicht vom Seelenkogel ist einfach unvergleichlich. Direkt unter einem liegen die Gletscher des Gurgler Kamms, vor allem der beeindruckende Wasserfallferner. Man blickt aber natürlich auch weit in die Ferne: bei guter Sicht vom Ortler bis zum Olperer, zu den Dolomiten und im Süden bis zu den Gletschern der Brenta. Ein einmaliges Erlebnis, das man sich gönnen sollte, wenn man trittsicher ist und ausgesetzte, ungesicherte Stellen nicht scheut. Kletterausrüstung ist in der Regel nicht erforderlich.

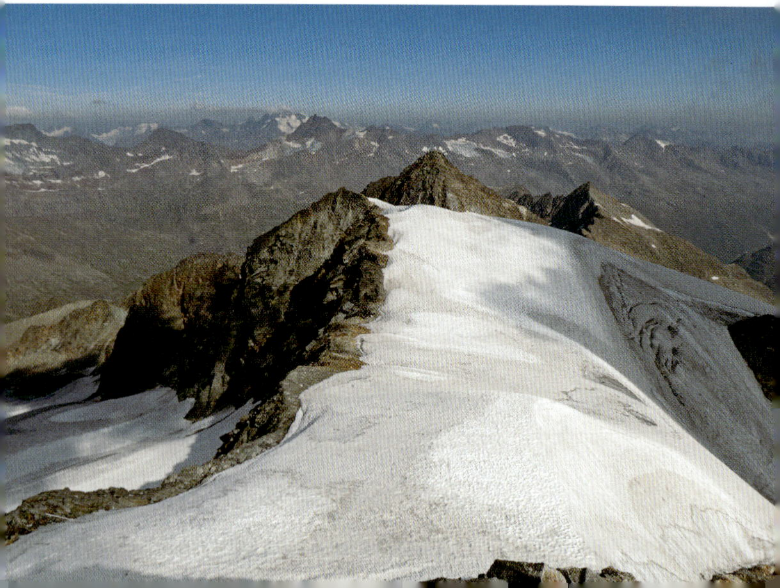

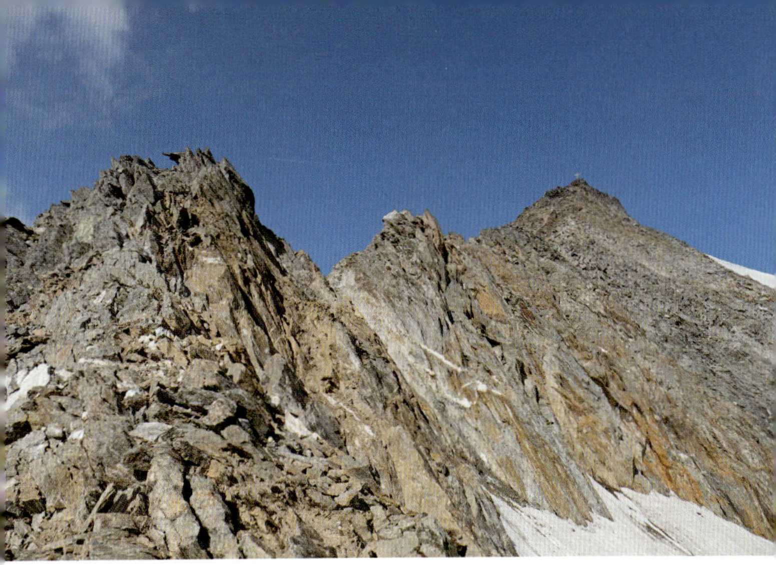

Gipfelgrat zum Hinteren Seelenkogel.

Ausgangs- und Endpunkt: Zwickauer Hütte, 2989 m.
Anforderungen: Trittsicherheit und absolute Schwindelfreiheit nötig. Kletterstellen im I. Grad, zum Teil mit Drahtseilversicherung. Nicht zu empfehlen bei feuchtem Wetter und bei Restschnee.
Markierungen: Rot und Steinmännchen, Weg nicht immer erkennbar.

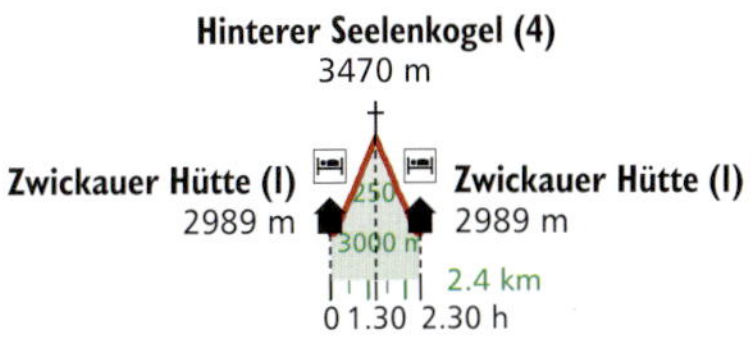

Gleich hinter der **Zwickauer Hütte (1)** beginnt der Aufstiegsweg. Recht bald wird der gut erkennbare Pfad immer wieder durch kleine Klettereinlagen unterbrochen. Nach circa 200 Höhenmetern erreichen wir ein kleines Plateau **(2)**, von dem aus wir entlang des Kamms zu einem Vorgipfel **(3)** aufsteigen, der ungefähr auf halber Strecke liegt. Schon jetzt haben wir einen wunderbaren Blick auf die Reste des Planferners. Über ausgesetzte Steinstufen erreichen wir eine kleine Senke, auf deren anderer Seite mit etwas Kletterei der Gratanstieg zum Gipfel beginnt, dessen Kreuz wir immer fest im Blick haben. Das Gipfelplateau des **Hinteren Seelenkogels (4)**, 3470 m, bietet viel Platz für die Scharen an Bergsteigern, die den Gipfel bei gutem Wetter ersteigen. Nach genussvollem Aufenthalt steigen wir auf demselben Weg wieder hinab zur Hütte.

Blick auf den Wasserfallferner.

12 Zwickauer Hütte – Stettiner Hütte

4.00 Std.
↑790 ↓900

Ans Ende des Pfelderer Tals

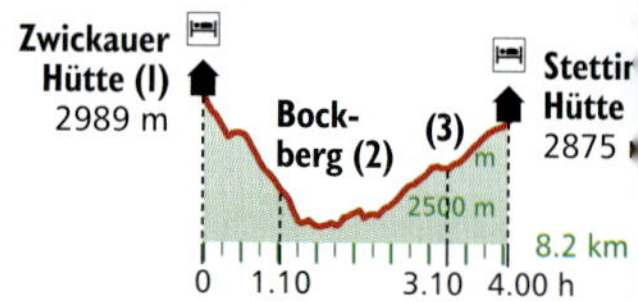

Der Weg von der Zwickauer zur Stettiner Hütte lebt vor allem von der unvergleichlichen Lage der Hütten. Vom Pfelderer Höhenweg, der die beiden verbindet, blicken wir ständig in Richtung Texelgruppe auf der anderen Seite des Pfelderer Tals, vor allem auf das markante Massiv um die Erenspitze, das vom Lazinser- und Faltschnaltal eingerahmt wird. Und natürlich wandert unser Blick immer wieder in Richtung Ziel, wo die Stettiner Hütte knapp unter dem Eisjöchl zwischen Hoher Weiße und Hochwilde liegt. Nach einem unschwierigen Marsch über Wiesenhänge mit einer kleinen kettenversicherten Passage ist die Gegend um die Hütte wieder von postglazialen Stein- und Schuttfeldern geprägt, durch die sich eine alte Militärstraße windet. Die Stettiner Hütte wurde im schneereichen Frühjahr 2014 von einer Lawine fast völlig zerstört. Ab 2022 bietet ein futuristischer Neubau Platz für die zahlreichen Wanderer, die hier auch auf dem Meraner Höhenweg Station machen.

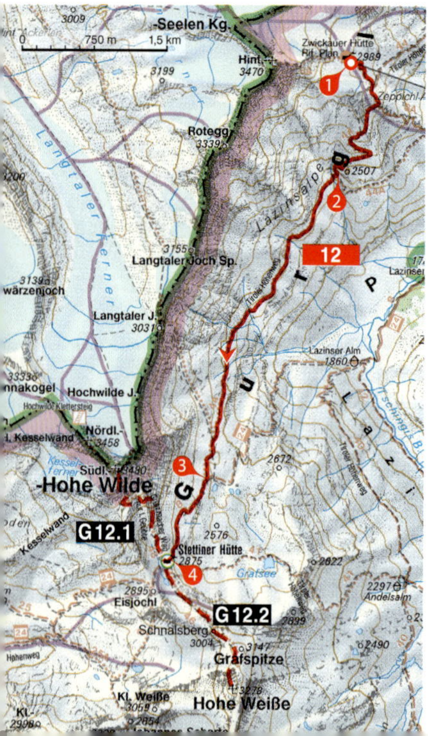

Ausgangspunkt: Zwickauer Hütte, 2989 m.

Anforderungen: Unproblematische Wanderung auf guten Wanderwegen mit kleinen steilen, auch drahtseilversicherten Passagen. Im Frühsommer steile Restschneerinnen!

Markierungen: Rot-weiß, anfangs »6A«, dann »44«.

Unterkunft: Stettiner Hütte, 2875 m, Provinz Bozen, bewirtschaftet Anfang Juli bis Ende September, Tel. +39 0473 424244, stettiner@13h.de, www.stettiner.13h.de.

Gipfeloptionen: Hochwilde, Etappe G 12.1; Hohe Weiße, Etappe G 12.2.

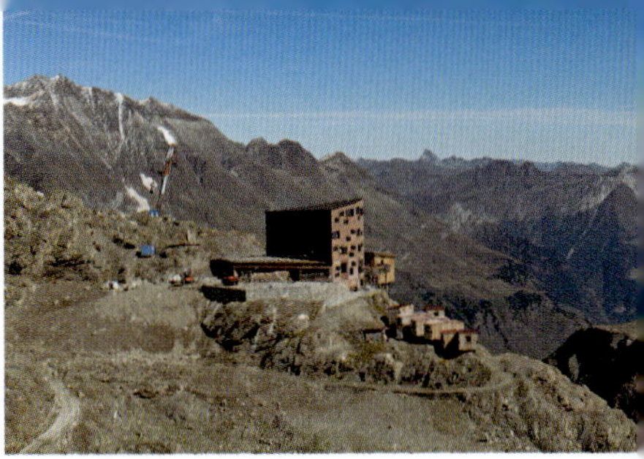

Die neue Stettiner Hütte.

Von der **Zwickauer Hütte (1)** führen uns der gestrige Aufstiegsweg und später der Weg nach Pfelders zunächst ein ganzes Stück bergab. Erst wenn wir uns vom Talweg trennen und nach rechts abzweigen, erreichen wir den kleinen Aufstieg zum **Bockberg (2)**. Von hier blicken wir auf den weiteren Weg, der sich einige Höhenmeter unter uns an der Bergflanke entlang hinzieht. In Serpentinen und über Treppen steigen wir ab, bis wir an einem Bach auf der Höhe des weiteren Weges ankommen. Noch zweimal stören kleine Abstiege, von denen einer mit Drahtseilen gesichert ist, unseren sonst stetigen Aufstieg über die Lazinser Almwiesen. Schließlich erreichen wir eine felsige Hochebene und sind bald an der ehemaligen Militärstraße **(3)**, die zur Hütte und weiter ins Pfossental führt. Mehrere Abkürzungen laden uns ein, den stetig aufsteigenden breiten Weg kurzzeitig zu verlassen. Wir können aber auch in gleichmäßigem Tempo genüsslich der Straße folgen; welch ein Unterschied zum Schlussanstieg zur Zwickauer Hütte! Schließlich erreichen wir die **Stettiner Hütte (4)** mit ihrem Blick ins Pfelderer Tal und auf die Dreitausender Hohe Weiße und Hochwilde.

Hohe Weiße: Blick von der Stettiner Hütte.

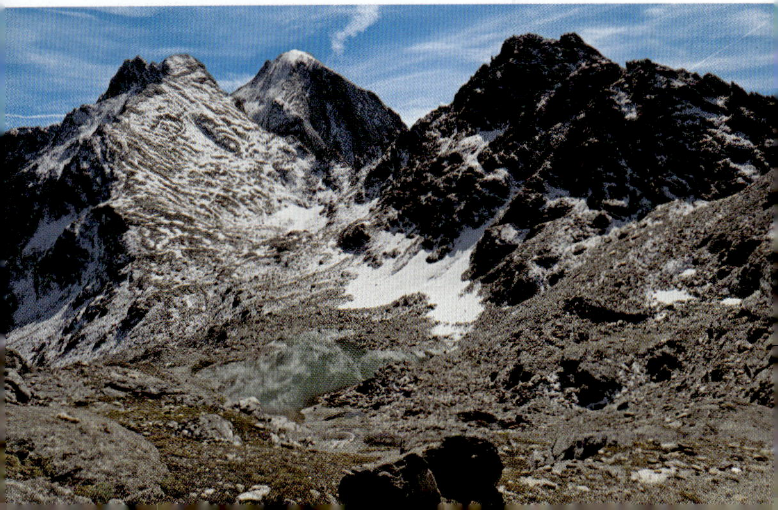

G 12.1 Hochwilde, 3480 m

3.30 Std.

↑600 ↓600

Über den Gletschern II

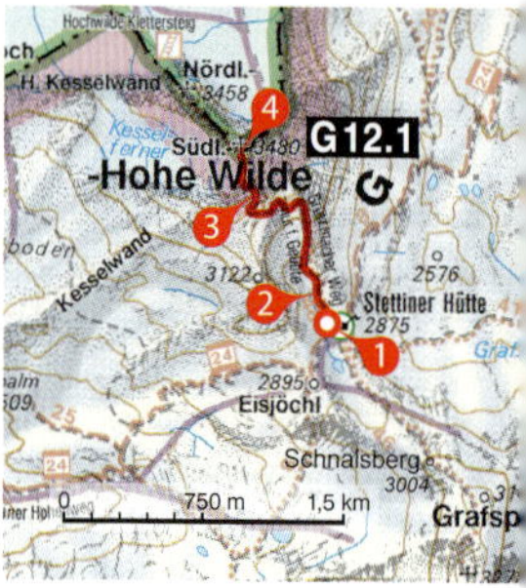

Neben dem Hinteren Seelenkogel ist die Hochwilde einer der prominentesten Gipfel des Gurgler Kamms. Sie thront majestätisch über der Gletscherwelt des Langtaler und Gurgler Ferners. Bei guter Sicht ist der Blick schlicht überwältigend. Von der Stettiner Hütte ist die Hochwilde über den gut markierten und präparierten Grützmacher-Weg zu erreichen, dessen Wegführung 2012 wegen Steinschlaggefahr neu eingerichtet wurde, sodass der Gipfel nicht mehr über die Hochwildescharte im Osten, sondern über einen kleinen Vorgipfel im Westen erreicht wird. Mehrere seilversicherte Kletterstellen helfen beim Aufstieg. Auch die Hände wird man bei vielen ausgesetzten Stellen und der einen oder anderen kleinen Kraxelei brauchen, sodass Stöcke und Gepäck am besten in der Stettiner Hütte bleiben. Wer über einen Klettersteig auch den etwas niedrigeren Nordgipfel ersteigen möchte, sollte entsprechende Ausrüstung dabeihaben.

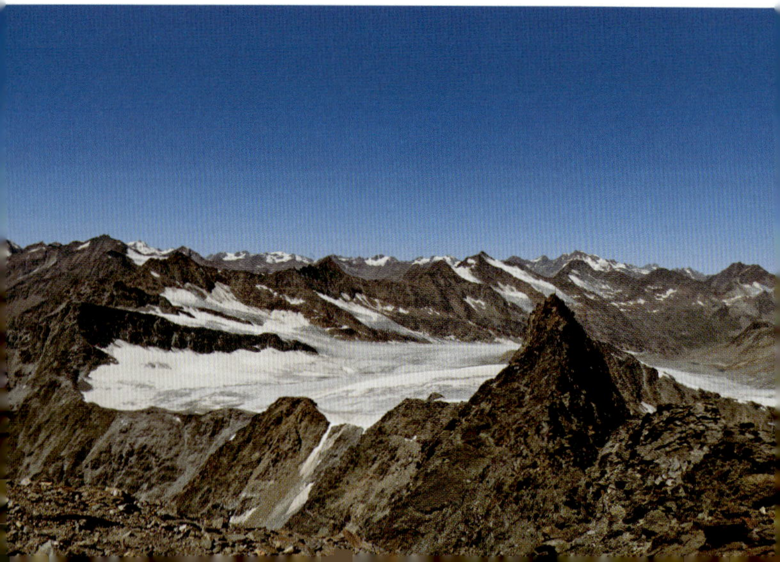

Ausgangs- und Endpunkt: Stettiner Hütte, 2875 m.
Anforderungen: Hochalpine Tour mit ausgesetzten Kletterpassagen. Trittsicherheit, Schwindelfreiheit und alpine Erfahrung unbedingt erforderlich.
Markierungen: Steinmandl, »48«.

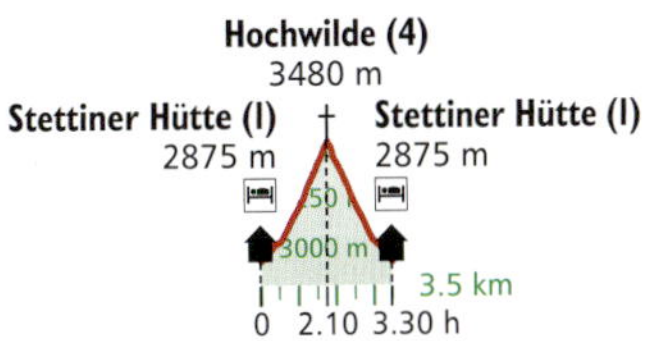

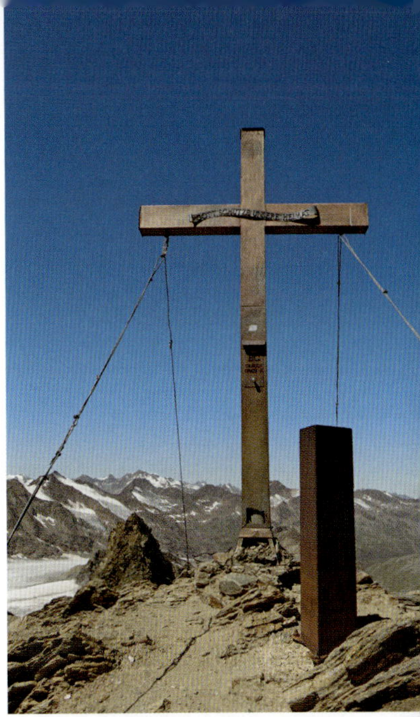

Die Hochwilde ist der höchste in diesem Wanderführer beschriebene Gipfel.

Direkt hinter der **Stettiner Hütte (1)** beginnt der Aufstiegsweg zur Hochwilden. Nach wenigen Minuten ist schon der Gletschersee **(2)** erreicht, auch wenn von einem Gletscher nicht mehr viel zu sehen ist. Wir lassen den See links liegen und steigen auf einer Geröllflanke weiter auf, bis die gröberen Felsen beginnen. Immer wieder kommen wir nach kleineren Klettereien zu Zwischenplateaus, die meist mit großen Steinmandln markiert sind. Auf ungefähr 3150 m knickt der Steig nach links/Westen ab. Kurz später beginnt der neu angelegte Teil des Aufstiegswegs. An die Absperrung des alten sollten wir uns unbedingt halten, weil seine Begehung durch Steinschlag extrem gefährlich werden kann und er auch nicht mehr gepflegt wird! Je höher wir kommen, desto häufiger treffen wir auf kurze Wegstrecken mit Seilsicherung, entweder weil der Weg extrem ausgesetzt ist oder weil es steil bergauf geht und wir klettern müssen. Kurz unter dem Vorgipfel sind sogar drei in den Fels betonierte Metallstufen dabei. Das Ende der Kletterei kommt ziemlich plötzlich, und wir stehen auf einem kleinen südlichen Vorgipfel **(3)** und sehen das Gipfelkreuz nur einen kurzen Gratweg entfernt. Der Grat ist noch einmal sehr ausgesetzt, aber bald stehen wir am großen Gipfelkreuz der **Hochwilden (4)**, 3480 m, und staunen über die umwerfende Aussicht. Zurück zur **Stettiner Hütte (1)** geht es schließlich über den Aufstiegsweg.

Blick auf Nordgipfel und Gurgler Ferner.

G 12.2 Hohe Weiße, 3278 m

3.30 Std.
↑600 ↓600

Dem Lodner aufs Dach geschaut

Wenn sich die Hochwilde in Wolken hüllt, ist die Hohe Weiße wegen ihrer südlicheren Lage ohne große Gletscher in der direkten Nachbarschaft oft schon oder noch wolkenfrei. Dann ist sie eine lohnende Alternative zur Hochwilde. Natürlich kann sie mit der Aussicht nicht ganz mithalten, weil der Blick auf die Gletscher fehlt, dafür kann man dem benachbarten Lodner direkt aufs Dach schauen. Auch der Aufstieg auf dem Willy-Ahrens-Weg durch die Geröllflanken zum Übergang zur Grafspitze ist wegen des bröselig-rutschigen Gesteins unangenehmer als der Weg auf die Hochwilde. Spektakulär, weil extrem ausgesetzt, aber mit Steinstufen hervorragend präpariert, ist der kurze Gratweg zur Flanke der Grafspitze.

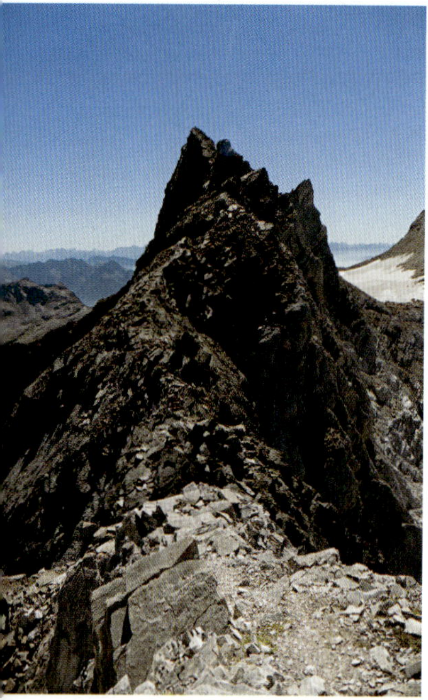

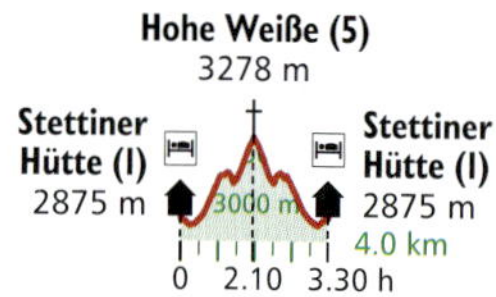

Gratweg, links und rechts geht's steil nach unten.

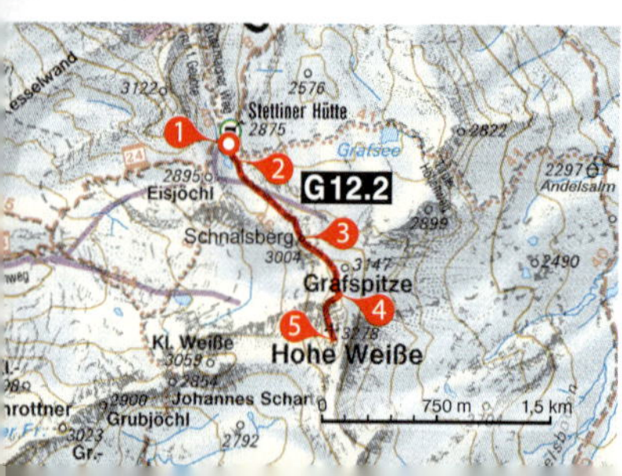

Ausgangs- und Endpunkt: Stettiner Hütte, 2875 m.
Anforderungen: Hochalpine Tour mit ausgesetzten, nur wenig abgesicherten Kletterpassagen auf teilweise bröselig-rutschigem Untergrund. Trittsicherheit, Schwindelfreiheit und alpine Erfahrung unbedingt erforderlich.
Markierungen: »46«, Steinmandl.

Von der **Stettiner Hütte (1)** geht es zunächst etwas bergab zum kleinen See unterhalb der Hütte, wo wir den Abzweig **(2)** zur Andelsalm (Etappe 13) ignorieren und uns anhand der wenigen Steinmandl einen Weg durch die Blockfelder zum Beginn der Geröllflanke des Vorbergs der Grafspitze suchen. Von den vielen erkennbaren Spuren wählen wir am besten die, die links möglichst nah am Grat aufsteigt. In Serpentinen gewinnen wir an Höhe, bis der Weg direkt zum höchsten (südöstlichen) Punkt des Vorbergs **(3)**, 3088 m, führt. Hier blicken wir nun auf den Gratweg, der mit Stufen ohne Halt links oder rechts beginnt und auf beiden Seiten steil in die Tiefe abfällt. Am Ende des Grates gehen wir nur wenige Meter an der Flanke der Grafspitze entlang, kommen an der Gedenktafel für den Erbauer des Steigs, Willy Ahrens, vorbei, und steigen bald durch loses Geröll ab zur Senke **(4)** zwischen Grafspitze und Hoher Weiße meist mit einem großen Restschneefeld. Am schneefreien Rand der Senke gelangen wir zur anderen Seite und beginnen mit dem Aufstieg zur Hohen Weiße. Der gestaltet sich zunächst unkompliziert und schlängelt sich durch den Schutt nach oben. Schließlich erreichen wir Felsrinnen, die, gefüllt mit lockerem Gestein, parallel aufwärtsführen. Der Pfad durch diese Rinnen ist nicht immer eindeutig, Zum Teil ist es angebracht, auch die Hände zum Sichern einzusetzen. Haben wir diesen ungefähr hundert Meter langen Abschnitt geschafft, geht es auf der flachen Kuppe bequem zum Gipfel der **Hohen Weiße (5)**, 3278 m, mit seinem exklusiven Blick auf den Lodner. Für den Rückweg zur **Stettiner Hütte (1)** bleibt uns schließlich wieder nur der Aufstiegsweg.

Blick vom Gipfel der Hohen Weiße auf den Lodner bei bestem Bergwetter.

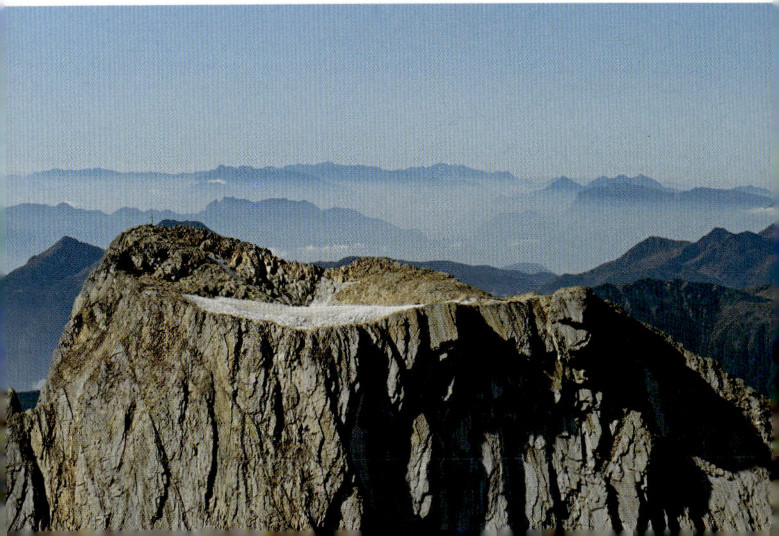

13 Stettiner Hütte – Andelsalm – Pfelders

4.30 Std.
↑170 ↓1420

Darf's ein Scharterl mehr sein?

Die Etappe von der Stettiner Hütte nach Pfelders ist recht kurz, sodass es sich anbietet, vorher einen der beiden Hausberge der Hütte zu besteigen. Für den Abstieg nach Pfelders kann man entweder die relativ bequeme Militärstraße wählen, oder man gönnt sich den Weg durch die Geröllfelder der Grafspitze zum Grafsee und über die dahinter liegende namenlose Scharte zur Andelsalm. Diese liegt wunderbar eingebettet in die grüne Wiesenlandschaft des Lazinser Tals, durch das man zurück zur Militärstraße wandert, die man ungefähr auf halber Höhe des Abstiegs zur Lazinser Alm erreicht. In Pfelders im »Inser Lodn« oder in Martin's Hofladen am Gasthof Zeppichl können wir die Wandervorräte für die abschließenden beiden Tagesetappen nach Meran füllen, entweder schon heute oder am nächsten Morgen vor dem Aufstieg ins Faltschnaltal.

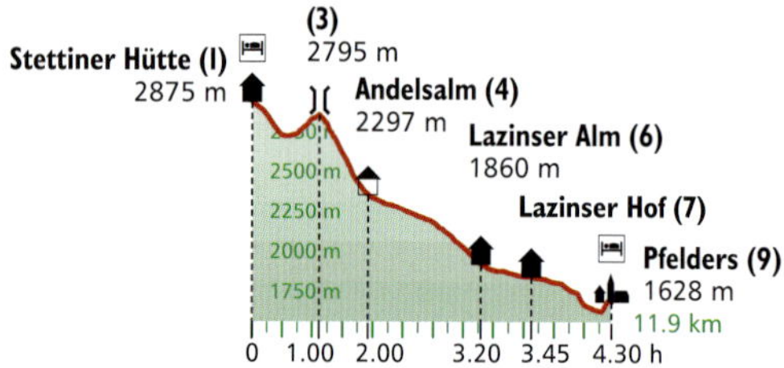

Ausgangspunkt: Stettiner Hütte, 2875 m.
Anforderungen: Langer Abstieg, kurze Seilversicherungen auf dem Weg von der Scharte zur Andelsalm.
Markierungen: Rot-weiß, »41« bis Andelsalm, »40« bis zum Militärweg, »8« nach Pfelders (oder »24« oder »8B« zum Gasthof Zeppichl).
Einkehr: Lazinser Alm, bewirtschaftet Juni bis Oktober; Tel. +39 0473 646800; Lazinser Hof, ganzjährig; Tel. +39 0473 424482.
Unterkunft: Gasthof Zeppichl oder Residence Panorama (***), privat, Tel. +39 0473 646762 oder +39 334 1810705, info@zeppichl.com, www.zeppichl.com; Garni Firn, privat, Tel. +39 0473 646705, info@garnifirn.com, www.garnifirn.com; Hotel Alpenblick (***), Tel. +39 0473 646740, info@alpenblick.org, www.alpenblick.org.
Einkaufsmöglichkeiten: Kleiner Supermarkt in Pfelders (an der Bushaltestelle am Ortsausgang) »Inser Lodn«, Öffnungszeiten: Mo–Sa 8–12 Uhr; Mo/Mi/Fr 15–18 Uhr; Martin's Hofladen und Bergkäserei Pfelders Seppnerhof am Gasthof Zeppichl; Bankautomat an der Tourist-Info.
Verkehrsmittel: Nahezu stündliche Busverbindung Pfelders – Meran (mit Umstieg in St. Leonhardt), www.suedtirolmobil.info.

Weg durchs Lazinser Tal mit Blick auf den Hinteren Seelenkogel.

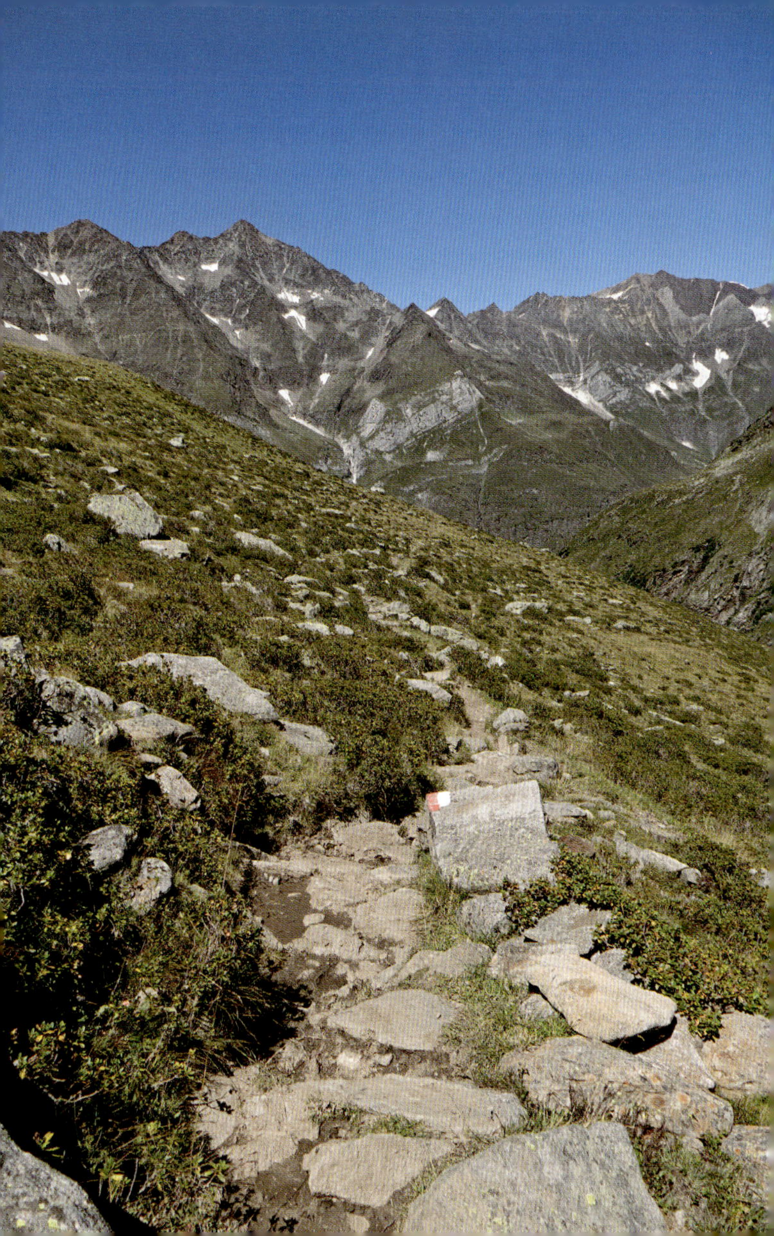

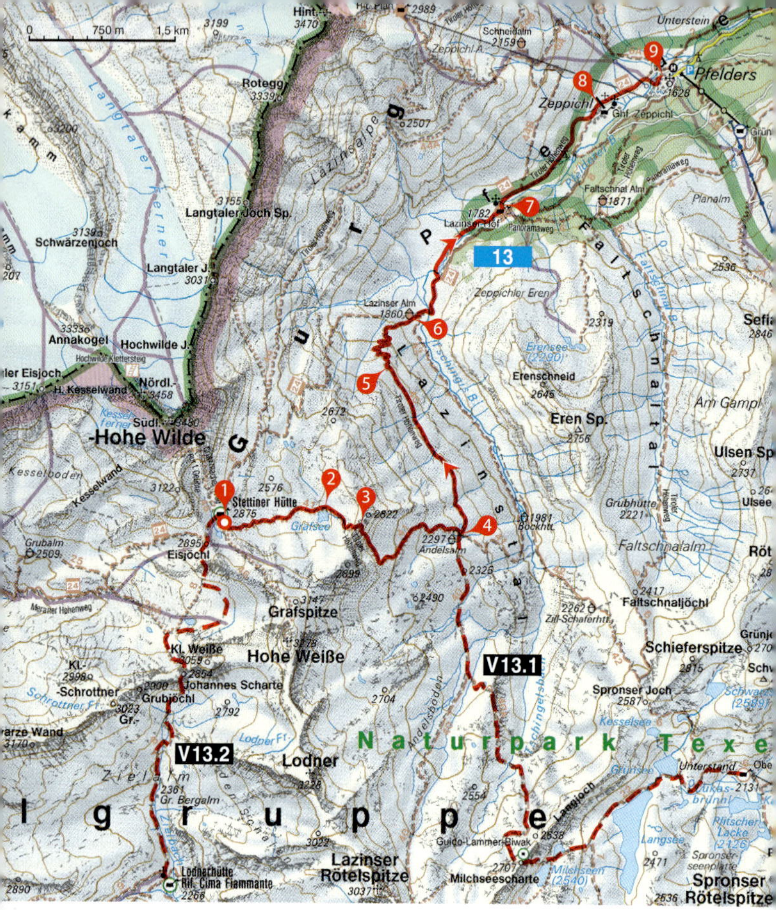

Direkt unterhalb der **Stettiner Hütte (1)** steigen wir zunächst zum kleinen See ab, wo sich der Weg teilt. Wir halten uns links Richtung Andelsalm. Der Pfad ist gut mit rot-weißen Markierungen gekennzeichnet, ein Weg nicht immer eindeutig zu erkennen. Über verschiedene Hügelstufen, mal auf sandigem, mal auf steinigerem Untergrund, geht es tendenziell erst einmal bergab. Erst nach den Stein- und Schuttfeldern steigen wir über blanken Fels hinauf zum **Grafsee (2)**. Bald weicht der Fels wieder den Schuttfeldern unterhalb der Lazinser Schneide, und auf einem schönen Wanderweg erreichen wir die namenlose Scharte ins Lazinser Tal **(3)**, 2795 m. Auf der anderen Schartenseite ist plötzlich alles grün. Die Almwiesen der Andelsalm reichen fast bis zur Scharte herauf. Aber es ist steil, sodass der Weg erst die geeignete Stelle zum Abstieg suchen muss. Zwei kleine unschwierige Drahtseilstellen helfen uns dabei. Durch die von Felsen durchsetzten Grasteppiche erreichen wir schließlich die unbewirtschaftete **Andelsalm (4)**, 2297 m. Dort biegen wir nach links ab in Richtung Talausgang auf den Weg Nr. 40, der uns durch Wiesen und Alpenrosen zur Militärstraße **(5)** bringt. Auf dieser geht es in unzähligen Serpentinen hinab ins Tal zur **Lazinser Alm (6)**, 1860 m, wo wir zu einer wohlverdienten Jause einkehren können. Kurz nach der Lazinser Alm verlassen wir den Wirtschaftsweg und wechseln über eine Brücke auf die andere Bachseite zum neu angelegten Wanderweg Richtung **Lazinser Hof (7)**, 1782 m. Von dort folgen wir dem Wirtschaftsweg durch ein kleines Wäldchen hindurch zur kleinen Ansiedlung **Zeppichl (8)**, 1676 m, mit dem Gasthof und der neuen Mountain Residence. Falls wir nicht dort übernachten, führt uns die kleine Versorgungsstraße den Hügel hinab nach **Pfelders (9)**.

Grafsee, dahinter die Grafspitze.

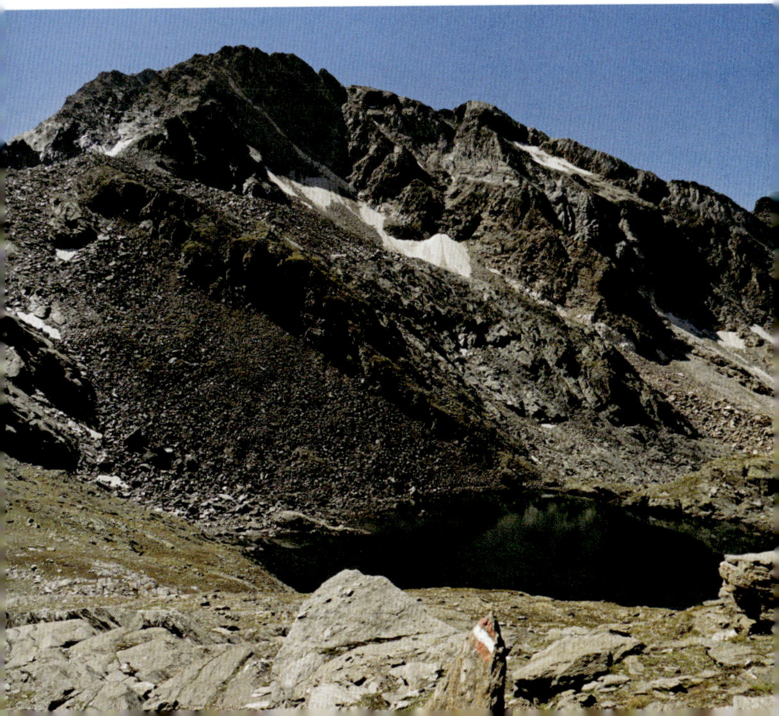

V 13.1 Stettiner Hütte – Oberkaser

5.30 Std.

↑610 ↓1350

Für Eilige

Wer weder nach Pfelders absteigen noch über die Lodner Hütte gehen, sondern einen Tourentag einsparen will, vielleicht auch, weil das Wetter kippt, der kann direkt von der Stettiner Hütte zur Oberkaseralm wandern. Allerdings sollte es für den Abstieg durch die Milchseescharte trocken sein, denn sonst wird die Drahtseilpassage jenseits der Scharte gefährlich rutschig. Auch wenn sich bis in den Frühsommer hinein Schneereste in der Felsrinne zu den Milchseen halten, ist der Abstieg hier gefährlich und nicht zu empfehlen. Am besten fragen wir dazu mal wieder den Hüttenwirt, denn wer möchte schon deswegen eine Nacht im allerdings traumhaft gelegenen Biwak Guido Lammer verbringen. Landschaftlich ist die Etappe dreigeteilt: erst die Steinwüste unterhalb der Grafspitze, dann das grüne, von Almwiesen geprägte Lazinser Tal mit dem nur am Ende felsigen Aufstieg zur Milchseescharte und schließlich die Seenlandschaft der Spronser Seen mit ihren verschiedenen Stufen bis zur Oberkaseralm. Wer es ganz eilig hat, der erreicht von hier aus in gut zwei Stunden auch noch die Bergstation der Hochmuth-Seilbahn, mit der man ins Dorf Tirol abfahren kann.

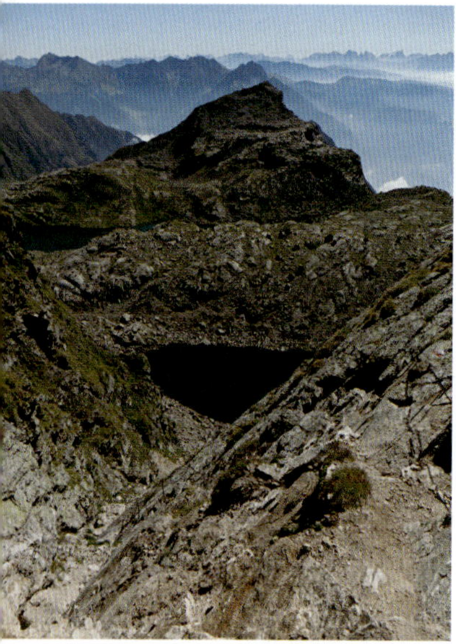

Abstieg zu den Milchseen, dahinter lugt schon der Langsee hervor, überragt von der Spronser Rötelspitze (G 14.2).

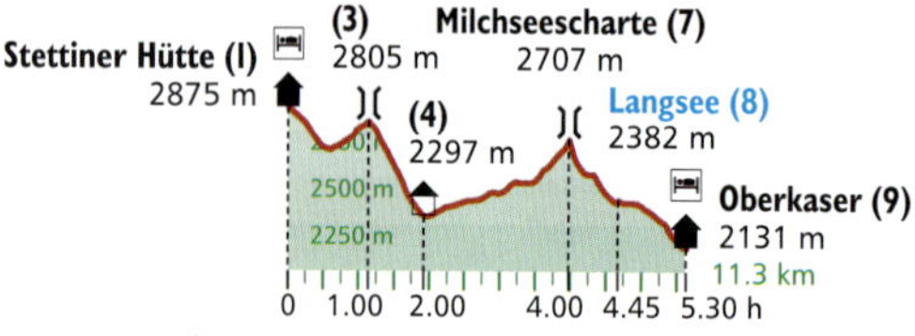

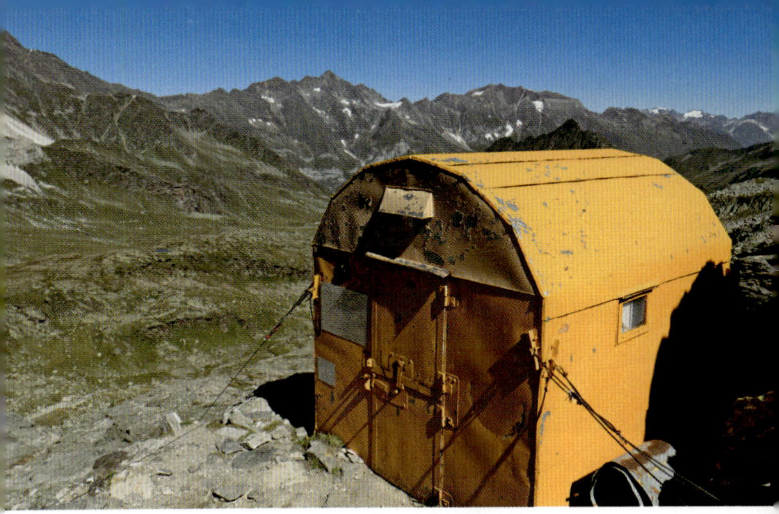

Das Biwak Guido Lammer ist nicht nur Notunterkunft bei Unpassierbarkeit der Milchseescharte, sondern auch leuchtend orangefarbener Orientierungspunkt.

Ausgangspunkt: Stettiner Hütte, 2875 m.
Anforderungen: Steiler, zum Teil drahtseilversicherter Abstieg von der Milchseescharte. Nichts für schlechtes Wetter oder bei Restschnee.

Markierungen: Rot-weiß, »41« bis Andelsalm, »40A« bis Milchseescharte, »7« bis Langsee, »22/6« bis Oberkaser.
Unterkunft: Siehe Etappe 14.
Gipfeloption: Spronser Rötelspitze, G 14.2.

Von der **Stettiner Hütte (1)** folgen wir am **Grafsee (2)** vorbei über die Scharte **(3)** südlich der Lazinser Schneide bis zur **Andelsalm (4)**, 2297 m, der Route der Etappe 13. An der Alm wenden wir uns nach rechts (Süden) in Richtung Halsljoch zwischen Tschigat und Lazinser Rötelspitze am Talende. Zunächst geht es durch recht felsiges Gelände, bis wir eine weite Ebene mit sanften Almwiesen erreichen. Kurz bevor der Weg zum Halsljoch beginnt anzusteigen, biegen wir an ein paar Tümpeln auf den Weg 40A **(5)** nach links ab. Weglos geht es hier durch die Wiesen und über zwei kleinere Bäche von einer rot-weißen Markierung zur nächsten. Erst wenn wir an die steil abfallende Schlucht des Tschingelsbachs kommen, taucht wieder ein Pfad auf, dem wir talaufwärts folgen. An einer großen Schwemmebene **(6)** queren wir den sich durch Wollgrasfelder schlängelnden Bach. Nun beginnt der steinige Teil des Aufstiegs zur Milchseescharte. Wir hangeln uns wieder von Markierung zu Markierung, die eine oder andere kleine Klettereinlage ist auch dabei, und halten auf das orangefarben leuchtende Biwak Guido Lammer zu, das den Eingang zur **Milchseescharte (7)**, 2707 m, bewacht. Von der Scharte blicken wir steil nach unten auf den größeren der beiden Milchseen, etwas weiter hinten auf den

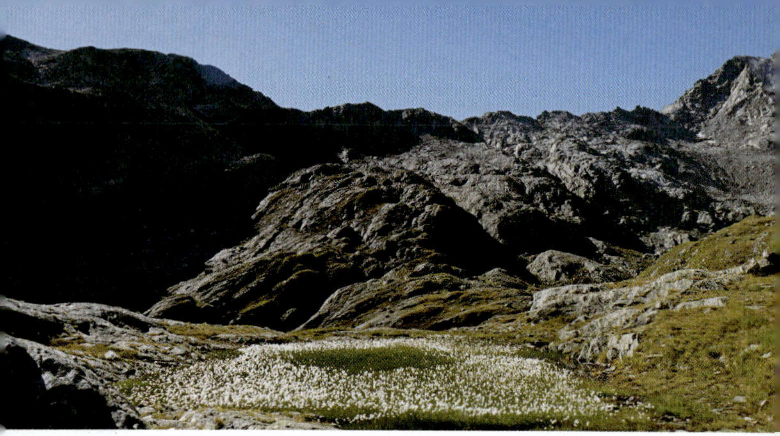

Wollgrastümpel oberhalb der Tschingelsbachschlucht.

Langsee und auf die Spronser Rötelspitze (Etappe G 14.2). Gleich jenseits der Scharte beginnen die Kettenversicherungen, die uns im Zickzack die steile Rinne hinuntergeleiten. Nur wenig später stehen wir auf dem Felsübergang zwischen den beiden Milchseen. Ein wenig steiler wird es noch einmal beim allerdings kurzen Abstieg zum Langsee, der Weg ist aber inzwischen so gut präpariert, dass ihn auch die Seilbahntouristen, auf die wir jetzt in immer größerer Zahl treffen, ohne Probleme gehen können. Der malerische **Langsee (8)** bietet sich nun an für ein erfrischendes Bad, bevor wir am Grünsee und der Ruine der ehemaligen Meraner Hütte vorbei die letzte große Felsstufe zur **Oberkaseralm (9)**, 2131 m, hinter uns bringen, an der uns neben regem touristischen Treiben auch Kuh- und Ziegenglocken begrüßen.

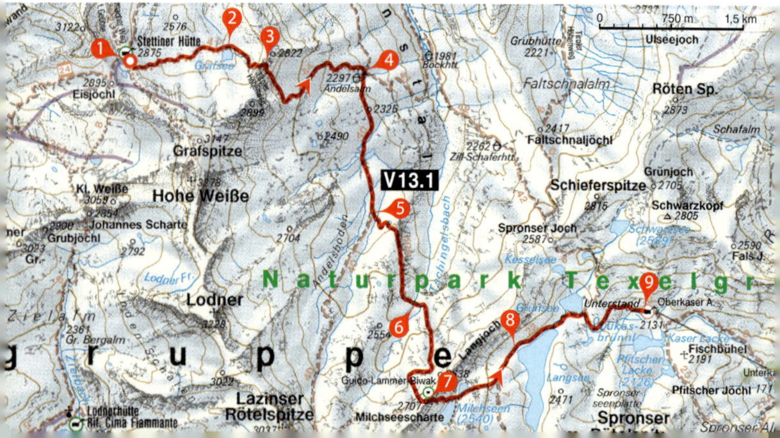

3.00 Std.
↑230 ↓850

Stettiner Hütte – Lodnerhütte V 13.2

Hochalpiner Übergang

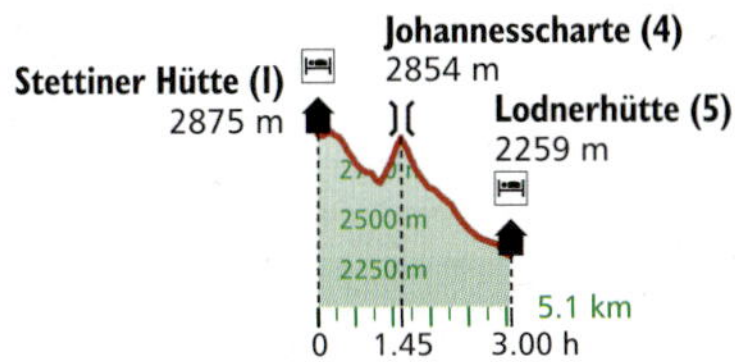

Wer statt nach Pfelders abzusteigen lieber hochalpin unterwegs ist, der besteigt heute erst die Hochwilde (G 12.1) oder die Hohe Weiße (G 12.2) und wandert anschließend weiter zur Lodnerhütte. Auch wenn die Etappe kurz ist, hat sie es in sich, denn sowohl der Aufstieg zur als auch der Abstieg von der Johannesscharte verlaufen durch steile, mit Ketten versicherte Rinnen. Vor allem der Zustieg ist sehr rutschig und unangenehm, aber eben auch eine Herausforderung. Bei Restschnee bis in den Frühsommer sollte man die Scharte meiden. Vom Eisjöchl hat man allerdings schon einen guten Blick auf die Nordseite der Scharte und kann die Schneelage gut einschätzen und gegebenenfalls früh umkehren. Hat man die Ketten auch jenseits der Scharte hinter sich, geht es bequem durchs immer grüner werdende Zieltal zur Lodnerhütte.

Ausgangspunkt: Stettiner Hütte, 2875 m.
Anforderungen: Hochalpine Tour mit langen, kettenversicherten Passagen beim Auf- und Abstieg zur Johannesscharte.
Markierungen: Rot-weiß, »8«.

Unterkunft: Lodnerhütte, 2259 m, Provinz Bozen, bewirtschaftet Ende Juni bis Ende September, Tel. +39 0473 967367, lodnerhuette.zieltal@gmail.com, www.lodnerhuette.com.

Lodnerhütte.

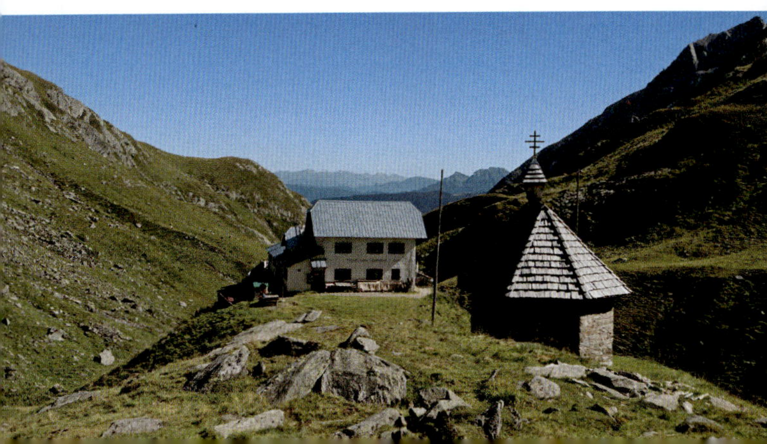

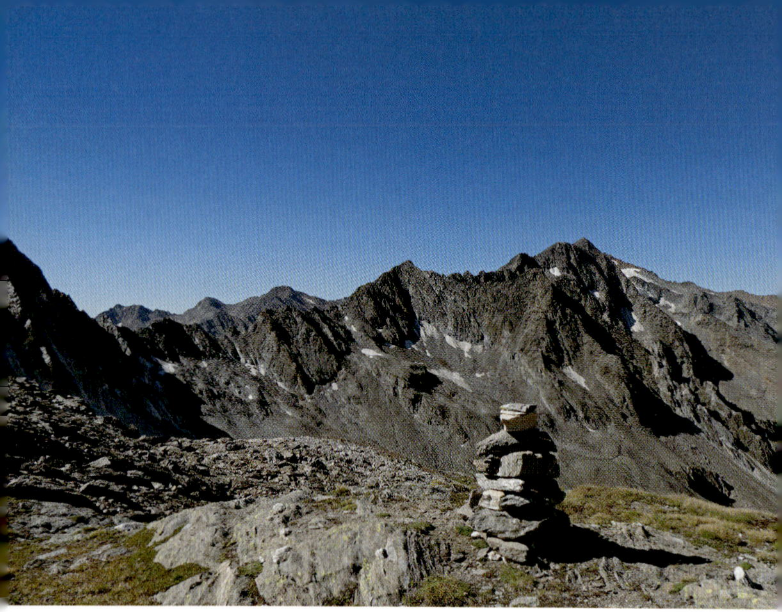

Steinmandl am Eisjöchl, im Hintergrund die Schwarze Wand.

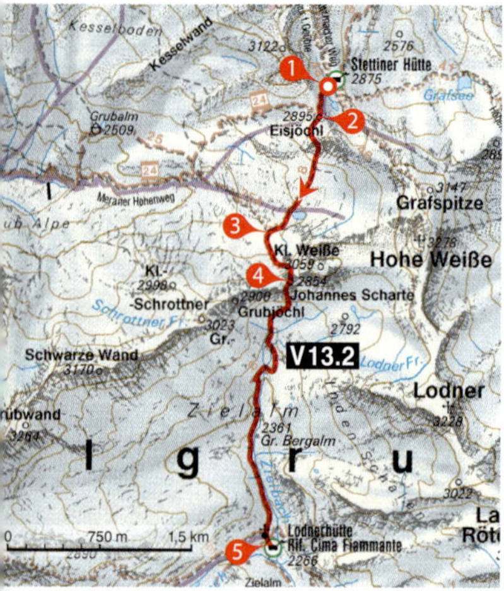

Von der **Stettiner Hütte (1)** zum **Eisjöchl (2)**, 2895 m, sind es nur wenige Meter die Militärstraße hinauf. Warum das Militär hier nur wenige Meter unterhalb des Jochs noch einen nicht mehr begehbaren Tunnel anlegte, bleibt ein Rätsel. Kaum haben wir die Straße auf der anderen Seite des Jochs wieder erreicht, zweigt links unser Wanderweg zur Johannesscharte ab. Nur wenige Meter geht es durch Geröll, dann kommen wir zu einem kurzen, drahtseilgesicherten Abstieg. Nach dieser steilen Stelle wird der Weg immer flacher und zielt auf den kleinen Gletschersee des nur noch zu erahnenden Grabferners unterhalb der Hohen Weiße. Nach dem See geht es durch Geröllfelder wieder leicht aufwärts bis zu einem Wegweiser **(3)**, der uns nach links zur Felswand schickt, über der, noch nicht erkennbar, die Johannesscharte liegen muss. Auf steinigem Untergrund steigen wir immer steiler aufwärts, bis wir unterhalb der Felswand nach links gelotst werden. Haben wir die Wand umgangen, erreichen wir den Beginn der steilen Schotterrinne, an deren Seite uns eine im Fels befestigte Kette Halt für den Aufstieg gibt. Nach etwas mehr als halber Strecke zur Scharte wechseln wir auf die andere Seite der Rinne zu weiteren Kettensicherungen, die uns bis zur Scharte hinauf begleiten. Von der **Johannesscharte (4)**, 2854 m, blicken wir hinüber ins Zieltal und sehen gleich die nächsten Ketten an der Felswand hängen. Auch hier ist der Pfad bröselig, aber nicht ganz so rutschig wie beim Aufstieg. Je weiter wir nach unten kommen und je mehr sich die Kehren nach der Kettenstelle auseinanderziehen, desto bequemer wird der Wanderweg. Nachdem wir das Bachbett im Tal überquert haben, geht es durch Almwiesen weiter bergab bis zur **Lodnerhütte (5)**, die wir aber erst spät zu Gesicht bekommen, weil sie von einem grünen Hügel verdeckt wird.

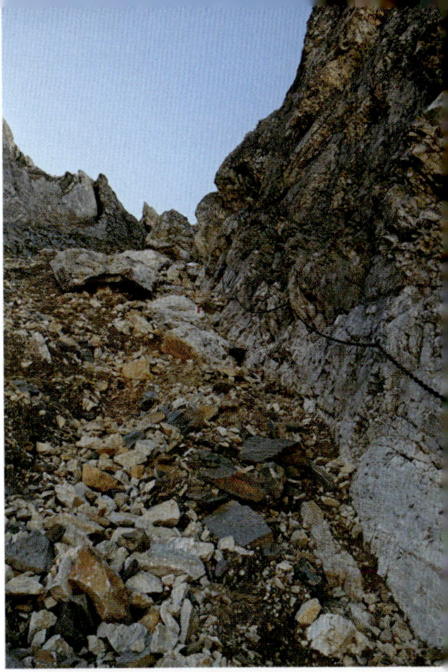

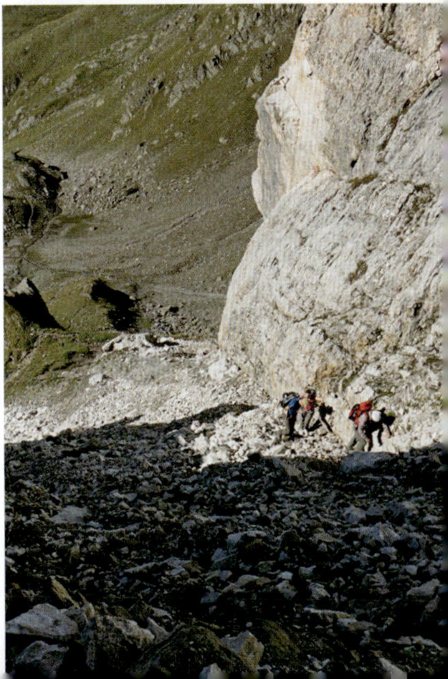

Oben: Der Aufstieg zur Johannesscharte ist zwar mit Ketten gesichert, aber ekelhaft rutschig.
Unten: Auch der Abstieg von der Johannesscharte erfolgt steil an Ketten, ist aber stabiler als der Aufstieg.

14 Pfelders – Oberkaser

4.30 Std.

↑1030 ↓530

Auf dem Weg der Toten

Bis zum Jahre 1787 gehörte Pfelders zur Pfarrei St. Peter unterhalb von Schloss Tirol und hatte keinen eigenen Friedhof. Das hatte zur Folge, dass die Toten zur Einsegnung nach St. Peter gebracht werden mussten. Im Sommer nahm man dafür den Weg durchs Faltschnaltal übers Faltschnaljöchl und das Spronser Joch, der heute bei uns auf dem Programm steht. Im Winter war das natürlich ein Problem, denn so lange die Jöcher tief verschneit waren, war für die Lebenden und die Toten ein Übergang nicht möglich. So mussten die Leichen in Eishöhlen gekühlt und aufbewahrt werden, bis sie im Frühsommer nach St. Peter transportiert werden konnten. Die Wanderung das Faltschnaltal hinauf gehört zu den unkompliziertesten Touren dieses Wanderführers. Der Weg steigt nur langsam, aber stetig an und liegt frühmorgens auch noch angenehm im Schatten. Vom Faltschnaljöchl haben wir einen tollen Blick auf Lodner, Hohe Weiße und Hochwilde und nach dem Spronser Joch begeben wir uns in die alpine Traumlandschaft der Spronser Seen, ein Highlight zum Abschluss des Tiroler Höhenwegs.

Faltschnaljöchl: Hier kommen Faltschnaltal und Lazinser Tal südlich der Erenspitz zusammen.

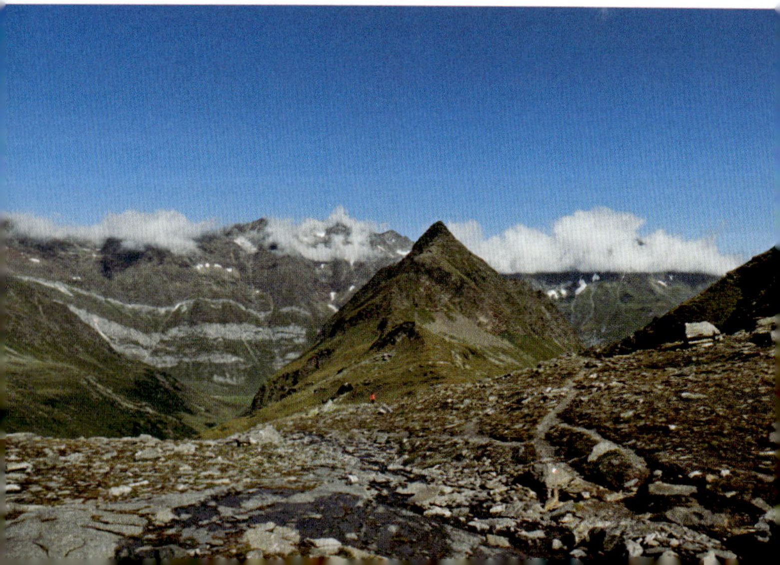

Ausgangspunkt: Pfelders, 1628 m.
Anforderungen: Unschwerer Auf- und Abstieg auf gut markierten Wanderwegen.
Markierungen: Rot-weiß, »6«.
Einkehr: Faltschnalalm, 1871 m (ziemlich am Anfang der Tour), bewirtschaftet Mitte Mai bis Mitte Oktober; Tel. +39 389 8796024.
Unterkunft: Oberkaser, 2131 m, privat, bewirtschaftet Anfang Juni bis Mitte Oktober, Tel. +39 0473 420452 oder +39 349 0720957, www.oberkaser.it.
Gipfeloptionen: Schwarzkopf, Etappe G 14.1; Spronser Rötelspitze, Etappe G 14.2.

Von **Pfelders (1)** nehmen wir zunächst den Wirtschaftsweg zurück in Richtung Talende. Kurz oberhalb des Ortes zweigt scharf links eine Schotterstraße ab, die zur Faltschnalalm und zum Spronser Joch beschildert ist. Schon wenig später schickt uns ein Wegweiser in den Wald, wo wir langsam, aber stetig aufsteigen. Dabei queren wir ein weiteres Mal die Straße zur Alm und erreichen schließlich an einem Gatter nicht nur die Waldgrenze, sondern auch die Almen der **Faltschnalalm (2)**, 1871 m. Eigentlich würde sich die schön gelegene Alm für eine Rast anbieten, aber wir sind ja gerade erst gestartet. Nun beginnt der lange Weg das Faltschnaltal hinauf durch felsendurchzogene Almwiesen, auf denen wir immer wieder Relikte früherer Almbewirtschaftung finden. Heute weiden hier auch noch Kühe, die aber von der Falt-

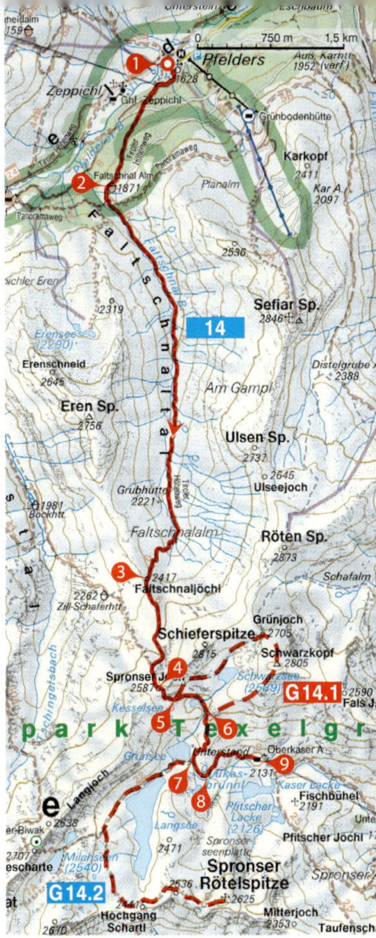

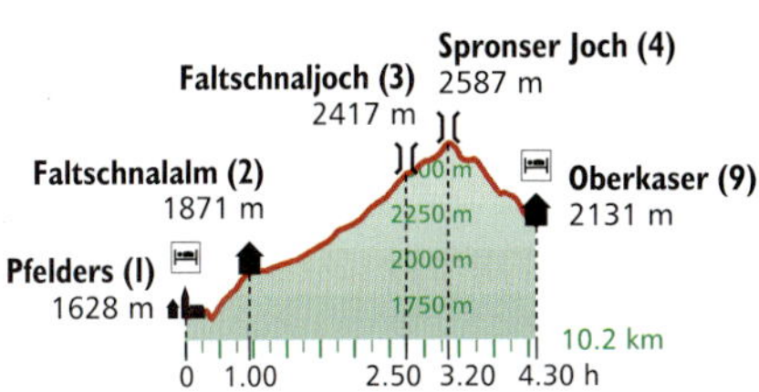

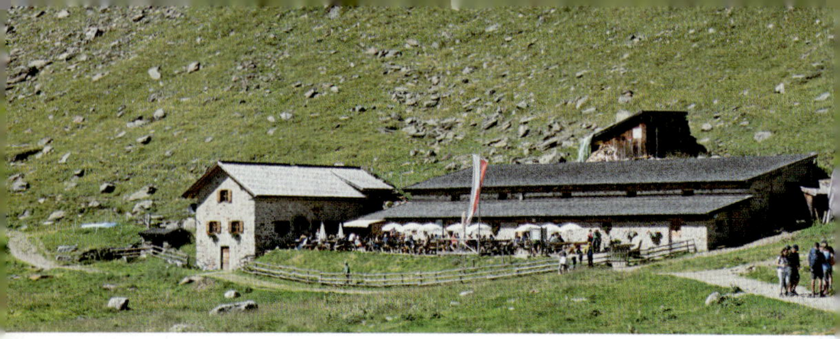

Oben: Oberkaser, tagsüber ein beliebtes Ziel von der Seilbahn Hochmuth aus.
Rechts: Vom Schiefen See fließt das Wasser weiter zum Grünsee, dahinter liegt der größte der Spronser Seen, der Langsee.

schnalalm aus betreut werden. Die gemütliche Wanderung lässt uns genügend Zeit, auch die Hänge unterhalb der Sefiarspitze abzusuchen, denn neben pfeifenden Murmeltieren kann man, wenn man früh unterwegs ist und ein bisschen Glück hat, den einen oder anderen Steinbock erspähen. Kurz vor dem **Faltschnaljöchl (3)**, 2417 m, wird der Steig steiler; dafür werden wir auf dem Joch mit einem wunderbaren Blick auf den Gurgler Kamm und den Gebirgsstock von Lodner und Hoher Weiße belohnt. Auf dem kurzen Wegstück zum Spronser Joch wird es steiniger, der Wanderweg bleibt aber jederzeit angenehm zu gehen. Am **Spronser Joch (4)**, 2587 m, lohnt sich eine Pause, um einerseits noch einmal zurückzuschauen und andererseits die Landschaft der Spronser Seen auf sich wirken zu lassen. Zwar sieht man zunächst nur den Kessel- und Langsee, aber beim Abstieg kommt auch bald der Schiefe See ins Blickfeld, den wir über eine kettenversicherte Treppe erreichen. Jetzt müssen wir entscheiden, ob wir den eineinhalbstündigen Umweg über den Schwarzkopf (Etappe G14.1) machen wollen, der noch vor dem See, auf einem großen Stein **(5)** angezeigt, abzweigt. Wandern wir direkt weiter, sind wir schnell am Schiefen See und laufen an seinem nördlichen Ufer entlang, bis sich der Bach, der aus ihm abfließt, zu einem Wasserfall wandelt. Hier **(6)** kommt der Weg vom Schwarzkopf zurück zu uns, und wir sehen nun auch den **Grünsee (7)**, zu dem wir als nächstes absteigen. Spätestens hier treffen wir auf viele Tagestouristen, die von der Seilbahn Hochmuth heraufgewandert sind. Wie auch der Langsee wurde der Grünsee durch eine Staumauer zusätzlich aufgestaut, um mehr Wasser für die Bewässerung für die Waale rund um Meran abzapfen zu können. Der weitere Abstiegsweg ist komfortabel gepflastert. Kurz laden uns die Infotafeln an der Ruine der ehemaligen **Meraner Hütte (8)** zum Verweilen ein. Gegenüber rund um den Mückensee grasen derweil die Kühe, und nach einer weiteren Felsstufe erreichen wir die Wiesen der **Oberkaseralm (9**) und lassen den Tag dort mit Blick auf die Kaser und Pfitscher Lacke, den großen Wasserfall des Finelebachs und die Spronser Rötelspitze ausklingen.

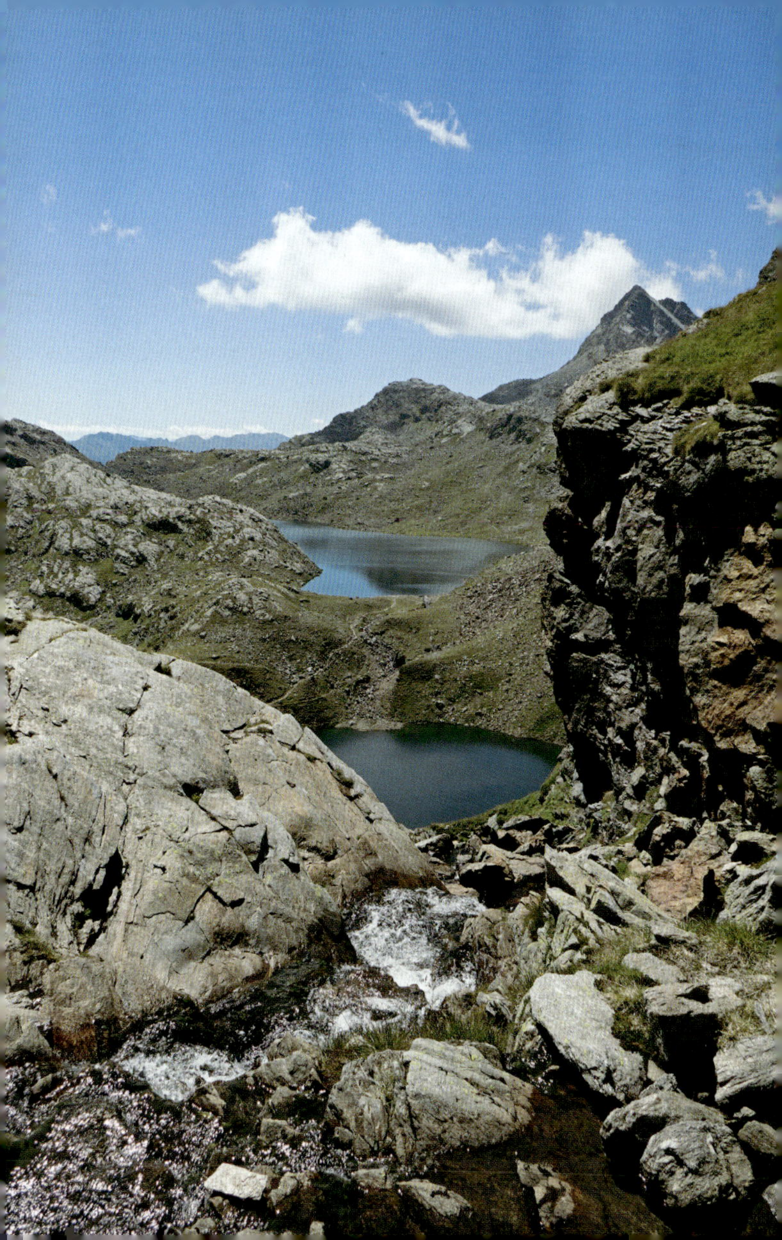

G 14.1 Schwarzkopf, 2805 m

1.30 Std.

↑290 ↓310

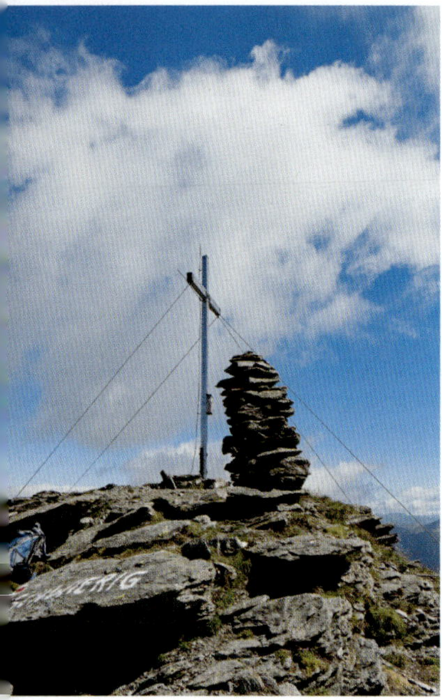

Schwarzkopf-Gipfelkreuz mit dem Hinweis auf den »schwierigen« Abstiegsweg, der aber gar nicht so schwierig ist.

Alle Seen im Blick

Da die Etappe von Pfelders zur Oberkaser nicht allzu lang ist, sollte man bei gutem Wetter unbedingt unterwegs den Schwarzkopf besteigen. Man schafft es auf diese Weise, auf dieser Tour alle Spronser Seen zu sehen. Allein vom Gipfel sind es deren acht. Das ist von den durch Wanderwege erschlossenen Gipfeln der Texelgruppe nur vom Schwarzkopf aus möglich. Der Aufstieg ist nur deshalb etwas mühsam, weil ein Weg selten erkennbar ist. Mit ein bisschen Orientierungsvermögen und Erfahrung in der Wegfindung sollte die Besteigung aber kein Problem sein. Am südöstlichen Ende des Schiefen Sees treffen wir nach dem Abstieg schließlich wieder auf den Hauptweg.

Ausgangspunkt/Endpunkt: Abzweige vor und nach dem Schiefen See.
Anforderungen: Aufstieg zum Teil weglos, aber markiert. »Schwierige« Abstiegsvariante ohne spezielle Anforderungen gehbar.
Markierungen: Rot-weiß, Steinmandl, »48«.

Kurz nach der Treppenpassage mit Kettensicherung zeigt ein großer Stein **(1)** nach links den Abzweig zum Schwarzkopf an. Bald verliert sich der selten begangene Weg und wir müssen uns an den rot-weißen Markierungen voranhangeln, die ca. alle 50 Meter auf einen Felsen gemalt sind. Hinter einer kleinen Felsstufe taucht plötzlich der **Schwarzsee (2)**, 2589 m, auf. Zwar geht es nun etwas bergab, aber bis zum See kommen wir nicht, da uns die Wegzeichen vorher links in die Geröllfelder leiten. Nächstes Ziel ist das Grünjoch, das gut nördlich des Schwarzkopfs zu erkennen ist und auf das wir auch zusteuern, wenn mal keine Markierung zu sehen ist. Vom **Grünjoch (3)**, 2705 m, blickt man ins

Kar unterhalb der Rötenspitz, mit 2873 m der höchste Gipfel dieses Gebirgsausläufers. Unser Weg führt uns nun nach rechts immer auf dem Grat entlang, mal etwas steiler, dann wieder wie auf einer Hochebene. Kurz vor dem Gipfel suchen wir uns unseren Pfad über die flachen Steinplatten auf dem Grat einfach mit dem Gipfelkreuz als Orientierung. Nach ausgiebiger Gipfelrast auf dem **Schwarzkopf (4)**, 2805 m, können wir nun entweder über den Aufstiegsweg zurück zum Schiefen See absteigen, oder wir wählen die als »schwierig« auf einem Stein angekündigte Alternative. Diese ist im oberen Bereich durch das feine Geröll vielleicht etwas rutschig, aber wirklich schwierig, ausgesetzt oder gefährlich ist sie nicht. Bis kurz vor Ende ist der Weg auch viel deutlicher erkennbar als beim Aufstieg. Und wenn kurz vor dem Ausfluss des Schiefen Sees die Markierungen plötzlich weniger werden, ist es eigentlich auch fast schon egal, welche Felsrinne wir für die letzten Meter zurück zum Hauptweg **(5)** wählen.

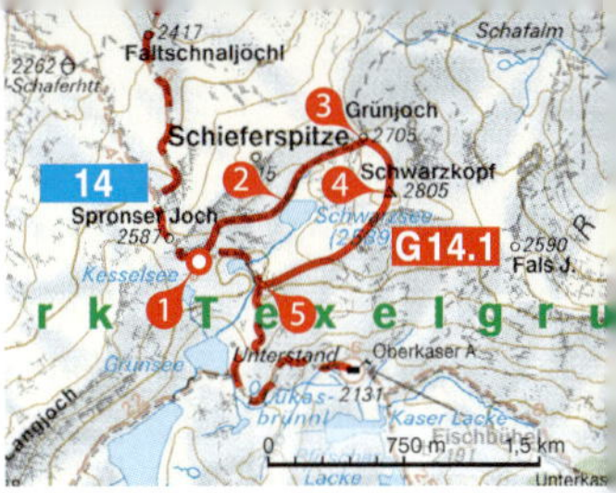

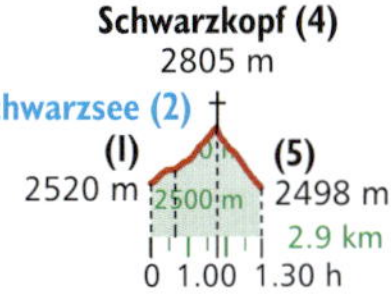

Vom Gipfel des Schwarzkopfs sind in Richtung Südwesten immerhin sieben der Spronser Seen zu sehen: Die beiden Milchseen unterhalb des Tschigat, der Langsee, ein wenig vom darunter liegenden Grünsee, Kesselsee und Schiefer See, die wir vom Abstieg vom Spronser Joch schon kennen, und der Schwarzsee.

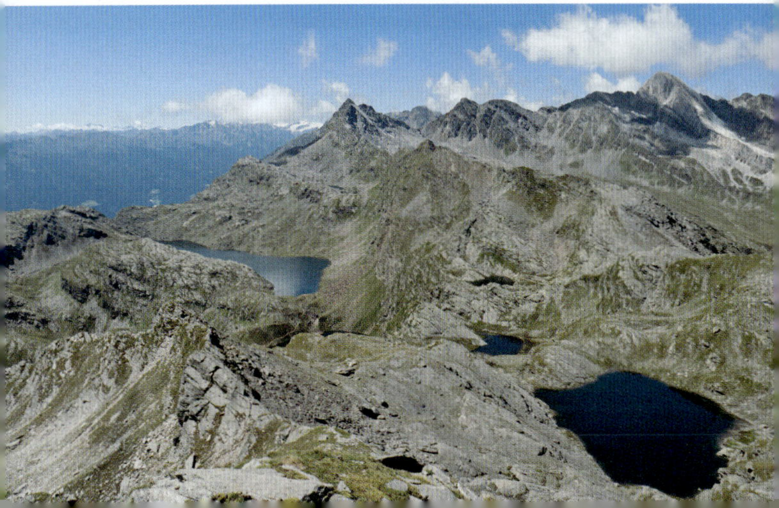

G 14.2 Spronser Rötelspitze, 2625 m

4.30 Std.

↑630 ↓630

Blick über die Seenplatte

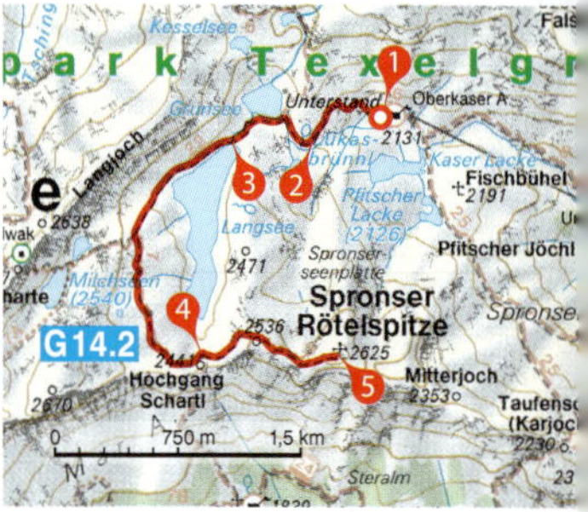

Die Spronser Rötelspitze ist der Hausberg der Spronser Seen bzw. der Oberkaseralm. Von der Sonnenterrasse der Alm hat man den Berg mit seinem Gipfelkreuz immer im Blick. Der Aufstiegsweg ist gut markiert und erkennbar. Erst nach dem Hochgangschartl geht es etwas steiler durch das Blockgestein unter dem Gipfel. Hier findet sich auch eine kurze, eigentlich unschwierige drahtseilgesicherte Passage. Vom Gipfel bietet sich eine großartige Aussicht auf das Meraner Becken und die angrenzenden Täler bis zu den Dolomiten. Außerdem überblickt man wunderbar den mittleren Teil der Spronser Seen (Langsee, Grünsee). Aus der Ferne grüßen Lodner, Hohe Weiße, Hochwilde und Seelenkogel, also die Gipfel der letzten Tage.

Ausgangspunkt: Oberkaser, 2131 m.
Anforderungen: Bis zum Hochgangschartl leichte Wanderung auf gut markiertem Wanderweg, danach kurze, unschwierige Kletterpassagen zum Gipfel.
Markierungen: Rot-weiß, »22/6« bis Langsee, »7« bis Hochgangschartl, »5« zum Gipfel.

Langsee, Spronser Rötelspitze und Hochgangschartl.

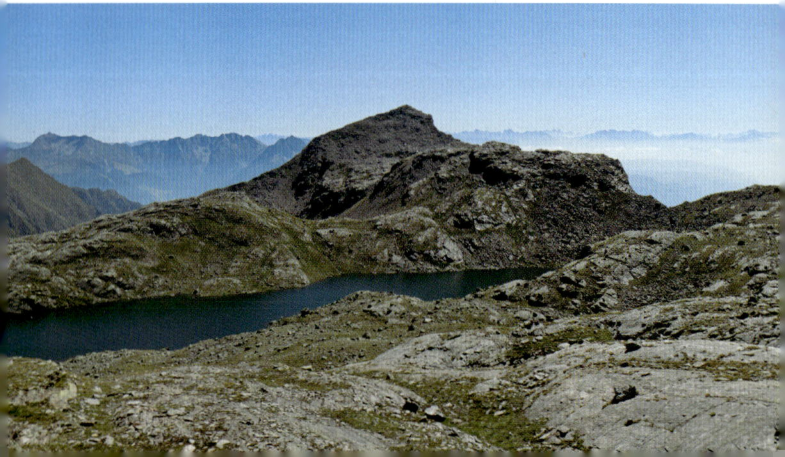

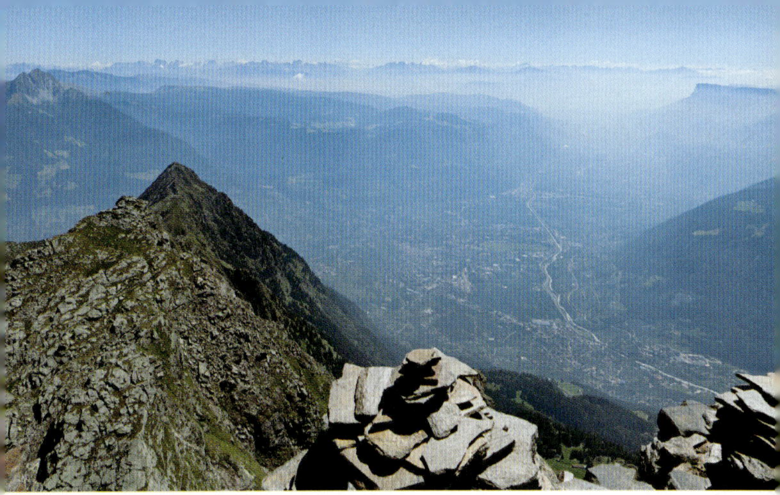

Blick vom Gipfel der Spronser Rötelspitze auf Mutspitz (Etappe G 15) und Meraner Becken.

Von der **Oberkaser (1)** steigen wir zunächst auf dem gestrigen Weg wieder etwas auf und vorbei an der ehemaligen **Meraner Hütte (2)** bis zum Grünsee mit seiner kleinen Staumauer. Hier biegen wir in Richtung Milchsee ab und erreichen über die nächste kleinere Felsstufe den malerischen **Langsee (3)**, auf dessen glatter Wasseroberfläche sich die Rötelspitze spiegelt. Wir wandern erst ein Stück am nordwestlichen Ufer des Langsees entlang, bevor es wieder ein wenig bergauf geht. Am nächsten Wegweiser wählen wir den Weg zum **Hochgangschartl (4)**, 2441 m. Hier gesellen sich die Wanderer zu uns, die vom Hochganghaus über die Scharte zur Spronser Rötelspitze oder der Seenplatte unterwegs sind. Der Weg wird nun steiler und felsiger mit ein paar kleinen zum Teil abgesicherten Kletterstellen, und wir erreichen eine Art Hochebene am Grat, die wir bis zum Beginn des Gipfelanstiegs durchqueren. Durch Blockwerk geht es die letzten Höhenmeter bis zum Gipfel der **Spronser Rötelspitze (5)**, 2625 m, mit ihrem großen Gipfelkreuz. Nachdem wir ausgiebig die Fernsicht genossen haben, machen wir uns auf den Rückweg zur **Oberkaser (1)** auf exakt derselben Route wie beim Aufstieg.

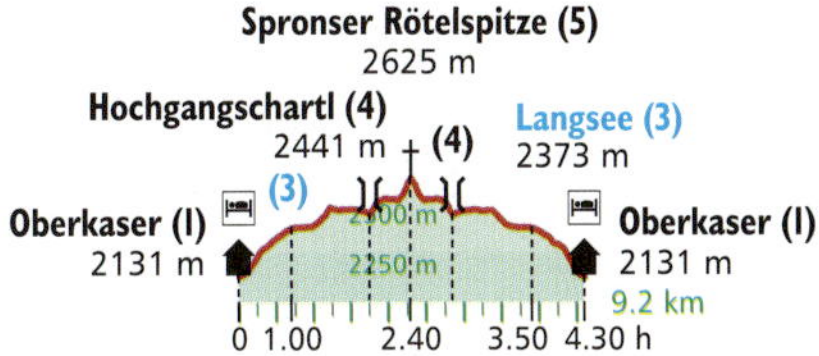

V14 Lodnerhütte – Oberkaser

5.00 Std.
↑630 ↓760

Spannende Alternative zum Meraner Höhenweg

Die Etappe von der Lodnerhütte zur Oberkaser ist auch ein möglicher Abschnitt des Meraner Höhenwegs. Allerdings verläuft dieser immer talseitig über den Franz-Huber-Steig und erreicht die Spronser Seen erst über das Hochgangschartl. Ein wenig kürzer, aber nicht unbedingt schneller ist unsere Variante über das Halsljoch und die Milchseescharte. Vom Halsjoch haben wir zudem die Möglichkeit, mit der Lazinser Rötelspitze bei begrenztem Aufwand einen letzten Dreitausender »mitzunehmen«, von dem aus man bei entsprechender Fernsicht den ganzen Tiroler Höhenweg noch einmal nachvollziehen kann. Ein bisschen unangenehm ist der Übergang durch die schier endlose Felswüste unterhalb des Tschigat zum orangefarben leuchtenden Biwak Guido Lammer, das den Einstieg zur Milchseescharte markiert. Steil, aber immer durch Ketten gesichert, geht es hier hinab zu den beiden Milchseen. Der restliche Weg durch die Spronser Seenplatte hinab zur Oberkaseralm ist dann reines Genusswandern.

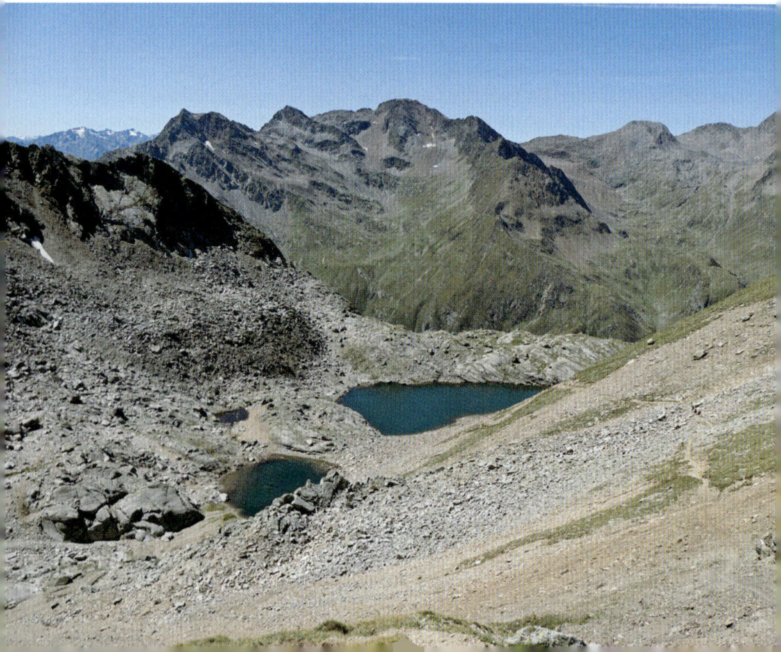

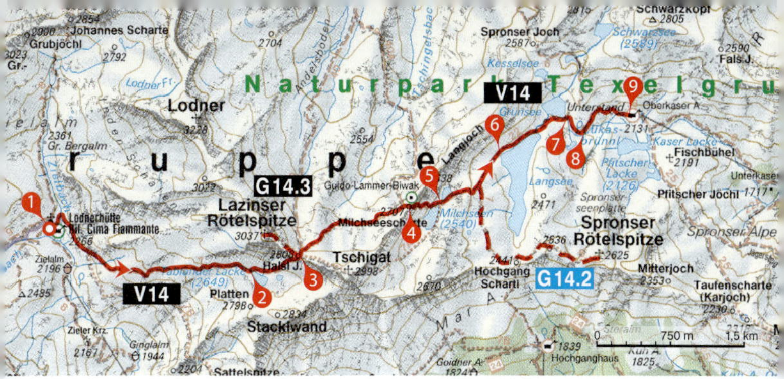

Ausgangspunkt: Lodnerhütte, 2259 m.
Anforderungen: Steiniger Weg zwischen Halsljoch und Milchseescharte, steiler, drahtseilgesicherter Abstieg von der Milchseescharte zu den Milchseen.
Markierungen: Rot-weiß, Steinmandl, »7« bis Langer See, »22/6« bis Oberkaser.
Unterkunft: Siehe Etappe 14.
Gipfeloptionen: Spronser und Lazinser Rötelspitze, Etappen G 14.2 und G 14.3.

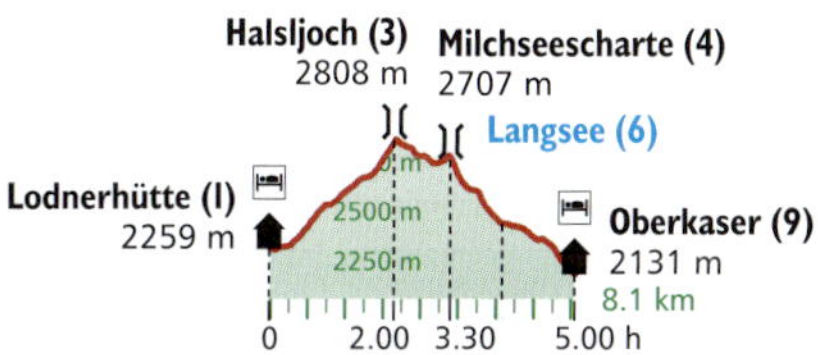

Etwas oberhalb der **Lodnerhütte (1)** nehmen wir die Brücke über den Bach, der das Zieltal hinabfließt, und gelangen auf die Grashänge der Ausläufer des Lodners. In nahezu südlicher Richtung geht es zunächst auf Höhe der Hütte ein Stück die Hänge entlang, bevor die 600 Höhenmeter Aufstieg zum Halsljoch beginnen. Nach den Wiesenhängen wird es immer felsiger. Sobald sich der Weg nach Osten wendet, kommt auch bald das Gipfelkreuz der Lazinser Rötelspitze ins Blickfeld, an deren Flanke der sich das Halsljoch befindet. Wir wandern weiter auf dem bequemen, breiten Wanderweg, gewinnen ständig an Höhe und erreichen die untere der **Tablander Lacken (2)**, ein beliebtes Ausflugsziel für Familien von der Lodner Hütte aus. Nun sehen wir auch schon das Joch. Der Pfad wird enger und sandiger, bleibt aber stets gut zu gehen. Am **Halsljoch (3)**, 2808 m, pfeift meist ein scharfer Wind, sodass es sich für eine ausgiebige Rast nicht gut eignet. Wir müssen uns nun entscheiden, ob wir uns den eineinhalbstündigen Abstecher zum Gipfel der Lazinser Rötelspitze (Etappe G 14.3) gönnen oder gleich weitergehen. Auf der anderen Jochseite zweigt

Tablander Lacken.

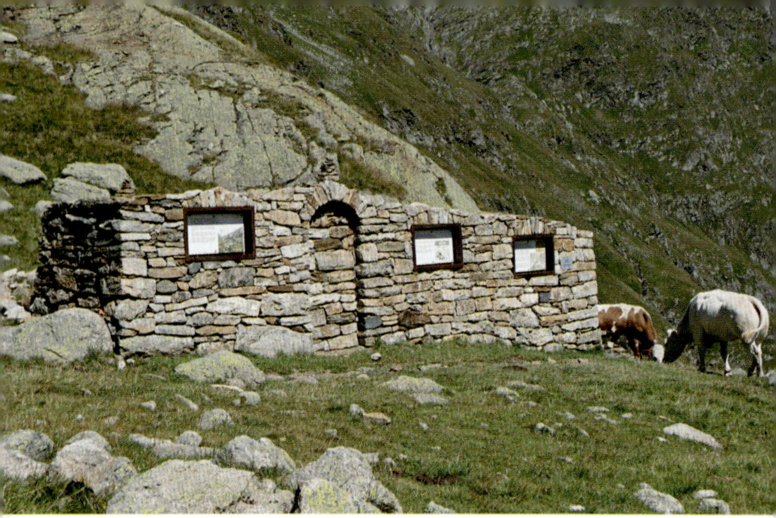

Wieder errichtete und abgesicherte Ruine der alten Meraner Hütte mit Schautafeln zu ihrer Geschichte.

nur wenig unterhalb an der Flanke des Tschigats der Weiterweg zur Milchseescharte ab. Er bewegt sich hauptsächlich durch die nicht enden wollenden Stein- und Geröllwüsten unterhalb des Tschigats. Vor allem in den Passagen durch die Blockfelder müssen wir uns an Steinmandln oder rot-weißen Markierungen orientieren und immer wieder den Weg selbst finden. Als Zielpunkt leuchtet uns bald das orangefarbene Guido-Lammer-Biwak entgegen, das den Einstieg zur Milchseescharte bewacht. Etwas oberhalb der Scharte bietet sich uns erstmals ein wunderbarer Blick auf die Welt der Spronser Seen. Den Abstieg durch die **Milchseescharte (4)**, 2707 m, sollte man nicht unterschätzen. Oft liegen hier bis in den Juli hinein Schneereste, die die Begehung erschweren oder unmöglich machen. Eisenketten weisen uns den Weg hinab. Immer wieder sind kleine Stufen als Hilfe in den Fels gehauen. Man sollte vor allem auch darauf achten, dass losgetretenes Gestein nicht gefährlich für die Mitwanderer wird. Sind die beiden **Milchseen (5)** erreicht, haben wir den anspruchsvollen Teil der Tour hinter uns und können uns auf dem weiteren Weg durch die Spronser Seenlandschaft dem Genießen hingeben. Nach einem letzten steilen, kurzen Abstieg treffen wir auf den Weg vom Hochgangschartl und steuern auf den **Langsee (6)** zu. Wir marschieren am Ufer entlang bis zu seinem etwas aufgestauten Abfluss und sind kurz später am etwas tiefer gelegenen **Grünsee (7)**. An der Ruine der alten **Meraner Hütte (8)** und dem Mückensee vorbei sehen wir bald die **Oberkaseralm (9)** mit ihren beiden Seen unter uns liegen, die wir über einen gepflasterten Abstiegspfad erreichen.

1.30 Std.

↑230 ↓230

Lazinser Rötelspitze, 3037 m G14.3

Ein letzter Dreitausender

Vom Halsljoch blickt man auf der einen Seite zum Tschigat, 2998 m, auf der anderen zur Lazinser Rötelspitze, die die Dreitausendermarke sogar knapp reißt. Zwar wirken die Eisenketten gleich am Einstieg vielleicht etwas abschreckend, aber das ist nur eine von vier kurzen kettenversicherten Kletterstellen. Der restliche Aufstieg ist nicht besonders schwer. Als letzter Dreitausender des Tiroler Höhenwegs bietet die Lazinser Rötelspitze auf jeden Fall einen Rückblick auf nahezu alle Bergketten der vergangenen knapp zwei Wochen, von den Zillertalern über die Tribulaune und das Schneebergmassiv bis zum Gurgler Kamm und über die Spronser Seen hinaus ins Meraner Becken, wo unsere Reise morgen zu Ende geht.

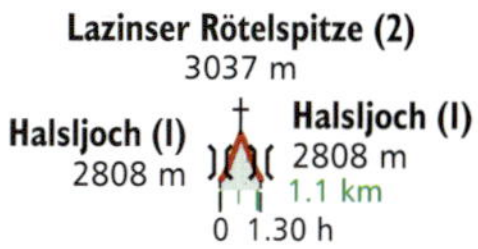

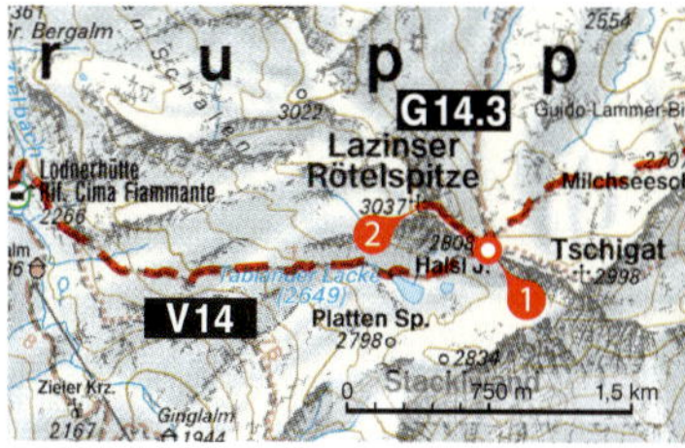

Stele mit Kruzifix und Wegweisern am Halsljoch, dahinter die Lazinser Rötelspitze.

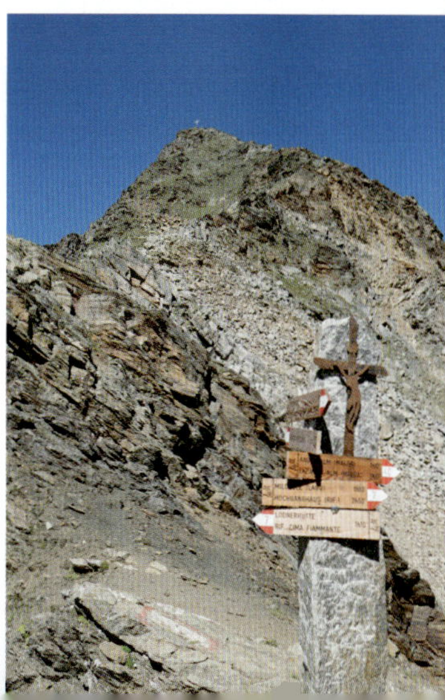

Ausgangs- und Endpunkt: Halsljoch, 2808 m.
Anforderungen: Steiler Auf- und Abstieg auf zum Teil ausgesetztem Steig durch Blockgestein, Kletterstellen bis I. Grad, teils mit Kettenversicherungen.
Markierungen: Keine, aber Weg immer gut erkennbar.

Nach dem etwas schweren Einstieg beim **Halsljoch (1)** führt der gut sichtbare Weg bald den Grat hinauf, meist auf der südlichen Seite. Noch drei weitere kurze kettenversicherte Stellen helfen uns beim Aufstieg, ab und zu ist auch der Einsatz der Hände gefragt. Ohne größere Probleme erreichen wir den Gipfel der **Lazinser Rötelspitze (2)**, 3037 m, und genießen die Aussicht, bevor es auf demselben Weg wieder hinab zum tief unter uns liegenden **Halsljoch (1)** geht.

15 Oberkaser – Vellau – Meran

5.30 Std.

↑130 ↓1940

Zurück in die Zivilisation

Heute verlassen wir nicht nur die wunderbare Gebirgslandschaft der Spronser Seen, wir werden mit unserem Zielort Meran auch wieder in die zivilisierte, geschäftige Welt zurückkehren, von der wir uns in den letzten zwei Wochen verabschiedet hatten. Der ursprüngliche Routenverlauf des Tiroler Höhenwegs sieht den Umweg über die Bockerhütte vor. Wenn man dort nicht übernachtet oder durchs Spronser Tal absteigen will (Etappe V15), sind die zusätzlichen Höhenmeter, die man über den Bockersteig wieder aufsteigen muss, eigentlich unnötig. Stattdessen wandern wir über den Pfitscher Sattel mit seinen uralten Schalensteinen zum Aussichtslokal Mutkopf und der Bergstation der Hochmuth-Seilbahn. Wem die gut 1900 Höhenmeter Abstieg nach Meran nicht genug sind, der kann unterwegs auch noch die Mutspitz (Etappe G15) besteigen. Von der Bergstation der Hochmuth-Seilbahn entführt uns der von nur wenigen Seilbahntouristen begangene Vellauer Felsenweg, ein Panoramaweg mit Blick auf die Meraner Ebene, noch ein letztes Mal in eine gefühlte Bergeinsamkeit. Beim Schloss Tirol, dem Wahrzeichen des Landes mit seiner empfehlenswerten Landesausstellung, treffen wir wieder auf die Touristenmassen, die uns auch auf unserem Weg zum Dorf Tirol und auf dem Tappeiner Weg durch die Weinberge am Küchlberg bis zum Zentrum von Meran mehr oder weniger erhalten bleiben. In Meran mit seinem vielfältigen kulturellen und touristischen Angebot endet unsere zweiwöchige Hüttentour auf dem Tiroler Höhenweg.

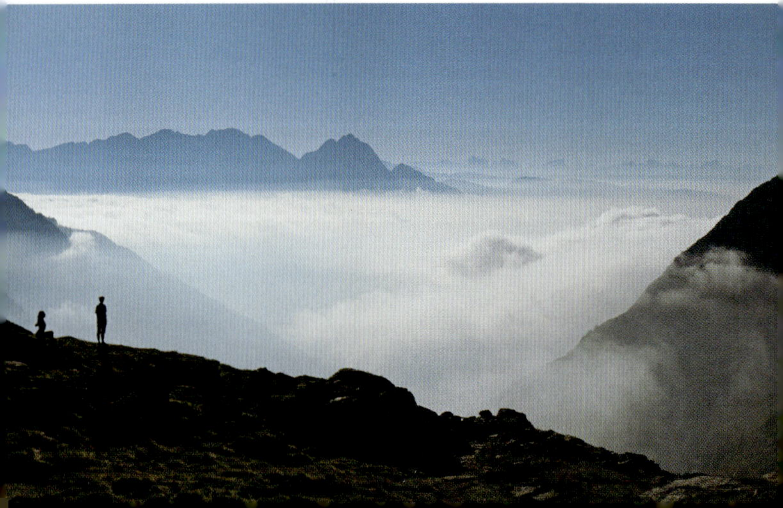

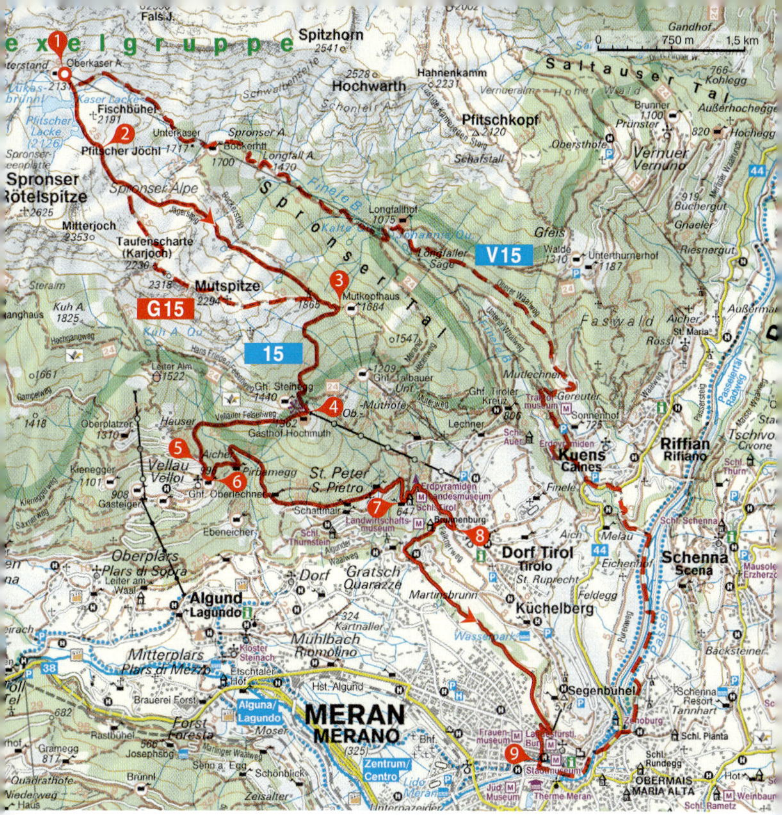

Ausgangspunkt: Oberkaser, 2131 m.
Anforderungen: Langer, unkomplizierter Abstieg, der durch die Hochmuth-Seilbahn abgekürzt werden kann.
Markierungen: Rot-weiß; »22« bis Vellau; »26« bis Dorf Tirol, »Tappeiner Weg« bis Meran.
Einkehr: Ab Mutkopf zahlreiche Gasthöfe.
Unterkunft: Hotels aller Preisklassen in Meran, 325 m, www.merano-suedtirol.it. Jugendherberge Meran, Tel. +39 0473 201475, meran@jugendherberge.it, www.jugendherberge.bz/de/meran/jugendherberge.
Einkaufsmöglichkeiten: In Meran.
Verkehrsmittel: Zug- und Busverbindung von Meran nach Bozen; Seilbahn Dorf Tirol – Hochmuth: täglich 7.30–19.00 Uhr, www.seilbahn-hochmuth.it; Bus 221 von Dorf Tirol nach Meran, www.suedtirolmobil.info.
Gipfeloption: Mutspitz, Etappe G 15.
Kultur: Landesmuseum Schloss Tirol, Öffnungszeiten: Di–So 10–17 Uhr, www.schlosstirol.it; zahlreiche weitere Museen in und um Meran.

Pfitscher Jöchl.

i Die Schalensteine am Pfitscher Sattel

»Schalensteine« findet man im gesamten Alpenraum, vor allem aber in der Schweiz und in Südtirol. Schalensteine sind größere Felsen oder Felsplatten mit künstlichen, meist runden Vertiefungen unterschiedlicher Größe, zum Teil mit Verbindungslinien oder weiteren Symbolen. Am Pfitscher Sattel findet sich eine der größten Ansammlungen solcher Schalensteine in den Alpen. Ihre Entstehung und Bedeutung sind noch nicht endgültig geklärt. Es konnten in den letzten Jahren jedoch zahlreiche astronomische Bezüge wie Aufgangspunkte von Mond und Sonne zu bestimmten Zeiten, z. B. der Sommersonnenwende, sowie Abbildungen von Sternbildern nachgewiesen werden, durch die eine Datierung der Schalen auf ca. 2500 v. Chr. möglich wurde. Archäologische Funde an anderen Stellen der Gegend weisen auf eine menschliche »Erschließung« seit dem 5. Jahrtausend vor Christus hin. Neben den Schalensteinen gibt die fünfeckige Umfassungsmauer der Anlage weitere Rätsel auf. Ist sie neuzeitlicher Art und wurde als Viehpferch genutzt oder deutet sie aufgrund ihrer Konstruktionsart auf eine steinzeitliche Megalithkultur hin? So könnte die Anlage neben astronomischen auch kultischen Zwecken gedient haben. Auch wenn noch viele Fragen offen sind, handelt es sich bei den Schalensteinen am Pfitscher Sattel um eines der bedeutendsten Steindenkmäler Südtirols und möglicherweise sogar um die älteste »Sternwarte« der Welt. Auch wenn die Steine nicht extra markiert oder durch Absperrungen geschützt sind, sollten sie natürlich nicht betreten, bemalt oder ihre Lage verändert werden.

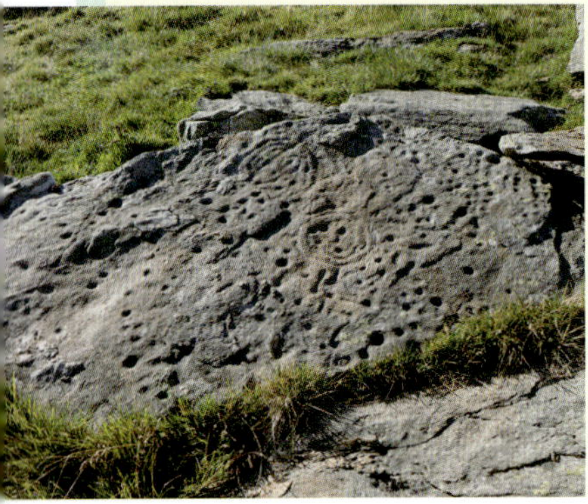

Die Schalensteine am Pfitscher Sattel: eine der ältesten astrologischen Kultstätten der Menschheit?

Von der **Oberkaseralm (1)** starten wir in Richtung der Kaser Lacke, des Sees unterhalb der Alm. Schon kurz nach dem Start nehmen wir an einem Wegweiser den rechten Weg in Richtung Mutspitz. Wir wandern an der Kaser und Pfitscher Lacke vorbei zum Pfitscher Schartl oder **Pfitscher Jöchl (2)**, 2130 m. Auf der Hochebene des Jöchls erwartet uns ein erstes, unscheinbares kulturelles Highlight des Tages: Die verfallenen Mauern und Gesteinsformationen gehören zu einer circa 4500 Jahre alten Kultstätte, deren »Schalensteine« astronomische Bedeutung haben und eine der ältesten bekannten Darstellungen der Sternbilder überhaupt sind.

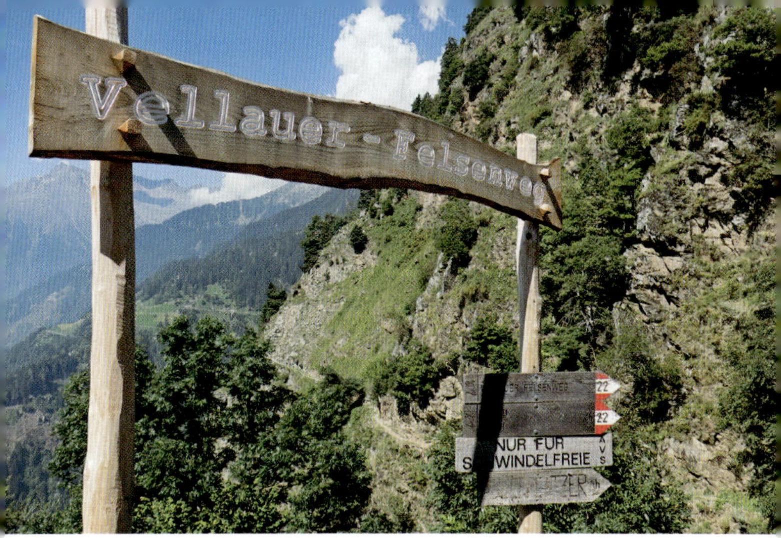

Eingangsschild zum Vellauer Felsenweg gegenüber vom Restaurant Hochmuth.

Weiter geht es immer auf dem Weg 22 Richtung Hochmuth. Wenn wir die Mutspitz besteigen wollen, zweigt bald der Pfad zur Taufenscharte ab. Ansonsten bleiben wir auf dem breiten, gut ausgebauten Wanderweg und wandern unterhalb der Mutspitz zum Aussichtsrestaurant **Mutkopf (3)**, 1684 m. Kurz davor trifft auch der Gipfelweg wieder zu uns. Ab jetzt besitzt unser Weg ein fast durchgehendes Geländer, bis es nach dem Mutkopf in den Wald geht, aus dem wir erst oberhalb der Seilbahnstation wieder richtig herauskommen. An der **Bergstation Hochmuth (4)**, 1400 m, werden unsere Knie wohl entscheiden, ob wir lieber die Seilbahn nach Dorf Tirol nehmen oder über den Vellauer Felsenweg weiterwandern, der direkt gegenüber dem Gasthof Hochmuth beginnt. Das Warnschild »nur für Schwindelfreie« und die zunächst fast durchgängigen Kettensicherungen sind ein Tribut an die Seilbahntouristen und werden uns nur ein müdes Lächeln auf die Lippen zaubern. Langsam, aber stetig geht es bergab, bis wir uns am Talende an einem Wasserfall nach Süden Richtung Vellau wenden. Der Felsenweg endet an einem

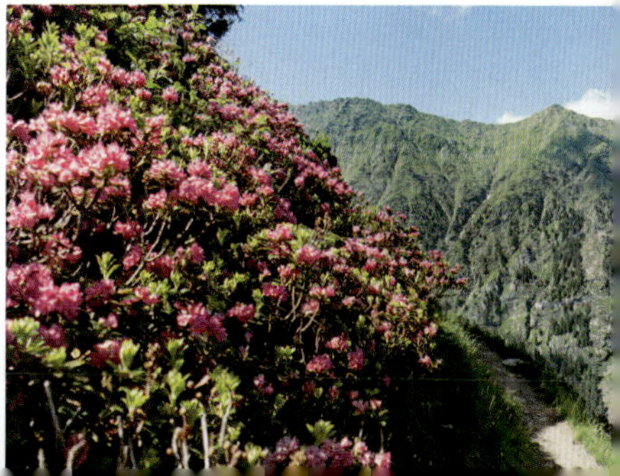

Alpenrosen am Weg zum Mutkopf.

kleinen Kiosk **(5)**, der Getränke für durstige Wanderer bereithält. Auch sonst können wir uns in der Folge nicht über fehlende Einkehrmöglichkeiten beklagen. Auf dem kombinierten Weg 22/25 geht es weiter abwärts, bis wir nach einem großen Spielplatz am **Gasthof Oberlechner (6)** landen. Nun gehen wir das Tal des Felsenwegs auf tieferem Niveau durch den Wald nochmals aus. Kurz vor St. Peter nehmen wir nicht die Straße, die an der kleinen alten Kirche vorbeiführt, sondern steigen ein paar Meter auf und verschwinden in den Weinbergen. Auch hier gibt es zwischendurch wieder eine Jausenstation, ansonsten genießen wir den Blick auf Meran und auf Schloss Tirol. Unser Spaziergang durch die Weinberge endet kurz vor dem Schloss am Gasthaus Schneeweißhof auf der Straße, der wir weiter bis zur Burganlage folgen. Von **Schloss Tirol (7)**, dessen Besuch wegen seiner Bedeutung für das Land Tirol am Ende des gleichnamigen Höhenwegs eigentlich verpflichtend sein sollte, blicken wir auch auf die durch Erosion entstandenen, berühmten Erdpyramiden. Durch einen Tunnel und an Weinbergen entlang erreichen wir **Dorf Tirol (8)**. Hier können wir wieder in das touristische Treiben eindringen und eventuell den Bus nach Meran nehmen. Falls wir aber auch die letzten Meter nach Meran zu Fuß zurücklegen wollen, so biegen wir gleich nach dem Ortseingang scharf rechts zur Brunnenburg mit ihrem Bergbauernmuseum ab. Kurz bevor wir die Burg erreichen, zweigt links ein Wanderweg Richtung Tappeiner Weg ab, der am Hang steil nach unten führt und an einer Straße endet, der wir nach rechts folgen. An der nächsten Kreuzung gehen wir links, bis an der nächsten Kehre der

Schloss Tirol, links davon die berühmten Erdpyramiden.

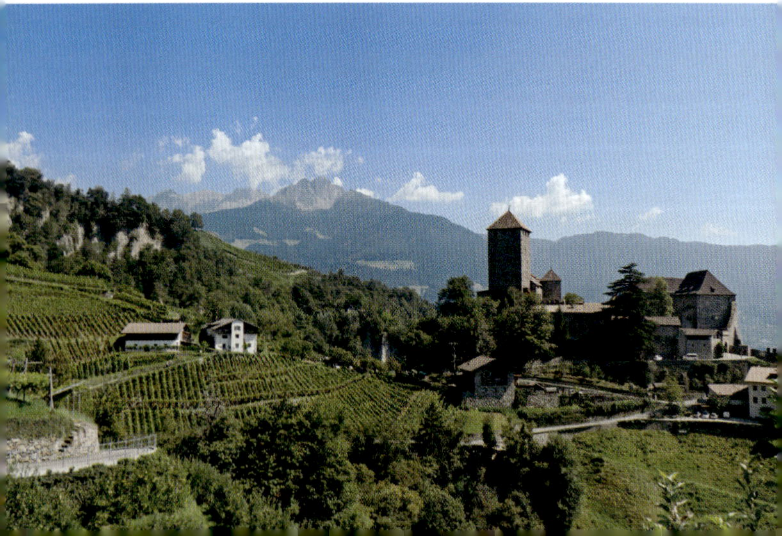

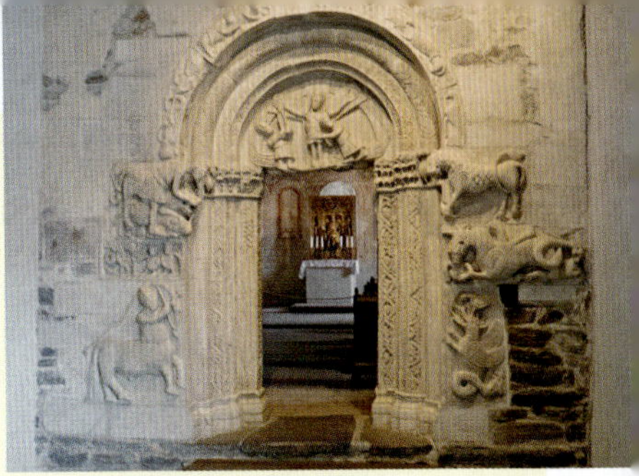

Romanisches Portal der Schlosskapelle.

Schloss Tirol ist eines der Symbole des Landes Tirol. Sein Bild als mittelalterliche Burg ist überall präsent. Dabei verdankt es sein heutiges Aussehen zum großen Teil neoromanischen »Restaurierungen« im 19. Jahrhundert. Die Ursprünge der Burganlage liegen im Dunkeln. 1992 wurden in der Vorburg Reste einer Kirche aus dem 6. Jahrhundert gefunden, die wiederum auf den Fundamenten eines Baus aus der Römerzeit stehen. Es wird angenommen, dass die bairischen Grafen von Eurasburg im 12. Jahrhundert die erste Burganlage errichteten, als sie als Vogte die Verwaltung der umliegenden Ländereien für den Bischof von Brixen übernahmen. Die beiden romanischen Portale in der Burg wurden möglicherweise aus der ehemaligen Kirche übernommen. Zur Residenzburg der Grafen von Tirol ließ sie Meinhard II. ausbauen, der von 1258 bis 1295 über Tirol herrschte. Als die Grafschaft Tirol 1363 an das Haus Habsburg überging, erhielt die Burg zwar noch einen neuen Altar für die Burgkapelle, die Bedeutung der Anlage sank aber spätestens 1420, als die Landesfürsten ihren Sitz nach Innsbruck verlegten.

In den nächsten Jahrhunderten wechselten sich Verfall und punktuelle Instandsetzungen ab. Im Zuge der Aufstände gegen Napoleon unter Andreas Hofer wurde die Burg erstmals als nationales Symbol wahrgenommen und erhielt repräsentative Aufgaben als »Kaiserburg«, als sie 1816 in den Besitz des Kaisers Franz I. von Österreich wechselte. Verschiedene »Restauratoren« widmeten sich nun einer Rück-Romanisierung gemäß den Vorstellungen der Denkmalpflege im 19. Jahrhundert, wurden aber häufig durch die hohen Kosten ausgebremst. Höhepunkt dieser Instandsetzungen war der Bau des vorher so nie existierenden Bergfrieds und des Wehrgangs im Stile der vom selben Team gerade renovierten Burg von Vaduz/Liechtenstein. Als Schloss Tirol 1973 ans Land Südtirol überging, wurde es grundlegend saniert, und es entstand ein neues Nutzungskonzept. 1984 zog die erste Ausstellung zur Geschichte Tirols in die Räumlichkeiten des Schlosses. Seit 1991 beherbergt es das Landesmuseum für Kultur und Landesgeschichte, dessen Dauerausstellung über die Geschichte der Burg und das Leben im Mittelalter 2003 ihr heutiges Gesicht bekam. Gleichzeitig öffnete das Dokumentationszentrum zur Geschichte Südtirols im 20. Jahrhundert im Bergfried seine Tore. Unterhalb der Burg siedelte sich 1998 das Pflegezentrum für Vogelfauna an, das sich um verletzte Wildvögel kümmert, die sowohl in ihren Käfigen wie auch auf beeindruckenden Flugschauen besichtigt werden können.

www.schlosstirol.it – www.gufyland.com

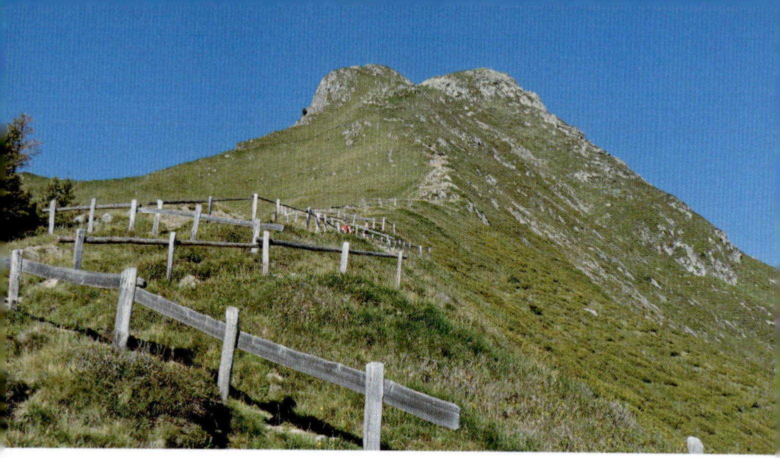

Der »Touristenweg« zur Mutspitz ist gut gepflastert, bei Nässe aber rutschig.

Tappeiner Weg beginnt, der sich als Panorama-Spazierweg den ganzen Höhenzug des Küchlbergs bis zum Meraner Pulverturm durch die Weinberge hinzieht. Bis zu seinem Ende brauchen wir aber gar nicht zu laufen. Kurz bevor der Weg unter dem Sessellift auf den Segenbühel hindurchführt, biegen wir rechts Richtung Tal ab und landen nach unzähligen Kehren fast mitten im Stadtzentrum von **Meran (9)**. Zu unserer Rechten steht die landesfürstliche Burg, an der nächsten Kreuzung biegen die berühmten Laubengassen ab und eine Querstraße weiter erreichen wir das Kurhaus, hinter dem sich die Passer durch Meran schlängelt. Damit haben wir den Tiroler Höhenweg zu einem erfolgreichen Ende gebracht und können in die zahlreichen Möglichkeiten eintauchen, die uns dieses Städtchen mit seinem italienisch-tirolerischen Charme zu bieten hat.

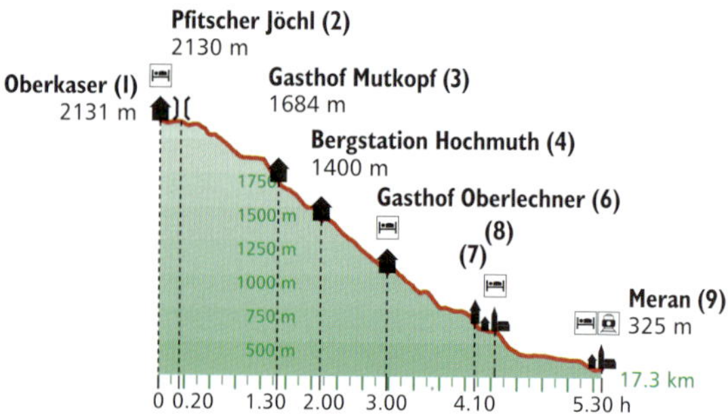

2.00 Std.

↑260 ↓710

Mutspitz, 2294 m

G15

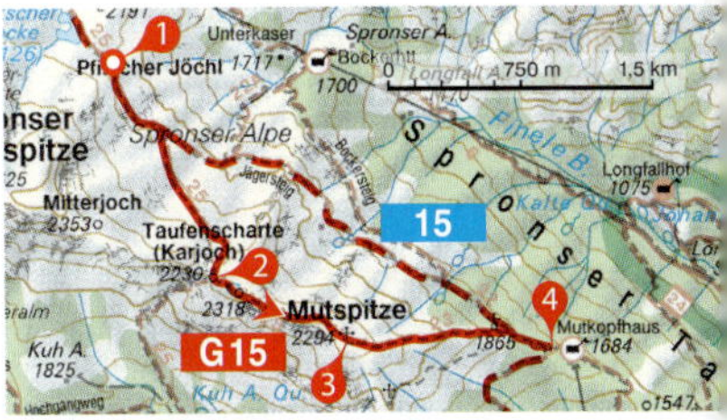

Der Meraner Hausberg

Die Mutspitz ist der Hausberg Merans und wird jeden Tag von unzähligen Seilbahntouristen von der Bergstation Hochmuth aus bestiegen. Entsprechend gut ausgebaut und fast durchgehend mit Geländern gesichert ist der Weg zwischen dem Gasthof Mutkopf und dem Gipfel, den wir zum Abstieg nutzen werden. Der Aufstiegsweg über die Taufenscharte wird seltener begangen und beinhaltet einige wenige kurze Kletterstellen. Von der Mutspitz genießen wir den Blick auf Meran und die angrenzenden Täler. Nur wer früh startet, hat den Gipfel noch für sich, bevor der große tägliche Ansturm beginnt.

Ausgangspunkt/Endpunkt: Pfitscher Jöchl, 2130 m / Gasthof Mutkopf, 1684 m.
Anforderungen: Kleine seilversicherte Kletterpassagen von der Taufenscharte zur Mutspitz, danach breite Touristenpfade.
Markierungen: Rot-weiß, »25b« bis Taufenscharte, »25« zum Gipfel; »23« beim Abstieg zum Mutkopf.

Ein paar hundert Meter nach dem **Pfitscher Jöchl (1)** nehmen wir den rechts abzweigenden Weg zur Taufenscharte, auch wenn der Wegweiser zur Mutspitz geradeaus weist (es handelt sich hier um den einfacheren Touristensteig zum Gipfel). An der **Taufenscharte (2)**, 2230 m, biegt links der Steig zur Mutspitz ab, der ein paar leichte Kletterpassagen aufweist, weswegen die »Seilbahntouristen« diesen Weg wohl nicht nehmen sollen. Die meiste Zeit verläuft der Pfad nun auf der nördlichen Seite des nach Süden steil abfallenden Grates. Abgesehen von einer in die Felswand eingelassenen Leiter, die eine Felsstufe »entschärft«, bereitet der Aufstieg zum Gipfel von der westlichen Seite her aber keine größeren Schwierigkeiten. Vom Gipfelkreuz der **Mutspitz (3)**, 2294 m, genießen wir die wunderbare Aussicht auf Meran und die angrenzenden Täler. Bergab geht es auf dem gut gepflasterten und mit Geländern abgesicherten Touristensteig zum **Gasthof Mutkopf (4)**, 1684 m, wo wir wieder auf den Hauptweg nach Meran treffen.

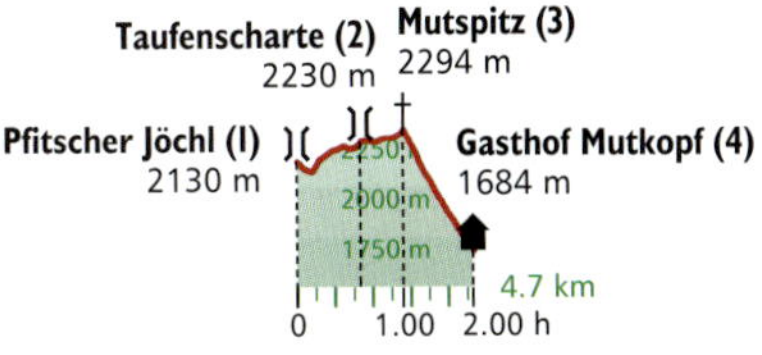

V 15 Oberkaser – Kuens – Meran

4.30 Std.

↑40 ↓1850

Am Wasser nach Meran

Wasser spielt schon seit jeher eine große Rolle für Meran: Da ist die Passer als Lebensader des Ortes, da sind die Mineralquellen, denen Meran seinen Ruf als Kurort verdankt, und da gibt es die Waale, ein Bewässerungssystem aus meist offenen Kanälen, durch die die Meraner schon seit Jahrhunderten ihre Weinberge und Obstplantagen mit Wasser aus den Bergen versorgen. Entlang dieser Kanäle zieht sich heute ein umfangreiches Netz von Wanderwegen, den sogenannten Waalwegen. Warum sollte man also nicht, statt über den von Touristen überlaufenen Weg über die Seilbahnstation Hochmuth und Dorf Tirol, dem Finelebach durchs Spronser Tal folgen und auf einem einsamen Waalweg und durch Weinberge und Apfelplantagen über Kuens zum Passerdamm absteigen? Unterwegs kommen wir noch an den die Gegend prägenden Erdpyramiden vorbei, auch ein Ergebnis der Auswaschung des Erdreichs durch Regenwasser, und gelangen an der Passer schließlich direkt ins Kurzentrum Merans mit der berühmten Wandelhalle und dem Kurhaus.

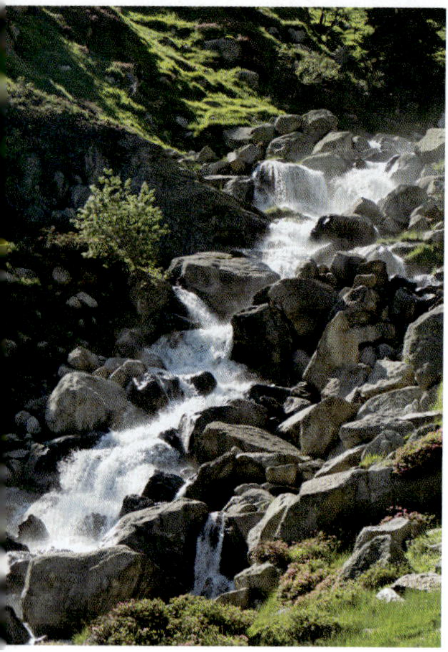

Immer entlang der Wasserfälle des Finelebachs geht's hinab zur Bockerhütte.

Ausgangspunkt: Oberkaser, 2131 m.
Anforderungen: Recht langer, aber unkomplizierter Abstieg, anfangs auf guten Wanderwegen, später auch auf Bewirtschaftungsstraßen.
Markierungen: »6«, dann oberer Kuenser Waalweg und danach ohne Nummer nach Kuens, ab Kuens »5« und »5a« zum Passerdamm, auf dem Passerradweg nach Meran.

Einkehr: Bockerhütte (auch Übernachtung möglich, falls die Oberkaser ausgebucht ist), privat, 1700 m, bewirtschaftet Mitte April bis Ende Oktober, Tel. +39 0473 424030 oder +39 349 7707626, info@bockerhuette.com, www.bockerhuette.com; Longfallhof, Kiosk Tanner und weitere Gasthöfe in Kuens.
Unterkunft und weitere Informationen: Siehe Etappe 15.

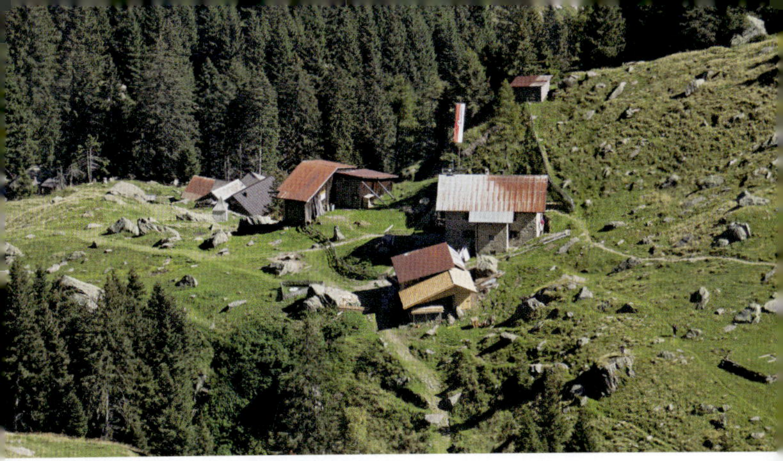

Bockerhütte.

Anders als auf dem Hauptweg biegen wir kurz unterhalb der **Oberkaseralm (1)** nicht rechts zum Pfitscher Jöchl ab, sondern folgen dem Finelebach auf einem hervorragend präparierten Wanderweg immer parallel zu den Wasserfällen steil abwärts. Kurz nach den Almgebäuden der Unterkaser lädt uns die **Bockerhütte (2)**, 1700 m, zu einer frühen Rast ein. Vielleicht haben wir aber ja auch hier übernachtet, weil die Oberkaseralm mal wieder ausgebucht war, und starten jetzt unsere Tagestour. Auf einem mit groben Steinen gepflasterten Weg geht es weiter abwärts vorbei an mehreren Almen und ihren Hütten. Auf gut 1000 Metern Höhe gelangen wir auf einen Wirtschaftsweg. Den Abzweig zum Longfallhof lassen wir links liegen und erreichen kurz danach den kleinen eingefassten Wasserfall **(3)** mit einer Gedenktafel für die österreichische Kaiserin Elisabeth (Sissi). Beim nächsten Abzweig nach links verlassen wir den Wirtschaftsweg, überqueren den Finelebach und befinden uns nun auf dem oberen Meraner Waalweg. Gleich an dessen Beginn **(4)** kommen wir an

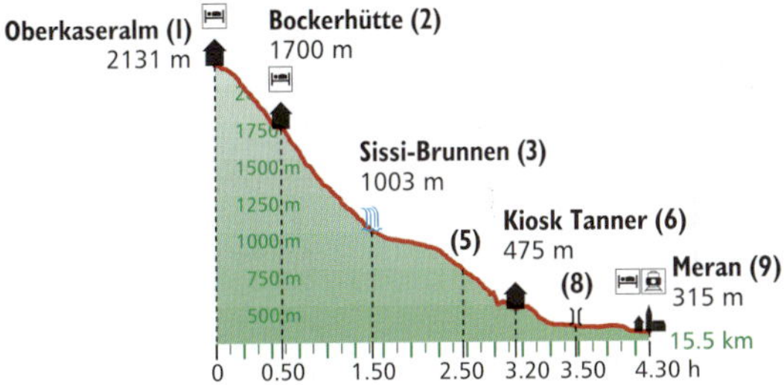

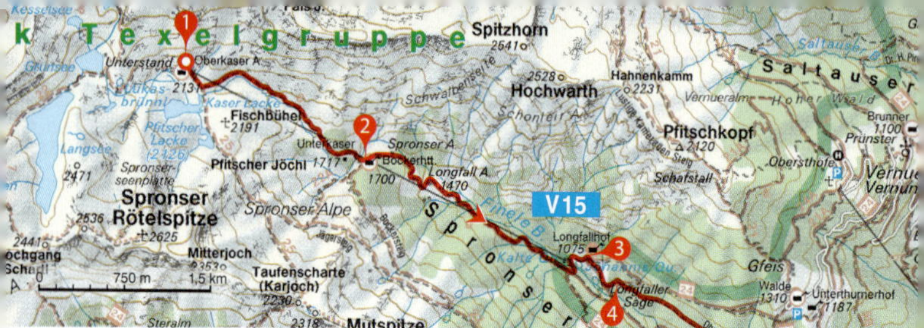

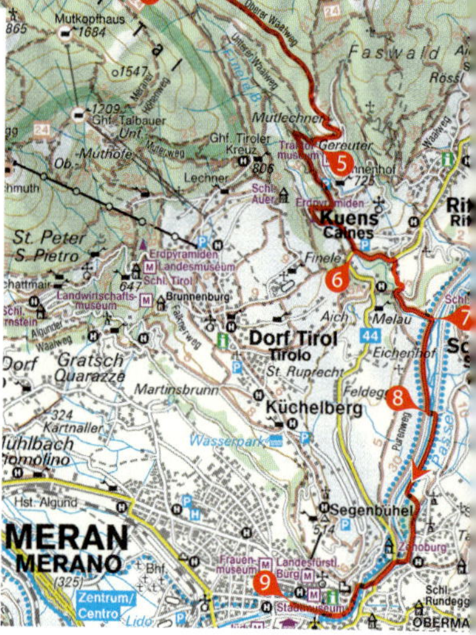

eine kleine Schleuse, an der das Wasser für unseren Waal vom Wasserzufluss für den Spronser Bach abgezweigt wird. Nun wandern wir bei nur leichtem Gefälle etwa zwei Kilometer auf einem malerischen Weg am Waal entlang das Spronser Tal hinaus. Kurz nachdem der Waal nach unten ins Tal verschwindet, weist uns ein Wegweiser auf gleicher Höhe weiter nach rechts. Sobald wir aus dem Wald kommen, genießen wir einen tollen Ausblick auf Dorf Tirol und ins Meraner Becken. Wir erreichen die ersten Häuser von Kuens und folgen der Teerstraße zwei Kehren abwärts bis zur **Pfobnrast (5)** mit ihren vielen Wegweisern. Hier biegen wir scharf rechts auf einen Wirtschaftsweg in Richtung Dorf Tirol. Schon kurz später orientieren wir uns am Ziel »Kiosk Tanner«. Wir folgen dem Weg immer weiter talwärts und ignorieren alle Abzweige, bis er das erste Mal kurz ansteigt und rechts steil der »Pyramidenweg« zum Grunde der Finelebachschlucht hinabführt. Unten angekommen wenden wir uns nach links und wandern durch die ersten Apfelplantagen talauswärts. Bald sehen wir links den steil abbrechenden Hang mit den Erdpyramiden, und nur wenig später erreichen wir die Staatsstraße mit dem **Kiosk Tanner (6)** und der Gelegenheit, per Bus nach Meran zu fahren. Auf dem Fußweg, der links etwas oberhalb der Straße verläuft, gelangen wir an einem Gedenkstein für den Tiroler Volksaufstand gegen Napoleon vorbei schnell nach Kuens, wo wir am Ortseingang am Fußgängerüberweg bei der Bushaltestelle die Straße überqueren und auf der anderen Seite das Sträßchen in die Apfelplantagen hinab nehmen. Jetzt ist auch der Passer-Damm als unser nächstes Zwischenziel angeschrieben. Wir ignorieren alle Abzweige nach Dorf Tirol und kommen dem Rauschen der Passer immer näher. Am Fluss angekommen **(7)** biegen wir nach rechts auf den breiten Fahrrad- und Wanderweg und haben jetzt noch ca. drei Kilometer am Fluss entlang nach Meran vor uns. An der nächsten Brücke, einer modernen weißen Bogenbrücke für die Fußgänger und Radfahrer **(8)**, wechseln wir die Passerseite, da wir sonst durch die Gilfschlucht unterhalb der Zenoburg auf der Straße laufen müssten, und folgen immer weiter dem Passer-Radweg. Direkt nach der Schlucht kommen wir über den berühmten steinernen Steg, die 1617 erbaute älteste noch erhaltene Passerbrücke Merans, wieder auf die Passerseite mit der Meraner Altstadt. Wir folgen weiter der »Winterpromenade« am Fluss entlang und gelangen an der Wandelhalle und dem Kurhaus vorbei ins Zentrum von **Meran (9)**, wo nach zwei Wochen unsere Tour auf dem Tiroler Höhenweg endet.

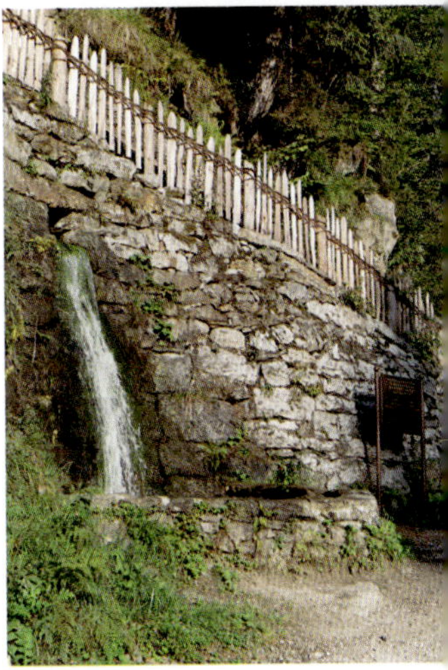

Oben: Sissi-Brunnen.
Unten: Kuenser Waalweg.

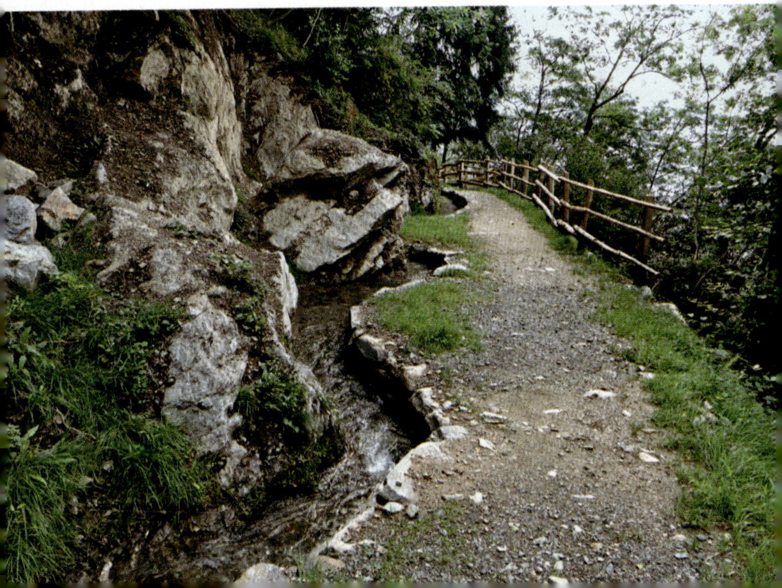

Meran und seine Geschichte

Es lohnt sich durchaus, nach der Ankunft noch ein wenig in Meran zu verweilen, sich vom mediterranen Klima verwöhnen zu lassen und in die kulturelle Vielfalt der zweitgrößten Stadt Südtirols einzutauchen. Die 3000er der Texelgruppe halten das schlechte Wetter aus dem Westen ab und die geringe Meereshöhe sorgt gleichzeitig dafür, dass der Frühling in Meran meist früher beginnt und auch der Herbst noch lange spätsommerlich warm bleibt.

Bereits als die Römer 15 v. Chr. große Teile des Alpenraums besetzten und hier das Castrum Maiense und die kleine Ortschaft Mairania als Rast- und Zollplatz an der Via Claudia Augusta errichteten, waren die Hügel oberhalb des Zusammenflusses von Passer und Etsch von den Rätern besiedelt. Als die Burggrafen von Tirol im 12. Jahrhundert ihren Sitz auf die Burg Tirol verlegten, begann der Aufstieg von Meran. Es erhielt seine berühmten Laubengänge und eine Stadtmauer mit vier Toren, von denen heute noch drei erhalten sind. Neben dem Stadtrecht im Jahre 1317 wurde Meran ein Marktrecht verliehen, außerdem wurden in der Münzstätte Meran Münzen von überregionaler Bedeutung geprägt. Erst als im 15. Jahrhundert Regierungssitz und Münzstätte ins Inntal verlegt wurden, fiel Meran in einen knapp 400 Jahre dauernden Dornröschenschlaf. Anfang des 19. Jahrhunderts entdeckte der europäische Hochadel Meran als Kurstadt für sich: Im Gefolge von Kaiser Ferdinand I. und Kaiserin Elisabeth (»Sissi«) kamen viele zahlungskräftige Kurgäste und ließen sich schlossähnliche Landsitze erbauen. 1874 entstand ein erstes Kurhaus, das 1912–14 noch einmal erweitert wurde. 1914 zählte Meran 1,2 Millionen Übernachtungen, eine Zahl, die nach zwei Weltkriegen erst in den 1960er-Jahren wieder erreicht wurde. Denn durch den Zusammenbruch der Donaumonarchie und die Annexion Südtirols nach dem Ersten Weltkrieg brach der Kur-Tourismus stark ein. Aber Meran hatte Glück, dass es im Zweiten Weltkrieg als Lazarettstadt von Bombardierungen verschont blieb und der Tourismus rund um die Stadt so bereits in den 1950ern wieder auflebte.

Heute laden nicht nur die zahlreichen Geschäfte in den Laubengängen der Altstadt zum Einkaufsbummel ein. In Museen wie Schloss Tirol, der Brunnenburg (Landwirschaftsmuseum) oder der Landesfürstlichen Burg kann man tiefer in die Geschichte der Stadt, der Landschaft und seiner Bewohner eintauchen. 2001 erhielt die Stadt mit den botanischen Gärten rund um das Schloss Trauttmansdorff eine besondere Attraktion. Über 80 Gartenlandschaften, eine botanische Unterwelt und ein Museum sorgen dafür, dass man hier schon mal einen ganzen Tag verbringen kann. (www.trauttmansdorff.it). Seit dem Bau einer modernen Thermenanlage auf dem Gelände der 1972 eröffneten Therme »die Salvar« wird Meran auch seinem Ruf als Kurstadt wieder gerecht. Den radonhaltigen Quellen wird eine besonders gesundheitsfördernde Wirkung zugeschrieben. In 25 Innen- und Außenbecken kann man perfekt mit Blick auf die umgebenden Berge die von der Wanderung müden Beine entspannen (www.termemerano.it).

Meran Wandelhalle.

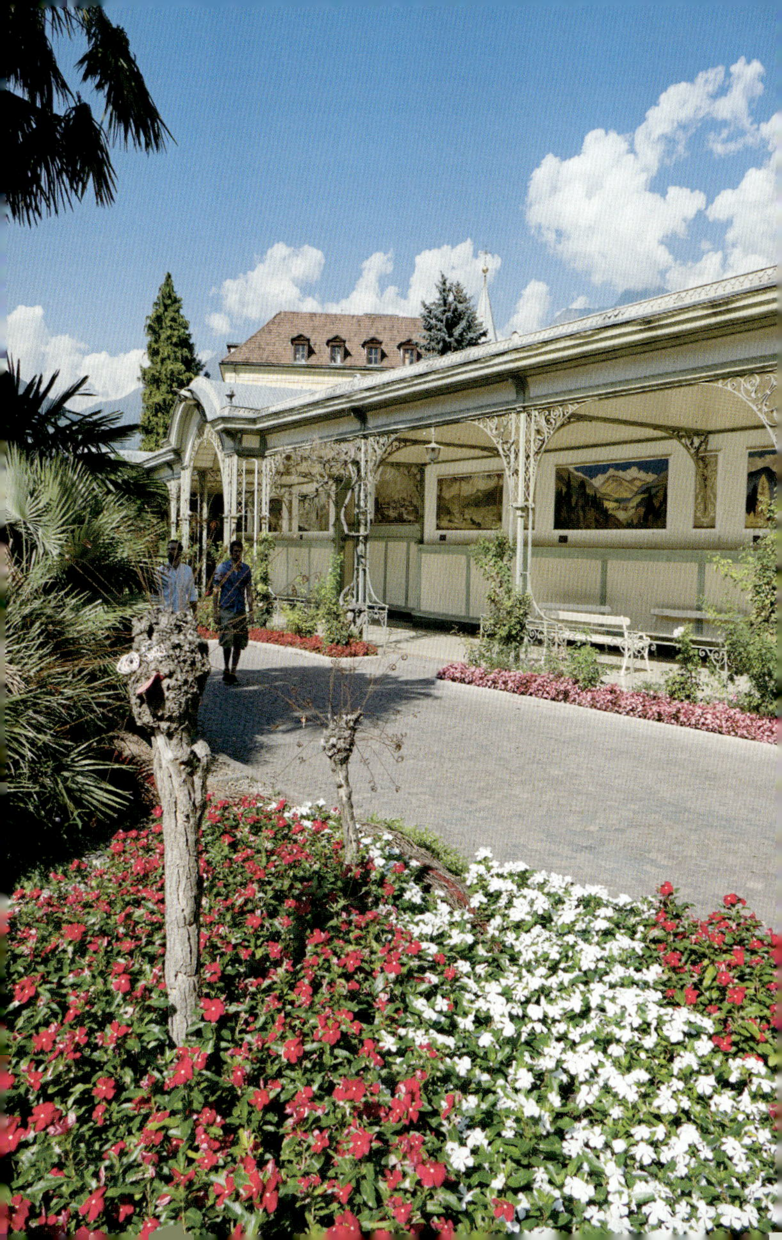

Stichwortverzeichnis

A
Aglsbodenalm 128
Aglsspitze, Nördliche 131
Allrissalm 119, 121
Ameiskopf 54
Andelsalm 182, 187

B
Bergrestaurant Schlegeis 60
Biwak Guido Lammer 186, 200
Biwak Josef Pixner 168, 171
Bockberg 177
Bockerhütte 213
Bremer Hütte 111, 114
Bremer Scharte 115
Brenner 68, 70, 71, 95
Brunnenburg 208
Brunnenkogel 160, 164
Brunnenkogelhaus 151, 160, 163
Burkhardtklamm 128

D
Dominikushütte 61
Durreck 55, 63

E
Edelweißhütte 118, 128
Egetenjoch 140, 144
Egetenseen 140
Eisjöchl 189
Erlebnisbergwerk Schneeberg 126, 134
Erzherzog-Eugen-Weg 163

F
Faltschnalalm 193
Faltschnaljöchl 192
Feldalm 48
Fiegl's Hütte 161
Finkenberg 40, 42
Flachjoch 77
Fradersteller 77
Friedrichshöhe 56
Friesenberghaus 44, 47, 50, 52
Furtalm (ehem. Ochsenalm) 109, 119

G
Gamshütte 40, 44, 46
Gamsplatzl 158
Gasthof Hochfirst 146, 151, 163, 168
Gasthof Hochsteg 41
Gasthof Mutkopf 211
Gasthof Oberlechner 208
Gasthof Waldesruh 74, 83, 86, 94, 99, 103
Gasthof Zeppichl 182
Gogelberg 88, 92
Grafsee 182, 187
Griesbergalm 67
Grinbergspitze, Vordere 44
Grohmannhütte 121, 128, 132, 140, 144
Großer Timmler Schwarzsee 148, 151, 155
Grubjoch 168

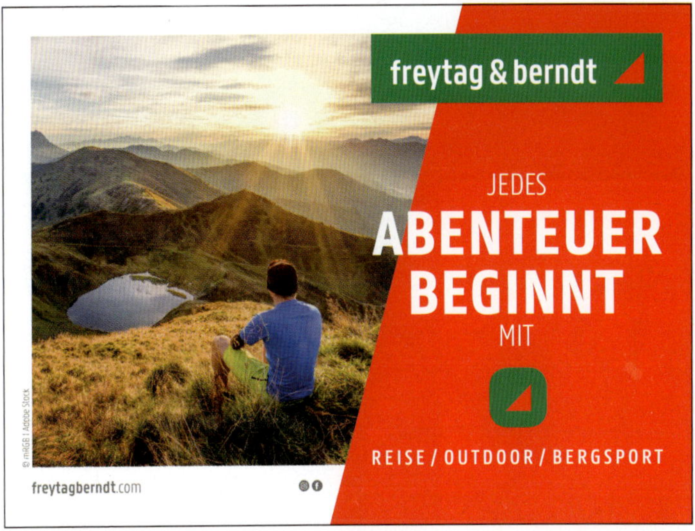

Grünjoch 196
Grünsee 188, 194, 199, 202
Gschnitzer Tribulaun 90, 93, 100, 103
Gstreinjöchl 23, 93, 104
Gürtelwand 25

H

Halsljoch 187, 200, 203
Hermann-Hecht-Weg 43
Hildesheimer Hütte 151, 154, 158, 160
Hochgangschartl 198
Hochgebirgs-Naturpark Zillertaler Alpen 45
Hochmuth, Bergstation 207
Hochmuth-Seilbahn 186, 204
Hochwilde 176, 178, 192, 198
Hoher Lorenzenberg 74, 82
Hoher Riffler 46, 50
Hoher Trog 132
Hoher Zahn 106
Hohe Weiße 176, 180, 192, 198

J

Jausenstation Venn 73
Johannesscharte 189
Jubiläumssteig 111
Jubiläumsweg 74
Jugend- und Seminarhaus Obernberg 79

K

Kaindlscharte 134
Kaindlstollen 138
Karlscharte 146, 154
Kastnerbergalm 94
Kesselalm 49
Kiosk Tanner 214
Kiosk Zamsgatterl 61
Kleiner Riffler 45
Koggraben 88
Krapfenkarspitze 141, 144
Kraxentrager 52, 58
Kreuzjoch (Gurgler Kamm) 172
Kreuzjoch (Tribulaune) 82, 103
Kuens 34, 212
Kuenser Waalweg 215

L

Landshuter Europahütte 20, 52, 57, 58, 60, 64, 71
Langsee 188, 194, 199, 202
Lavitzalm 55, 62
Lazinser Alm 182
Lazinser Rötelspitze 187, 200, 201, 203
Lodner 180, 192, 198
Lodnerhütte 189, 200

M

Magdeburger Hütte 106, 108, 114, 116, 118
Magdeburger Scharte 131
Maiern 121, 134
Maria am See, Kapelle 77
Mäuerlscharte 67
Maurerscharte 121, 125, 130
Mayrhofen 40, 44
Meran 204, 211, 212, 216
Meraner Höhenweg 200

Meraner Hütte 188, 194, 199, 202
Milchseen 186, 187, 202
Milchseescharte 186, 200
Moarerbergalm 134
Moarer Egetensee 143, 144
Mutkopf 204
Mutspitz 204, 211

N

Naturpark Texelgruppe 172
Nesselwand 43
Neumarkter Runde 52
Nusserkopf 55, 63

O

Obere Gostalm 152
Obere Wechselalm 82
Oberkaser 186, 192, 198, 200, 202, 204, 212
Oberkrumpwasser 147
Obernberg 74, 80, 84, 93, 98, 102
Obernberger See 78, 83, 86, 99, 102
Obernberger Tribulaun 93, 98
Oberschrammachkar 54
Olpererhütte 52

P

Petersköpfl 49, 50
Pfeiferspitz 103
Pfelderer Höhenweg 176
Pfelders 172, 182, 192
Pfitscher Joch 36, 45, 52, 60
Pfitscher-Joch-Haus 54, 63
Pfitscher Sattel 204, 206, 211
Pflerscher Höhenweg 87, 92, 93, 98, 104
Pflerscher Tribulaun 87, 100, 103
Pfobnrast 214
Pfurnsee 131, 132
Pitzenalm 48
Portjoch 84, 102
Poschhausstollen 138
Prischeralm 121, 128

R

Roßlauf, Nördlicher 100, 102
Rotkogel 165
Ruhegebiet Stubaier Alpen 151

S

Sandesjöchl 37, 90, 93, 111
Sandjöchl 78, 80
Sattelberg 34, 74, 82
Sattelbergalm 64, 71, 74, 80
Scheiblehnkogel 151, 154, 156
Scheibsee 170
Schiefer See 194
Schlegeisspeicher 60, 63
Schneeberghütte 134, 140, 145, 146, 151, 152, 154
Schneebergscharte 126, 134, 140, 144
Schneespitze 106, 116
Schneetalscharte 92, 101, 104
Schönkar 162
Schwarze Wandspitze 98, 103
Schwarzkopf 194, 196
Schwarzsee 196
Seeberalm 169
Seelenkogel, Hinterer 174, 182, 198

Seemoos 153
Senner Egetensee 143
Siegerlandhütte 151, 154, 157, 158
Spronser Joch 192
Spronser Rötelspitze 186, 194, 198
Spronser Seen 186, 192, 196, 198, 200, 203
St. Anton 106, 121
Steinjoch 76, 82
Sterzing 95, 110, 121, 126
Stettiner Hütte 174, 176, 177, 178, 181, 182, 186, 189
St. Martin am Schneeberg 126, 134, 139, 140, 144, 151, 153
St. Nikolaus, Pfarrkirche 74, 79
Stubensee 106, 114
Südtiroler Bergbaumuseum 121, 126, 134

T

Tablander Lacken 201
Tappeiner Weg 204
Taufenscharte 211
Teissljöchl 119, 129
Teplitzer Hütte 128, 131
Teufelsbrücke 41
Timmelsalm 146
Timmelsbrücke 149, 151, 152
Timmelsjoch 151, 163, 167
Tirol, Dorf 186, 204, 214
Tirol, Schloss 33, 208
Toffringalm 119
Tribulaune 13
Tribulaunhaus, österreichisches 92, 93, 102
Tribulaunhütte, italienische 84, 90, 93, 98, 101, 104, 106, 111
Triebenkarsee 158
Tuxer Klamm 40

U

Unterkrumpwasser 149
Unterschrammachkar 54

V

Vellau 204
Vellauer Felsenweg 204

W

Wannenkarsattel 163
Wannenkarsee 151, 160, 165
Wasserfallweg 109
Wechseljoch 77
Weißwand 24, 106
Wesendlkarsee 49
Wetterspitze 118, 121, 124, 125, 128, 129
Wilde Rötespitze 160, 165
Wildschrofen 48
Wildseespitze 64
Windachscharte 154, 156
Wolfendorn 64

Z

Zeppichl 182
Zillertal 41
Zwickauer Hütte 168, 174, 176

Umschlagbild:
Spronser Seen (Etappe 14).

Bild im Innentitel:
Bank am Grenzstein auf dem Sattelberg, im Hintergrund die Tribulaune (Etappe 5).

Bild auf Seite 38/39:
Spronser Seen und die Dreitausender der Texelgruppe:
Lazinser Rötelspitze (Etappe G 14.3), Lodner,
Hohe Weiße (Etappe G 12.2) und Hochwilde (Etappe G 12.1).

Alle 189 Fotos stammen von Christian Starke.

Kartografie:
51 Wanderkarten im Maßstab 1:75.000
und 2 Übersichtskarten im Maßstab 1:500.000 und 1:1.000.000

Die Ausarbeitung aller in diesem Führer beschriebenen Wanderungen erfolgte nach bestem Wissen und Gewissen des Autors.
Die Benutzung dieses Führers geschieht auf eigenes Risiko.
Soweit gesetzlich zulässig, wird eine Haftung für etwaige Unfälle und Schäden jeder Art aus keinem Rechtsgrund übernommen.

2., aktualisierte Auflage 2022

ISBN 978-3-7633-4509-0

FSC
www.fsc.org
MIX
Papier aus verantwortungsvollen Quellen
FSC® C021956

Wir freuen uns über jeden Korrekturhinweis zu diesem Wanderführer!
Bitte per E-Mail an: leserzuschrift@rother.de

ROTHER BERGVERLAG · München
D-82041 Oberhaching · Keltenring 17 · Tel. +49 89 608669-0 · www.rother.de